བོད་ཀྱི་གདུང་རབས་དང་རྣམ་ཐར་

ཁྱུང་ཏུ་ཁག་དྲུག

བོད་ལྗོངས་བོད་ཡིག་དཔེ་རྙིང་དཔེ་སྐྲུན་ཁང་།

图书在版编目(CIP)数据

西藏六部世系谱汇编:藏文/曲贝塔羌等著. --
拉萨:西藏藏文古籍出版社，2014.12
ISBN 978-7-80589-559-8

Ⅰ. ①西… Ⅱ. ①曲… Ⅲ. ①谱系-汇编-西藏-藏语 Ⅳ. ①K810.2

中国版本图书馆 CIP 数据核字(2014)第 290578 号

西藏六部世系谱汇编

作　　者	曲贝塔羌等
责任编辑	普琼旺堆
校　　对	普琼旺堆
组　　版	拉珍
出版发行	西藏藏文古籍出版社
印　　刷	成都单色印务有限公司
开　　本	850×1168　1/32
印　　张	7.625
印　　数	7,001-9,500
版　　次	2014 年 12 月第 1 版
印　　次	2024 年 9 月第 3 次印刷
书　　号	ISBN 978-7-80589-559-8 民文(藏)
定　　价	17.00

དཔེ་སྐྲུན་གསལ་བཤད།

ད་ལམ་དཔེ་སྐྲུན་ཞུས་པའི་《བོད་ཀྱི་གདུང་རབས་དང་རྣམ་ཐར་ཕྱོགས་བསྡུས་ཁག་དྲུག》ཅེས་མ་དཔེ་ཕྱོགས་བསྒྲིགས་ཞུས་པ་འདིའི་ནང་ཆག་ལོའི་རྣམ་ཐར་རམ་མཚན་གཞན་དུ་ཆག་ལོའི་རྒྱ་གར་ལམ་ཡིག་ཅེས་བརྗོད་སྲོལ་ཡོད་པའི་ཆག་ལོ་ཉིད་ཀྱི་སློབ་མ་འཇུ་བ་ཆོས་དར་གྱིས་མཛད་པའི་《ཆག་ལོ་ཙཱ་བའི་རྣམ་ཐར་འཇུ་བ་ཆོས་དར་གྱིས་མཛད་པ་ངོ་མཚར་ཅན》ཞེས་པ་དང་། ཨ་མྱེས་ཞབས་ཀྱིས་མཛད་པའི་《ཆོས་གྲྭ་ཆེན་མོ་དཔལ་ཞ་ལུ་གསེར་ཁང་གི་བདག་པོ་ཇོ་བོ་ལྕེའི་གདུང་རབས་བཞུགས་སོ》ཞེས་པ། 《དཔལ་ལྡན་གཡས་རུ་བྱང་པའི་གདུང་རབས》ཞེས་པ། 《བྱང་པ་ལྷ་བདག་པའི་གདུང་རབས》ཞེས་པ། གཞན་དུ་ནམ་མཁའ་བསོད་ནམས་ཀྱིས་མཛད་པའི་《རྡོག་རབས་གསལ་བའི་མེ་ལོང》ཞེས་པ། རོང་པ་ཤེས་རབ་སེང་གེས་མཛད་པའི་《རྗེ་བཙུན་ཏཱ་ལོ་ཙྪའི་གདུང་རབས་དང་རྣམ་པར་ཐར་པའི་གསོལ་འདེབས་འགྲེལ་པ་དང་བཅས་པ་བཞུགས་སོ》ཞེས་པ་བཅས་མང་ཆེ་བ་གདུང་རབས་རྣམ་ཐར་ཡིན་ལ་མ་དཔེ་དཔེ་རྒྱུན་ཧ་ཅང་དཀོན་གྲས་འབའ་ཞིག་ཡིན་པའི་ཁར་ད་བར་པར་བསྐྲུན་བྱས་པའི་དཔེ་རྒྱུན་མཐོང་དཀོན་པར་བརྟེན་བོད་ཀྱི་ལོ་རྒྱུས་ཞིབ་འཇུག་བྱེད་པའི་དཔྱད་གཞིར་མཁོ་གལ་ཆེ་བར་དམིགས་ནས་དེབ་གཅིག་ཏུ་ཕྱོགས་བསྒྲིགས་བྱས་ཏེ་དཔེ་བསྐྲུན་ཞུས་པ་ཡིན།

གཅིག །《ཆག་ལོ་ཙཱ་བའི་རྣམ་ཐར་འཇུ་བ་ཆོས་དར་གྱིས་མཛད་པ་ངོ་མཚར་ཅན》འདི་ནི་ཆག་ལོའི་དངོས་སློབ་འཇུ་བ་ཆོས་དཔལ་དར་བྱང་གིས

ཚག་སོ་ཉིད་ཀྱིས་གསུངས་པ་ཇི་བཞིན་ཐོག་མར་བོད་ཡུལ་དུ་སྤྱན་འདྲངས་པ་ནས་སྔོ་བཙུགས་ཏེ་ནང་དོན་མང་ཆེ་བ་རྒྱ་གར་གྱི་ཡུལ་དུ་ཕྱིན་ནས་གནས་གཟིགས་དང་། གསན་བསམ། མཛད་པ་ཇི་ལྟར་བསྐྱངས་ཚུལ་བཀོད་རྗེས་བོད་དུ་ཕྱིར་ཕེབས་ནས་བསྟན་འགྲོའི་དོན་རྒྱ་ཆེར་མཛད་ཚུལ་ལེའུ་བཅུ་དྲུག་ཏུ་ཕྱེ་སྟེ་བསྟན་ཡོད་པ་མ་ཟད་ཆོས་དཔལ་དར་བྱང་གིས་མཇུག་བྱང་ཐུང་ངུ་ཞིག་བྲིས་འདུག་པ་དེ་རྩིས་ན་ལེའུ་བཅུ་བདུན་ཡོད། ཚག་སོ་ཙ་བ་རྒྱ་གར་དུ་ཕེབས་དུས་རྒྱ་གར་ཡུལ་ཕྱོགས་སུ་དམག་འབྲུག་གི་ཡོ་ལངས་ཆེ་བའི་དུས་ཚོད་ཞིག་ཡིན་ལ་ནང་པ་སངས་རྒྱས་ཀྱི་ཆོས་ལུགས་ལ་རྒྱ་གར་དུ་ཐོག་ཐུག་ཤུགས་ཆེན་ཁེལ་བཞིན་པ་མ་ཟད་ཕྱི་པའི་ཆོས་ལུགས་དར་སྔོ་ཚུགས་བཞིན་པའི་དུས་ཚོད་ཞིག་ཀྱང་ཡིན། རྒྱ་གར་ཡུལ་ལ་དེང་སང་སྐབས་དེའི་གནས་བབས་འཁོད་པའི་ཡིག་ཚང་རྙིང་པ་ཤིན་ཏུ་དཀོན་པོ་ཆགས་ཡོད་པས་ཚག་སོའི་རྣམ་ཐར་རམ་ཚག་སོའི་རྒྱ་གར་ལམ་ཡིག་ཞེས་པ་དེ་དཔེ་རྒྱུན་རྩ་ཆེན་ཞིག་ཏུ་རྩིས་བཞིན་ཡོད་ལ་སྤྱི་ལོ་༡༩༥༩ལོར་དབྱིན་ཇིའི་སྐད་ཡིག་ཏུ་བསྒྱུར་ནས་དཔེ་སྐྲུན་ཞུས་འདུག་པ་དང་། ཉེ་ཆར་རྒྱ་ཡིག་ལ་སོགས་པའི་སྐད་ཡིག་ཏུ་ཕབ་ནས་དཔེ་སྐྲུན་བྱས་འདུག་མོད་བོད་ཡིག་དཔེ་ཐུང་དེ་ད་བར་བོད་ཡིག་ནས་དཔེ་སྐྲུན་བྱ་སྒྲིག་བྱུང་མི་འདུག །

གཉིས། 《ཆོས་གྲྭ་ཆེན་མོ་དཔལ་ཞ་ལུ་གསེར་ཁང་གི་བདག་པོ་རྗེ་བོ་ལྷའི་གདུང་རབས་བཞུགས་སོ་》ཞེས་པ་འདི་ནི་ཨ་མོ་གྷ་སི་དྡྷི་ཞུ་བས་མཛད། ཁོང་གི་རྣམ་ཐར་རྙེད་སོན་མ་བྱུང་བས་བརྩམས་དུས་སོགས་ཞུ་སྤོབས་མ་ཐོབ། འདིའི་ནང་དོན་གཙོ་བོ་ཐོག་མར་ལྷའི་གདུང་བརྒྱུད་བྱུང་ཚུལ་ལ། གནམ་རིམ་པ་བདུན་གྱི་སྟེང་ན་འབྲུག་ལྟ་བའི་ལྷ་དང་། ས་མེར་གྱི་བཞུ་བ་ལྟ་བུའི་བཙུན་མོ་བརྙེས་པའི་སྲས་ལ་ལྷ་གན་རྩེ་རྒྱལ་པོ་བྱུང་། དེའི་གདུང་རུས་ལ་ལྷའི་མིང་ཐོབ།

དེ་རྣམས་ཡུལ་གྲུ་གཞན་མཆེད་ཚུལ་ལ། ལྷ་གན་རྗེ་རྒྱལ་པོ་དང་གླུ་གླུ་བཙན་གྱི་སྲས་ལ་ལྡེ་ཉི་ཟེར་འཕྲུལ་གྱི་རྒྱལ་པོ་བྱུང་། རྒྱལ་པོ་དེ་ལ་སྲས་བདུན་བྱུང་། ཆེ་བ་དྲུག་ཡབ་རྒྱལ་པོ་དང་བཅས་པས་དགུང་གི་ཐོག་བསྲུངས། སྲས་ཆུང་ཤོས་དེས་ཤེལ་གྱི་སྐས་ལ་བབས་ཏེ་འཁོར་མང་པོ་དང་བཅས་སྟག་གཟིག་གི་ཡུལ་དུ་ཕྱིན་དེའི་རྒྱལ་པོར་གྱུར་ནས་སྟག་གཟིག་གི་རྒྱལ་པོ་ཆེ་བའི་ཕྲེང་ཞེས་པ་བྱུང་། དེ་ལ་སྲས་གསུམ་ཡོད་པ་དེས་ཧོར་དང་རྒྱ། ཞང་ཞུང་སོགས་སུ་ཕྱིན་ཏེ་དབང་བསྒྱུར་ཏེ་གདུང་འཕེལ་ཞིང་དེ་ནས་དེའི་གདུང་བརྒྱུད་རྣམས་ཀྱིས་རིམ་གྱིས་ཡར་ལུང་དུ་ཕེབས་ཏེ་སྤྱིང་བཙན་གྱི་ནང་བློན་མཛད། དེ་རྗེས་ལྡེ་ཁྲི་འབྲུག་ལ་སོགས་ལོ་ཙྪ་བ་མང་དུ་ཕྱིན་ཞིང་བཙན་པོ་གདུང་རིམ་གྱི་ནང་བློན་མཛད་པ་མང་དུ་བྱུང་བ་ནས་ཕྱིས་ཡུལ་མྱང་ཡུལ་ཕྱོགས་སུ་འཕེལ་ཏེ་ལྡེ་བཙུན་གྱིས་དཔལ་ཞ་ལུའི་དགོན་ཕྱག་བཏབ་སྐུ་ལྡེའི་གདུང་གིས་བདག་པོ་མཛད་དེ་བསྟན་པ་དང་འགྲོ་བའི་དོན་རྒྱ་ཆེར་མཛད་ཅིང་། དེ་དག་གི་གདུང་རིམ་རྣམས་ཀྱི་རྣམ་ཐར་འདི་པའི་མཁན་བརྒྱུད་དང་བགྲེས་པོ་རྣམས་ཀྱི་འཁྲོས་གཏམ། དེ་བཞིན་སྒྲ་ཚད་པ་དོན་གྲུབ་རྒྱལ་མགོན་གྱིས་མཛད་པ་ལ་གཞི་བྱས་ཏེ་མཛད་པ་ཞིག་གོ །

གསུམ། 《དཔལ་ལྡན་གཡས་རུ་བྱང་པའི་གདུང་རབས》ཞེས་པ་དང་《བྱང་པ་སྔ་བདག་པའི་གདུང་རབས》ཞེས་པ་གཉིས་ཀྱི་མཛད་པ་པོ་ཞིབ་གསལ་མ་རྙེད་ལ་གདུང་རབས་དེ་གཉིས་ཀྱི་འགོ་ནས་འདྲ་ཡང་དོན་མ་ཡིག་སོ་སོར་ཡིན་པ་ཞིག་འདུག་པ་དེའི་ནང་དོན་གཙོ་བོ། བོད་ཀྱི་ལ་སྟོད་ལྷོ་བྱང་གཉིས་སུ་ཕྱེ་བའི་བྱང་པའི་གདུང་བརྒྱུད་ནི་མི་ཉག་སེའུ་རྒྱལ་པོ་རྒྱལ་རབས་དྲུག་པ་མི་ཉག་རྒྱལ་རྒོད་ཀྱི་དཔོན་དག་རིམ་གྱིས་གཙང་སྟོད་དུ་ཡོང་སྟེ་ཡུལ་བཟུང་ཞིང་དེ་ནས་རིམ་གྱིས་དེའི་གདུང་བརྒྱུད་འཛིན་པ་དག་གིས་གདུང་དྲི་མ་མེད་པ་

བཟུང་ཞིང་ལ་སྟོད་ཀྱི་ཕྱོགས་སུ་དབང་བསྒྱུར་ཚུལ་དང་དེ་དག་གིས་བསྟན་པ་དང་འགྲོ་བའི་དོན་མཛད་ཚུལ་རྣམས་བཀོད་ཡོད་པས་ཀློག་པ་པོ་རྣམས་ལ་དཔྱད་གཞིར་མཁོ་གལ་ཆེ་བར་བསམ་ནས་ད་ལམ་མཉམ་དུ་བསྒྲིགས་ཡོད་པ་དེའི་ནང་ཡིག་ནོར་ཆུང་མང་བ་འདུག་པས་མཆན་གསལ་དོད་པ་རྣམས་ཐད་ཀར་བཅོས་ཡོད།

བཞི། 《ཇོག་རབས་གསལ་བའི་མེ་ལོང་》འདི་ནི་ཇོག་བརྒྱུད་ཀྱི་བླ་མ་དཀོན་མཆོག་དཔལ་བཟང་གི་སློབ་མ་མཚན་དངོས་ནམ་མཁའ་བསོད་ནམས་ཀྱིས་མཛད་ཅིང་། ལོང་ནི་དུས་རབས་བཅོ་ལྔ་པའི་དུས་དཀྱིལ་ཙམ་དུ་ཕྱིན་པའི་དམ་པ་ཞིག་ཡིན་མོད། རྣམ་ཐར་འདི་དུས་ནམ་མཛད་སྐོར་ལ་ལོང་གི་རྣམ་ཐར་སོགས་མ་རྙེད་པས་འདིར་ཞུ་སྤྱོབས་མ་མཆིས། རྣམ་ཐར་འདིའི་ནང་གཙོ་བོ་ཇོག་གི་གདུང་གི་འབྱུང་ཁུངས་ནི་བོད་ཀྱི་མི་བརྒྱུད་ནས་མ་ཡིན་པར་སྐྱབས་སེང་བུའི་མངའ་རིས་སུ་ཡོད་པའི་རྒྱལ་པོ་ཏུ་པ་ཧི་བྱ་བ་དང་བློན་པོ་ཇོག་གིས་མགོ་བྱས་ནས་གངས་ཅན་དུ་ཕྲིས་ཡོང་པའི་བརྒྱུད་འཕེལ་བའི་མིའི་ཁུངས་སུ་གཏོགས་པ་འདིའི་མི་ཤར་ཙོང་ཁའི་ཕྱོགས་སུ་ཇོག་གི་རབས་འཕེལ་བ་དང་། ཇོག་ཡེ་ཤེས་འབྱུང་གནས་འཁོར་བ་སྤྱངས་ནས་དབུས་གཙང་དུ་ཆོས་ལ་གཤེགས་པས། དཔོན་པོ་འཁོར་དང་བཅས་པ་མི་བརྒྱ་ཕྲག་མང་པོ་དབུས་སུ་ཕེབས་ནས་དེའི་གདུང་བརྒྱུད་དག་གིས་རྒྱུད་ཀྱི་རྒྱལ་པོ་དཔལ་གསང་བ་འདུས་པས་གཙོ་མཛད་བསྟན་པ་དང་འགྲོ་དོན་བསྐྱངས་པའི་ཚུལ་རྣམས་ཇོག་རབས་རྒྱས་པ་རིན་ཆེན་ཕྲེང་བ་དང་། བསྡུས་པ་ལ་ཇོག་རབས་བདུད་རྩིའི་ཐིགས་པ་སོགས་དུ་མ་ཡོད་པ་ལས། རྒྱས་པ་ལས་བསྡུས། བསྡུས་པ་ལས་ཚིག་སྣ་བསྒྲིངས་ནས་བདེ་བར་བཀྲལ་ཏེ་མཛད་པ་ཞིག་གོ །

༄། 《རྡོ་བཙུན་ཆ་ལོ་ཙཱའི་གདུང་རབས་དང་རྣམ་པར་ཐར་པའི་གསོལ་འདེབས་འགྲེལ་ པ་ དང་ བཅས་ པ་》 འདི་ ནི་ རོང་ པ་ ཤེས་ རབ་ སེང་ གེས་ (༡༢༥༡ – ༡༣༡༥) གཙོ་བོ་རྣམ་ཐར་འདི་ཉིད་ཐོག་མར་ཚིགས་བཅད་ཀྱི་ལམ་དུ་བཀོད་པ་ལ་འགྲེལ་པ་མཛད་པའི་ཚུལ་གྱིས་རྗེ་འདིའི་གདུང་བརྒྱུད་ནི་སྟོན་ཆོས་ཀྱི་རྒྱལ་པོ་ཁྲི་སྲོང་ལྡེ་བཙན་གྱི་ཆོས་ཀྱི་བློན་ཆེན་ཐ་སང་ཤེ་བྱ་བ་མི་ཉག་ཏུ་ཏ་ཤང་ཐེག་པ་ཆེན་པོ་སྤྱན་དྲངས་པ་ལ་མངགས་པས་མི་ཉག་ཏ་ཤང་དུ་ཕྱུར་པ་སྤྱན་དྲངས་ཏེ་རྒྱལ་པོའི་མཆོད་གནས་སུ་བཀུར་ཞིང་། ཐེག་པ་ཆེན་པོའི་ལུགས་མ་ཉམས་པར་སྐྱོད་པའི་སྔགས་འཆང་ཤ་སྟག་ཏུ་བརྒྱུད་པའི་རིགས་ལས་འཁྲུངས་པའི་དགེ་བའི་བཤེས་གཉེན་ཡེ་ཤེས་རྡོ་རྗེ་དང་མ་གཅིག་སྒྲུབ་པ་མོ་ཞེས་རྣལ་འབྱོར་མ་ཆེན་མོའི་སྲས་སུ་འཁྲུངས། ཡབ་ཀྱི་མཚན་བལྟས་ལ་བརྟེན་ནས་སྟོན་གྱི་ཁམས་པ་ཆ་ལོ་ཙཱ་བའི་སྐྱེ་བར་དགོངས་ནས་མཚན་ཡང་དེ་ལྟར་བཏགས། ཁ་ཆེ་པཎ་ཆེན་དུར་ཁྲིག་ཏུ་བྱོན་སྐབས་མ་གཅིག་གིས་བྱིན་བརླབས་ཞུར་བྱོན་པས་སཾ་སྐྲྀ་ཏའི་སྐད་ཀྱིས་སྐྱེས་བུ་དམ་པར་ལུང་བསྟན། དེ་བཞིན་ཡབ་ལས་འབྲི་ཀློག་བསླབས། དེ་ནས་དཔལ་ཆོས་ཀྱི་བཟང་པོའི་དྲུང་ནས་རྒྱ་གར་སྐད་དང་ཡི་གེ། རྩིས་ལ་སོགས་པ་བསླབས། དགྱེས་ཕག་གཉིས་ལ་སྦྱངས་ནས་དུར་ཁྲིག་ཏུ་དགུང་ལོ་བཅུ་དྲུག་ལ་བཤད་སྟོན་རྒྱ་ཆེར་མཛད་པས་གྲགས་པ་ཡང་ཆེར་འཕེལ། ཆོས་རྗེ་ས་པཎ་དང་། འགྲོ་མགོན་ཆོས་རྒྱལ་འཕགས་པ། ཁྲོ་ཕུ་ལོ་ཙཱ་བ་སོགས་མཁས་པ་བགྲངས་ལས་ཡས་པའི་ཞབས་ལ་བསྟེན་ནས་གསན་བསམ་རྒྱ་ཆེར་མཛད་ནས་གྲུབ་པའི་རྟགས་ཀྱང་མང་དུ་མཛད། བུ་སློབ་སྲས་རྣམས་དང་། གྲུབ་པའི་དབང་ཕྱུག་མན་ལུང་གུ་རུ་དང་། ཐང་སྟོན་ལོ་ཙཱ་ལ་སོགས་པ་དུས་འཁོར་ལ་མཁས་པའི་སློབ་མ་མང་པོ་སྨིན་པར་མཛད། གྲུབ་པའི་མཚན་

རྟགས་ངོ་མཚར་བ་བསམ་གྱིས་མི་ཁྱབ་པའི་སྒོ་ནས་རང་གཞན་གྱི་དོན་རྒྱ་ཆེན་པོ་མཛད་དེ་དགུང་ལོ་བརྒྱད་ཅུ་བར་བཞུགས་པ་ལ་སོགས་སྐུ་ཚེ་ཧྲིལ་པོའི་མཛད་པ་དང་གསུང་སོགས་རྣམ་ཐར་གསོལ་འདེབས་ཀྱི་འགྲེལ་པ་ལྟར་དུ་མཛད་ཡོད།

མདོར་ན་གསུང་རབས་རྣམ་ཐར་ཕྱོགས་བསྒྲིགས་ཞུ་རིམ་ནང་། མ་དཔེ་མང་ཆེ་བ་བྲིས་མ་ཡིན་པ་དང་བསྐུང་ཡིག་ཀྱང་མང་བའི་ཁར་པར་སློག་ཞུས་པ་ཤ་སྟག་ཡིན་པས་ཡི་གེ་མི་གསལ་བའི་རིགས་མི་ཉུང་བ་འདུག་པ་དག་རང་ནུས་ཅི་ཡོད་ཀྱིས་བསྐུང་ཡིག་བཀྲལ་ནས་གཟིགས་བདེར་བཀོད་ཡོད་པ་ལས། དེ་མིན་ཚིག་དོན་གང་ཅིར་དཔེ་སྒྲིག་པས་རང་སྟང་གིས་ལག་སོར་འགྱུལ་བདེས་བཟོ་ཉེས་དྲས་ཐལ་གྱི་རིགས་གཏན་ནས་མི་བཏང་བར་མ་དཔེ་སོར་བཞག་གི་རྩ་དོན་རྒྱུན་འཁྱོངས་ཐོག །དཔེ་སྒྲིག་ཞུས་པའི་ནང་མ་དཔེའི་ནང་ཡིག་འབྲུ་ཆད་རིགས་ཁ་གསབ་དགོས་པ་རྣམས་རྟགས་འདི་ཅན་[ ] གྱི་ནང་བསྣོན་འཕྲི་བྱས་ཡོད། མ་དཔེའི་ཡི་གེའི་དག་ཆ་དང་ནང་དོན་མཚོན་གསལ་ནོར་བའི་རིགས་རྟགས་ < > འདིའི་ནང་བཀོད་ཡོད། མ་དཔེའི་ཟུར་མཆན་རྣམས་རྟགས་( ) ནང་བཀོད་ཡོད་པ་མ་ཟད། མ་དཔེའི་ཡི་གེ་མི་གསལ་བར་ཁ་སྐོང་བྱ་ཐབས་བྲལ་རིགས་རྣམས་རྟགས་□□□བཀོད་ཡོད་མོད་འདིས་ཡིག་འབྲུའི་གྲངས་མི་མཚོན་པ་བཅས་མཁྱེན་དཔྱོད་ལྡན་པའི་གཟིགས་པ་པོ་རྣམས་ནས་དགོངས་འཛགས་འཚལ། །

བུ་ཕྱུང་དབང་འདུས་ཀྱིས།

སྤྱི་ལོ་༢༠༡༩ལོའི་ཟླ་ཚེས་དགེ་བར།

དཀར་ཆག

ཆག་ལོ་ཙཱ་བའི་རྣམ་པར་ཐར་པ་འཇུ་བ་ཆོས་དར་གྱིས་མཛད་པ་ཛོ་མཚར་ཅན་ཡོད། ………………………… (1)

ལེའུ་དང་པོ། བླ་མ་ཆོས་རྗེ་ཆག་ལོ་ཙཱ་བ་བོད་དུ་སྐུ་འཁྲུངས་པ། … (1)

ལེའུ་གཉིས་པ། བླ་མ་ཆོས་རྗེ་ཆག་ལོ་ཙཱ་བས་བལ་ཡུལ་དུ་བྱོན་པ། ………………………………………… (6)

ལེའུ་གསུམ་པ། བླ་མ་ཆོས་རྗེ་ཆག་ལོ་ཙཱ་བས་མུ་སྟེགས་ཀྱི་རྒྱལ་ཁམས་ཏི་ར་ཧུ་ཏི་ལ་བྱོན་པ། ………………………… (9)

ལེའུ་བཞི་པ། བླ་མ་ཆོས་རྗེ་ཆག་ལོ་ཙཱ་བས་ཡངས་པ་ཅན་དུ་རྡོ་རྗེ་གདན་གཟིམ་མལ་དུ་གཟིགས་པ། ……………… (12)

ལེའུ་ལྔ་པ། བླ་མ་ཆོས་རྗེ་ཆག་ལོ་ཙཱ་བས་རྡོ་རྗེ་གདན་གཟིགས་པ། ………………………………………… (14)

ལེའུ་དྲུག་པ། བླ་མ་ཆོས་རྗེ་ཆག་ལོ་ཙཱ་བས་གསུངས་པའི་ཆོས་རྒྱལ་མྱ་ངན་མེད་པ། ………………………… (25)

ལེའུ་བདུན་པ། བླ་མ་ཆོས་རྗེ་ཆག་ལོ་ཙཱ་བས་རྡོ་རྗེ་གདན་དང་ན་ལེནྡྲ་མ་གཏོགས་པའི་རྟེན་བྱིན་རླབས་ཅན་མང་པོ་གཟིགས་པ། ………………………………………… (29)

ལེའུ་བརྒྱད་པ། བླ་མ་ཆོས་རྗེ་ཆག་ལོ་ཙཱ་བས་བྱ་རྒོད་ཕུང་པོའི་རི་གཟིགས་ཤིང་རི་དེ་ལ་བྱོན་པ། …………… (34)

ལེའུ་དགུ་པ། བླ་མ་ཆོས་རྗེ་ཆག་ལོ་ཙཱ་བས་རྒྱལ་པོའི་ཁབ་གཟིགས་པ།
…………………………………… (36)
ལེའུ་བཅུ་པ། བླ་མ་ཆོས་རྗེ་ཆག་ལོ་ཙཱ་བས་ཡུལ་མ་ག་དྷ་དང་ནཱ་
ལེནྡྲར་བཞུགས་པ། …………………………… (37)
ལེའུ་བཅུ་གཅིག་པ། བླ་མ་ཆོས་རྗེ་ཆག་ལོ་ཙཱ་བས་ཚུར་ལམ་ཏི་
ར་ཧུ་ཏིར་ཕྱིན་པ། …………………………… (45)
ལེའུ་བཅུ་གཉིས་པ། བླ་མ་ཆོས་རྗེ་ཆག་ལོ་ཙཱ་བས་མང་ཡུལ་ཡང་
རྡོག་ཏུ་ལོ་བཞི་བཞུགས་པ། ……………………… (47)
ལེའུ་བཅུ་གསུམ་པ། བླ་མ་ཆོས་རྗེ་ཆག་ལོ་ཙཱ་བས་ལྷེའུ་རའི་གདན་
ས་བསྐྱངས་པ། ………………………………… (50)
ལེའུ་བཅུ་བཞི་པ། བླ་མ་ཆོས་རྗེ་ཆག་ལོ་ཙཱ་བས་ཐང་པོ་ཆེར་ཕྱིན་པ།
…………………………………… (52)
ལེའུ་བཅོ་ལྔ་པ། བླ་མ་ཆོས་རྗེ་ཆག་ལོ་ཙཱ་བས་འཇུའི་ཕུར་ཕྱིན་པ།
…………………………………… (54)
ལེའུ་བཅུ་དྲུག་པ། བླ་མ་ཆོས་རྗེ་ཆག་ལོ་ཙཱ་བ་སྐུ་མྱ་ངན་ལས་འདས་པ།
…………………………………… (55)
ལེའུ་བཅུ་བདུན་པ། འཇུ་ཆོས་དཔལ་དར་བྱང་གི་མཇུག་བྱང་།
…………………………………… (58)
ཆོས་གྲྭ་ཆེན་མོ་དཔལ་ཞ་ལུ་གསེར་ཁང་གི་བདག་པོ་རྗེ་བོ་ལྡེའི་
གདུང་རབས་བཞུགས་སོ། ……………………… (59)
དཔལ་ལྡན་གཡས་རུ་བྱང་པའི་གདུང་རབས། ……… (94)

བྱང་པ་སྟོ་བདག་པའི་གདུང་རབས། …………… (118)
རྫོག་རབས་གསལ་བའི་མེ་ལོང་། ………………… (139)
རྗེ་བཙུན་ཀ་ཤོ་ཚྭའི་གདུང་རབས་དང་རྣམ་པར་ཐར་པའི་
གསོལ་འདེབས་འགྲེལ་པ་དང་བཅས་པ་བཞུགས། …… (205)

༄༅། །ཆག་ལོ་ཙཱ་བའི་རྣམ་པར་ཐར་པ་འཇུ་བ་ཆོས་དར་གྱིས་མཛད་པ་ཛོ་མཚར་ཅན་ཡོད།

༄༅། །རྒྱ་གར་སྐད་དུ། གུ་རུ་ཕྣཱ་ག་པི་མ་ལ་ཨཱ་ཕ་ལི་ནྣཱ་མ། བོད་སྐད་དུ། བླ་མའི་གསུང་དྲི་མ་མེད་པ་བསྒྲགས་པ་ཞེས་བྱ་བ། ཆོས་ཀྱི་རྗེ་ཆག་ལོ་ཙཱ་བའི་ཞབས་ཀྱི་པདྨོ་དྲི་མ་མེད་པ་ལ་ཕྱག་འཚལ་ལོ། །

དཔལ་གྱི་མཚན་ཅན་དཔལ་གྱི་དོན་ལྡན་དཔལ། །
བླ་མའི་ཞབས་རྡུལ་གུས་པའི་གཙུག་གིས་བསྟེན། །
མཁྱེན་པའི་ཡེ་ཤེས་བཀྲ་བ་ཐུགས་རྗེ་ཅན། །
བླ་མས་རྟག་པར་བྱིན་གྱིས་བརླབ་ཏུ་གསོལ། །
ཆོས་སྐུ་གདོད་ནས་ཞི་བའི་ཕྱིར། །
དག་པའི་སྒྱུ་མ་རྒྱུ་ལས་སྐྱེས། །
སྟོང་ཉིད་རྟེན་འབྲེལ་ལོངས་སྐུར་སྤྲོན། །
བླ་མའི་ཞབས་ལ་ཕྱག་འཚལ་ལོ། །
བརྟགས་ན་མ་གྲུབ་རྐྱེན་ལས་སྐྱེས། །
བྱས་དང་མི་རྟག་ལྷ་བུར་གསུངས། །
རྟག་ཆད་མཐར་ལྷུང་དུག་སེལ་མཛད། །

སྨན་པའི་རྒྱལ་པོ་ལ་ཕྱག་འཚལ། །
ནམ་མཁའི་མཐའ་ནི་དཔག་མེད་ལ། །
ཕྱོགས་བཅུ་མ་ལུས་བསྐུས་འདོད་ལྟར། །
བླ་མའི་ཡོན་ཏན་དཔག་མེད་ཀྱང་། །
ཕྱོགས་འགའ་གུས་པས་འབྲི་བར་བྱ། །

དེ་ཡང་བླམ་ཆོས་རྗེ་ཚག་ལོ་ཙཱ་བ་མཚན་ཛྙཱ་ཤྲཱ་མི་ཏྲཱི་ཞེས་བྱ་བ། རྒྱ་གར་པཎ་ཆེན་བཅུ་གཉིས་ཀྱི་ཡོན་ཏན་མངའ་བ། མཁས་བཙུན་གྲུབ་པ་བརྙེས་པ། སྤྱིར་རིག་པའི་གནས་ལྔ་དང་། ཁྱད་པར་དུ་སྔགས་དང་། སྒྲ་དང་། མཚན་ཉིད་ཀུན་ལ་མཁས་པ་སྟེ། སྔོན་ཡང་མཁས་པའི་འབྱུང་གནས་དབང་པོ་རྗེ་ལ་ལྗེ་བདེ་བའི་སྒྲ་སྐལ་གྱི་སྨད་ཧྲེའུ་རའི་བྱང་ན་ཚག་གྲོང་ཞེས་པ་མཁར་དཀར་པོ་ཟུར་ལྔ་པ་ཅན་དེར་སྐུ་འཁྲུངས་སོ། །

༈ ཁུ་བོ་ནི་ཚག་ལོ་ཙཱ་བ་དགྲ་བཅོམ་ཞེས་པ་རྒྱ་གར་རྡོ་རྗེ་གདན་དུ་གཏུགས་པ་མ་ཧཱ་བོ་དྷི་བྱང་ཆུབ་ཆེན་པོ་ལ་མཇལ་དང་། མཆོད་པ་རྣམ་ལྔ་མང་དུ་ཕུལ་ནས་མེ་ཏོག་གི་འཕྲེང་བ་མང་པོ་གཏོར་བས། བྱང་ཆུབ་ཆེན་པོའི་སྤྱན་གཉིས་ལ་མཛེས་པར་ཆགས་པས་དཀོན་གཉེར་ལ་སོགས་པ་ཐམས་ཅད་ཡ་མཚན་སྐྱེས། ལེ་ལནྡྲར་〈ན་ལེནྡྲར་〉བདེ་མཆོག་གི་ལྷ་ཁང་དུ་རྟེན་གྱི་དྲུང་དུ་བསྒྲུབས་པས་བདེ་མཆོག་ཞལ་གཟིགས་པའི་མཁས་བཙུན་གྲུབ་པ་བརྙེས་པ་སྒྲུབ་པ་ལ་བརྩོན་པ་དཔལ་སྒྲ་ཅན་འཛིན་གྱི་མཁན་རྒྱུད་འཛིན་པ་དེ་ནི་མཁན་པོའོ། །སེམས་པོ་ནི་སེམས་བླ་མ་ཆེན་པོ་བཀྲ་ཤིས་དགའ་ཞེས་པ་ཐེག་པ་ཆེ་ཆུང་། སྔགས་མཚན་ཉིད་ཐམས་ཅད་ལ་མཁས་ཤིང་ཁྱད་པར་དུ་ཡོ་གའི་འགྲེལ་ཆེན་རྣམས་ལ་མཁས་པས་དཔལ་མཆོག་གི་ཐིག་རྩ་ཆེན་མོའང་མཛད། ལྷ་མོ་རེ་མ

ཏི་དང་། དཀར་མོ་ཉི་ཟླ་སྟོང་གི་ཐོད་ཕྲེང་ཅན་བྲན་བཞིན་དུ་འཁོལ་བའོ། །
ཡབ་ནི་སློབ་དཔོན་ཆེན་པོ་དར་མ་འབྱུང་གནས་ཞེས་པ་རྗེ་བོ་བཟང་བ་བདེ་
མཆོག་ལྷན་སྐྱེས་དང་། ཕྱག་ན་རྡོ་རྗེའི་སྒྲུབ་པ་པོ་གཡོན་མཉམ་བཞག་དང་།
གཡས་ཕྲེང་བ་རྟག་པར་ཐོགས་པ། གསུང་དབྱངས་སྙན་པ་སྙིང་མ་འཁྱེར་བ་
ཞིག་གོ །ཆོས་རྗེ་ཉིད་ཀྱི་ཞལ་ནས་ཕ་རྗེའི་གྱེར་མ་དབྱངས་སྙན་པོ་དེ་ད་དུང་
ཡིད་ལ་འཇགས་གསུངས་སོ། །ཡུམ་ཆོས་འབུམ་གྱི་ལྷུམས་སུ་ཆོས་རྗེ་ཞུགས་
པའི་དུས་སུ་ཡུམ་གྱི་ཆགས་སྡང་ཀུན་གྲོལ། སྙིང་རྗེ་ཆེན་པོར་གྱུར་ནས་བདོག་
པ་ཐམས་ཅད་འདོན་ཆགས་མེད་པར་ག་ཐོད་མ་ཐོར་སུ་ཐམས་ཅད་ཐམས་ཅད་
ལ་བྱིན་པས་ཆོས་འབུམ་སྒྲོ་འདུག་གོ་ཞེས་གྲགས་སོ། །སྐུ་བལྟམས་པའི་དུས་སུ་
ལྟས་བཟང་པོ་རྨི་བ་དུ་མ་བྱུང་། ན་བཟའ་རས་ཀྱི་ཨང་ག་རག་གསོལ་བ་དེ་ལ་
དེ་ནས་ལྷའི་བུ་གཉིས་མེ་ཏོག་གི་ཆར་དང་བདུད་རྩིའི་རྒྱུན་འབེབས་ཤིང་ཀླུའི་
རྒྱལ་པོ་གཉིས་ཀྱིས་གདན་ཁྲི་འབུལ་བ་བྱུང་ངོ་། །ཧེཝུ་རའི་རྒྱུད་རིམ་ལའང་དེ་
ལྟར་བྲིས་གདའ་འོ། །དེ་ལྟར་འགྲོ་དོན་ལ་ཕྱོན་བླ་མའི་སྐུ། །ཏ་ཙང་ཆེ་བ་མ་
ཡིན་ལ། །ཏ་ཙང་ཆུང་བའང་མ་ཡིན་པ། །བཞུགས་ན་གཟི་བརྗིད་ཆེ་བ་ལ། །
བཞེངས་ན་ཕྱོགས་ཀུན་མཛེས་པའོ། །ཁྱད་པར་དུ་ཡང་དབུ་དང་ཆེམས། །
སྤྱན་ཡང་དེ་ལྟ་མི་ལ་མེད། །སྟེ་སྟོད་ཆོས་ཆར་འབེབས་པའི་ཚེ། །གདུལ་བྱའི་
གཏི་མུག་སེལ་བའི་གསུངས། །དེ་ལྟའི་གསུང་ཡང་མི་ལ་མེད། །དེ་ཡང་
འཕགས་པ་ཀླུ་སྒྲུབ་ཀྱི་ཞལ་སྔ་ནས། ཚིག་ནི་བདེན་ལ་འཇམ་པོ་དག །ཡུན་
རིང་དུས་སུ་བརྗོད་པ་ཡི། །མི་ཡི་དབང་པོ་ལྷགས་ཡངས་ཤིང་། །ཚངས་པ་ཡི་
ནི་དབྱངས་སྙན་འགྱུར། །ལྷག་པར་གུས་དང་བཀུར་བསྟི་དག །ཇི་ལྟར་
རིགས་པར་རྗེས་འཇུག་པས། །ཆེམས་ནི་ཤིན་ཏུ་དཀར་བ་དང་། །མདོག་ལྡན་

མཉམ་པའི་ཚོམས་སུ་འགྱུར། །བདེན་དང་འཕྲ་མ་མེད་པ་ཡི། །ཚིག་ནི་ཡུན་རིང་གོམས་པ་ཡིས། །དཔལ་ལྡན་ཚེམས་ནི་བཞི་བཅུ་ཐམ། །མཉམ་པར་ཐགས་ཀྱང་བཟང་བར་འགྱུར། །ཆགས་དང་སྡང་དང་རྨོངས་མེད་ཅིང་། །བྱམས་པས་སེམས་ཅན་ལྟས་པ་ཡིས། །སྤྱན་ནི་བཀྲག་ཅན་མཐོན་མཐིང་ལ། །རྫི་མ་བ་ཡེ་ལྟ་བུར་འགྱུར། །བཟོད་པས་མདངས་ལྡན་དགེ་བས་བརྗིད། །བསམ་གཏན་གྱིས་ཞི་སྣོ་ཡིས་གྲོལ། །ཞེས་གསུངས་པའི་རྒྱུ་མཐུན་པ་ལས་འཁྲུངས་པ། ལྷུགས་ཡངས་ཤིང་བདེ་བ་ཚངས་པའི་དབྱངས་དང་ལྡན་པ། ཚེམས་དཀར་ཞིང་ཚད་མཉམ་པ། ཐགས་བཟང་བ་གྲངས་བཞི་བཅུ་ཚང་བ། སྤྱན་མཐོན་མཐིང་དཀར་ནག་ཕྱེད་ལ་སྤྱན་རྫི་སྟུག་པ་ཞལ་མདངས་དང་ལྡན་ཞིང་གཟི་བརྗིད་ཆེ་བ་ཞིག་གོ །

དགུང་ལོ་བདུན་བཞེས་ནས་སློག་དང་། རྒྱ་ཡིག་དང་། བོད་ཡིག་དང་། བི་ཁ་ར་རྣམས་བསྒྱུར་བ་དང་། བཀའ་བཅད་བྲི་ཐིག་བསླབས། བྱིས་པའི་དུས་ནས་གཏན་ཁྲིམས་ལྔ་པའི་དགེ་བསྙེན་མཛད། དགུང་ལོ་བཅུ་གཅིག་ནས་ཉི་ཤུ་རྩ་གཅིག་གི་བར་དུ་ཆག་ལོ་ཙཱ་བ་གོང་མ་དགྲ་བཅོམ་གྱི་ཞབས་དྲུང་མ་བྲལ་བར་བསྟེན། བདེ་མཆོག་གི་དབང་ཐོབ། སྔགས་མཚན་ཉིད་ཀྱི་གཞུང་གདམས་ངག་མང་པོ་ཞུས། སེམས་བསྐྱེད་ཀྱི་བཀའ་ལྔ་ཞུས་སོ། །སྤྱིར་ལོ་བཅུ་བདུན་ལོན་ནས་ལོ་བཞི་བཅུ་རྩ་ལྔའི་བར་དུ་སྣག་སྒྱུག་དང་མི་འབྲལ་བའི་དམ་བཅའ་བྱས་ཞེས་བླ་མ་ཉིད་འཇུ་ཐུར་གསུངས་སོ། །དགུང་ལོ་བཅུ་བཞི་བཙོ་ལྔའི་དུས་སུ་ཏྲེའུ་རའི་བཀྲ་ཤིས་ལྷུན་པོར་སྐུ་མཚམས་བཅད་ནས་ཁྲོ་བོའི་རྒྱལ་པོ་མི་གཡོ་སྔོན་པོ་ཕྱུས་བརྩེགས་ཀྱི་བསྙེན་པ་འབུམ་ཚོ་ཉི་ཤུ་རྩ་དྲུག་བསྐྱལ་བས་ཐུགས་དམ་ལྷའི་ཞལ་གཟིགས། དེ་ཡང་གཞན་ལ་གསང་སྟེ་སློབ་དཔོན་དོན་

ཞུགས་པ་ལ་གསུངས་པས་ཡིད་མ་ཆེས་པར་ཕྱིས་ཆོས་རྗེ་རྒྱ་གར་དུ་བཞུད་ཚེ་དོན་ཞུགས་པ་ན་རེ། ད་རྒྱ་གར་ནས་མི་ལྡོག །སྒྲོག་གི་བར་ཆད་ཡོང་། ཡི་དམ་ལྷའི་ཞལ་མཐོང་གསུངས་ཏེ་བར་ཆད་ཡིན་ཟེར་སྐད་པ་ལ་དུས་ཕྱིས་ཆོས་རྗེ་རྡོ་རྗེ་གདན་ནས་བར་ཆད་མེད་པར་ཕྱིན། དགོངས་པའི་དོན་ཐམས་ཅད་གྲུབ་ནས་ལྷོའུ་རར་ཕེབས་པའི་དུས་སུ་དོན་ཞུགས་པ་དེ་ཡིད་ཆེས་དད་གུས་གཞན་ལས་ཆེའོ། །བླ་མ་འདི་གྲུབ་ཐོབ་ཡིན་པར་འདུག་པ་ལ་ན་ཉིང་ངའི་རྨི་ལམ་ན་ལྷོའུ་རའི་ནུབ་ཕྱོགས་རྒྱ་ཚའི་རིའི་སྟེང་ནས་ཉི་མ་ཤར་བས་གཉལ་པ་ཐམས་ཅད་འོད་ཀྱིས་ཁེངས་པའི་རྨི་ལམ་བྱུང་། ཆོས་རྗེ་པ་ཕྱིན་པའི་ལྟས་བཟང་པོ་ཡིན་པར་འདུག་གསུངས་ནས་ཤིན་ཏུ་གུས་པ་ཆེ་སྐད་དོ། །

དགུང་ལོ་ཉེ་ཤུའི་དུས་སུ་ཆོས་རྗེ་གོང་མའི་ཞལ་ནས་ཉིད་རྒྱ་གར་དུ་བཞུད་དགོས། དེ་ལ་བི་ཤྭ་ཏ་ནི་ཤེས་ཟེར། མངོན་པ་ཤེས་དགོས་པས་སློབས་ཤིག །བལ་པོའི་གནས་པོ་ཧྭ་རོ་ཏང་ཐུང་བ་ལ་གྱིས་ཤིག །དེ་ཀུན་ངའི་གནས་པོ་ཡིན་ནོ། །པཎྜི་ཏ་ཐམས་ཅད་ལ་ཆོས་ཞུ་ཚད་ལ་དུས་མཉམ་དུ་ཞུས་ཤིག །ཕྱིས་ཞུས་ན་ཕྱ་མ་མི་མཉེས་པ་འོང་ངོ་། །ནུས་ན་རྒྱ་གར་རྡོ་རྗེ་གདན་དུ་བཞུད། རྒྱ་གར་གྱི་ཆུ་འཐུང་བ་ཙམ་གྱིས་ཀྱང་འོང་ངོ་། །སྒྲ་བཟང་ལ་ལྟེ་བདེ་བར་འགྲོ་གསུང་བའི་གསུང་ཆེམས་གནང་ནས་དེར་ཆོས་རྗེ་གོང་མ་རྒྱ་གར་རྡོ་རྗེ་གདན་དུ་གཤེགས་པས་ཤཱཀྱ་ཤྲཱི་དང་། བུདྡྷ་ཤྲཱི་དང་། རཏྣ་ཤྲཱི་ལ་སོགས་པའི་ལོ་ཙཱ་བ་མཛད་ཅིང་ཐུགས་ཟིན་པ། དཔྱལ་ལོ་ཙཱ་བ་ཆོས་ཀྱི་བཟང་པོ་དང་རྒྱ་གར་དུ་དུས་མཚུངས་པའི་གྲོགས་པོ་དམ་པ་བདེ་མཆོག་གི་གྲུབ་པ་བརྙེས་པ་དེ་དགུང་ལོ་དྲུག་ཅུ་རྩ་བཞི་ལ་སྐུ་གཤེགས་སོ། །དེ་ནས་དེའི་ལོ་རང་ལ་ཆོས་རྗེ་རྒྱ་གར་རྡོ་རྗེ་གདན་མ་མཐོང་བར་དུ་བོད་དུ་མི་ལྡོག་པའི་དམ་བཅའ་མཛད། ལྷོའུ་རའི་ཤར་

ཀྱི་སྒོའི་ཐེམ་པ་ལ་ཞབས་གཏད་ནས་རྡོ་རྗེ་གདན་མ་མཐོང་བར་དུ་བཟློག་རིའི་དབུ་སྐུད་བཞེས་ནས་ཞང་པོ་ཚད་མ་དང་འདུལ་བ་ཤེས་པའི་དགེ་བཤེས་གཅིག་གིས་ཞབས་ཏོག་མཛད་ནས་ཕྱིན། གཙང་དུ་བླ་མ་ས་སྐྱ་ལོ་ཙཱ་བ་དང་། ཁྲོ་ཕུ་ལོ་ཙཱ་བ་དང་། ཉང་སྟོད་ལོ་ཙཱ་བ་དང་། བྱང་ཆུབ་སེམས་དཔའ་སྣར་ཐང་པ་གྲོ་ཆེན་པོ་ལ་སོགས་པ་མཁས་བཙུན་མང་པོ་ལ་ཆོས་མང་དུ་གསན། བླ་མ་ཆེན་པོ་གྱུང་ཐང་པ་ལྷ་བཙུན་ལ་ལྷག་པར་ཆོས་མང་དུ་གསན་ཏེ་མངོན་པ་ཀུན་ལས་བཏུས་མཁས་པར་བསླབས། ཆོས་རྗེའི་ཐུགས་ནས་གསུང་པའི་དཔེ་ཆ་ལག་མཐིལ་ཙམ་ཡང་མ་དགོས་པར་གདའོ། །འཕགས་སྐོར་རྫོག་ལུགས་ཀྱང་དེར་གསན་ནོ། །དེ་ལྟར་གཙང་དུ་ལོ་བཅུ་བཞུགས་སོ། །བླ་མ་ཆོས་རྗེ་ཆག་ལོ་ཙཱ་བ་བོད་དུ་སྐུ་འཁྲུངས་པའི་ལོ་ཙཱ་སྐྱེ་དང་པོའོ། །

དེ་ནས་བལ་ཡུལ་དུ་གནས་པོའི་ཁང་པར་ཕྱིན་པས་ཐག་རིང་པོ་ནས་ཕྱིན་པས་ཞག་འགའ་བསྐྱེལ་གསོ་དགོས་ཟེར། ཕ་རྡོ་ཕྱི་རོལ་ཏུ་ཕྱིན་པས་ཐུགས་སྐྱོ། ཕྱི་རྡོ་སྲང་མདོར་ཕྱིན་པས་ཀྱང་ཐུགས་སྐྱོ་ནས་བླ་མ་མཇལ་བར་མྱུར་དུ་རིངས་ནས་གནས་པོའི་གམ་དུ་ཕྱིན་ནས་ང་འགྲོ་གསུངས་པས་འོ་ན་བཞུད་ཟེར། དེ་ནས་འཕགས་པ་ཤིང་ཀུན་དུ་བླ་མ་རཏྣ་ན་རཀྵི་ཏ་རིན་པོ་ཆེའི་སྤྱན་སྔར་ཕྱིན་ནས་དྲིལ་བུ་ལེགས་པ་གཅིག་བླ་མ་དེ་ལ་ཕུལ། བཛྲ་ཀྲཏྣ་ཕ་ལ་ཕ་ལ་གསུངས་པས། ཆོས་རྗེའི་ཐུགས་ལ་དྲིལ་བུ་གཅིག་ཕུལ་བ་ལ་རྡོ་རྗེ་དྲིལ་བུ་བཟང་གསུངས་པ་ཅི་ཙུག་ཡིན་སྙམ་ཙ་ན་སྔོ་བལ་ན་དྲིལ་བུའི་མགོ་ལ་རྡོ་རྗེ་ཡོད་པ་དེ་ལ་རྡོ་རྗེ་དྲིལ་བུ་ཟེར་བར་འདུག །དྲིལ་བུ་མགོ་མེད་པ་ཏའམ་སྒང་པོའི་སྐེ་ལ་བཏགས་པ་དེ་ལ་དྲིལ་བུ་ཟེར་བར་འདུག་གསུངས། བླ་མ་དེ་ལ་དྲིལ་བུ་དེ་ཕུལ་བས་དེའི་མཐོང་ཆོས་ད་ལྟ་དྲིལ་བུ་སུམ་བརྒྱ་ཙམ་ཡོད་པ་འདི་བྱུང་གསུངས།

དེ་ན་བོད་ཀྱི་མི་ཁམས་པའི་དགེ་བཤེས་སྟོན་གྲགས་ལ་སོགས་པ་དྲུག་དབང་ཞུ་བར་འདུག་པ་ལ་རྒྱ་སྐད་ཤེས་པ་མི་འདུག་ནས་དེར་ལོ་ཙཱ་བ་མཛད་ནས་དཔལ་བདེ་མཆོག་ལྷ་བཅུ་གསུམ་མའི་དབང་ལ་སོགས་པ་ལྷུ་ཐོབ། ང་ཕོང་ལ་དྲིན་ཆེ་ང་ལའང་ཕོང་དྲིན་ཆེ་གསུངས། འཕགས་པ་ཤིང་ཀུན་ན་ཆོས་བཞི་ཡོད། དེའི་ཚེ་བླམ་རཀྵི་ཏ་ཧེན་འགའ་བཞེངས་ནས་རབ་གནས་བྱེད་པའི་ས་ཆོག་མཛད་ཁར་འདུག་པ་ལ་སླེབས་པས་མཉེས་ནས་སྟོ་ཏ་ཨ་ཧི་ཕ་ལ། བོད་ཇོ་མཚར་ཆེ་ཉིད་ལྷ་བུ་བོད་དུ་སྐྱེ་བ་འདུག་གསུངས་སོ། །ཡང་པཎྜི་ཏ་ཆེན་པོ་རེ་ཤེཀྵ་དེ་བ་ཤི་མའི་དབང་པོའི་ལྷ་མངོན་པར་ཤེས་པ་མངའ་བའི་དགེ་བསྙེན་དེ་ལས་འཕགས་སྐོར་དང་། རྡོ་རྗེ་འཕྲེང་བ་ལ་སོགས་པའི་ཆོས་མང་དུ་ཞུས། མདོ་རྒྱུད་རྫོགས་པ་བསྡུས་པ་ཚར་གསུམ་གསན་པས་དེ་ཙམ་མི་དགོས་གསུང་ཡང་ཞུས་ཏེ་གསན་པས་མཉེས་ཏེ། བ་ཧུ་ཏ་སཏྭ་ཨཏྲ། སེམས་ཅན་མང་པོའི་དོན་འོང་གསུང་ངོ་གསུངས། བལ་ཡུལ་ན་འཕགས་པ་བུ་ཁང་གི་〈ཁམ་གྱི་〉གཙུག་ལག་ཁང་ན་སྤྱན་རས་གཟིགས་ཀྱི་སྐུ་ཙནྡན་ཤིང་ལ་རང་བྱོན་བྱིས་པ་ལོ་བཅོ་ལྔ་ལོན་པ་ཙམ་ཞིག་ལ་སྐུ་མདོག་དམར་པོར་བཞུགས། འཕགས་པ་བུ་ཁམ་དེ་རྒྱ་གར་ན་གྲགས་ཆེ། བོད་ན་འཕགས་པ་ཤིང་ཀུན་གྲགས་ཆེ། འཕགས་པ་བུ་ཁམ་དེ་སྟོན་ཟླ་འབྲིང་པོའི་ཚེས་བརྒྱད་ལ་ཕྱི་རོལ་དུ་སྤྱན་དྲངས་ནས་མཆོད་པ་བྱེད་པས་ལྟད་མོ་ཆེན་པོ་འོང་། ཡུལ་མི་སྤྱིས་མཆོད་པ་བྱས་ནས་བྱེ་བྲག་ཏུ་རྒྱལ་པོ་དང་། རྗ་རི་དང་། ཀུན་གྱིས་རང་རང་གི་ཁང་ཁྱིམ་དུ་སྤྱན་དྲངས་ཏེ་མཆོད་པ་བྱེད། ཞོ་དང་འོ་མ་དང་སྦྲང་དང་། སྦྲང་རྩི་དང་། ཀ་ར་དང་ལྷུ་ལ་ཕྱིའི་བདུད་རྩི་ལྔ་ཟེར་ཏེ། དེ་དག་གིས་སྤྱི་བོ་ནས་བླུགས་ཏེ་སྐུ་ཁྲུས་གསོལ་ནས་ཁྲུས་ཆུ་ཞུས་པས་ཁྲུས་ཆུ་དང་བཟའ་བ་གཉིས་ཀ་འོང་། དེ་ལྟར་ཟླ་བ་ཕྱེད་དུ་མཆོད་

པས། མཚལ་ཤས་ཆེ་བའི་རྩི་དམར་པོ་ཡོད་པ་དེ་སངས་ཀྱིས་བྱི་ནས་མེད་པར་འགྲོ། དེ་ནས་ཟླ་བ་ཕྱི་མའི་ཆོས་བདུན་གྱི་ཉིན་བར་ཏང་ཟེར་བ་སྤུགས་པ་གཞོན་པ་རྣམས་ཀྱིས་བསིལ་ཡབ་ལ་སོགས་དང་རོལ་མོ་མང་པོ་ཐོགས་ཏེ་ལྷ་ཁང་དུ་སྤྱན་དྲངས་ཏེ་ལྷད་མོ་མང་པོ་འོང་། ཆོས་བརྒྱད་ཀྱི་ཉིན་པར་རྩི་དམར་པོ་གསར་དུ་གསོལ་བར་འདུག་གསུངས། དབུ་མ་རིན་ཆེན་ཕྲེང་བའི་ལེའུ་གསུམ་པར་སྙིང་པོ་ལྷ་རྣམས་སྦྱིན་པ་དང་། ཞེས་པར་དེ་གསུང་ངོ་། །

ཡང་བལ་ཡུལ་ན་ཐམ་བི་ཧ་ཀ་པའི་གཙུག་ལག་ཁང་ངམ་གོང་གི་ལྷ་ཁང་ཟེར་དེ་ནི་མཆོད་རྟེན་གཅིག་ལ་ནུབ་རི་བཞིན་འོད་འབར་བ་ཇོ་བོ་རྗེས་གཟིགས་ནས་དེ་ན་ཅི་ཡོད་ཀུན་ལ་དྲིས་པས་ཤེས་པ་མ་བྱུང་བ་ལ་རྒན་མོ་གཅིག་ན་རེ་སངས་རྒྱས་འོད་བསྲུངས་ཀྱིས་དཀྱིལ་འཁོར་བཞེངས་པའི་རྡུལ་ཚོན་ཡོད་པ་ཡིན་ནམ་ཞེས་ཟེར་བས་དེའི་ཞབས་ཏོག་ཏུ་ཇོ་བོས་ལྷ་ཁང་བཞེངས་པ་སྟེ་མཆོད་རྟེན་དེའི་མདུན་ན་ཤཱཀྱ་ཐུབ་པའི་གསེར་སྐུ་བཞེངས་པ་གཅིག་ཡོད། དེ་ལ་ཇོ་བོ་མི་འཇིགས་པ་སྦྱིན་པ་ཟེར། རྒྱ་གར་བ་གནས་དེ་ལ་དྷརྨ་དྷཱ་ཏུ་བི་ཧཱ་ར། ཆོས་ཀྱི་དབྱིངས་ཀྱི་གཙུག་ལག་ཁང་ཟེར་རོ། །དེ་ན་གསེར་སྲང་བརྒྱད་བཅུ་འཛིན་ལ་བཏང་བའི་ཁྲི་རྒྱན་རྣམས་གཞི་ཟངས་ལ་འཕྱུལ་མ་བྱས་པ། གསེར་བྱུགས་པ་མུ་ཏིག་གིས་བརྒྱན་པ་ཡོད་དོ། །དེ་བླངས་ནས་ཆོས་འཛུགས་པའི་མིས་བླ་མ་བཞུགས་སུ་གསོལ་བ་བཀུར་བསྟི་ཡིན། དེ་ད་ལྟའང་བར་ཆོས་བཟང་ངོ་། །ཆོས་རྗེས་དེར་མ་བཞུགས་འཕགས་པ་ཤིང་ཀུན་ན་ཆོས་གཞི་ཡོད་པས་དེར་བཞུགས་གསུངས། རིན་ཆེན་ཕྲེང་བར། དམ་པའི་ཆོས་དང་ཆོས་སྨྲ་ལ་ཁྱོད་ཀྱིས་བཀུར་བསྟི་མཆོག་དང་ནི་ཞེས་པ་དེ་གསུང་ངོ་། །ཡང་བླ་མའི་ཞལ་ནས། སྤུགས་པའི་བུ་ཚ་ཡིན་པས་མཐུའི་རིགས་རྣམས་དགོས་སྐམ་ནས་མ་ལོ་པ་

ཏྲ་ཞེས་བྱ་བ་ལ་སོགས་པ་ངན་སྔགས་ཤོག་དེབ་ལྔ་ཙམ་བྲིས་ཏེ་ཕྱིས་སྟོང་ངོར་སོང་། དེ་ཙ་ན་སྡེ་སྣོད་མང་པོ་མཉན་ཡོད་པ་ཡིན་ཏེ། ངན་སྔགས་ཀྱིས་དགོས་པ་མེད་སྙམ་པ་མ་བྱུང་། བླ་མ་རེ་ཤཱནྟའི་སྤྱན་སྔར་ཕྱིན་པས་དེ་ཚོ་དགོས་པ་མེད་པར་སོང་། བླ་མ་དེ་དྲིན་ཆེ། ངན་སྔགས་རིགས་ཕྱིས་མེད་པར་བྱས་གསུངས། བལ་ཡུལ་དུ་ལོ་རིལ་པོ་བརྒྱད་བཞུགས་སོ། །དེའི་དུས་སུ་རྒྱ་གར་ནའང་སྒྲ་ལ་མཁས་པ་མེད་དེ་འོང་སྙམ་པའི་གདེང་ཡོད་གསུངས་སོ། །བླ་མ་ཆོས་རྗེ་ཆག་ལོ་ཙཱ་བས་བལ་ཡུལ་དུ་བྱོན་པའི་ལེའུ་སྟེ་གཉིས་པའོ། །

དེ་ནས་རྒྱ་གར་དུ་བཞུད་པ་ལ་བླ་མ་གཙང་པ་གྱི་རི་བ་དང་བླ་མ་རེ་ཤཱནྟ་གཉིས་མ་གཏོགས་པ་ཁྲོ་ཕུ་བ་དང་། ས་སྐྱ་པ་ལ་སོགས་པ་ཐམས་ཅད་ཀྱིས་སྐུ་ཚེའི་བར་ཆད་འོང་མི་བཞུད་པར་ཞུ་གསུངས། གྱི་རི་བའི་ཞལ་ནས་རྒྱ་གར་དུ་བྱོན་ཡང་བར་ཆད་མི་ཡོང་གསུངས། རེ་ཤཱནྟའི་ཞལ་ནས་ཁྱེད་རྒྱ་གར་དུ་བྱོན་ཡང་བར་ཆད་མི་ཡོང་། འོ་སྐོལ་ཕ་པདྨ་མཇལ་འོང་གསུང་པ་དེ་ག་ལྟར་བྱུང་། བླ་མ་དེ་གཉིས་ལ་མངོན་ཤེས་མངའ་བར་འདུག་གསུང་ངོ་། །གཡོག་གི་ཞང་པོ་དེ་བལ་ཡུལ་དུ་གྲོངས་དེ་ནས་ཞབས་ཏོག་པ་མེད་པར་བྱོན་ཏེ། དབུས་ནས་རྒྱ་གར་བསྐོར་ཡང་གཡོག་མེད་ཅིང་རྫོད་དུས་མི་རྒོད་མང་ཡང་ལམ་དུ་རང་ནམ་ཡང་ཆོམ་པོས་བཅོམ་པ་མ་མཆིས་པ་དེའང་མཁན་པོ་ཆོས་རྗེ་ཆེན་པོའི་དྲིན་ཞེས་ཡི་གེའང་མཛད་དོ། །བལ་པོ་ནས་རྒྱ་གར་དུ་བཞུད་པ་ལ་དྲང་སྲོང་གི་རི་ཨུ་ཤཱི་ར་ཞེས་པ་རྩེ་མཐོའམ་མགོ་པོ་ཆེ་ཟེར་བ་སོགས་རི་གསུམ་ཡོད། དེང་སང་བལ་པོའི་སྐད་ལབ་པའི་ས་ནས་བྱོན་པས་རྒྱ་གར་བའི་སྐད་ལབ་པའི་སར་སླེབས་གསུངས། སླེབས་པའི་ས་ན་ཏི་ར་ཧུ་ཏི་ཞེས་པའི་ཡུལ་ཁམས་ཡོད། དེའི་དཀྱུས་ཐག་ལ་ཟླ་བ་གསུམ། དཀྱུས་ཐུང་ཤོས་ལའང་ཉིན་ལམ་ཉི་ཤུ་ཡོད། དེ་

ནས་མར་གྲོགས་པོ་ཁམས་པ་ལྷུན་མ་ཚུལ་ཁྲིམས་སེང་གེ་བྱ་བ་དང་གཉིས་ཀྱིས་ཀྱོན་པས་རིགས་ངན་མོས་བདས་པས་ཆོས་རྗེ་བྲོས་པས་ཐར། ཚུལ་ཁྲིམས་སེང་[གེ་] བུ་མོ་གཅིག་གིས་ལག་པའང་བཅག་གོ །དེ་དུས་ན་བསླབ་པ་གཙང་གཉེན་པོ་ཆེ་བ་ཡིན་པ་ལ། ཕྱིས་བསླབ་པ་འཆལ་བས་སོ་ཤི། ནཱ་ག་ནི་ཤྲཱི་ཏ་ཟེར་ཏེ་འདོད་ཆགས་བསྟེན་པ་དེ་བོད་ཀྱིས་བྱས་ན་རྒྱ་གར་གྱི་ཚད་པ་ཕོག་འཆི་བ་ཡིན། ནཱ་ག་ཨ་ནི་ཤྲཱི་ཏ་ཟེར་ཏེ་འདོད་ཆགས་མི་བསྟེན་པ་བསླབ་པ་གཙང་སེང་ངེ་བྱས་པས་ང་མ་ཤི་གསུངས། ཏི་ར་ཧུ་ཏི་ན་ལམ་ནས་མཐོང་བའི་ལྷ་ཁུབ་མཚམས་ཤིག་ན་བུ་རམ་ཤིང་གི་ནགས་ཚལ་སྔོ་ཐིབ་སེ་བ་ཡོད་གཞན་པས་སྔོ། བུ་རམ་དེ་ནས་འོང་གསུངས། ཡུལ་དེ་ནི་གྲོང་ཁྱེར་པ་ཏ་བྱ་བ་མི་ཁྱིམ་འབུམ་ཚོ་དྲུག་ཡོད་པ། ལྕགས་རི་བདུན་གྱིས་བསྐོར་བ། ལྕགས་རི་མཐོ་བ་ལ་བོད་ཀྱི་མཁར་ཙམ་པ་དེའི་ཕྱི་རོལ་དུ་ཆུ་དང་ཤིང་ལ་སོགས་པའི་འོབ་ཉི་ཤུ་རྩ་གཅིག་གིས་བསྐོར་བའི་དབུས་ན་རྒྱལ་པོའི་ཕོ་བྲང་ཡོད། དེ་ལ་སྒོ་མོ་ཆེ་བ་བཅུ་གཅིག་ཡོད། ཤར་ནུབ་ལྷོ་ན་གསུམ་གསུམ། བྱང་ན་གཉིས། བྱང་གི་གཉིས་པོ་མ་མཐོང་གཞན་རྣམས་ལ་སྒོ་མདུན་ན་ཟམ་པ་ཡོད། ཟམ་པའི་ཕྱི་རོལ་ན་མཚོའི་མདུན་ན་བཞག་པའི་མེ་མདའ་འཕེན་པ་བཅུ་ལྷག་རེ་ཡོད། ཟོན་བྱེད་པ་འདྲ་དེ་ལ་ཧུ་རུ་ཥྐ་གར་ལོག་ཟེར་བའི་དམག་གིས་ལོ་སྐོར་གཅིག་ཧུ་དམག་དྲངས་ཀྱང་མ་ཕེབས་སྐད། དེ་ན་རལ་སྐོར་ཤེས་པའི་མི་གསུམ་ཡང་ཡོད་སྐད། སྔང་པོ་ཆེ་མོ་གཅིག་ཀྱང་རྒྱལ་པོ་དེ་ལ་ཡོད་གསུངས། དེ་ན་ཕར་ཐྣ་པོ་བལ་ཡུལ་ནས་ཕའི་རུས་བུ་ཆུ་བོ་གང་ག་ལ་སྐྱེལ་བ་དེས་ཕའི་སྡིག་སྒྲིབ་དག་པར་འདོད་པ་མུ་སྟེགས་པའི་ལུགས་ཕའི་རུས་བུ་ཆུ་བོ་གང་ག་ལ་སྐྱེལ་བའི་མི་ཡིན་ཟེར་ནས་ཡ་མཚན་པར་བྱེད་པས་དེ་འདྲ་སུམ་བརྒྱ་ཙམ་དང་། རྡོ་རྗེ་གདན་དུ་འགྲོ་བ་བཅུ

རྡུག་དང་བསྐྱེབས་ནས་བྱོན། གྲོང་ཁྱེར་པ་ཏ་དེར་ཆོས་རྗེ་དང་མི་བཞིས་རྒྱུགས་འཚོལ་དུ་བྱོན། བག་ཙམ་གཅིག་འགོར་ནས་བྱོན་པས་ལམ་ན་བླའོ་རྣམས་ངལ་བསོར་བཙུག་པ་སོང་ནས་མི་འདུག །རྒྱ་གཅིག་ལ་མཉན་པ་གཅིག་གིས་གྲུ་གཏོང་དུ་མ་ཉན་པས་ཀྱང་ལན། ཆོས་རྗེ་པ་མི་བཞིས་རྒྱ་བསྒྲོད་པ་དང་མུན་སྲོད་པར་གྱུར་ནས་ལམ་ན་སྨྱུག་མ་མང་པོ་ཡོད་པས་གྱི་ལྡོབ་ཁྱེར་ཏེ་བཅད་ནས་མེ་སྒྲོན་རེ་རེ་ཐོགས་ནས་བྱོན་པ་ལ་ཆོས་རྗེའི་ཞབས་ལ་ཚ་ཏམ་པ་གཅིག་བྱུང་ཏུར་གྱིས་བཏོན་པས་སྨྱུག་མའི་ཚལ་བ་གཅིག་ཟུག་ནས་ཞབས་ལས་ལྷགས་པ་ལག་མཐིལ་ཙམ་ཞིག་ལྡོགས་འདུག །ཁྲག་མང་པོ་མང་པོ་ཤོར་གསུངས། དེ་ལྟར་གྱུར་ཀྱང་སྨྱུག་མའི་མེ་སྒྲོན་ཕྱག་ཏུ་བསྣམས་ནས་གྲོང་དུ་བླའོ་རྣམས་འདྲི་ཞིང་བྱོན་གཅིག་ནས་གཅིག་ཏུ་བྱོན་ཡང་གཅིག་ནས་གཅིག་ཏུ་བྱོན་པས་ནམ་ཕྱེད་ཙམ་ན་བླ་པོ་རྣམས་རྙེད་དོ། །ལ་ལ་གཉིད་དུ་སོང་བ་བྱུས། ལ་ལ་གཉིད་མ་བྱུང་བར་སྡུག་བསྔལ་ནས་འདུག་གསུངས། དེའི་སང་དེ་ཆོས་རྗེའི་ཆགས་ཅིག་འཚོལ་བའི་མགྲོན་པོ་སུམ་བརྒྱ་པོ་དེ་འགྲོ་སྐབས་ཆག་གསུངས། དེའི་སང་དེ་ནས་བྱོན་ཏེ་ཉིན་ལམ་མང་པོ་སོང་བའི་སར་ལན་ཞིག །ཁ་སང་མ་ཏེས་མི་གསུམ་བསད། དེ་རིང་འགྲོ་མ་ནུས་ཟེར་བ་ཞིག་〈ཞིག་〉ལ་གྲོགས་པོ་སུམ་བརྒྱ་དང་བཅས་ཏེ། ཆོས་རྗེ་ཉིད་དང་གྲོགས་པོ་དམ་པ་གཉིས་དང་། གསུམ་པོས་སྔོན་ལ་ཡང་མ་བྱོན། ཕྱི་ལ་ཡང་མ་ལུས་པར་དབུས་ན་ཡར་བྱོན་པ་ལ་གྲོགས་པོ་སྤམ་རྣམས་རྡུལ་ཙ་རེ་ཐིག་གིས་བྲོས་ནས་བྱུང་། ཁ་སང་མི་གསུམ་གསོད་པའི་མ་ཏེ་དེ་བྱུང་སྐྱེ་ཁ་དོག་ནག་པ། ཁ་རླངས་ཆེ་བ། རྩིག་པས་ས་བརྡུལ་བ། རྒྱང་ནས་ཀྱང་ར་གཡོབ་ཅིང་། བརྡུང་སྟངས་འཛིགས་སུ་རུང་བ་རྣམས་སྟོན་པ། སྒྲོའི་སྤུ་ཡན་པ་རིང་པོ་ས་ལ་སླེབས་པས་གྲུ་བཞིར་སྡོན་〈མདོན་〉ཏེ།

རྒྱང་ནས་བལྟ་བ་ལ་ཕྱུར་བ་གདང་ལ་གཟེར་པ་འདྲ་བ། མ་ཧེ་བོད་སྐད་དུ་གཡག་རྒོད་ཅེས་པར་བསྒྱུར་རམ་གཞན་སྐད་དོད་མེད་གསུངས། དེར་དེ་འདྲའི་མ་ཧེས་ཉེན་ཏེ་འཇིགས་པ་ཆེན་པོ་བྱུང་ཡང་། ཆོས་རྗེས་ལམ་སྲུང་མཛད་པས་གནོད་དུ་མ་བྱུང་། ཕོ་རང་ནགས་ཁྲོད་གོལ་སར་སོང་གསུངས། དེ་ལྟར་ཉེན་ལམ་དགུ་བཅུ་མུ་སྟེགས་ཀྱི་རྒྱལ་ཁམས་ཏི་ར་ཧུ་ཏི་ལ་ཕྱིན་པའི་ལེའུ་སྟེ་གསུམ་པའོ། །

དེ་ནས་ཡངས་པ་ཅན་གྱི་གྲོང་མེད་པའི་མཐའ་འཁོབ་ཉེན་ལམ་དྲུག་ཡོད། དྲང་སྲོང་གི་རི་ཨུ་ཤིར་ཞེས་པ་རྩེ་མཐོན་ན་མགོ་བོ་ཆེ་ཟེར་བ་ཡོད། དེ་ཀུན་ཏུ་ཤི་སྐྱིད་ཀྱི་ཛག་པ་འོང་། དེ་མ་གཏོགས་གྲོང་དུ་སླེབས་ཙམ་ཡོད། སྤོངས་ཡངས་པ་ཅན་ཞེས་བྱ་བ་དཀྱུས་ཐུང་ཤོས་ལ་ཉེན་ལམ་བརྒྱད། དཀྱུས་རིང་ཤོས་ལ་ཉེན་ལམ་ཉེ་ཤུ་ཡོད་པ་ཞིག་གོ །དེ་ན་འཕགས་མ་སྒྲོལ་མ་རྗེ་ལ་རང་བྱོན་བཞེངས་སྐུ་དབུ་གཡོན་དུ་སྐྱོག་གེ་བ། ཞབས་གཡོན་མཉམ་པའི་རྐང་སྟབས་ལ་གཡས་ལོགས་སུ་བསྟན་པ་ཅན། ཕྱག་གཡས་མཆོག་སྦྱིན་གཡོན་དཀོན་མཆོག་གསུམ་མཚོན་པའི་སོར་མོས་ཐུགས་ཀར་བརྒྱན་པ་དེའི་ཞལ་མཐོང་བ་ཙམ་གྱིས་བར་ཆད་སེལ་བའི་བྱིན་རླབས་ཤིན་ཏུ་ཆེ་བ་གཅིག་བཞུགས། ཡངས་པ་ཅན་གྱི་གྲོང་ཁྱེར་ཆེན་པོར་ཕྱིན་པ་ན་དེའི་མི་ཀུན་ཤིན་ཏུ་ཁྲེལ་བར་འདུག་སྟེ་གར་ལོག་གི་དམག་འུར་ཆེ་བས་དངངས་ཤིང་སྐྲག་པར་འདའ་སྐད། དེ་ནུབ་ཆོས་རྗེ་ལོ་ཙྪ་བའི་གཟིགས་ལམ་དུ་རྗེ་གདན་ཛེ་ལྟ་བ་བཞིན་གཟིགས་ཤིང་ཆོས་རྗེ་ལོ་ཙྪ་བ་གོང་མ་དང་མཇལ་ནས་གསུང་གླེང་ཡང་མཛད་དོ། །དེ་སྐད་དུའང་ཆོས་རྗེ་ཉིད་ཀྱིས་མཛད་པའི་བླ་མའི་སྐུ་དྲིན་དྲན་པའི་ཚིགས་བཅད་ཨ་ནུ་ཥྲ་ཤ་ལ་རྗེས་སུ་བསྒྲུངས་པའི་རྒྱན་ཞེས་ལས། ལམ་འགྲོགས་བགྲོད་པ་

མང་ཡང་གར་ལོག་དང་། །ནགས་ཀྱི་མ་ཧེས་ཉེན་ཀྱང་རྣམ་འཕྲུལ་གྱིས། །རྡོ་རྗེ་གདན་མཐོང་གེགས་སུ་མ་གྱུར་པ། །དེ་ཡང་མཁན་པོ་ཆོས་རྗེ་ཆེན་པོའི་ཁྲིན། །ཞེས་པ་དེའི་དོན་ཇི་ལྟར་ལགས་ཞུས་པས། དེ་ལ་མ་ཧེས་ཉེན་པ་གོང་དུ་ཧི་ར་ཧུ་ཧིའི་སྐབས་སུ་བཤད་ཟིན་ཏོ། །རྣམ་འཕྲུལ་གྱིས་རྡོ་རྗེ་གདན་མཐོང་གསུང་པ་ཇི་ལྟར་ལགས། ཞེས་ཐང་པོ་ཆེའི་དགོན་པ་ཆེན་པོར་སྟོན་ཆོས་གསུང་དུས་སུ་བླ་བྲང་གི་ཐོག་ཁར་ཞུས་པས། དེ་ཁྱོད་ཀྱིས་བྲིས་སམ་གསུངས། ལོ་ལྔའི་གོང་དུ་ཧེའུ་རར་བྲིས་ལགས་ཞུས་པས་དེའི་དོན་འདི་ཡིན་གསུངས། ཡངས་པ་ཅན་དུ་སླེབས་པ་ན་མི་ཐམས་ཅད་གར་ལོག་གིས་འཇིགས་པས་ཕོ་རངས་བྲོས་པས་ནམ་ལ་བྲོས་པོ་བྱེད། ངའི་ཟླ་པོ་འཕྲོ་པོ་ཟེར་བ་ལམ་ལ་འགྲོ་བ་སུམ་བརྒྱ་ཡོད་པ་རྣམས་ཀྱང་འབྲོས་པར་འདུག་པ་ལ་ངའི་རྨི་ལམ་ན་རྡོ་རྗེ་གདན་དུ་ཕྱིན་པས་ཆོས་རྗེ་གོང་མ་བྱོན་ནས་ཕྱག་མཁར་གྱིས་ལྷ་ཁང་གི་སྒོ་རྣམས་ཕྱེ་ནས་བུ་ཁྱོད་ལེགས་པར་གཟིགས་ཤིག །འཇིགས་མི་དགོས་ཀྱི་འདི་ན་ཡར་ལ་བྱོན་ཅིག་གསུང་པ་ཡིན། དེ་ནས་གཉིད་བསད་པ་ན་སྙིང་ལ་ཉམས་དགའ་བར་བྱུང་གསུངས། དེ་ནས་ཕོ་རངས་སློངས་ཡངས་པ་ཅན་གྱི་མི་ཐམས་ཅད་བྲོས། ངས་མ་བྲོས་པས་ངའི་ཟླ་པོ་གཅིག་ན་རེ། འོ་ན་ང་ཡང་བསྡོད་ཟེར། ཡང་གཅིག་གིས་བསྡད། ངེད་གསུམ་གྱིས་བསྡད་པས་དེ་ནས་མགྲོན་པོ་གཅིག་གིས་བསྡད་དོ། །ཉི་མ་ཤར་ནས་སྒོ་མདུན་དུ་བྱོན་པ་ན་ཡོན་བདག་མོ་གཅིག་ལས་ནས་བྱུང་སྟེ་འགྲོན་པོ་ཀུན་གཏམ་སྙན་པོ་ཟླས་སུ་ཡོད་དོ་ཞེས་ཟེར་ཏེ་དམག་རྒྱ་གར་ནུབ་ཕྱོགས་ལ་སོང་ངོ་ཟེར་བས་ཐམས་ཅད་དགའ་ཚོར་ཆེན་པོ་བྱུང་སྟེ་མི་ཁ་ཅིག་ན་རེ་བུད་མེད་དེ་ལྷ་མོ་སྒྲོལ་མ་རང་ཡིན་ཟེར་ནས་དགའ་བྱུང་གསུངས་ནས་ཆོས་རྗེ་ཉིད་བཞེད་དོ། །ཡངས་པ་ཅན་དུ་རྡོ་རྗེ་གདན་གཟིམ་

ལམ་དུ་གཟིགས་པའི་ལེའུ་སྟེ་བཞི་པའོ། །

དེ་ནས་ཡངས་པ་ཅན་གྱི་མཐའ་ནས་རྡོ་རྗེ་གདན་དུ་ལྷོར་ཉིན་ལམ་བརྒྱད་ཡོད། ཆུ་བོ་གང་ག་ཡོད། དེ་ནི་ནུབ་ནས་ཤར་དུ་འབབ་པ་ཞོགས་པ་སྔ་མོ་ནས་གྲུ་ལ་ཕྱིན་ཀྱང་ཕ་རོལ་ཏུ་དགོང་མོ་ལས་མི་སླེབས་པ་གྲུ་སྐམ་བུ་འདྲ་བ་གཉིས་པོ་དེ་སྤྲུ་ཐག་གིས་བཅིངས་པའི་ནང་དུ་མི་སུམ་བརྒྱ་ཙམ་ཤོང་བ་ཡོད། ཆུ་བོ་དེའི་ནང་ནས་ཆུ་སྲིན་ན་ཀྲ་ཞེས་པ་གཡག་ཙམ་གཅིག་བྱུང་ནས་རེས་འགའ་གྲུ་རྡིབ་ཏུ་འཇུག །རེས་འགའ་གྲུའི་ནང་ནས་མི་བཟུང་ནས་ཁར་འཁྱེར་འགྲོ་བས་ཤིན་ཏུ་འཇིགས་པ་ཆེའོ། །གང་གའི་ཕ་རོལ་ན་ཡུལ་མ་ག་དྷ་ཡོད་དོ། །བོད་སྐད་དུ་དབུས་འགྱུར་འཆང་མ་ག་དྷ་དབུས་ག་ཧེ་གྱུར་པ་དྷ་ར་ཡ་ཧེ་ཀ་འཆང་བའོ། །ཡུལ་དེ་ནི་རྡོ་རྗེ་གདན་ནས་ཕྱོགས་བཞིར་དཔག་ཚད་དྲུག་ཅུ་དྲུག་ཅུའི་ནང་ནི་དབུས་ཀྱི་སའོ། །དེ་ནི་སའི་ཆས་ཕྱེ་བའི་དབུས་ཡིན་ནོ། །བསྟན་པས་ཕྱེ་བའི་དབུས་ནི་ཐོས་བསམ་སྒོམ་གསུམ་གར་ཡོད་པ་ནི་དབུས་མེད་པ་ནི་མཐའ་འཁོབ་ཡིན་ནོ་གསུང་ངོ་། །མ་ག་དྷའི་བྱེ་བྲག་དགྲི་ན་ར་ཞེས་པ་ལྷོ་ཕྱོགས་ཀྱི་རྒྱུད་ཅེས་པ་ན་བཛྲ་ས་ན་རྡོ་རྗེ་གདན་ཡོད། བྱ་རྒོད་ཕུང་པོའི་རི་དང་། ན་ལེནྡྲ་དང་། རྒྱལ་པོའི་ཁབ་དང་། འོད་མའི་ཚལ་ཡོད། བི་ཀྲ་མ་ཤི་ལ་ཆོས་རྗེ་གོང་མའི་དུས་དང་། ཁ་ཆེ་པཎ་ཆེན་གྱི་དུས་ན་ཡོད་པ་ན། ཆོས་རྗེ་ཕྱིན་དུས་ན་གར་ལོག་གིས་རྒྱང་རྡོའང་བརྟོན་ཏེ་ཆུ་བོ་གང་ག་ལ་བསྐྱུར་ཏེ་མི་འདུག་གསུངས། བླ་མ་ཆོས་རྗེས་རྡོ་རྗེ་གདན་དུས་སུ་མི་གཅིག་ཀྱང་མི་འདུག་པ་ལ་གྲོགས་བཙུན་པ་བཞི་ཡོད་པའི་རྒྱུས་ཅན་ཞིག་ན་རེ། མ་ལེགས་གར་ལོག་གིས་ཉེན་ནས་བྲོས་པ་ཡིན་ཟེར། བྱང་ཆུབ་ཆེན་པོའི་སྐུ་དེའི་སྒོ་སོ་ཕག་གིས་ལེགས་པར་བཙིགས་ཞལ་ཞལ་བྱས། དེའི་ཚར་སྐུ་གཅིག་བཞག་སྟེ་རྫུས་མ་སྐུ

ཚབ་ཏུ་བྱས། ཕྱི་སྔོ་ལའང་འདམ་ཞལ་བརྒྱབ་ནས་དེར་དབང་ཕྱུག་ཆེན་པོའི་སྐུ་གཅིག་བྲིས་པས་དེ་མུ་སྟེགས་ཀྱིས་མི་བཤིག་པའི་ཐབས་བྱས་འདུག་པས་རང་རེ་ལྷ་པོའང་སྟོད་མི་ནུས་འཁྲོས་དགོས་ཟེར་བ་ལ་ཉིན་ལམ་རིང་ལ་ཚད་པ་ཚ། སྐུ་སྐེལ་མུན་སྤྱོད་པས་དེར་གཟིམས་སུ་སོང་། གར་སོག་བྱུང་ན་མི་ཚོར་བ་འདུག་གསུངས། ནམ་ལངས་ནས་བྱང་ཕྱོགས་ལ་ཤིང་རྟ་དྲངས་པའི་རྗེས་སུ་འབྲངས་ནས་བྲོས་ནས་ཞག་བཅུ་བདུན་སྐུ་དེའི་ཞལ་མ་མཐོང་གསུངས། དེའི་དུས་སུ་ཡང་བུད་མེད་ཅིག་བྱུང་ནས་གར་སོག་ཐག་རིང་པོ་ཞིག་ཏུ་སོང་ནས་མེད་ཟེར་གཏམ་སྙན་པོ་བསྒྲགས་སོ། །དེ་ནས་རྡོ་རྗེ་གདན་དུ་ཕྱིན་ནས་ཇོ་བོ་བྱང་ཆུབ་ཆེན་པོའི་སྐུ་ལ་གསོལ་བ་བཏབ་སྐོར་བ་མཛད་ཅིང་བཞུགས་པ་ལ། ཉིན་གཅིག་རྒྱལ་པོ་ནགས་ནས་ཕྱིན་པ་ཡོད་དོ་ཟེར་གྲགས་ཅན་རྡོ་རྗེ་གདན་དུ་བཞུགས་པ་ཡུལ་མ་ག་དྷ་ཅིག་གི་བདག་པོ་རྒྱལ་པོ་བུདྡྷ་སེ་ན་སངས་རྒྱས་སྡེ་ཞེས་པ་བཅོམ་ལྡན་འདས་ཀྱི་ཞང་པོའི་རྒྱུད་པ་རྒྱལ་པོ་ལྷ་བརྟན་གྱི་རིགས་གཅིག་གདའ་བ་དེ་ནགས་ཁྲོད་ནས་ཕྱིན་པའི་ལམ་དུ་ཆོས་རྗེ་གྲོགས་རབ་ཏུ་བྱུང་བ་བཞི་དང་བཙུན་པ་ལྷས་བཞུགས་པ་ལ། རྒྱལ་པོ་དེ་གླང་པོ་ཆེ་སོགས་ན་འདོམ་བཞི་ཡོད་པ་མཐོ་དམན་ཁང་པ་ཐོག་དཔངས་འབྲིང་པོ་ཙམ་པ་ཞིག་གི་སྟེང་ན་རིན་པོ་ཆེའི་ཁྲི་བ་སོའི་རྒྱན་གྱིས་བརྒྱན་པ་ལ་དར་དཀར་གྱི་ཕྲག་ཞུ་དང་རྒྱན་སྣ་ཚོགས་ཀྱིས་བརྒྱན་ནས་བཞུགས་པ་གྲི་མཚོན་དང་མདའ་མདུང་ཐམས་ཅད་ཀྱི་རྩེ་མོ་གནམ་དུ་བསྟན་པའི་དམག་ལྷ་བརྒྱུས་བསྐོར་བ་མི་གཉིས་ཀྱིས་གླང་པོ་ཆེའི་སྣ་ནས་ལྷུགས་ཀྱུས་དྲངས་པའི་ཕྱི་ན་ཚུར་འོང་ཞིང་ཕྱིན་ནོ། །རྒྱལ་པོས་ཆོས་རྗེ་པ་ལྷ་པོ་རྒྱང་ནས་གཟིགས་པ་དང་དེ་མ་ཐག་ཏུ་རྒྱལ་པོ་ཉིད་ཀྱིས་དར་གྱི་ཞྭ་དེ་ཕུད་ཀྱིས་ཕུད་པས་ཆོས་རྗེའི་ཐུགས་ལ་རྒྱལ་པོ་ཅི་མཛད་དམ་སྙམ་པ་བྱུང་གསུངས། དེ་ནས

རྫེའི་དྲུང་དུ་སླེབས་པ་དང་ལྕགས་ཀྱུ་དེས་སྐྲ་རྩ་ནས་བཟུང་སྟེ་མི་ལྷས་རྒྱལ་པོ་གླང་པོ་ཆེའི་སྟེང་ནས་སོགས་ལ་འབྲེང་ཐག་གི་སྐས་ལ་ཤོད་དུ་ཕབ་སྟེ་རྒྱལ་པོས་ཆོས་རྗེ་པ་དང་ལྷ་པོ་ལ་ཕྱག་བཙལ་ཞིང་ནཱ་རོ་ལ་ཏེ་བསྐྲ་ནམ་གྱིས་ཇོ་བོ་ལ་ཕྱག་འཚལ་སོ་ཞེས་ཟེར་བར་རྒྱ་གར་གྱི་རྒྱལ་པོ་ཆེན་པོ་དེ་འདྲ་བ་ཡང་རབ་ཏུ་བྱུང་བ་ལ་ཕྱག་འཚལ་ཏེ་བོད་བ་ལང་ཡིན་པས་དེ་འདྲ་མི་ཤེས་གསུང་ངོ་། །བཛྲ་ཨཱ་སན་རྡོ་རྗེ་གདན་དེ་ན་ངོ་མཚར་ཆེ་བ་རྣམ་པ་དུ་མ་ཡོད་ལ་རྟེན་ཁྱད་དུ་འཕགས་པ་དུ་མ་བཞུགས་ཏེ། བོ་དྷི་བྲིཀྵ་བྱང་ཆུབ་ཀྱི་ཤིང་། མ་ཧཱ་བོ་དྷི་བྱང་ཆུབ་ཆེན་པོའི་སྐུ། ཆོས་རྒྱལ་མྱ་ངན་མེད་ཀྱིས་བཞེངས་པའི་གཙྭ་ལ། དེ་བཞིན་གཤེགས་པའི་ཚེམས་མཆེ་བ་གཅིག །བོད་འཕྲུལ་སྣང་གི་ཤཱཀྱ་མུ་ནེའི་བཞུགས་ཁྲི། རྡོ་བ་ལ་བཅོམ་ལྡན་འདས་ཀྱི་ཞབས་རྗེས་གཉིས། འཕགས་པ་ཀླུ་སྒྲུབ་ཀྱིས་མཛད་པའི་རྡོའི་དྲ་མིག །ཧཱ་ར་བི་ཧཱ་ར་སྒྲོལ་མའི་ལྷ་ཁང་ངོ་། །ཡང་ཀླུའི་རྒྱལ་པོས་དྲོ་དུང་གཏོང་བ་ཡོད་དེ། ནམ་ཞོད་དུས་ཉི་མའི་གྲིབ་ཚོད་མི་གསལ་བའི་ཚེ་རྡོ་རྗེ་གདན་གྱི་ཤར་ཕྱོགས་ན་ཚ་ཚའི་ཁང་བུ་འདྲ་བའི་སོགས་ལ་བུག་པ་མགོ་ཤོང་བ་ཙམ་གཅིག་ཡོད་པ་དེར་རྣ་བ་གཏད་པས་དྲོ་རན་ན་དུང་སྐད་ལྟ་བུ་སྒྲ་ཨུར་ཨུར་བ་འོང་གསུངས། བོ་དྷི་བྲིཀྵ་བྱང་ཆུབ་ཀྱི་ཤིང་ཞེས་པ་དེ་ལ་སྐུ་རྒྱབ་བརྟེན་ནས་རྩ་ཀུ་ཤ་ལ་གདན་མཛད་དེ་ཐུབ་པ་ཆེན་པོ་སངས་རྒྱས་པའོ། །བསྐལ་པ་བཟང་པོ་འདི་ལ་སངས་རྒྱས་སྟོང་འབྱུང་བ་ཐམས་ཅད་ཤིང་དྲུང་དེར་སངས་རྒྱ་བའི་གནས་སོ། །

རྡོ་རྗེ་གདན་གྱི་གཙྭའི་བོད་སྐད་དུ་དྲི་གཙང་ཁང་ཞེས་པའམ་དབུ་རྩེ་ཞེས་པའོ། །དེ་ནི་ཆོས་རྒྱལ་མྱ་ངན་མེད་ཀྱིས་བཞེངས་པ་འཕང་དུ་ཁྲུ་སུམ་ཅུ་སོ་ལྔ་ཡོད་པས་མཐོན་པོ་དེ་ཉིན་ལམ་གཉིས་ཀྱི་ས་ནས་བལྟས་ཀྱང་མངོན་ཙམ་ཡོད་

དོ། །སྤྲ་ལྷུག་གཅིག་དཀར་ལྷེམ་མེ་བཙུགས་པ་ཁོ་ན་འདྲ་བ་ཙམ་མཐོང་
གསུངས་སོ། །རི་མེད་པས་ཉི་མ་ཤར་ལུགས་ཀྱང་ས་ཡི་སྟེང་ན་ཕུབ་བཙུགས་པ་
ཁོ་ན་འདྲ་བ་ཤར་འོང་གསུངས། གཙྭོ་ལའི་སྒོ་ཤར་དུ་བལྟ་བ་མདུན་དུ་ཁྲམས་
ཕྲག་པ་གསུམ་དང་ལྡན་པ། རྒྱབ་ན་བྱང་ཆུབ་ཀྱི་ཤིང་སྡོང་པོ་གཉིས་ཀྱིས་
བརྟེན་པ། ཤིང་དེའི་འོག་ན་རྡོ་རྗེ་རྒྱ་གྲམ་གྱི་ས་གཞི་རྒྱུར་དཔག་ཚད་ཕྱེད་པ་
ཡོད་པས་རྡོ་རྗེ་གདན་ནོ། །རྒྱ་གྲམ་དེའི་ལྟེ་བ་ལ་བྱང་ཆུབ་ཀྱི་ཤིང་དེ་སྐྱེས་ལ།
ཤིང་དེའི་སྡོང་པོ་གཉིས་པོ་ལ་ཞབས་ཐོག་ཏུ་ཆོས་རྒྱལ་མྱ་ངན་མེད་ཀྱིས་ཤར་
དབུ་རྩེ་ལ་གཏད་པ། ལྷོ་ནུབ་བྱང་དང་གསུམ་པོ་ལ་སོ་ཕག་གི་བརྩིག་པས་
བསྐོར་བའི་མཁར་འདྲ་བའི་ནང་ན་ཡར་རྩེ་མོའི་ལོ་མ་སྤུ་ལྷོག་གོ། སྒོ་གཅིག་ཕྱེ་
བས་ཤིང་དེའི་རྒྱང་ན་རྡོ་རྗེའི་ཁྲིགས་བྱས་པའི་སྐྱིང་མ་ཆེན་པོ་གཞོང་པ་འདྲ་བ་
གཅིག་གི་ནང་ནས་ཤིང་གཉིས་སྐྱེས་པ་འདྲ་བ་དེར་དད་པ་ཅན་གྱི་མིས་ཞོ་དང་
འོ་མ་ལ་ཙནྡན་དང་གུ་གུར་ལ་སོགས་པ་དྲི་བཟང་བཏབ་ནས་བུམ་པར་བླུགས་
ཏེ་ཐག་རིང་པོ་ནས་ཀྱང་ཁྱེར་ཏེ་དེར་བླུགས་ནས་བྱང་ཆུབ་ཀྱི་ཤིང་དེ་ལ་མཆོད་
པར་བྱེད་ཅིང་ནད་དང་མ་བྲལ་བར་བྱེད་དོ། །གཙྭོ་ལའི་ནང་ན་མ་ཧཱ་བོ་དྷི་
བྱང་ཆུབ་ཆེན་པོའི་སྐུ་དེ་ཆེ་ཆུང་ཞལ་ལ་ཁྲུ་དོ་ཡོད། དེ་འདྲ་བའི་སྐུ་དེ་ལྟ་བས་
ཚོག་མི་ཤེས་པ་དེ་ནས་གཞན་དུ་འགྲོ་སྙིང་མི་འདོད་པ། རིངས་ཀྱང་དེར་ལུས་
འགྲོ་བ་ཇི་ལྟར་དད་པ་ཆུང་ཡང་དེའི་མདུན་དུ་མོས་གུས་མི་སྐྱེ་བའམ་མཆི་མ་མི་
འཚོར་བ་མི་སྲིད་གསུངས། ཤིན་ཏུ་བྱིན་རླབས་ཆེ། དེ་ནི་སྤྲུལ་པའི་སྐུའོ། །
སྤྲུལ་པའི་སྐུ་ལ་གསུམ་སྟེ་རིས་སུ་བྲིས་པ་ལ་སོགས་པ་བཟོ་བོའི་སྤྲུལ་སྐུ་དང་། བྱ་
དང་ཤ་རམ་ཛ་ལ་སོགས་པ་སྐྱེ་བའི་སྤྲུལ་སྐུ་དང་། མཛད་པ་བཅུ་གཉིས་སུ་སྟོན་
པ་ལྟ་བུ་མཆོག་གི་སྤྲུལ་པ་སྟེ་མདོ་སྡེ་རྒྱན་ལས། བཟོ་དང་སྐྱེ་བ་བྱང་ཆུབ་ཆེ། །

ཞིས་རང་ཕྱོན་ཡང་བཟོ་བོའི་སྤྲུལ་པའོ། །དེ་ནི་སངས་རྒྱས་ཡོངས་སུ་མྱ་ངན་ལས་འདས་ནས་ལོ་བརྒྱད་ཙུ་ན་བྲམ་ཟེའི་ཁྱེའུ་ཆུང་པས་བཞེངས་པའོ། །དེ་ཡང་བྲམ་ཟེའི་ཁྱེའུ་སྤུན་གསུམ་བྱིས་པ་རྩེད་མོ་བྱེད་པ་ལ་ཆུང་ཤོས་དེ་ངུ་ཞིང་མའི་དྲུང་དུ་འོང་ཙ་ན་མཆིམ་ཛ་རེ་བྱུང་ཞིང་བྱུང་བས་མ་དེས་དྲིས་པ་ན་གཙུང་ན་རེ། ཆེ་བ་གཉིས་ལྷུ་སྐེགས་པ་ལ་སོས་པས། ལྷུ་སྐེགས་ཀྱི་ལྷ་ཁང་བྱེད། ང་ནང་པ་ལ་སོས་པས་ནང་པའི་ལྷ་ཁང་བྱེད་པ་ལ་ཁོང་གཉིས་ཀྱིས་ནང་པ་སངས་རྒྱས་པ་མི་བཟང་ཕྱི་པ་བཟང་བ་ཡིན་ཟེར་ཞིང་ང་ལ་གནོད་པ་རེ་རེ་བྱས་བྱུང་བ་ཡིན་ཟེར། མ་ན་རེ་སྤུན་གསུམ་མི་འཆམ་མི་དགོས། བྱང་ཕྱོགས་རི་བོ་གངས་ཅན་གྱི་འགྲམ་ན་ལྷུ་སྐེགས་ཀྱི་ལྷ་དབང་ཕྱུག་ཆེན་པོ་དངོས་ཡོད་པས་དེ་ལ་ཕྱི་ནང་གཉིས་ཀྱི་མཐའ་གང་བཟང་དྲིས་དང་ཟེར། སྤུན་གསུམ་ན་རེ་དེར་མི་སླེབས་ཟེར། མ་ན་རེ་ང་ལ་རྐང་མགྱོགས་ཀྱི་རྫི་ཡོད་ཅིག་ཟེར་ནས་རྐང་པ་ལ་རྫི་བྱུགས་ནས་བུ་གསུམ་བཏང་བ་དང་། ལམ་ན་ཚུར་ནང་པའི་བརྩེ་མང་པོ་ཕྱོན་པ་ལ་གར་ཕྱོན་དྲིས་པས། དབང་ཕྱུག་ཆེན་པོའི་བསྙེན་བཀུར་ལ་ཕྱིན་པ་ཡིན་ཟེར། ཕུ་བོ་གཉིས་ཀྱི་རྟོག་པ་ལ་འོ་ན་ནང་པ་བཟང་བ་ཡིན་ནམ་སྙམ་སྐྱེ་ཐེ་ཚོམ་ཟོས། ཆུང་ཤོས་ཀྱི་རྟོག་པ་ལ་ནང་པ་བཟང་བ་ཡིན་འདུག་སྙམ་ནས་སེམས་དགའ། དེ་ནས་དབང་ཕྱུག་ཆེན་པོ་ལ་དྲིས་པས་ང་ལ་འཇིག་རྟེན་གྱི་དབང་ཕྱུག་བརྒྱད་ཡོད་པས་ཚེ་འདི་ལ་ཅི་དང་ཅི་དགོས་པ་ང་རང་ལ་དབང་ཡོད། ཚེ་ཕྱི་མ་བྱ་བ་འོང་ངམ་ཟེར། དེ་ཙ་ན་ཕན་པའི་ཐབས་ངས་མི་ཤེས་པས་ནང་པའི་བརྩེ་ལ་བསྙེན་བཀུར་བྱ་བ་ཡིན་ཟེར། དེར་ནང་པའི་གྲུབ་མཐའ་བཟང་བར་སྤུན་གསུམ་ཀས་ཤེས་ནས་མའི་གམ་དུ་ཕྱིན་པ་ན། མ་ན་རེ་ནང་པ་བཟང་བར་སྣང་ནས་ཤེས་ཏེ་ཕུ་བོ་གཉིས་མི་ཉན་པས་འདྲེར་བཏང་བ་ཡིན། ད་གསུམ་ག་

ནང་པ་གྱིས་ཟེར། དེ་ནས་གླུན་གསུམ་ནང་པའི་དགོན་དུ་ཞུགས་ཏེ། ཧེན་རེ་རེ་ཡང་བཞེངས་པ་ལ་ཆེ་ཤོས་ཀྱི་རྒྱལ་པོའི་ཁབ་ཏུ་གཙུག་ལག་ཁང་བཞེངས་ཏེ་འོད་མའི་ཚལ་གྱི་གཙུག་ལག་ཁང་ཞེས་སོ། །འབྲིང་པོ་དེས་དེའི་ནུབ་ཕྱོགས་ལྷ་ར་ན་སེར་བཞེངས་ཏེ་ཆོས་ཀྱི་འཁོར་ལོ་བསྐོར་བའི་གཙུག་ལག་ཁང་ཞེས་སོ། །

ཆུང་ཤོས་སྙམ་ན་ས་ཤུལ་དགའ་ཤོས་མ་ཐོབ། ཕུ་བོ་གཉིས་དབང་ཆེ། ང་ཆུང་ཤོས་སུ་སྐྱེས་པས་ལན་སྙམ་པ་ལ། མ་ན་རེ་ཁྱོད་མི་དགའ་མི་དགོས། ས་ཤུལ་དེ་གཉིས་པས་ཁྱད་དུ་འཕགས་པ་བྱང་ཆུབ་ཀྱི་ཤིང་དྲུང་ཡིན་པར་ཁྱེད་ཀྱིས་ཐོབ་གཅིག་ཡོད་དེ་ཅེས་དེའི་དྲུང་དུ་ཞལ་ཤར་དུ་ཕྱོགས་པ་གཅིག་གྱིས་ཟེར། དེར་གཙུང་གི་བསམ་པ་ལ་ལྷ་བཟོ་ནི་སུ་ལ་འཚོལ། རྒྱུ་ནི་གང་ལ་བྱ་སྙམ་པ་ལ་རྨི་ལམ་དུ་ལུང་བསྟན་བྱུང་བ། རྒྱུ་ནི་གསེར་ལ་སོགས་པ་རིན་པོ་ཆེ་ཆ་གཅིག །ག་བུར་ལ་སོགས་པ་དྲི་བཟང་ཆ་གཅིག །ཙནྡན་གྱི་ལྡེ་གུ་ཆ་གཅིག་དང་། ཆ་གསུམ་པོ་དེ་གཙྙ་ལའི་ནང་དུ་གསོག་ལ་ཞོག །དེ་ལ་ཙནྡན་གོ་ཤིར་ཤ་ཆུ་པོ་ནི་རན་ཛ་ནའི་འགྲམ་ན་ཡོད་པས་བྱེ་མའི་ཁུང་ནས་ཚོལ་ཅིག །ཞག་བདུན་ནང་དུ་མི་སུའང་མ་བཏང་ན་སྐུ་རང་བྱུང་དུ་འབྱུང་། ལྷ་བཟོ་མི་དགོས་ཟེར་རོ། །དེ་ལ་ཙནྡན་བྱེ་མའི་འོག་ན་ཡོད་ཟེར་བས་བཙལ་ཀྱང་མ་རྙེད་པས་སྡུག་བསྔལ་བ་ལ། མ་ན་རེ་གླང་པོ་ཆེ་ཉལ་བའི་ཤུལ་དུ་འོང་བ་ཡིན་དེ་ངས་སློབ་པ་བརྗེད་པ་ཡིན། གླང་པོ་ཆེ་ཚད་པས་གདུངས་ཙ་ན་དྲི་ཆོར་ནས་དེའི་སྟེང་དུ་ཁོ་ཉལ་བ་ཡིན་ཟེར་རོ། །དེ་ནས་གླང་པོ་ཆེ་ཉལ་བའི་ཤུལ་ནས་ཙི་ཙམ་འདོད་པ་རྙེད་ནས་ཞག་བདུན་དུ་གཅིག་གིས་མ་ཚང་བའི་དུས་སུ་སྒོ་ཕྱེ་ཟེར་བ་ལ་ཅིག་བྱུང་བ་ལ་ཞག་གཅིག་མ་ཚང་སྒོ་མི་འབྱེད་བྱས་པས་མ་དེར་འདུག་པ་ན་རེ་ད་ལྷ་སངས་རྒྱས་ཀྱི་ཞལ་མཐོང་བའི་མི་ང་ལས་མེད་པས་སྐུ་འདྲའམ་མི་འདྲ་ངས་བལྟ་དགོས་གཞན་

གྲིས་ཤན་མི་ཕྱེད་དོ། །ངས་ལོ་ཉི་ཤུ་ལོན་པ་ན་ཡང་དག་པར་རྫོགས་པའི་སངས་རྒྱས་ལ་དགེ་བསྙེན་མའི་སྡོམ་པ་བླངས་པ་ཡིན། ངས་ལོ་བརྒྱ་ལོན། ད་ཐུབ་འཆི་བ་ཡིན་ཟེར། མའི་ངག་ལ་ཕྱོགས་ཏེ་སྨྲ་ཕྱེ་བས་ཞག་གཅིག་མ་ཚང་བ་དེས་ཞབས་གཡས་ཀྱི་མཐེའུ་ཆུང་མ་ཚང་བར་གདའོ། །མ་ན་རེ་གཞན་ཤིན་ཏུ་འདྲ་བ་ལ་མི་འདྲ་བའི་ཁྱད་པར་བཞི་འདུག་སྟེ། གཙུག་ཏོར་བལྟར་མི་མངོན་པ་ཡིན་ཏེ་འདི་ལ་མངོན། སྤྱོད་ལམ་བཞི་མཛད་པ་ལ་འདིས་མི་མཛད། ཆོས་གསུང་བ་ལ་འདིས་མི་གསུངས། འོད་ཟེར་ཡོད་པ་ལ་འདི་ལ་དེ་ཙམ་མེད། བཞི་པོ་དེ་མ་གཏོགས་པ་སངས་རྒྱས་ཉིད་དང་འདྲའོ་ཟེར་རོ། །ཡུམ་དེ་འཕགས་མ་སྒྲོལ་མ་ཡིན་ནོ། །སྐུ་དེའི་སྤྱན་ནོར་བུ་མར་གད་ལས་གྲུབ་བོ། །སྨིན་མཚམས་ན་ནོར་བུ་རིན་པོ་ཆེ་གཅིག་ཡོད་པའི་འོད་ཀྱིས་སྟོན་གྱི་དུས་སུ་ནུབ་མོའང་ཡི་གེ་མཐོང་བ་ལ་གར་ལོག་གིས་སྐམས་བརྩུགས་ནས་གཟིང་གིས་བཏོན་པས་གར་ལོག་དེ་ཐབ་ཏུ་ལྷུང་ནས་མིག་གཉིས་ས་ལ་བྲུལ་སྐད་དོ། །དེ་ནས་ཡི་གེ་མཐོང་བའི་འོད་དེ་ཆུང་དུ་སོང་སྐད། ད་ལྟའང་འོད་དཀར་ལམ་མེ་བ་ཡོད་གསུང་ངོ་། །

ཁྱམས་ཕྲག་པ་གསུམ་དང་གན་རྫོལ་དང་བྱང་ཆུབ་ཀྱི་ཤིང་དང་བཅས་པ་ལ་སློབ་དཔོན་ཀླུ་སྒྲུབ་ཀྱིས་མཛད་པའི་རྡོའི་དྲ་〈དྲྭ་〉མིག་གི་ལྷུགས་རིས་ཟླུམ་པོ་བསྐོར་བ། དྲ་〈དྲྭ་〉བའི་མིག་ལ་བོད་ཀྱི་སྣང་བུ་ཆུང་ངུ་ཙམ་ཤོང་བ་རྡོ་རྣམས་སྦྲམ་ཕྲ་བོད་ཀྱི་ཀ་བ་འཁྲིང་པོ་ཙམ་སྲ་བ་སྣང་པོ་སྨྱུན་པའི་སྟོབས་ཀྱིས་ཀྱང་མི་ཤིག་པ། སྟེང་ཡང་རྡོའི་དྲ་〈དྲྭ་〉བས་ཕིབས་པ། འོག་ཀྱང་རྡོའི་ཁྲིགས་ལེགས་པར་བསྒྲིགས་པ་ལ་སྐོར་ཁང་ཡོད་པས་འོག་གི་རྡོ་བྱང་མ་སྡོ་ཁྲིག་ཁྲིག་པ་ཕྱུག་དར་སླབ་འཇམ་པ་ཞལ་ཞལ་བྱ་མི་དགོས་པ་ཁྱམས་ཀྱི་ནང་ནའང་རྡོའི་ཀ་བ་ཉི་

ཤུ་ཡོད་པ་རྫོ་དེ་རྣམས་ཐམས་ཅད་ཀྱང་བརྒྱད་གཙོགས་ཀྱི་བཟོ་ལེགས་པ་རྫོ་རྣམས་ཀྱི་སྲུབས་ལ་མཚམས་མི་གསལ་བ། རྫོ་རྣམས་ལ་གཟུགས་བརྙན་སྣ་ཚོགས་དང་པ་ཏྲ་སོགས་པའི་རི་མོ་མཛེས་པ། པ་ཏྲ་ཞེས་པ་སོར་བཞག་ཡིན། རི་མོའི་རྒྱུད་དུ་བསྒྱུར་གསུངས། རྫོ་རྣམས་ལ་ཀླུའི་ཡུལ་ནས་བླང་པའི་དྲི་བཟང་དང་གཉོད་སྦྱིན་གྱི་འདམ་བྱུགས་པས་དྲི་བཟང་པོ་ཆགས་པ་འདུག་གསུངས། ཁྲམས་ཀྱི་ནང་ཅིག་ན་བོད་འཕྲུལ་སྣང་གི་ཤཱཀྱ་མུ་ནེའི་གདན་ཁྲི་འདུག །དེའི་སྟེང་དུ་ཅི་ཡང་མི་འཇོག་སྟེ་དད་པར་བྱེད། མདུན་དུ་མར་མེ་རེ་མ་ཆག་པར་འབུལ། བོད་ན་ཤཱཀྱ་མུ་ནེ་བཞུགས་པ་དེའི་ཞལ་མཐོང་བ་ཙམ་གྱིས་ངན་སོང་དུ་མི་འགྲོ་ཞེས་སྨོ་བལ་ན་གྲགས་པ་ཡིན་གསུང་ངོ། །

ཡང་རྫོ་རྗེ་གདན་ན་དེ་བཞིན་གཤེགས་པ་ཤཱཀྱ་ཐུབ་པའི་ཆོམས་མཆེ་བ་གཅིག་གསེར་གྱི་གའུའི་ནང་ན་བཞུགས་པ། དུས་བཟང་པོ་ལ་ཁྲམས་ཀྱི་སྟེང་ན་སྤྱན་དྲངས་རྫོ་ལེབ་ཆེན་པོ་པདྨ་འདབ་ཅན་ཞིག་གི་སྟེང་དུ་བཞུགས་ནས་དཀར་གསུམ་དང་སྤྲང་རྩི་དང་ག་རའི་ཆུས་སྐུ་ཁྲུས་གསོལ་ནས་རྫོ་དེའི་འོག་ན་མཆུ་ཡོད་པ་ལས་ཁྲུས་ཆུ་བབ་པ་རྣམས་ཁྲམས་ཀྱི་འོག་ཏུ་ཟངས་མང་པོ་གཟེད་ནས་ཁྲུས་ཆབ་དང་བཟའ་བ་གཉིས་ཀ་འོང་བར་བྱེད་དོ། །ཆོམས་དེ་ཚངས་པར་བཅངས་ན་ཡར་མར་གཉིས་ཀར་ལྷག་གེ་ཡོང་བ་ཡོད་གསུངས་སོ། །རྫོ་རྗེ་གདན་ན་ཐུབ་པ་ཆེན་པོའི་ཞབས་རྗེས་བཞུགས་པ་ནི་སྔོན་ཡང་དག་པར་རྫོགས་པའི་སངས་རྒྱས་ཀྱིས་མ་འོངས་པའི་དུས་སུ་སེམས་ཅན་དབང་པོ་རྣོན་པོས་གསུང་རབ་མཐོང་བས་ཀྱང་ཤེས་ཏེ་དབང་པོ་བརྟུལ་པོ་རྣམས་སངས་རྒྱས་འཇིག་རྟེན་དུ་བྱོན་ནམ་མ་བྱོན་སྙམ་ནས་ཐེ་ཚོམ་ཟ་བར་འོང་བས་ཐེ་ཚོམ་བཅད་པའི་ཕྱིར་དུ་རྫོ་ལ་ཞབས་གཉིས་ཀྱི་རྗེས་བཞག་ནས་རྫོ་བ་དེ་ད་ལྟའང་

འདུག་སྟེ་ཁྲམས་ཀྱི་ཤར་སྒོའི་ཕྱི་ན་མར་མེའི་མཆོད་སྟོང་ཡོད་པའི་ཚུ་རོལ་ནང་གི་སྒོ་དྲུང་ན་རྡོ་ལེབ་གྲུ་བཞི་པ་ལོགས་རེ་ལ་རྒྱུར་ཁྲི་གསུམ་པ་འཕང་དུ་མཐོ་གང་དང་། ཆོས་རྗེ་ལོ་ཙཱ་བའི་ཕྱག་སོར་ལྔ་ཡོད་པ་ཞབས་རྗེས་ཀྱི་རྒྱ་ལ་རིང་ཐུང་མཐོ་བཞི་དང་ཟབས་སུ་སོར་བཞི་ཁུང་མོར་ཡོད་པ་རྡོ་དེ་ཤིན་ཏུ་མཁྲེགས་པ་དཀར་པོ་རྩུཾ་རྩུཾ་ཡོད་པ་ལ། དེ་ལྟ་བུའི་ཞབས་གཉིས་ཀྱི་རྗེས་བཞག་ནས་བྱང་ཆུབ་ཀྱི་ཤིང་དྲུང་དུ་སྟོང་པ་ཉིད་བསྒོམས་ནས་སངས་རྒྱས་པའོ། །ཞབས་རྗེས་དེ་ལ་སྟོན་མཆོད་ཁང་བརྩིགས་ཟེར་བ་ལ་པཎྜི་ཏ་མཁས་པ་དག་ན་རེ། འདི་མ་འོངས་པའི་དུས་ཀྱི་སེམས་ཅན་དབང་པོ་བརྟུལ་པོས་མཐོང་བར་བྱ་བ་དགོངས་པ་ཡིན་པས་མཆོད་ཁང་བྱས་ན་སྒོ་ཡོང་དེ་ལ་དཀོན་གཉེར་ཡོང་དེས་ཧན་པ་ཟེར་འོང་། མིས་ཀྱང་མཐོང་བ་ཉུང་དུ་འགྲོ་ཟེར་བསམ་མ་བརྩིགས་པའོ། །

དེ་ལ་སློབ་དཔོན་རྟ་ཡ་གྷྲཱི་ཁ་རྟ་དབྱངས་ཀྱིས་མཛད་པ་རྡོའི་ཀ་བ་གཉིས་ཀྱིས་བརྟེགས་པ་རྡོའི་རྟ་བབས་ཐོག་གི་རྒྱ་ལ་ཁྲུ་དོ་ཙམ་ཡོད་པ་འཕྱེད་ཚར་བྱུང་ན་ཁྲུས་ཆབ་ཏུ་འགྲོ་བ་ཞབས་རྗེས་ལ་སྨན་གྱི་དྲིས་བྱུགས་པ་ལ་མགོ་རེག་ཅིང་བྱིན་རླབས་ཞུས་པའི་ཤུལ་ཡོད་པ་འདུག་གསུངས། ཞབས་རྗེས་དེའི་ཕྱི་རོལ་ལྕགས་རིས་ཀྱི་ནང་ཤར་སྒོའི་ཐད་དྲང་ན་མར་མེའི་མཆོད་སྟོང་ཡོད་དོ། །རྡོའི་ཀ་བ་སྟོང་པོ་ལྟ་བུ་ཞིག་གི་སྟེང་དུ་རྡོ་ལེབ་སྒོ་འདྲ་བ་ཆེ་བ་གཅིག་བཞག །སྟེང་དུ་དེ་བས་ཆུང་ཙམ་དང་ཡང་དེ་བས་ཆུང་ཙམ་བཞག་པས་བང་རིམ་འདྲ་བ་རྣམས་ཀྱི་སྟེང་རྣམས་སུ་མར་མེའི་ཕྲེང་བ་བཀོད། དེའི་སྤྱི་བོར་མར་མེ་ཆེན་པོ་གཅིག་ཡོད་པ་དེ་ཉིན་མཚན་རྒྱུན་པར་འབར་བ་རླུང་ཆེར་བྱུང་ཡང་མི་འཆི་བར་ལྷབ་ལྷབ་ཟེར་བའི་སྐད་འོང་བ་དེ་ཞབས་རྗེས་དང་། ཁྲམས་དང་། བྱང་ཆུབ་ཆེན་པོའང་ཤར་སྒོ་དྲང་པོར་ཡོད་པས་མཐོང་བ་ལ་མཆོད་པའོ། །

དེའི་ཕྱི་ན་ལྷུགས་རིས་གྲུ་བཞི་པའི་ཕྱོགས་རེ་ལ་མདའ་རྒྱང་གང་གང་ཡོད་པ་དེ་ལ་ཤར་ནུབ་བྱང་གསུམ་ན་སྒོ་གསུམ་ཡོད། དཔྱང་བཟང་གིས་ཞུས་པའི་རྒྱུད་ལས། ཤར་རམ་བྱང་ངམ་ནུབ་ཏུ་སྒོ་གཏོད་ཅིང་། ལྷོ་ཕྱོགས་སུ་ནི་ནམ་ཡང་སྒོ་མི་གཏོད་ཅེས་གསུངས་པས་རྡོ་རྗེ་གདན་ན་སྒོ་ལྷོར་བསྟན་པ་གཅིག་ཀྱང་མེད་ལ། བོད་ཀྱི་གཙུག་ལག་ཁང་ཆེན་པོ་རྙིང་པ་རྣམས་ལའང་སྒོ་ལྷོར་བསྟན་པ་མེད་དོ། །སྒོ་མོ་ཆེ་བ་གསུམ་པོ་དེའི་ནང་དུ་དགོན་གཉེར་རྣམས་ལས་གཞན་ཉལ་དུ་མེད། དགོན་གཉེར་སེང་ཧླ་གླིང་པའི་ཉན་ཐོས་སྡེ་པ་སུམ་བརྒྱ་ཡོད་དེ་གཞན་ལ་བྱ་དབང་མེད། དབུས་ཀྱི་བྱང་སྒོའི་གདོང་ན་གཙུག་ལག་ཁང་གཅིག་ཡོད། དེ་ན་ཕྱིར་གཙུག་ལག་ཁང་བཅུ་གཉིས་ཡོད་དེ་དེ་རེ་རེ་ན་རབ་ཏུ་བྱུང་བ་བཅུ་བཅུ་ཙམ། དྲུག་བདུན་ཙམ། བཅོ་ལྔ་ཙམ་ཡོད། གྲང་ཁང་རྣམས་ཕྱིའི་དཔྱིབས་མཆོད་རྟེན་ལ་ནང་ཁང་པར་ཡོད་པ་ཁ་དོག་དཀར་པོ་ཐམས་ཅད་ཡོད་གསུངས། དཀར་རྩི་རྣམས་ཉའི་སྐྱ་བ་དང་འདྲ་བ་ཞིག་རྒྱ་ནང་ནས་བླངས་ནས་བྱུགས་པས་ཆར་པ་བྱུང་ཙ་ན་མཆོད་རྟེན་རྣམས་དཀར་དུ་འགྲོ་ཆར་པས་ཕྱི་མི་འགྲོ་གསུངས། རྡོ་རྗེ་གདན་གྱི་མཐའ་མ་རྣམས་ནགས་མཐུག་པོས་བསྐོར་བའོ། །

རྡོ་རྗེ་གདན་མ་དགེ་འདུན་གྱི་གཙུག་ལག་ཁང་ཞེས་བྱ་བར་བླ་མ་ཆོས་རྗེས་བརྒྱད་སྟོང་པའི་རྒྱ་དཔེ་གཅིག་ཁྱེར་ནས་ཕྱིན་པས་དགོན་གཉེར་ཉན་ཐོས་གཅིག་ན་རེ་ཆོས་ཅི་ཡིན་ཟེར། ཆོས་རྗེས་པྲ་ཛྙཱ་པཱ་ར་མི་ཏ་ཧ་ཤེས་རབ་ཀྱི་ཕ་རོལ་ཏུ་ཕྱིན་པ་ཡིན་གསུངས་པས་དེ་ན་རེ། ཁྱོད་དགེ་སློང་ལེགས་པོ་གཅིག་འདུག་པ་ལ་ཐེག་པ་ཆེན་པོའི་ཆོས་རྒྱབ་ཏུ་ཁྱེར་བས་དེ་མ་ལེགས་དེ་བོར་ལ་ཆུ་ལ་སྐྱུར་ཅིག །ཟེར་ནས་སྟ་འགེབས་སུ་བྱུང་། ཐེག་པ་ཆེན་པོ་བྱ་བ་སངས་རྒྱས

ཀྱིས་མ་གསུངས། ཀླུ་སྒྲུབ་ཟེར་བའི་དབང་པོ་རྡོ་ཏུ་རེ་བ་གཅིག་གིས་བཅོས་པ་ཡིན་ཟེར། ཡང་ཁ་སརྦ་པ་ཎིའམ། སྒྲོལ་མའམ། དེ་འདྲའི་སྐུ་ལ་ཕྱག་མཛད་པས། ཁྱེད་དགེ་སློང་ལེགས་པོ་གཅིག་འདུག་པ་ལ། ཁྱིམ་པ་ལ་ཕྱག་བྱེད་པ་མ་ལེགས་སོ་ཟེར། ཕོ་རང་ལྷ་དེ་ཀུན་གྱིས་ཕྱག་འཚལ་བའི་ཕྱག་ལེན་པ་ལྟར་བྱེད་ཅིང་ཐལ་མོ་ཡ་གཅིག་དེང་ངེ་བྱས་ནས་ཨ་རོགླ་ཧོ་ནད་མེད་པར་གྱུར་ཅིག་ཟེར། ལན་ཅིག་བསྐོར་བ་མཛད་པ་ལ་སུ་ཡིན་ཟེར། རྡོ་ཏ་ཧོ་བོད་ཡིན་གསུངས་པས་འཁོར་རྣམས་ཡིད་མ་ཆེས་ཏེ་ཆོས་རྗེ་ཚེམས་ལེགས་པ་དང་སཾ་ཀྲི་ཏའི་སྐད་ལ་བྱང་བ་དེས་རྒྱ་གར་བ་རང་ཡིན་ནམ་སྙམ་འདུག །ཡོང་རྣམས་ན་རེ་རྫུན་མ་ཅིག་འདུག་བོད་མིན་ཟེར་བ་ལ་དཀོན་གཉེར་གཅིག་གིས་ཞབས་ཀྱི་སེན་མོ་ཀྱུང་ངེ་བ་གཅེར་བ་མཐོང་བས་བོད་དུ་འདུག །བོད་ཀྱི་ལྷམ་གོན་པའི་རྟགས་ལ་དེ་ཤ་དེ་ཤ་སྟོས་དང་སྟོས་དང་ཟེར་ནས་རྫུན་མིན་པར་གོ །

དེར་ཡོང་རྣམས་ན་རེ་སཾ་ཀྲི་ཏའི་སྐད་འདི་ཙམ་བྱང་བ་བོད་ལ་འོང་བ་ཅི་ཡིན་ཟེར། ངས་བསླབས་པ་ཡིན་བྱས་གསུངས་ནས་བཞད། རྡོ་རྗེ་གདན་དུ་དབྱར་ཚུལ་འཛུག་ཟླ་བ་གསུམ་བྱེད་པ་དེའི་དུས་སུ་དགེ་འདུན་སྐད་རིགས་མི་གཅིག་པ་གཅིག་ལ་གཅིག །ལོ་ཙཱ་བ་བཅུག་ནས་ལབ་དགོས་པ་ཁྲི་ཚོ་མང་པོ་འཚོགས་ནས་ཚུལ་ཁྲོན་པ་དང་རང་རང་གི་ཡུལ་ཕྱོགས་སུ་འགྱེད་པར་འདུག་གསུངས་སོ། །

རྡོ་རྗེ་གདན་ན་ཏཱ་ར་སྒྲོལ་མའི་ལྷ་ཁང་ཞེས་པ་ཡོད། དེ་ན་ལྷ་མོ་རྡོའི་རང་བྱོན་དང་པོ་ཞལ་ཕྱིར་གཟིགས་པ་ཞིག་ཡོད་པས་དཀོན་གཉེར་སྙམ་ན་མཆོད་པ་ནང་དུ་འབུལ་བ་ལ་ཞལ་ཕྱིར་གཟིགས་པ་དེ་མ་ལེགས་སྙམ་པ་ལ། འོ་ན་ཡ་གསུངས་ནས་ཞལ་ནང་དུ་ལོག་གིས་བསྒྱུར་བས་ཞལ་འགྱུར་ཏཱ་ར་ཞེས་

གྲགས་ཏེ་ད་ལྟའང་རྡོའི་སྐུ་དེ་འཛིང་པ་བཅུས་ཡོག་གེ་བཞུགས་སོ། །ལྷ་ཁང་དེར་ཇོ་བོ་རྗེས་བྱོན་པས་སྒོ་དབྱེ་མ་དགོས་པ་རང་དུ་ཕྱེ་ནས་བྱོན་པས་ཞལ་འགྱུར་ཏཱ་རའི་ཞལ་ནས་རྒྱ་སེམས་ཅན་གྱི་ས་ན་འབྲས་བུ་སངས་རྒྱས་ཀྱི་སར་འགྲོ་བར་འདོད་ན་བྱང་ཆུབ་ཀྱི་སེམས་སྦྱོངས་ཤིག་གསུངས་པ་ཡིན་སྐད་གསུངས། ཡང་སྟོན་ཉན་ཐོས་ཀྱི་སྟོན་པ་གཅིག་ཆུས་ཁྱེར་ནས་འཆི་བར་ཐག་ཆོད་ནས་ཐེག་པ་ཆེན་པོ་ལ་སྒྲོལ་མ་ཞེས་པ་ཆུའི་འཇིགས་པ་ལས་སྒྲོལ་བ་ཡོད་ཟེར་སྙམ་ནས་ཨུཏྟ་ཏཱ་ར་ཞེས་བཏུད་ཅིང་བོས་པས་ཆུ་གླིང་དེའི་དཀྱིལ་དུ་སྒྲོལ་མ་བྱོན་ནས་ཁྱོད་སྐྱིད་ཅིང་རྒྱགས་ཙ་ན་ང་མི་དྲན་སྡུག་ཅིང་ཕོངས་ཙ་ན་སྒྲོལ་མ་སྒྲོལ་མ་ཟེར་བ་འདུག །ད་འདི་ན་ཕར་ལ་སོང་གསུངས་ནས་ཕྱག་གཡས་པས་ལམ་བསྟན་ཆུ་དེ་སྐེད་པར་ཆད་ནས་མི་དེ་ཐར། དེས་ཕྱི་མིག་བལྟས་པས་ལྷ་མོ་དེ་ཆུ་གླིང་གི་ནང་ན་ཕྱག་རྒྱང་ངེ་འདུག་པ་ཟླ་བོ་མང་པོ་ལ་བསྟན་པས་རྡོའི་སྐུར་གྱུར་ནས་འདུག་པ་དེ་སྤྱན་དྲངས་ནས་ད་ལྟ་ཏཱ་ར་སྒྲོལ་མའི་ལྷ་ཁང་ན་བཞུགས་ཏེ་ཆུ་གླིང་སྒྲོལ་མ་ཞེས་གྲགས་སོ། །ཡང་ཏུ་ལུ་ཏཱ་བཞད་པའི་སྒྲོལ་མ་ཞེས་པ་སྟོན་ཡང་དག་པར་རྫོགས་པའི་སངས་རྒྱས་སངས་རྒྱ་བ་ལ་བདུད་ཀྱིས་བར་ཆད་བརྩམས་པས་སྒྲོལ་མས་བདུད་ལ་ཁྲེལ་བགད་མཛད་ཅིང་བཞད་པས་ཞལ་ལ་ཕྱག་གཡས་པ་བཀབ་པའི་སྐུ་རང་བྱོན་ཡང་བཞུགས་སོ། །ཡང་སྟོན་མི་གདོན་གྱིས་ཉེན་པ་ཞིག་སྒྲོལ་མའི་སྒོམ་བཟླས་བྱས་པས་མདུན་དུ་སྒྲོལ་མ་བྱོན་ཏེ་ཧ་ཧ་ཧ་ཧ་གསུངས་མ་ཐག་ཏུ་ནད་ཀུན་ཞི། སྔ་མ་བཞིན་སྒྲོལ་མ་རྡོའི་སྐུར་གྱུར་ནས་ཧ་ཧ་ཏཱ་ར་ཞེས་གྲགས་སོ། །བླ་མ་ཆོས་རྗེ་ཆག་ལོ་ཙཱ་བས་རྡོ་རྗེ་གདན་གཟིགས་པའི་ལེའུ་སྟེ་ལྔ་པའོ། །

རྡོ་རྗེ་གདན་གྱི་གན་དྷོ་ལ་དེ་ནི་སྟོན་པ་བྲམ་ཟེའི་ཁྱེའུ་ཆུང་གིས་བཞེངས་པ

དེའི་ཕྱིར་ཕྱིས་སངས་རྒྱས་ཡོངས་སུ་མྱ་ངན་ལས་འདས་ནས་ལོ་བརྒྱ་དང་བརྒྱད་ཅུ་ཙམ་སོན་པ་ན་ཆོས་རྒྱལ་མྱ་ངན་མེད་ཀྱིས་བརྩིགས་སྦྲ་མ་ནང་དུ་བཅུག་ནས་ཞིང་ཆེར་བཏང་ནས་བཞེངས་པ་སྟེ་ཕྱི་མཆོད་རྟེན་གྱི་དབྱིབས་ལ་ནང་གཙུག་ལག་ཁང་གི་རྣམ་པ་ཅན་ནོ། །རཱ་ཛ་དྷརྨ་ཨ་སོ་ཀ་ཆོས་རྒྱལ་མྱ་ངན་མེད་ཀྱིས་བཞེངས་པ་དེ་ནི་ཐུབ་པ་ཆེན་པོས་ལུང་བསྟན་པའི་རྒྱལ་པོ་སྟེ། དེ་ཡང་སྔོན་སྟོན་པ་མཉན་ཡོད་དུ་བསོད་སྙོམས་ལ་གཤེགས་པ་ན་བུད་མེད་གཅིག་གིས་འབྲས་ཐུག་ཕུལ། མོའི་བུ་བྱིས་པ་ཞིག་བྱིས་པའི་གསེབ་ན་རྩེ་ཞིང་འདུག་པ་མཐོང་སྟེ་དད་ནས་བྱེ་མ་སྤྲིམ་པ་གང་ཐོགས་ནས་བྱིས་པ་ཟླ་བོ་ཞིག་གིས་སྒྲ་སྟེགས་བྱས་པའི་སྟེང་དུ་ལངས་ནས་ཕུལ་བ་དང་། སྟོན་པས་ཀྱང་ལྷུང་བཟེད་སྣོད་ནས་བཞེས་སོ། །མས་བུ་ལ་དེ་ལྟར་མ་བྱེད་ཅེས་ཀློལ་བས་སྟོན་པས་བུ་འདི་ལ་མ་ཀློལ་ཅིག །འདི་ལ་དང་བའི་དད་པ་ཡོད་པས་བསོད་ནམས་ཆེན་པོ་ཐོབ་པར་འགྱུར་རོ། །ཞེས་གསུངས་ནས་བྱེ་མ་རྣམས་ཀུན་དགའ་བོ་ལ་གཏད་དེ་བགྲང་དུ་བཅུག་པས་གྲངས་བྱེ་བ་གཅིག་བྱུང་བ་དང་། ཀུན་དགའ་བོ་ང་མྱ་ངན་ལས་འདས་ནས་ལོ་བརྒྱ་སོན་པ་ན་གྲོང་ཁྱེར་མེ་ཏོག་ཅན་ཞེས་བྱ་བར་རྒྱལ་པོ་མྱ་ངན་མེད་ཅེས་པར་གྱུར་ནས་མཆོད་རྟེན་དེ་བཞིན་གཤེགས་པའི་རིང་བསྲེལ་གྱི་སྙིང་པོ་ཅན་བྱེ་བ་ཕྲག་གཅིག་ཉུབ་གཅིག་ལ་བཞེངས་པར་འགྱུར་རོ། །སྒྲ་སྟེགས་བྱེད་པའི་བྱིས་པ་དེ་ནི་གནོད་སྦྱིན་ཤིང་རྟ་ཞེས་པར་གྱུར་ནས་མཆོད་རྟེན་བཞེངས་པའི་གྲོགས་བྱེད་པར་འགྱུར་རོ་ཞེས་ལུང་བསྟན་ཏོ། །དེ་ནས་བྱེ་བ་〈མ་〉ཕུལ་བའི་བྱིས་པ་དེ་ལྟར་སྐྱེས་ནས་སྟོན་པ་མྱ་ངན་ལས་འདས་ནས་ལོ་བརྒྱ་ན་རྒྱལ་པོ་མྱ་ངན་མེད་དུ་སྐྱེས་ཏེ་ཁྲིམས་གསར་པ་བཅས་ནས་ལ་ལ་བདེ་བ་ལ་བཀོད་དེ་ལྟ་དང་འདྲ། ལ་ལར་དམག་དྲངས་ཤིང་འཐབ་རྩོད་བྱས་

པས་ལྷ་མིན་དང་འདྲ། ལ་ལ་ལ་ཆད་པ་བཅད་པས་དམྱལ་བ་དང་འདྲ་ཞིང་རིགས་དྲུག་གི་སྤྱོད་པ་ཚང་བར་ཡོད་པའི་སྐབས་སུ་གསེར་གླིང་གི་དགེ་ཚུལ་གཅིག་རྒྱལ་པོའི་ཡུལ་ཁམས་སུ་འོང་བ་ན་དེས་རྒྱལ་པོའི་བཙུན་མོ་ཁྲུས་བྱེད་པའི་རྒྱན་བྱ་རོག་གིས་ཁྱེར་བ་ཞིག་རྙེད་ནས་དེ་ཁྲིམ་དུ་ཁྱེར་ཏེ་འདི་སུའི་ཡིན་དྲིས་པས་ཁྱོད་ཀྱིས་རྐུས་ཟེར་ཏེ་ཆད་པ་ཕོག་ནས་རྒྱལ་པོ་ན་རེ། སྔར་དགེ་ཚུལ་འདི་འདྲ་བ་གསོད་མ་སྨྱོང་འདི་མར་ཁྱེ་ཁོལ་མར་ཆོས་ལ་གསོད་ཅིག་ཟེར། བློན་པོ་རྣམས་ཀྱིས་ཞག་གསུམ་བཅོས་ཀྱང་མ་ཤི་བར་ཟིལ་པ་ཁྲིམ་མི་འདུག་པས་རྒྱལ་པོས་ཁྱོད་སུ་ཡིན་དྲིས་པ་ལ་ངའི་མཁན་པོ་དགྲ་བཅོམ་པ་ཞིག་ཡོད། ངས་ཀྱང་རྒྱུན་དུ་ཞུགས་པ་ཐོབ་པས་མེས་མི་ཚུགས་པ་ཡིན་བྱས་པས་རྒྱལ་པོ་དད་པ་སྐྱེས་ཏེ་ཆོས་ཞུ་ཟེར་ནས་ཆོས་བཤད་པས་རྒྱལ་པོ་ན་རེ། ཆད་པ་བཅད་པས་སྡིག་འོང་ན་བཤགས་པ་བྱེད་པའི་ཐབས་ཞུ་ཟེར་བ་ལ་དགེ་ཚུལ་གྱིས་ངས་ཐབས་མི་ཤེས་ངའི་མཁན་པོ་ལ་ཞུ་དགོས་ཟེར་ཏེ་དགྲ་བཅོམ་པ་སྤྱན་དྲངས་པས་རྒྱལ་པོ་ཁྱོད་ཀྱིས་ནུབ་གཅིག་ལ་མཆོད་རྟེན་དེ་བཞིན་གཤེགས་པའི་རིང་བསྲེལ་གྱི་སྙིང་པོ་ཅན་བྱེ་བ་བཞེངས་ཤིག་དང་སྡིག་པ་དག་པར་འགྱུར་རོ་ཞེས་གསུངས་པས་རྒྱལ་པོ་ན་རེ། ངས་དེ་ཙམ་མི་ཟིན་རིང་བསྲེལ་ཡང་མི་རྙེད་ཟེར། དགྲ་བཅོམ་པ་ན་རེ། ཁྱོད་སངས་རྒྱས་ཀྱིས་ལུང་བསྟན་པ་ཡིན་པས་གནོད་སྦྱིན་བསྒྲུབས་ན་བཞེངས་ནུས་ལ་རིང་བསྲེལ་ཡང་རྒྱལ་པོ་མ་སྐྱེས་དགྲའི་སྐལ་པ་མ་ག་ཧྲའི་བྲེ་དྲུག་གསེར་གྱི་བུམ་པར་བཅུག་ནས་རྒྱལ་པོའི་ཁབ་ཀྱི་འོད་མའི་ཚལ་ན་སྦས་ཡོད་པས་དེ་བཏོན་པས་ཆོག་གསུང་ངོ་། །དེ་ནས་རྒྱལ་པོས་རིང་བསྲེལ་འདོན་དུ་ཕྱིན་པས་མཆོད་ཆའི་འཁོར་ལོས་བསྲུངས་ནས་ལེན་མ་ནུས་ཏེ་འཁོར་ལོ་དེ་ཆུས་བསྐོར་བར་ཤེས་ནས་ཆུ་དེ་གང་ནས་འོང་དྲིས་པས་གཞན་ཤེས་པ་མ་བྱུང་བ་ལ་

ཤན་མོ་ཞིག་ན་རེ། ལྷ་ཟུབ་ཀྱི་རི་ཡ་གི་ནས་ཆུ་འོང་བ་ཡིན་ཟེར། རི་དེ་རྒྱལ་པོའི་ཁབ་ཀྱི་ལྷ་ཕྱོགས་ནས་ཤར་ཟུབ་ཏུ་ནར་མོར་ཕྲ་ལ་རིང་བ་ཡོད། དེའི་བྱང་ཕྱོགས་ན་མར་འོད་མའི་ཚལ་སྟོ་ཐེབས་སི་བ་ཡོད། རི་དེའི་མགོ་རྒྱལ་པོའི་ཁབ་ཀྱི་ལྷ་ཟུབ་ན་ཡོད་པས་དེར་རྐོས་པ་དང་རྡོའི་སྒྲོམ་ནས་ཆུ་འགྲོ་བ་གཅིག་འདུག་པ་དེ་བཅད་ཏེ་མཚོན་ཆའི་འཁོར་ཐག་བཅད་ནས་བལྟས་པས་སྒྲོམ་ཆུང་ཞིག་གི་སྟེང་ན་ཡི་གེ་འདུག་པ་ལ་མ་འོངས་པའི་དུས་སུ་རྒྱལ་པོ་དབུལ་པོ་ཞིག་གིས་རྙེད་པར་འགྱུར་རོ་བྱ་བ་འདུག་པས་རྒྱལ་པོ་ཁྲོས་ཏེ་ང་དབུལ་པོ་མིན་འདི་རྙེད་པ་དེ་གཞན་ཞིག་ཡིན་པར་འོང་ཞེས་ཟེར་ཏེ་ང་རྒྱལ་སྐྱེས་པ་ན་དགྲ་བཅོམ་པའི་ཞལ་ནས་ང་རྒྱལ་མ་མཛད་པར་གྲུས་པར་ཡོངས་ཤིག་གསུངས་པས་ཉན་ཏེ་བལྟས་པས། སྒྲོམ་ཆུང་དེའི་ནང་ན་གསེར་གྱི་བུམ་པར་རིང་བསྲེལ་བཞུགས་པའི་ཟུར་བཞི་ན་ནོར་བུ་རིན་པོ་ཆེ་འོད་འབར་བ་བཞི་འདུག་པས་དེ་རེ་རེའི་རིན་ཡང་རྒྱལ་པོའི་རྒྱལ་སྲིད་ཀྱིས་མ་ཁྱེར་བར་འདུག་པས་རྒྱལ་པོས་རང་དབུལ་པོར་ཤེས་ཏེ་སྔོན་རྒྱལ་པོ་ཡོངས་སྐྱོང་ཅན་བྱུང་འདུག་སྙམ་ནས་ང་རྒྱལ་ཆག་གོ །དེ་ནས་དགྲ་བཅོམ་པ་དེའི་གསུང་བཞིན་ཉན་ཏེ་གནོད་སྦྱིན་བསྒྲུབས་པས་གནོད་སྦྱིན་ཆེན་པོ་ཤིང་རྟ་ཞེས་པ་དཀར་པོ་ལ་དགའ་བ་དེ་གྲུབ་ནས་བཀའ་བསྒོས་པ་ཙམ་གྱིས་ལས་སྒྲུབ་པ་ཞིག་བྱུང་བས་དེའི་རྫུ་འཕྲུལ་གྱིས་ཐོག་མར་རྡོ་རྗེ་གདན་གྱི་གན་རྫ་ལ་དང་། རྡོ་རྗེ་གདན་གྱི་ཤར་ཆུ་བོ་ནེ་རཉྫ་ནའི་གྲམ་དུ་ཧྲ་ག་ར་ཟུ་ལ་ཛོ་བོ་ཆོས་ཀྱི་འབྱུང་གནས་ཞེས་པའི་མཆོད་རྟེན་ཆེན་པོ་ཟུབ་གཅིག་ལ་བཞེངས། དེའི་ནང་ན་རིང་བསྲེལ་ཕུལ་ཕྱེད་དང་དོ་བཞུགས་སོ། །དེའི་ཟུབ་ཕྱི་མ་ནམ་ཕྱེད་ལ་གནོད་སྦྱིན་དེས་འཛམ་བུའི་གླིང་གི་སའི་ཆ་ཀུན་ཏུ་རིང་བསྲེལ་བཞུགས་པའི་མཆོད་རྟེན་དེའི་སྲོག་ཤིང་ཅན་བྱེ་བ་གཅིག་ཅིག་ཙར་དུ་བཞེངས་ནས

གནོད་སྦྱིན་གྱི་བཀའ་བཞིན་མཆོད་རྟེན་རྣམས་གྲུབ་ཡོད་པས་གཟིགས་ཤིག་ཅེས་ཟེར་ཏེ། རྒྱལ་པོ་མཐུས་ཁྱུར་ནས་མཆོད་རྟེན་ཡོད་ས་རྣམས་སུ་སྐད་ཅིག་གིས་ཕྱིན་ནས་གསེར་དངུལ་གྱི་མཆོད་པ་དང་རྒྱན་ཕུལ་ཏེ། དགེ་བའི་རྩ་བ་འདིས་བླ་ན་མེད་པའི་སངས་རྒྱས་ཐོབ་པར་གྱུར་ཅིག་ཅེས་སྨོན་ལམ་བཏབ་བོ། །ལོ་བརྒྱད་ཅུ་རྩ་བདུན་གྱི་བར་དུ་མཆོད་རྟེན་རྣམས་ལ་མཆོད་པར་བྱས་ཏེ་སྤྱིར་དགུང་ལོ་བརྒྱ་དང་ལྔ་བཅུ་བཞུགས་ནས་འདས་ཏེ་ལྷར་སྐྱེས་སོ། །སྟོབས་ཀྱི་འཁོར་ལོས་སྒྱུར་བ་ཆོས་ཀྱི་རྒྱལ་པོ་འདིའི་ལུང་བསྟན་འཇམ་དཔལ་རྩ་རྒྱུད་ནས་རྒྱས་པར་གསུངས་ཏེ་མང་པས་མ་བྲིས་སོ། །རྒྱལ་པོ་ལ་གཏམ་བྱ་བ་རིན་པོ་ཆེའི་ཕྲེང་བའི་ལེའུ་གསུམ་པའི་སྐབས་དང་། ངག་གི་དབང་ཕྱུག་གྲགས་པའི་འཆི་བ་བླུ་བར་ཆོས་རྒྱལ་མྱ་ངན་མེད་བཞིན་ནོ་ཞེས་པའི་སྐབས་སུ་ལོ་རྒྱུས་འདི་གསུངས་སོ། །ཆོས་རྒྱལ་མྱ་ངན་མེད་པའི་ལེའུ་སྟེ་དྲུག་པའོ། །

རྡོ་རྗེ་གདན་ནས་བྱང་ཤར་དུ་དཔག་ཚད་གཅིག་ཙམ་ན་ནེ་རཉྫ་ན་དགའ་སྐྱེས་ཞེས་པ་དེ་ལྷོ་ནུབ་མཚམས་ནས་བྱང་ཤར་དུ་འབབ་པ། དབྱར་ཀོ་བའི་གྲུ་དགོས། དགུན་གྲུ་མེད་ཀྱང་ཐར་ཙམ་ཡོད། ཆུ་བོ་དེའི་འགྲམ་མདའ་རྒྱང་དོ་ཙམ་ན་སྟོན་བཅོམ་ལྡན་འདས་ས་ཁྱུལ་དེ་རང་དུ་དཀའ་ཐུབ་མཛད་པའི་དུས་ཀྱི་སྐུ་རིད་པའི་ཚུལ་རྡོ་ལས་བྱས་པ་སྟན་དུ་བྱིས་པ་གཉིས་ཀྱིས་ཤིང་བུ་བཙུགས་ཏེ་འདི་ཤི་བ་ཡིན་ནམ་ཟེར་ཞིང་བལྟ་བའི་དུས་ཀྱི་ཚུལ་བྱིས་པ་གཉིས་ཀྱང་རྡོ་ལས་བྱས་པ་བྱིན་རླབས་ཅན་གཅིག་བཞུགས་སོ། །

མ་ག་དྷའི་བྲག་གཅིག་གི་ཤོད་ན་མདོ་སྡེ་སྐྱེས་རབས་ནས་གསུངས་པའི་སྟོན་ཐུབ་པ་ཆེན་པོ་བྱང་ཆུབ་སེམས་དཔའི་རྒྱལ་བུ་མ་ཧཱ་ས་ཏྭ་སྙིང་སྟོབས་ཆེན་པོའམ་སེམས་དཔའ་ཆེན་པོའམ། སེམས་ཅན་ཆེན་པོ་ཞེས་བྱ་བར་སྐུ་སྐྱེ་བ

བཞེས་པའི་དུས་སྟག་མོ་ཕྱུ་གུ་སྐྱེས་པས་ལྟོགས་དྲིར་ཤི་ལ་ཁད་པ་གཟིགས་ནས་དེ་ལ་རང་ལུས་སྦྱིན་པར་བཏང་བའི་སྐུ་བྲག་གི་སྟེང་ནས་མཆོང་ལ་ཁད་པ་དང་། མཆོངས་ཟིན་པའི་དུས་སུ་སྐུ་སྟག་མོས་ཤ་ཟ་བའི་ཚུལ་གྱིས་སྟག་མོ་དང་བཅས་པའི་རྗེ་བའི་སྐུ་བཞུགས། བྱིན་རླབས་ཅན་དུ་གྲགས་པས་མར་མེ་དང་མཆོད་པ་འབུལ་བ་མང་དུ་འོང་བ་ཞིག་འདུག །དེ་ལ་སྟག་མོའི་གཙུག་ལག་ཁང་ཞེས་གྲགས་པ་ཡིན་གསུང་ངོ་། །

ཡུལ་དེའི་ས་གཅིག་ན་སྟོན་བྱང་ཆུབ་སེམས་དཔའ་ལ་སྲུང་རྩེ་ཕྲུལ་བའི་སྐུ་ཕྱག་ན་ལྷུང་བཟེད་བསྣམས་པ་སྤྲེའུ་དང་བཅས་པའི་རྗེའི་སྐུ་བྱིན་རླབས་ཅན་ལྷ་ཁང་སྒོ་ཤར་དུ་བལྟ་བ་ཞིག་ན་བཞུགས་པ་དེའི་སྒོ་དྲུང་ན་ཁྲིན་པ་སྐམ་པ་སོ་ཕག་གི་བརྩིགས་པས་མཐའ་བསྐོར་བ་གཅིག་ཀྱང་འདུག་གསུང་ངོ་། །

རྡོ་རྗེ་གདན་ནས་ལྷོ་ཕྱོགས་སུ་ཟླ་བ་གཅིག་ཕྱིན་པའི་ས་ན་མུ་སྟེགས་ཀྱི་ལྷ་སོ་བ་ནཱ་ཐ་ཟླ་བ་མགོན་པོ་ཡོད་པ་ཞེས་པ་དེར་སློབ་དཔོན་འབིར་ཝ་པ་ལ་མུ་སྟེགས་ཀུན་ན་རེ། ངེད་ཀྱི་ལྷ་ལ་ཕྱག་ཚོལ་ཅིག་ཟེར་བ་ལ་ཕྱག་བཙལ་བས་ཚོག་སྟེ། ཁྱེད་མི་དགའོ་གསུངས་པས་མི་དགའ་བ་མི་འོང་ཟེར། འོ་ན་རྒྱལ་པོ་དཔང་པོར་འཛུག་དགོས་གསུངས་ནས་དཔང་པོར་བཙུག་ནས་ལྷ་ཆེན་པོ་དེ་ལ་མདུན་ནས་ཕྱག་གཅིག་བཙལ་བས་ཚལ་པ་གཉིས་སུ་གས་སོ། །ཡང་གཞོགས་ནས་བཙལ་བས་ཚལ་བ་བཞིར་གས་སོ། །དེར་ཕོང་ན་རེ། ཕྱག་མ་འཚལ་ཟེར་ཀྱང་ལྷ་གཅིག་ལ་ཕྱག་འཚལ་བས་ལྷ་དེ་འདར་སིག་སིག་འདུག་ཀྱང་གས་སུ་མ་བཏུབ་ནས་གཟིགས་པས་དེའི་སྤྱི་བོ་ན་ནང་པའི་ལྷ་སྐུང་བ་མཐའ་ཡས་གཅིག་འདུག་ནས་དེ་གསལ་ཏེ་ཕྱག་འཚལ་བས་ཚལ་པར་གས། དེ་ནས་ཕོང་རྣམས་ན་རེ། ད་ཕྱག་མ་འཚལ་ཟེར་བ་ལ། སློབ་དཔོན་གྱིས་འོ་ན་ཁྱེད་ལྷ་མཆོད་པའི་

ཕྱིར་ཕྱུགས་སུམ་བརྒྱ་སུམ་བརྒྱ་ནང་རེ་ལ་གསོད་པ་འདི་བཞག་ནས་སྨྲ་བ་ཁལ་སུམ་བརྒྱ་སུམ་བརྒྱས་མཆོད་པར་གྱིས་ཤིག་གསུངས་པས་དེ་ཙུག་བྱེད་ཟེར་ནས་དེ་ནས་བཟུང་སྟེ་ཕྱུགས་གསོད་པ་དེ་མེད་པ་ཡིན་ནོ། །དེ་ལ་ཕུལ་བའི་སྨྲ་བའི་ཟན་རྣམས་ད་ལྟའང་མགྲོན་པོ་ལམ་དུ་འགྲོ་བ་རྣམས་ལ་ཤིན་ཏུ་ཕན་ནོ། །སྨྲ་བ་དེ་འབྲས་མ་གྲུགས་པ་ལ་ཟེར་བ་ཡིན་མ་གྲུགས་ཡང་སྐོགས་མ་བུད་པ་ལ་ཟེར་བ་ཡིན་གསུང་ངོ་། །ལྷ་དེ་ལ་གསོལ་བ་བཏབ་ན་བུ་ནོར་འདོད་ན་བུ་ནོར་འོང་ངོ་། །

ཡང་མ་ག་དྷ་ན་མུ་སྟེགས་ཀྱི་ལྷ་དེ་ཕེ་ཀཱ་ལི་ལྷ་མོ་ནག་མོ་ཞེས་གྲགས་པ་དེ་རྗེའི་སྐུ་མི་ཙམ་པ་མཆོད་ཁང་མདུན་ན་ཁྲིན་པ་རྐམ་པོ་དང་རྗེའི་སྐྱོར་སྐྱོར་ཡོད་པ་འདུག་པའི་སྒོ་ཤར་དུ་བལྟ་བ་ཡོད་གསུངས། རྗེའི་ལྷ་མོ་དེས་སྔོན་ལྐུགས་པ་གཅིག་ལ་གཏམ་སྨྲས་དངོས་གྲུབ་བྱིན་པས་པཎྜི་ཏར་གྱུར་པའི་ལོ་རྒྱུས་ནི་ཕྱི་རོལ་པའི་ལྷ་ལ་གསོལ་བ་བཏབ་པས་ཀྱང་ཚེ་འདིར་འཇིག་རྟེན་འདིའི་དངོས་གྲུབ་སྟེར་ནུས་ཏེ། སྔོན་རྒྱ་གར་ན་རྒྱལ་པོ་གཅིག་ལ་བུ་མོ་སཾ་སྐྲི་ཏའི་སྒྲ་ཤིན་ཏུ་མཁས་པ་ཞིག་ཡོད་པས་དེ་ཡབ་ཀྱིས་ཁྱིམ་ཐབ་ཏུ་གཏོང་བྱས་པ་ལ་བུ་མོ་ན་རེ། ང་རང་བས་སྒྲ་མཁས་པའི་པཎྜི་ཏ་གཅིག་ཡོད་ན་འགྲོ། གཞན་སུ་ཐད་ལ་ང་མི་འགྲོ་ཟེར་སྐད། རྒྱལ་པོས་སྒྲ་སུ་མཁས་དྲིས་པས་པཎྜི་ཏ་རྣམས་ཀྱི་ནང་ནས་བ་ར་ཎ་ཙི་མཆོག་སྲིད་དེ་མཁས་ཞེས་གྲགས་པ་དང་། བུ་མོ་ལ་ཁྱོད་བ་ར་ཎ་ཙི་ལ་གཏོང་ངོ་བྱས་པས་བུ་མོ་ན་རེ་མཆོག་སྲིད་དེ་ལས་ང་རང་མཁས་ང་མི་འགྲོ་ཟེར་ཏེ་འཁོར་མ་བཏུབ་པོ། །དེས་མཆོག་སྲིད་ཐུགས་ལོག་སྟེ་བུ་མོ་འདི་ལ་ཁྲོ་ལྐུགས་པ་འོང་བ་བྱ་དགོས་སྙམ་ནས་ལྐུགས་པ་ཚོལ་དུ་ཐོན་པས་མི་གཅིག་ཤིང་གི་ཡལ་གའི་སྟེང་དུ་བཞོན་ནས། ཡལ་གའི་རྩ་བ་གཅོད་པར་གཟིགས་ཏེ་ལྐུགས་པ་ཡིན་

པར་མཁྱེན་ཤིང་ཆག་ནས་མི་དེ་ཐབ་ཏུ་ལྷུང་ནས་བྱུང་བས་དེ་ལ་ཁྱོད་རྒྱལ་པོའི་བུ་མོ་དང་ཕྱེབ་ཏུ་གཞུག་ཅིག་གསུངས་ནས་ཁྲིད་དེ་རྒྱ་གར་ན་སློང་བ་ལ་སྟོན་དུ་ཞེས་པ་བརྗོད་དགོས་པས་ལྷགས་པ་དེ་ལ་ཨོཾ་སྭ་སྟི་ཟེར་བ་བསླབས་པས་ཞེས་ཙམ་བྱུང་སྐད། དེ་ནས་རྒྱལ་པོའི་ཕོ་བྲང་དུ་ཁྲིད་ནས་འདི་པཎྜི་ཏ་ཆེན་པོ་ཡིན་ཏེ་ངའི་སློབ་དཔོན་ཡིན་རྒྱལ་པོའི་བུ་མོ་འདི་ལ་སྟེར་དགོས་བྱས་པས་དེ་ལྟར་ཡིན་ན་སྟེར་ཟེར་རོ། །དེར་ཞེས་པ་བརྗོད་པས་བྲེད་དམ་བཏབ་བམ་ཅི་ཞིག་ལྟར་སོང་ནས་ཨོཾ་སྭ་སྟི་ཟེར་བ་མ་བྱུང་ནས་ཨུ་ཤ་ཏ་ར་ཟེར་བ་གཅིག་བྱུང་བས་དེ་ལ་དེ་མ་ཐག་ཏུ་མཆོག་སྲེད་ཀྱིས་སྒྲ་བཤད་བྱས་ཏེ་ཚིགས་སུ་བཅད་པ་ལེགས་པ་གཅིག་མཛད་པ་ནི། ཨུ་མ་ཡཱ་ས་ཧི་ཏོ་རུ་དྲ། ཤཾ་ཀ་ར་ས་ཧ་བི་ཥྞུ་ནཱ། ཊཾ་ཁ་ཊཾ་ག་སྤུ་ལ་པཱ་ཎི། རཀྵནྟུ་ཤི་བ་སྭ་དཱ། བོད་སྐད་དུ། ཨུ་མ་དང་བཅས་དྲག་པོ་དང་། །བདེ་བྱེད་དང་ནི་ཁྱབ་འཇུག་དང་། །ཕྱག་ན་ཊཾ་གི་བསྣམས་པའི་མདུང་། །ཞི་བས་རྟག་ཏུ་བསྲུང་གྱུར་ཅིག །ཅེས་པའི་ཕྱེབ་སྦྱོར་གྱི་མིང་ནི་དབྱངས་ཅན་གྱི་མགུལ་རྒྱན་བྱ་བ་ཡིན་ཞེས་བཙོས་ཏེ་བཤད་ནས་པཎྜི་ཏ་ཆེན་པོ་འདི་སྐད་གསུང་བ་ཡིན་བྱས་པས་རྒྱལ་པོ་དང་བུ་མོ་མགུ་ནས་ལྷགས་པ་དེ་ལ་བུ་མོ་བྱིན་ནས་ཁྱིམ་ཐབས་བྱས་སོ། །མཆོག་སྲེད་དེ་ནས་བྲོས་སོ། །དེར་བུ་མོས་ལྷགས་པ་དེ་པོར་ན་ནི་ཕྱེབ་པར་བྱས་པས་རྒྱལ་པོའི་ཁྲིམས་དང་འགལ། དེ་ལ་མི་དགའ་བས་སྤང་པོ་བྱས་སོ། །དེར་ཁོ་སྡུག་དྲགས་པས་ལྷ་མོ་ནག་མོའི་སྐུ་དེའི་དྲུང་དུ་ཕྱིན་ནས་གསོལ་བ་འདེབས་ཤིང་ང་མེད་པར་ཞུ་ཞུས་པས་ཞག་གཉིས་ལོན་ཙམ་ན་རྒྱལ་པོའི་བུ་མོ་དེས་ལྷགས་པ་ཤི་ན་མི་ལེགས་སྙམ་ནས་གཡོག་མོ་ལ་གོས་དང་བཟའ་བ་བསྐུར་ནས་བཏང་བས་གཡོག་མོ་རྣམས་ཀྱིས་ཁོ་ལ་སྨུར་བའི་སྨུར་འཕྲོ་ཁ་ནས་བཏོན་ནས་ལྷགས་པའི་ཁར་བཙུག་སྟེ་བཏགས་སོ། །དེ་ལྟར་ལྷ

མོ་སླམ་ནས་གཡོག་མོས་ཀྱང་བཀྲས་པར་འདུག །ཀླུགས་པ་འདི་ལ་དངོས་གྲུབ་ཅིག་སྟེར་དགོས་སླམ་ནས་གཡོག་མོ་ཅིག་ལ་སྐྲུ་དེས་འགྲམ་པ་ལ་ཐལ་ལྕག་རྒྱབ་སྟེ་ཀླུགས་པ་ལ་ཁྱོད་དངོས་གྲུབ་ཅི་འདོད་གསུངས། དེར་ཁོས་སཾ་སྒྲི་ཏའི་སྒྲ་མཁས་པར་ཤེས་པར་འདོད་བྱས་པས་དེ་མ་ཐག་ཏུ་མཁས་པར་གྱུར་ཏེ་ལག་པ་གཡས་སུ་མེ་ཏོག་པདྨའི་སྡོང་པོ་རྩུབ་མོ་སེ་བའི་ལྗེམ་བུ་འདྲ་བ་བཟུང་། གཡོན་ན་ཨུཏྤ་ལའི་སྡོང་པོ་འཛམ་པོ་ཁྱེར་ཏེ་ཁོས་སློ་བྲུང་ནས་བྲན་མོ་ལ་འཕྲིན་བསྐུར་ཏེ་རྒྱལ་པོའི་བུ་མོ་ལ་སྤྲིངས་པ། བདག་གི་ལག་པ་གཡས་ན་པདྨ་གཅིག །གཡོན་ན་འང་དེ་བཞིན་ཨུཏྤལ་མེ་ཏོག །འཛམ་པའི་ཡུ་བའམ་རྩུབ་མོའི་ཡུ་བ་ཅན། །གང་འདོད་སློས་ཤིག་པདྨའི་མིག་ཅན་མ། །ཞེས་བྱས་པས། རྒྱལ་པོའི་བུ་མོ་ན་རེ། ཚིགས་བཅད་སྐད་ངག་ལེགས། ལྷ་མོ་གྲུབ་འདུག་ཟེར་ཏེ། ཁྲིམ་ཐབས་བྱས་སོ། །ལྷ་མོ་ནག་མོ་གྲུབ་པས་ཀཱ་ལི་དཱ་ས་ནག་མོའི་ཁོལ་པོ་ཞེས་བྱ་བའི་མཁས་པ་གཅིག་བྱུང་སྟེ། དེས་སྒྲའི་བསྟན་བཅོས་བརྩམས་པ་ལ་ཀཱ་ལ་པ་བྱཱ་ཀ་ར་ཎ་ཞེས་ཟེར། བྱཱ་ཀ་ར་ཎ་བོད་སྐད་དུ། ལུང་སྟོན་པའམ། བརྡ་སྤྲོད་པའམ། གསལ་བར་བྱེད་པ་དང་གསུམ་དུ་བསྒྱུར་གསུངས་སོ། །བསྟན་བཅོས་དེ་ལ་དུས་དེང་སང་ཡང་རྒྱ་གར་ན་ཉན་བཤད་ཀྱང་འགའ་རེ་ཡོད། དེ་བས་ཙནྡྲ་གོ་མིས་མཛད་པ་དེ་དར་བ་ཡོད་གསུངས་སོ། །

ན་རོ་པའི་སྒྲུབ་གནས་ཕུ་ལ་ཧ་རི་ནི་ན་ལནྡྲའི་〈ནཱ་ལེནྡྲ〉བྱང་ཕྱོགས་ཀྱི་ནགས་ཁྲོད་ཅིག་ན་རྩྭའི་སྤྱིལ་པོ་སྒོ་ཁྱོག་རིམ་པ་གསུམ་ཅན་ཞིག་པ་དང་མ་ཞིག་པ་མང་པོ་མང་པོ་ཡོད། རྩིག་པས་བརྩིགས་པ་མེད་ད་ལྟ་སྟོད་མིའང་འདུག་གསུངས་སོ། །དུར་ཁྲོད་ཆེན་པོ་བསིལ་བ་ཚལ་ནི་ན་ལནྡྲའི་〈ནཱ་ལེནྡྲ〉ནུབ་བྱང་ན་ནགས་པོ་ཆེན་པོ་ཞིག་གི་དཀྱིལ་ན་ནགས་མེད་པའི་སྟོང་ཆེ་བ་གཅིག་

འདུག་གོ། །ནགས་ཁྲོད་དེ་ན་དུག་སྦྲུལ་ཡང་མང་སྟེ་ལུས་གཞན་ཁྲ་བོར་ཡོད་པ་ལ་ཁ་ནག་པ་མིའི་བརྙ་ཙམ་པ་ཤིང་ཁྲོད་དུ་འགྲུས་པས་ཤིང་གི་རྩེ་མོ་རྣམས་འགུལ་ཞིང་ཕྲུག་ཕྲུག་བྱེད་པ་ཡོད། ངོམ་ནག་མཐོང་བས་ཀྱང་འཇིགས་པ་འདུག་གསུང་ངོ་། །གླ་མས་ལན་གཅིག་ལྷུང་བཟེད་དུ་རས་གྲིལ་ནས་རྒྱབ་ཏུ་ཁུར་ནས་ཆུ་སྐོར་ན་ཐག་རིང་པོ་ཡོད་པས་ཆུ་ཅིག་ལ་བརྐྱལ་བས་ཆུས་ཁྱེར་བ་ལས་ཆུ་ཕ་གར་ཐར་ཙམ་བྱུང་སྟེ་མི་ནག་པོ་གཅིག་བྱུང་བ་ལ་ཆུ་ལས་སྒྲོལ་དང་བྱས་པས་ཁོན་རེ། ང་རིགས་ངན་ཡིན་ཟེར་ཏེ་སྒྲོལ་བ་མ་བྱུང་། རིགས་ངན་གྱིས་མི་རིགས་བཟང་བ་ལ་ལག་པ་རེག་ཏུ་མི་རུང་། ཟས་ཟ་བ་ལ་མིག་གིས་བལྟས་ན་ཟ་འཕྲོ་འདོར་དགོས། རིགས་ངན་གྱི་རྟགས་རྣ་བ་ལ་བུག་པ་མེད། གཞན་རྣ་བ་བུག་པ་ཅན་འོང་། ཐར་ཐོར་རིགས་ངན་བྱུང་ན་ཟ་མ་ཟར་མི་བཏུབ་པས་དུ་རང་གཙོ་ཕ་གིར་སོང་ཟེར་གསུངས། རྡོ་རྗེ་གདན་དང་ནཱ་ལེནྡྲ་མ་གཏོགས་པའི་རྟེན་བྱིན་རླབས་ཅན་མང་པོ་གཟིགས་པའི་ལེའུ་སྟེ་དྲུག
〈བདུན་〉པའོ། །

སྤྱིར་རྒྱ་གར་ན་མུ་སྟེགས་པ་མང་། དེ་བས་ཉན་ཐོས་ཉུང་། དེ་བས་ཀྱང་ཐེག་ཆེན་པ་ཉུང་། བོད་ཀྱི་ཐེག་ཆེན་པ་བས་ཀྱང་རྒྱ་གར་གྱི་ཐེག་ཆུང་བ་ཕན་སེམས་ཆེ། སློང་བ་བྱུང་ན་མུ་སྟེགས་ཀྱིས་ཀྱང་སྟེར་བ་ཡུལ་ཆོས་སུ་འདུག །མུ་སྟེགས་མིན་པའི་མི་ཀུན་ཐ་མལ་པ་ཡང་དད་པ་ཤིན་ཏུ་ཆེ་བས་རབ་ཏུ་བྱུང་བ་མཐོང་ན། ནཱ་ཏུ་ལ་ཏེ་བཛྲ་ནམ་ཀྱི་ཇོ་བོ་ལ་ཕྱག་འཚལ་ལོ་ཟེར་ནས་ཕྱག་འཚལ། རྟེན་ནམ་ཕ་མ་ཁང་པའི་འོག་ན་ཡོད་ན་ཐད་ཁའི་སྟེང་དུ་མི་འགྲོ། གོས་ངུར་སྨྲིག་ཟེར་བ་དེ་དམར་པོ་ལ་ཟེར་བ་ཡིན། དེ་རབ་ཏུ་བྱུང་བའི་གོས་ཡིན་པས་ལྷན་པ་སོར་བཞི་ཙམ་གྱི་དུམ་བུ་ལམ་ན་འདུག་ཀྱང་སྤྱི་བོར་བྱེད་པས

ཀྱང་ལེན་ནོ། །མ་ག་དྷའི་ས་ཆ་ལ་གྲོང་སྟོང་ལྔ་བརྒྱ་བཅུ་གཉིས་ཡོད་གསུང་ངོ་། །

གྲི་དྷྲ་ཀུ་ཏ་པརྦ་ཏ་བྱ་རྒོད་ཕུང་པོའི་རི་དེ་ནི་མཐོན་པོ་མེད། སྤྱིར་རྒྱ་གར་ན་རི་མེད། བྱ་རྒོད་ཕུང་པོའི་རི་དེ་བོད་ཀྱི་རི་འབྲིང་པོ་ཙམ་པ་དེ་བོར་ཡོད་པ། རྩེ་མོ་ཟླུམ་འཁྱིལ་ལེ་བ་ཕྱོགས་ཐམས་ཅད་ནགས་ཀྱིས་ཁེངས་པ། རི་སུལ་ལ་ལ་ནས་ཆུ་འབབ་པ། ལ་ལ་ན་བྲག་ཡོད་པ་སྟག་དང་། དོམ་དང་། དྲེད་དང་། གཅན་གཟན་མང་པོ་གནས། དེར་མི་ཕལ་གྱིས་འགྲོ་མི་ནུས་པ། གྲུབ་པ་ཐོབ་པའི་པཎྜི་ཏ་དུག་སྦྲུལ་དང་གཅན་གཟན་གྱིས་མི་ཚུགས་པ་འགའ་རེ་ཙམ་བཞུགས་པ། དབྱར་ཤིང་དང་རྩྭ་ཐམས་ཅད་སྐྱེས་པས་རི་མདོག་སྔོན་པོར་སྣང་བ། དགུན་རྩྭ་དང་འཛག་མ་གང་ཡོད་པ་རྣམས་བསྐམས་པས་ཁ་དོག་སྐྱ་བོར་སྣང་བ། བྱ་རབས་ཤིང་རབས་བཞིན་དུ་བྱ་དང་ཤིང་སྣ་ཚོགས་ཡོད་པའོ། །

དེར་ཆོས་རྗེ་ཆག་ལོ་ཙཱ་བས་མི་མང་པོ་ལ་ཇན་པ་བྱིན་ནས། ལ་ལ་མདའ་གཞུ་ཐོགས། གཅན་གཟན་འབྲོས་པའི་ཐབས་ལ་ལ་ལས་ཛ་བརྡུངས། དུང་དང་ཆ་ལང་དང་འབུད་དཀྲོལ་མང་པོ་ཐོགས། ལ་ལས་སྟུག་ཐོན་སྣོན་པ་ལ་མེ་སྦར་ནས་ཅག་ཆོལ་ཆེན་པོ་འོང་བ་བྱེར་ནས་ཕྱིན། རི་དེའི་སྟེང་ན་ཉམས་དགའ་བ་དྲི་ཞིམ་པ་སྔོན་སངས་རྒྱས་ཀྱིས་ཆོས་གསུངས་པའི་ཆོས་ཁྲི་ཡིན་ཟེར་བ་དང་། གཟིམ་ཁང་ཡིན་རྗེས་ར་རི་ཡོད་པ་སོ་ཕག་གི་དུམ་བུ་ལག་པ་ཙམ་པ་དང་། དེ་བས་ཆེ་ཙམ་པ་ཙ་ལི་ཙ་ལི་ཡོད་པ་རི་དེའི་སྤྱི་བོ་ན་ནགས་མེད་པ་རྩ་འཛམ་པོ་སྐྱེས་པ། དེའི་སྤྱི་བོ་ན་མཆོད་རྟེན་ས་ཕག་གིས་བརྩིགས་པ་བང་རིམ་གཅིག་པ་ཅན་ལོགས་རེ་ལ་འདོམ་ཕྱེད་དང་དོ་དོ་ཡོད་པ། ཐང་པོ་ཆེའི་བཟོད་པ་བྲག་གི་དེ་ཙམ་པ་གཅིག་ལ་བུམ་པ་དེ་བས་ཆེ་བ་གཅིག་ཡོད། དེའི་དབུང་དུ་ཧྲ་ག་ཤྭན་

གྱིས་ཆོས་གསུངས་པ་ཡིན་ལ་གནས་བྱིན་རླབས་ཅན་དེ་འདྲ་བ་འདུག །དེ་ནས་ས་བླངས་ཏེ་ས་དེ་རྟེན་གྱི་ཞབས་སྟོམ་པ་ལ་སོགས་པའི་ནང་དུ་བཞུགས་པ་ཡིན། གཅན་གཟན་སྦྲུལ་གྱིས་མི་ཚུགས་པའི་སྒྲུབ་པ་པོ་གཅིག་དེ་ན་བཞུགས་ཏེ་ལོ་གསུམ་ལོན་ཟེར། དེ་ལ་མི་ཀུན་འདུན་པོ་འདུག་གསུངས། ཆོས་རྗེ་ཆག་ལོ་ཙ་བས་བྱ་རྐོད་ཕུང་པོའི་རི་གཟིགས་ཤིང་རི་དེ་ལ་བསྟོད་པའི་ལེའུ་སྟེ་བདུན་〈བརྒྱད་〉པའོ། །

རྒྱལ་པོའི་ཁབ་ནི། སྔོན་མིའི་ཁང་པ་ལ་མི་མ་ཡིན་གྱིས་མེ་གཏོང་བར་འདུག་པ་དེ་རྒྱལ་པོས་ཤེས་ཏེ་ཐམས་ཅད་ལ་མེལ་ཚེ་ཆེར་གྱིས་ཤིག །སྔོན་མ་སུའི་ཁང་པ་ལ་མེ་ཤོར་བ་དེ་ཕྱིས་ནགས་ཁྲོད་དུ་ཁང་པ་བྱེད་དགོས་སོ་ཞེས་པའི་ཁྲིམས་བཅས་པ་ལ་རྒྱལ་པོའི་ཁང་པར་མེ་ཤོར་ཏེ། ནགས་ཁྲོད་དུ་རྒྱལ་པོས་བརྩིགས་པ་ལ་ཉིན་པར་བརྩིགས་པ་ནུབ་མོ་ལྷ་འདྲེས་བཤིག་པ་ལས་རྒྱལ་པོའི་ཁབ་ཡིན་ཏོ་ཞེས་ཡ་ཐེམ་ལ་བྲིས་པས་འཛིག་མ་ནུས་ཏེ། དེས་ན་རྒྱལ་པོའི་ཁབ་བོ། །སྔོན་མི་ཁྱིམ་བརྒྱད་བརྒྱ་ཡོད་སྐད། ད་ལྟ་དྲུག་བརྒྱ་ཡོད་པ་ལ་ཁང་པ་བཞི་བརྒྱ་སོ་ཕག་གིས་བརྩིགས་པ་ཡོད། རྒྱལ་པོའི་ཁབ་ཀྱི་བྱང་ན་ཆུ་ཚན་གཅིག་ཡོད། ལྷོ་ཕྱོགས་ན་རི་ཤར་ནུབ་ཏུ་ནར་མོར་རིང་བ་དཔངས་དམའ་བ་ཞིག་ཡོད་པ་དེའི་འདབ་རྒྱལ་པོའི་ཁབ་ངོས་མར་ལ་འོད་མའི་ཚལ་གྱི་ནགས་རིང་པོ་ཤིང་གཞན་པས་སྐྱོ་བར་ཡོད། རི་དེའི་མགོ་ནུབ་ངོས་ན་ཕར་རི་མེད་པའི་བར་ཉག་པོ་ལ་ལམ་གཅིག་ཡོད་པས་དེ་ལ་ཕྱིན་པས། རི་ཆུང་དེའི་ཕག་ལྷོ་ཕྱོགས་ན་བྱ་རྐོད་ཕུང་པོའི་རི་ཡོད་དོ། །བྱ་རྐོད་ཕུང་པོའི་རི་དང་རྒྱལ་པོའི་ཁབ་ཀྱི་བར་ན་དཔག་ཚད་གསུམ་ཡོད་གསུངས་སོ། །རྒྱལ་པོའི་ཁབ་དེར་པཎ་ཆེན་ཡ་ཤོ་མི་ཏྲ་ལ་ཆོས་མང་དུ་གསན་གསུངས། རྒྱལ་པོའི་ཁབ་གཟིགས་པའི་ལེའུ་

སྙེ་བརྒྱད་〈དགུ་〉པའོ། །

ནཱ་ལེནྡྲ་ཞེས་པ་མིའི་དབང་པོ་སྟོན་རྒྱལ་པོས་བཞེངས་པས་དེ་སྐད་གྲགས། དེ་ནི་ཆུ་བོ་གང་གཱའི་ཕར་འགྲམ་ན་ཉེན་གཉིས་སྤྱ་སླེབས་ཀྱི་ས་ན་རྡོ་རྗེ་གདན་ནས་ལྷོ་ནུབ་ཏུ་ཕྱིན་པས་གྲོ་སྤྱ་སླེབས་ཀྱི་ས་ན་ཡོད་དོ། །རིན་ཆེན་འཕྲེང་བར། སྟོན་གྱི་རྒྱལ་པོས་ཆོས་ཀྱི་རྗེ། །ཞེས་པའི་སྐབས་སུ་གསུངས་པ་ལ་དེ་ན་དབུ་རྩེ་ཆེན་པོ་བདུན་དབུས་སུ་བསྒྲིགས་པ་ཡོད། གཉིས་མ་གཏོགས་པ་རྒྱལ་པོས་བཞེངས། གཉིས་སློབ་དཔོན་ཆེན་པོ་གཉིས་ཀྱིས་རེ་རེ་བཞེངས། དེའི་ཕྱི་རོལ་བྱང་ཕྱོགས་ན་མར་བསྒྲིགས་པའི་དབུ་རྩེ་ཆེན་པོ་བཅུ་བཞི། དེའི་ཕྱི་རོལ་ན་ཨ་རི་ཁ་ཞེས་པའི་གཙུག་ལག་ཁང་ཆུང་བ་བརྒྱད་བཅུ་ཙམ་ཡོད། དེ་ཕལ་ཆེར་རྒྱལ་པོས་བཞེངས། ལ་ལ་བཙུན་མོས་བཞེངས་པའོ། །ཏུ་རུ་ཁས་ཉམས་དམས་པར་བྱས་པས་ཞབས་ཏོག་བྱེད་པ་དང་། མཆོད་པ་འབུལ་མཁན་མེད་པ་ཤས་ཆེ་སྟེ། སོ་ཕག་གིས་བརྩིགས་པས་མ་ཞིག་པ་མང་པོ་འདུག །དེ་ན་བླ་མ་པཎྜི་ཏ་ཆེན་པོ་ར་ཧུ་ལ་ཤྲཱི་བྷ་དྲ་དཔལ་སྒྲ་གཅན་འཛིན་བཟང་པོ་མཁས་གྲུབ་བཙུན་པའི་དགེ་སློང་དགུང་ལོ་དགུ་བཅུ་ལྷག་བཞེས་པ་དེ་བཞུགས། མ་ག་དྷའི་རྒྱལ་པོ་བུདྡྷ་སེ་ནས་བླ་མ་དེ་ལ་སོགས་པའི་པཎྜི་ཏ་བཞི་ཙམ་དང་བཙྟེ་བདུན་ཙུ་རེའི་ཞབས་ཏོག་བྱེད་པ་ཛ་ཡ་དེ་ཝ། རྒྱལ་བའི་ལྷ་ཞེས་བྱ་བའི་ཕྱུག་པོ་གཅིག་གིས་རིན་པོ་ཆེའི་ཁྲི་བཤམས་པ་ཡོད། ན་ས་ཏ་ལི་ཟེར་བ་སྦྲང་སྐྱབས་ཞེས་པ་སྟེ་གནམ་ཡོལ་ལ་ཕྱོགས་བཞིར་ཡང་ཡོལ་བ་བཏགས། དེའི་ནང་ཆུང་ཡབ་དང་མར་མེས་སྦྲང་བུ་བདས་ཏེ་མེད་པར་བྱས་ནས་ཕྱོགས་བཞིའི་ཡོལ་བ་ཕབ་སྟེ་བླ་མ་གཟིགས་སོ། །འཇོམ་འཇོམ་མོ་ཕལ་ཆེ་བ་ལ་ཡང་དེ་ལྟར་བཀུར་བསྟི་བྱེད་དགོས་གསུངས་སོ། །གཙུག་ལག་ཁང་རྒྱ་ན་བ་དང་སྤྱ་ན་བ་ཞེས་པ་གཉིས་སུ་

ཆོས་གཞི་ཕལ་ཆེར་བྱེད་གསུང་ངོ། །ཕྱིར་གཙུག་ལག་ཁང་བརྒྱད་ཅུ་རྩ་བཞི་ཡོད་པ་ལ་ད་ལྟ་མི་ཁྱིམ་བརྒྱད་ཅུ་རྩ་བཞི་ཡོད་དོ། །རྟེན་ཁྱད་པར་དུ་འཕགས་པ་བཞི་བཞུགས་ཏེ་ཇོ་བོ་ཁ་སརྤ་ཎིའི་རྗེ་སྐུ་དང་། འཇམ་དཔལ་འཇིང་ཡོན་དང་། ཡེ་ཤེས་མགོན་པོའི་རྗེ་སྐུ་རང་བྱོན་དང་། སྒྲོལ་མ་རྒྱན་མེད་ཅེས་བྱ་བ་བཞུགས་སོ། །ཁ་སརྤ་ཎི་ནི་རྒྱལ་པོའི་གཙུག་ལག་ཁང་ན་བཞུགས་ཏེ། སློབ་དཔོན་འཕགས་པ་ཟླ་བ་གྲགས་པ་དང་། སློབ་དཔོན་ཙནྡྲ་གོ་མི་གཉིས་བགྲོ་གླེང་མཛད་པའི་དུས་སུ་ཙནྡྲ་གོ་མིས་ལན་འཕྲལ་ལ་མ་ཐེབས་ཀྱང་ཕྱིས་ཐེབས་པར་འདུག་སྐད། ལན་གཅིག་སློབ་དཔོན་ཟླ་བ་གྲགས་པས་ཆོས་དྲིས་པ་ལ་ཙནྡྲ་གོ་མིས་ལན་གདུགས་ནས་ཆབ་བསིལ་བ་ལྟར་མཛད། ཕྱི་ཐུགས་ཀྱང་ཁྱེར་ནས་བྱོན་པས་དེའི་ཕྱིར་སློབ་དཔོན་ཟླ་བ་གྲགས་པས་གཟིགས་པའི་ཚེད་དུ་བྱོན་པས་ཁ་སརྤ་ཎིའི་རྗེ་སྐུ་དེ་ཕྱག་གཡས་པ་མཆོད་སྦྱིན་དུ་ཡོད་པ་དེ་རྣམ་འགྱུར་གྱི་ཕྱག་རྒྱ་མཛུབ་མོ་ཀེ་རེ་མཛད། ཐལ་འགྱུར་གྱི་སེ་གོལ་ཏོག་ཅེང་འདི་སྐད་ཟེར་བ་ཡིན་གསུང་ནས་ཙནྡྲ་གོ་མི་ལ་ཆོས་སློབ་ཀྱིན་འདུག །དེ་དེ་ལྟར་ལུས་པས་ད་ལྟའང་ཕྱག་མཛུབ་ཀེ་རེ་བ་ཆེ་ཆུང་མི་ཙམ་པ་ཞིག་འདུག །སློབ་དཔོན་ཟླ་བ་གྲགས་པས་ཉེ་རིང་མ་མཛད་པར་ང་ལའང་གསུང་པར་ཞུ་གསུངས་པས། ཁྱེད་སྐྱེ་བ་ལྔ་བརྒྱར་པཎྜི་ཏར་སྐྱེས་ཤིང་འཇམ་པའི་དབྱངས་ཀྱིས་བྱིན་གྱིས་བརླབས་པས་ངས་བཤད་མི་འཚལ་གསང་བ་འདུས་པ་སྒོམ་གསུངས་སོ། །དེ་ནས་གསང་བ་འདུས་པ་ཞག་བདུན་བསྒོམས་པས་སྤྱན་རས་གཟིགས་ཀྱང་ཐུབ་ཕྱུགས་ན་དཀར་ཀྲོང་ངེ་འདུག་པ་གཟིགས་སོ། །དཀར་པོར་གཟིགས་ཞེས་གྲགས་ཀྱང་དམར་པོར་བཤད་གསུང་ངོ། །

ཡང་མཉྫུ་གྷོ་ཁ་གྲཱི་ཥ་ཥཎ་འཇམ་དཔལ་འཇིང་ཡོན་ཞེས་པ་དེ་སློབ་

དཔོན་ཟླ་བ་གྲགས་པ་ཙནྡྲ་གོ་མི་ལ་བསུ་བ་མཛད་པ་ན་ཤིང་རྟ་གཅིག་གི་སྟེང་དུ་སྐུ་དེ་བཞུགས་པ་ཁྲི་ཤིང་རྟ་གཅིག་གི་སྟེང་དུ་ཙནྡྲ་གོ་མི་བཞུགས་པར་ཞུས་པས་མ་གནང་སྟེ། ང་དགེ་སློང་གི་དགེ་འདུན་གྱི་གཙུག་ལག་ཁང་དུ་ཤིང་རྟའི་སྟེང་དུ་སྡོད་པ་མི་རུང་གསུངས། ནན་ཏན་ཆེར་ཞུས་པས་འོ་ན་ངས་འཇམ་དབྱངས་ཀྱི་ཤིང་རྟའི་སྟེང་དུ་རྟ་བཞུག་ཏུ་བསྟོད་ལ། འཇམ་དབྱངས་ལ་བསིལ་ཡབ་གཡོབ་པའི་ཚུལ་དུ་བྱའོ་གསུངས་ནས་དེ་ལྟར་མཛད། ནཱ་ལེནྡྲའི་ནུབ་དཔག་ཚད་གཅིག་གི་ས་ནས་སྔོ་ན་མར་སྤྱན་དྲངས་པ་ཙནྡྲ་གོ་མིས་སྐུ་དེ་འཇམ་དབྱངས་དངོས་སུ་གཟིགས་པས་མི་རྣམས་ཀྱིས་ཕ་གི་ལ་ལྟོས་དང་ལྟོས་དང་བྱས་པས་མི་སྣང་བ་དེ་དག་སྟེ་བེམ་པོར་འདུ་ཤེས་ནས་དེ་ག་ལྟར་ལུས་པ་ཡིན་ཏེ་ད་ལྟའང་འཛིང་ཡོན་དུ་ཡོད། ཤིང་སྐུ་ཡིན་ལ་མི་ཙམ་ཡོད་གསུངས། དེ་ལྟ་ནའང་རྟེན་དག་ལ་སངས་རྒྱས་དངོས་ཀྱི་འདུ་ཤེས་སྐྱེད་དེ་གསོལ་བ་བཏབ་ན་དངོས་སུ་ཆོས་གསུངས་པ་ལ་སོགས་འབྱུང་བ་ཡིན། བེམ་པོ་ཡིན། བཅོས་མ་ཡིན། གཟུགས་བརྙན་ཡིན་སྙམ་ན་བྱིན་རླབས་ཀྱང་ཆུང་གསུངས། དེའི་ཕྱིར་ན་ཇོ་བོའི་གདམས་པ་ལས་ཀྱང་། རྟེན་མཐོང་ན་ཡང་འདི་དག་ནི། །བྱིན་གྱིས་བརླབས་ལས་བྱུང་བའི་ཕྱིར། །དེ་བཞིན་གཤེགས་པ་ཉིད་ཡིན་ནོ། །སྙམ་དུ་དད་ཅིང་གུས་པར་བྱ། །ཞེས་བྱའོ། །

ཏཱ་ར་ཐ་སྒྲོལ་མ་རྒྱན་མེད་ཅེས་བྱ་བར་གྲགས་པ་དེ་ནི་སློབ་དཔོན་ཙནྡྲ་གོ་མི་བྱང་ཆུབ་སེམས་དཔའ་ཡིན་པས་སློང་ཚད་སྟེར་བས་ཕྱིན་ཟིན་ནས་ཅིའང་མེད་པའི་དུས་གཅིག་ཏུ། རྒྱ་གར་ལྷོ་ཕྱོགས་ནས་འོངས་པའི་གླུ་མཁན་དང་། ཟློས་གར་མཁན་གྱིས་ཟླ་བ་ཕྱེད་དུ་གླུ་གར་གྱི་རོལ་མོ་ཕུལ་ནས་ནོར་སློང་ཟེར་བ་ལ་ན་བཟའ་རས་གཅིག་ཡོད་པ་དེ་ཕྱིན་པས་མ་འདོད་དེ་ཅི་སྟེར་ན་སྙམ་དུ་

དགོངས་པ་ན་གཟིམ་ཁང་གཙུག་ལག་ཁང་དེའི་ཤར་གྱི་གྱང་ཕྱོགས་ལ་སྒྲོལ་མའི་སྐུ་བྲིས་པ་གཅིག་ཡོད་པ་ལ་གསོལ་བ་བཏབ་པས་དེའི་ཞལ་ནས། འདི་ཚོ་བྱིན་གསུངས་ནས་ཕྱག་གཡས་པའི་སོར་གདུབ་གཡོན་པས་ཕུད་ནས་གནང་། དཔུང་རྒྱན་ཕྱག་གཉིས་ཀས་ཕུད་ནས་གནང་བས་སིལ་ཁྲོལ་དངོས་སུ་བྱུང་བས་དེ་རྣམས་རོལ་མོ་མཁན་ལ་བྱིན། དེ་ལ་པཎྜི་ཏ་རྣམས་ཀྱིས་དེ་ཙམ་གང་ནས་བྱུང་ཟེར་ཞིང་བརྟགས་པས། སྒྲོལ་མའི་ཕྱག་སོར་དང་དཔུ་ལ་ཤུལ་སྐྱ་སྐོར་རེ་འདུག་པས་སྒྲོལ་མ་རྒྱན་མེད་ཅེས་སྒྲོལ་མ་དངོས་སུ་གྲགས། དེ་ནཱ་ལེནྡྲའི་ལྷ་ཁང་སྒོ་ནུབ་ཏུ་བལྟ་བ་གཅིག་ན་ཤར་གྱི་རྩིག་པའི་ནང་ཕྱོགས་ན་ཞབས་ཀྱི་ཐད་ཀར་མགོས་གཏུགས་ཤིང་བྱིན་རླབས་ཞུས་པས་སྨུམ་གྲེད་གྲེད་པར་སོང་། ནག་པའི་དཀྱིལ་ཟད་པས་ཐེར་ཐེར་པར་སོང་བ་བྱིན་རླབས་ཅན་དེ་ད་ལྟའང་རབ་རིབ་ཙམ་གསལ་བར་བཞུགས་འདུག །

ཡེ་ཤེས་མགོན་པོ་ནི་དུས་གཅིག་ན་ནཱ་ལེནྡྲ་ནས་ཤར་ཕྱོགས་སུ་ཉིན་ལམ་གཅིག་ན་ཨོ་ཏནྟའི་གཙུག་ལག་ཁང་ན་གར་ལོག་གི་དཔོན་གཅིག་གི་གཞིས་ཀ་བྱས་ནས་ཡོད་པ་དེས་བླ་མ་ནཱ་ཏུ་ལ་ཤྲཱི་ཛྙཱ་ནའི་ཡོན་བདག་ཛ་ཡ་དེ་ཞ་བཟའ་མི་གཉིས་དབང་མེད་དུ་བོས་ནས་སོང་བ་ཞག་འགའ་ལོག་མ་བྱུང་། དེ་ནས་འགྲུལ་གཅིག་བྱུང་ནས་བླ་མ་དཔོན་སློབ་རྣམས་ལ་ཡོན་བདག་བྲམ་ཟེ་ན་རེ། ངེད་གར་ལོག་གི་བླ་མའི་སྤྱན་སྔར་མགོ་གླུམ་མང་པོ་སྡོད་པ་རྣམས་ལ་བསྙེན་བཀུར་མང་དུ་བྱས་ཟེར་ནས་བཟུང་། ད་བླ་མ་དཔོན་སློབ་རྣམས་ཀྱང་བགྲོངས་ངེས་པར་འདུག་པས་བྲོས་ཤིག་ཟེར་བའི་ཕྲིན་བྱུང་བས། བླ་མ་ལ་འོ་སྐོལ་རྣམས་གཤེགས་པར་ཞུས་པས། ཁྱེད་རང་རྣམས་བྲོས་ཤིག་ང་ལོ་དགུ་བཅུ་ལྷག་སོང་བས་ཐར་ཡང་མི་ཐར། འབྲོས་ཀྱང་མི་འབྲོས་གསུངས། ཡང་བྲམ་ཟེའི་

ཕྲིན་བྱུང་ནས་བླ་མ་ལ་ཞུས་པས་སྤྲ་མ་སྐད་གསུངས། ཕྲིན་དེ་མང་པོ་མང་པོ་བྱུང་བས་སློབ་མ་གཞན་ཐམས་ཅད་ཕྲོས། ཆོས་རྗེ་ལོ་ཙཱ་བ་གཅིག་པུ་བླ་མ་ལ་ཆགས་ནས་བཞུད་མ་ཕོད་དེ། བླ་མ་ལ་གཤེགས་པར་ཞུས་པས་ཁྱོད་བོད་ཀྱི་མི་གཅིག་ང་ལ་ཆགས་ནས་སྡོད་པ་གླེན། ཡུལ་མི་སློབ་མ་རྣམས་ཀྱང་ཕྲོས་པ་ལ་ཁྱོད་མི་འཕྲོས་པ་བསད་ཡོང་གསུངས་ནས་བཀའ་བསྒྲིན་ཏེ་མི་བཞུད་ན་ང་གསོད་ཀྱང་མི་འགྲོ་ཞུས་པས་མཉེས་ནས་ཁྱེད་དམ་ཚིག་ཅན་དུ་འདུག་འོར་ཆེ། ད་འོ་ན་ཁྱོད་ཀྱིས་ཁུར་ན་ཐེག་གམ། ཐེག་ན་འུ་ཅག་གཉིས་འཕྲོས་སོ་གསུངས། བླ་མ་ཁུར་ནས་ཀ་བ་གཅིག་ལ་བསྐོར་བ་མཛད་པས་བླ་མའི་ཞལ་ནས་ཐེག་པར་འདུག །བུ་རམ་རྒྱལ་བ་ཆུང་བ་གང་དང་། འབྲས་ཆོམ་པ་གཅིག་དང་། དཔེ་གཅེས་པ་འདི་ཚོ་ཡང་ཁྱེར་ཅིག །ཐག་རིང་པོར་མི་ཐར་ཏེ་ང་ལ་ཐབས་ཡོད་ཀྱི་གསུངས་ནས་ལྷོ་ནུབ་ཕ་ཚད་ན་མགོན་ཁང་ཡོད་ས་དེར་ཕྱིན་ཏེ། བླ་མའི་ཞལ་ནས་ཡེ་ཤེས་ཀྱི་མགོན་པོ་འདི་ནི་དུར་ཁྲོད་བསིལ་བའི་ཚལ་དུ་རྗེ་ལ་རང་བྱུང་དུ་བྱོན་པ་ལ་སློབ་དཔོན་འཕགས་པ་ཀླུ་སྒྲུབ་ཀྱིས་སྙེད་ནས་སྤྱན་དྲངས་ནས་བཞུགས་སུ་གསོལ་བ་ཡིན། སྔོན་གར་ལོག་གིས་འདིའི་རྗེ་ཐམས་ཅད་ཁྱེར་སྐུ་ལ་སྨུམ་བྱུགས་པ་དང་ཕྱག་འཚལ་བའི་དོད་པོར་མི་གཙང་བས་བྱུགས། ཐལ་བ་གཏོར་ཕོངས་བསྟན་པས་མི་དེ་ཁོང་རང་ཨོ་ཏནྟ་པུ་རིར་སླེབས་ནས་ཕོ་བ་སྐྲང་ཐབས་ཀྱིས་དོ་ནུབ་རང་ལ་ཤི་ནས་སང་ནང་པར་རྗེ་བ་འདི་མི་ཉན་པ་ཞིག་འདུག་ཟེར་ཏེ་ཐེམ་པ་འདི་ཡར་ལ་བསྐྱལ་བ་ཡིན། དུས་དེ་ནས་ཏུ་རུ་ཀ་མུ་སྟེགས་ཀྱིས་ཐོན་ཀོར་ཉེ་མི་ནུས་པ་ཡིན་གསུངས་སོ། །དེར་བཞུགས་པའི་ཤུལ་དུ་ཅིག་ཙར་དུ་ཏུ་རུ་ཀའི་དམག་སུམ་བརྒྱ་ཙམ་མཚོན་ཆ་ཟིང་ངེ་བ་བྱུང་སྟེ་བསྒྲིངས་ངེས་པར་འདུག་ཀྱང་མ་རྙེད་པས་སྐྱིངས་ནས་ལོག་སོང་ངོ་། །ཡོན་

བདག་བཟའ་མི་གཉིས་པོ་ཞིག་འགའ་ཤས་ལྷུགས་བཙུག་སྐྱེ་དེ་ནས་བཏང་བྱུང་ངོ། །མགོན་པོའི་སྐུ་དེ་ཞལ་གཅིག་ཕྱག་བཞི་པ། ཆེ་ཆུང་མི་བས་ཆེ་ཙམ་པ། མིས་སྟུམ་ཉིད་བྱས་པས་སྦོ་འབྲད་འབྲད་པ། ལྗེ་བའི་ཐད་ཀར་མགོ་གཏུགས་ནས་བྱིན་རླབས་ཞུས་པས་ཟད་པ་ལ་རྡོ་སྲུན་ཟན་མདོག་ཏུ་སྣང་གསུངས་སོ། །

དང་པོ་བླ་མ་ནཱ་རོ་ཏ་པའི་སྤྱན་སྔར་སླེབས་པའི་དུས་ན་དབུས་འགྱུར་འཆང་འདི་ཉིད་ནའང་སྣང་བས་མཁས་པ་མེད་དེ་འོང་སྙམ་པ་ལ་བླ་མའི་སློབ་མ་བྱིས་པ་སྨྲ་སློབ་པ་འགའ་སྣང་བས་དེ་ཀུན་ཀྱང་ང་བས་མཁས་པར་སྣང་། མཁས་པ་རང་དེ་ཡུལ་མ་ག་དྷ་དེར་ཕྱིན་ནས་གཏུགས་ན་འོང་བར་འདུག་གསུངས། པཎ་ཆེན་བླ་མ་ལྷོ་བཙུ་པ་གསུང་བ་ལ། བདག་གི་བློ་ལའང་ཡོད། ཤེས་ཀྱང་ཤེས་ད་ཉན་མི་དགོས་སྙམ་པ་ལ། བླ་མ་པཎྜི་ཏ་ཆེན་པོའི་ཞལ་ནས། སཾ་གྲི་ཏའི་འགྲེལ་པ་མཁས་སུ་འགྲོ་ཉོན་གསུངས་པས་ཉན་པས། དོན་ལའང་ཕན་པར་བྱུང་། ཁྱད་པར་ཡང་འགའ་རེ་འདུག །ཉན་རིན་ཆོག་པ་བྱུང་གསུངས། དེར་དུས་དབྱར་དུ་འགྲོ་ཙམ་ན་བླ་མའི་ཞལ་ནས། ཁྱེད་བལ་པོར་བཞུད་དགོས། འདིར་ཚད་པས་གྲོངས་འགྲོ འདིར་བོད་གཞན་བྱུང་བས་ཀྱང་སློབ་གཉེར་དང་འོང་བ་འདུག་ཙ་ན་ན་ཞིང་ཤི་བ་ཡིན། ཁྱེད་ཀྱིས་སྔར་ཡང་ཆོས་མང་པོ་མཁྱེན་གདའ་བ་སྲོག་གི་བར་ཆད་བྱུང་ན་ཕངས། ཅེས་ཀྱང་བཞུད་གསུངས། གྲོགས་པོ་དག་ཀྱང་དེ་སྐད་ཟེར་ཡང་། ཐུགས་ལ་དབྱར་བལ་པོར་ཕྱིན་ནས་དགུན་དབུས་འགྱུར་འཆང་འདིར་འོངས་ན་ཆུ་བོ་གང་གཱ་རྒྱལ་བའི་དགའ་ལས་གཅིག་ཕུས་ཆོག །ཤི་ཡང་འདིར་སློབ་གཉེར་བྱ་དགོས་སྙམ་ནས་བླ་མ་ལ་ང་ཤི་ཡང་འདིར་ཆོས་ཉན་པར་ཞུ་བྱས་ནས་བཞུགས་པས། དབྱར་ལན་ཅིག་སྐུ་ལ་ཤུ་བ་སུམ་བརྒྱ་བྱུང་ནས་འོ་བརྒྱལ་བར་བྱུང་བ་ལ་བླ་མའི་ཞལ་ནས།

ཁྱོད་བསོད་ནམས་ཅན་སྐལ་བ་བཟང་པོ་ཅན་དུ་འདུག་གསུངས་ནས་དགྱེས་ཚོར་ཆེར་མཛད། ང་འདི་འདྲའི་ན་ཚབས་ཆེ་བ་ལ་བླ་མ་དགྱེས་པ་ཅི་ཡིན་སྙམ་པ་ལ། བླ་མའི་ཞལ་ནས་ཁྱེད་ཀྱི་རྒྱུ་ནད་ནང་དུ་མ་བྱུང་བར་ཕྱིར་བྱུང་བ་ཡིན། ཤུ་བས་སྲོག་གི་བར་ཆད་མི་ནུས། ད་ཁྱེད་མི་འགྲོང་གསུངས་ནས་དགྱེས་སོ། །དེ་དུས་ན་གདན་ཞེ་རང་མེད་པས་འཕྲལ་དུ་སྡུག་སྲན་ཚུགས་ཏེ། ཕྱིས་ཁམས་ངན་པར་འདུག་གསུངས་སོ། །པ་ནི་ཧི་ཞེས་པ་མཐིལ་ལྷམ་ཀོ་རི་དང་། ཡུ་བ་མེད་པར་ཤིང་ངམ་ཀོ་བ་ལ་མཐིལ་བྱས་པ་རྐང་པའི་གོང་དུ་སྒྲོག་གིས་འཆིང་བ་རྒྱ་གར་བའི་ལུགས་ཡིན། རེས་འགའ་དེ་འདྲའི་ལྷམ་ཡང་མེད་པར་བྱུང་གསུང་ངོ་། །

ཡུལ་གཅིག་ན་མུ་སྟེགས་མང་པོ་མཆོད་པ་བྱེད་པར་འདུག་པ་ལ་ཤིང་མང་པོ་ཚན་ཆེན་པོས་རྩིག་པ་བྱས་པའི་ནང་དུ་ཕྱུགས་མང་པོ་བཙུག་ནས་ཤིང་ལ་མེ་སྤར་ནས་ཕྱུགས་མ་རྣམས་བསྲེགས་པས་མེ་ཁྱུང་ན་ཕྱུགས་མ་རྣམས་ཕྲད་ཕྲད་བྱེད་པ་དེའི་མཐར་དཀྱིལ་འཁོར་ཟླུམ་པོ་དང་། གྲུ་གསུམ་དང་། གྲུ་བཞི་ལ་སོགས་པ་མང་པོ་བྱས་ནས་ལབ་ལབ་པ་རེ་ཕུ་རེ་མང་པོ་ཟེར་བར་འདུག །མཆོད་པ་སྦྱིན་པའི་རིགས་དེ་ལ་ཐབས་སུ་འདོད་དེ་ཐར་པའི་ཐབས་མ་ཡིན། འཆི་བ་དག་ནི་ཐམས་ཅད་དང་། །ཐབས་མ་ཡིན་དང་ངན་སོང་དང་། །འཇིགས་ཚོགས་ཐེག་པ་དམན་པ་ལས། །སྐྱོབ་ཕྱིར་སྐྱབས་ཀྱི་དམ་པ་ཡིན། །ཞེས་པའོ། །ཐབས་མ་ཡིན་པ་ནི་དེ་འདྲའི་ཆོས་ལོག་གོ །དཀོན་མཆོག་གསུམ་ལ་སྐྱབས་འགྲོ་བྱས་ན་དེ་འདྲའི་ཆོས་ལ་རེ་མ་དགོས་པའང་འོང་གསུང་ངོ་། །

རྒྱ་གར་དང་བལ་པོ་ན་སྔོའི་ལོ་མ་སའི་སྟེང་དུ་བཀྲམས་པ་ལྟར་སྐྱེ་བ་ཀོང་པོ་མེད་པ་གཅིག་ལ་ར་ཕྱུགས་ཀྱི་རྫིགས་པ་ལ་སོགས་ཀྱིས་མ་རལ་བ་དགོས།

རལ་བའི་སྐྲེན་ཅན་གཅིག་བླ་ལ་ཕྱིར་ན་བླ་བོ་སྐྲེན་མེད་ཐམས་ཅད་ཀྱང་རུལ་བར་འདུག །གྲོགས་པོ་ངན་པ་ཡང་གོ་ལ་རུལ་བ་དང་འདྲ། གླུམ་པོ་ཐམས་ཅད་རུལ་དུ་འཇུག་པར་འདུག་གསུངས། ལོ་མ་དེའི་རུལ་པ་གྲིས་བཅད་དེ་བོར་ནས་མགྲོན་བུ་བསྲེགས་པའི་ཐལ་བ་བཏབ་སྟེ་ཚན་ལ་ཕབས་འདེབས་པའི་དོན་པོ་ཡིན། བར་བར་དུ་དྲི་བཟང་བཏབ་ནས་ཞག་གཉིས་གོས་ཀྱིས་མནན་པ་ཡངས་པ་དེ་ལ་པ་ན་ཟེར། བོད་སྐད་དུ་བཏུང་བ། དེ་ལ་ཆོས་སྐད་དུ་ཏམ་བོ་ལ་འཕྲུལ་སྐད་དམ། བལ་པོའི་སྐད་དུ་གོ་ལ། བོད་སྐད་དུ་སོ་རྫེ་ཞེས་པར་བསྒྱུར་ཏེ་དེའི་ཁ་དོག་དམར་པོ་ཀྱུར་སེང་ངེ་བ་དེས་སོ་ལེགས་པར་འོང་བས་སོ་རྫེ་འོང་གསུངས་སོ། །ད་རི་བ་ཟེར་བ་བལ་པོ་སི་ཁུའི་ཁུབ་ཀྱུར་སེང་ངེ་བ་དེ་བན་དེ་རྣམས་ཀྱིས་བཏུང་བ་ཡིན། རྒྱ་གར་ན་བན་རྙེ་ཚང་མི་ཐུང་གསུངས་སོ། །

ནཱ་ལེནྡྲ་ཆོས་རྫོགས་པར་ཞུས་ནས་བླ་མ་ལ་ང་བོད་དུ་འགྲོ་བར་ཞུས་པས་མ་གནང་སྟེ། དེ་ནས་ཟླ་བ་གཅིག་ཙམ་སོང་བ་ན། བླ་མའི་ཞལ་ནས་ཁྱེད་ཀྱིས་ཆོས་མང་པོ་མཁྱེན་པས་སེམས་ཅན་ལ་ཕན་ཐོགས་འོང་བོད་དུ་བཞུད་དགོས་གསུངས། འོ་ན་འགྲོ་བར་ཞུ་བྱས་པས་དེ་རིང་བཞུགས་ཤིག་གསུངས། སང་དེ་བཞུད་པས་དོ་ནུབ་གྲུ་ཁར་ནམ་ཡང་སླེབས། ཞོ་ཁྲ་བཞུགས་ཤིག་གསུངས། དེའི་ནུབ་མོ་བསྣད། དེའི་ནང་པར་དེ་ད་བཞུད་དགོས་གསུངས་ནས། དེའི་ཉིན་མོ་པཎྜི་ཏ་དོ་ལི་ལ་བཏེགས་ནས་སྐྱེལ་དུ་བྱོན། ཁྱེད་དགེ་སློང་ལེགས་པོ་གཅིག་ཡོད་པས་བོད་དུ་བཞུད་གསུངས་ནས་སྤྱན་ཆབ་བསིལ། ང་ན་སོ་རྒས་བོད་ས་ཐག་རིང་། སྐྱེ་བ་འདིར་ད་འཕྲད་པ་མི་འོང་བདེ་བ་ཅན་དུ་མཇལ་འོང་ཞེས་གསུངས་ནས་སླར་བཞུད་དོ། །བླ་མ་དེ་ལ་བསྙེན་བཀུར་ཐོན་པོ་བྱས་པ་ཡིན་གསུངས། ཆོས་རྗེ་ཆག་ལོ་ཙཱ་བས་ལོ་རིལ་པོ་གཉིས་ཡུལ་མ་ག་

ཧྥར་བཞུགས་སོ། །ནཱ་ལེནྡྲའི་ལེའུ་སྟེ་བཅུ་པའོ། །

༈ དེ་ནས་ཆོས་རྗེས་ཟླ་བོ་མེད་ཀྱང་ཕྱིན་ཏེ་ཆུ་བོ་གང་གཱའི་གྲུ་ནང་དུ
གར་ལོག་གི་མི་གཉིས་ཀྱིས་ཁྱོད་བོད་ཀྱི་མིར་འདུག །ཁྱོད་ལ་གསེར་འདོད
ཟེར། ཆོས་རྗེས་ངས་རྒྱལ་པོ་ལ་བཤད་དོ་བྱས་ནས་ཁ་ཤུགས་ཆེན་པོ་བྱས་
གསུངས། ཁོང་གཉིས་ཀྱིས་ཆོས་རྗེའི་ལྷུང་བཟེད་གྲུ་ནང་ནས་ཧོག་གིས་ཕྱིར་
བས། གྲུ་ནང་ན་རྒྱ་གར་གྱི་ཡོན་བདག་ཕ་བུ་གཉིས་འདུག་པའི་བུ་དེ་དད་པ་
ཅན་ཞིག་འདུག་པས། དེ་ན་རེ། དགེ་སློང་ངོ་མཚར་ཅན་ཞིག་འདུག །ལྷུང་
བཟེད་མ་ཕྱེར། ཁྱེད་གཉིས་ལ་ནོར་གཅིག་སྦྱིན་ཟེར། དེ་གཉིས་ན་རེ་ཁྱེད་ཀྱི་ནོར་
མི་འདོད། བོད་འདི་ལ་འདོད་ཟེར། དེར་ཁོང་གཉིས་ལ་པ་ན་གཅིག་ཤོར། པ་ན་
གཅིག་ཟེར་བ་དེ་འབྲོན་བུ་བརྒྱད་བཅུ་ལ་ཟེར་བ་ཡིན་གསུང་ངོ། །

དེ་ནས་ཧི་ར་ཧུ་ཧིའི་གྲོང་ཁྱེར་པ་ར་ཞེས་པ་དེར་སླེབས་པའི་དུས་ན།
དགེ་སློང་གཅིག་ལ་ནང་པ་ཡིན་ནམ་དྲིས་པས་ཡིན་ཟེར། དེ་ལ་གནས་གཡར་
ནས་བཞུགས་པས་དེར་སྐྱུ་ཁམས་སྟུང་སྟེ། རྐང་གར་ཡོད་སྨ་རེས་བཤགས་པ་
ལྟར་གྱུར། གནས་པོ་ན་རེ། སྟུང་ངམ་ཟེར། ཁམས་མ་བདེ་གསུངས་པས།
ཡུལ་དབུས་ཀྱི་ཚད་པ་ཕྱི་ལ་འབྲངས་པ་ཡིན་ཅིས་ཀྱང་མི་ཕན་པར་འཆི་བ་ཡིན།
ཁྱོད་འདིར་མ་བསྡད་རོ་ཁང་ཡོད་པས་དེར་སོང་ཟེར། ཉིན་རེ་བཞིན་དེ་སྐད་
ཟེར། དེའི་དུས་སུ་ཚད་པའི་སྟུང་ནད་དྲག་པོས་ནི་ཐེབས། གསོལ་བའི་རྒྱུགས་
ནི་མེད། སྟུང་བ་ལ་གཡོག་ནི་མེད། གནས་པོ་དེས་ནི་རྟག་ཏུ་སོང་ཟེར། ཡུལ་
ཕྱོགས་ཀྱི་མི་ངོ་ཤེས་པ་ནི་གཅིག་ཀྱང་མེད། ཤོག་བུ་བའང་མེད། དེར་གྲོངས་
ལ་ཁད་པ་ཤིན་ཏུ་འོ་བརྒྱལ་བར་གྱུར་ཏོ། །དེའི་དུས་སུ་གནོད་བྱའི་མན་ངག་
ཐུན་མོང་མ་ཡིན་པ་ཡོད་པས་འཕེལ་གྱི་དོགས་ནས་བསྲེགས། གནས་པོ་དེས་

ཀྱང་དཔེ་རྒྱུས། དེ་དུས་སུ་སྤྱན་རབ་རིབ་ཏུ་གྱུར་བའི་དབུ་སྐྲས་སུ་ནག་པོ་ཡོར་ཡོར་པོ་ཞིག་བྱུང་སྟེ། སྤྲུགས་པ་གཅིག་ན་རེ། སྐུ་ཁམས་སྙུང་ངམ་ཟེར། མ་བདེ་གསུངས་པས། ཁྱོད་སུ་ཡིན་ཟེར། བོད་ཡིན་གསུངས་པས་བོད་ག་ནས་འོངས་ཟེར། དབུས་པ་ཡིན་གསུངས་པས་དབུས་ཀྱི་གང་གི་ཐད་ནས་ཡིན་ཞེས་ནན་ཏན་ཆེར་འདྲི་ཞིང་འདུག་པས། ང་གཉལ་གྱི་ལྷེའུ་ར་ཟེར་བ་ཞིག་ནས་རྒྱ་གར་རྡོ་རྗེ་གདན་དུ་ཆོས་ཉན་པ་ལ་ཕྱིན། བོད་དུ་ལོག་འགྲོ་བ་ཡིན་ཏེ། འདིར་ན་བས་ལུས་འགྲོ་བ་ཡིན་གསུངས་པས། སྤྲུགས་པ་དེ་ན་རེ། ཆག་ལོ་ཙཱ་བ་དགྲ་བཅོམ་གྱི་དཔོན་པ་ཞིག་ན་ཉིང་ཙམ་ན་རྒྱ་གར་དུ་བཞུད་ཟེར་བ་དེ་ཙང་ཡིན་ནམ་ཟེར། ཡིན་གསུངས་པས། དེ་ན་རེ་ངས་བོད་དུ་པཎྜི་ཏ་ཤཱཀྱ་ཤྲཱིའི་ཕྱག་ཕྱིར་ལྷེའུ་རར་ཕྱིན་པ་ཡིན། ཕྱག་ལོ་ཙཱ་བ་གོང་མ་དེས་ཐུགས་ལ་འདོགས་པོ་བྱས། ང་ལ་ནོར་ཡོད་ན་ཁྱེད་ཀྱི་ཞབས་ཏོག་བྱེད་དེ། ཅི་ཡང་མེད། ང་རྒྱ་གར་ཀློ་ཕྱོགས་ནས་དོན་གཉེར་དུ་འོངས་པ་ཡིན། ངས་རྡོ་རྗེ་རྣམ་འཇོམས་དང་གཙུག་ཏོར་གློག་ཞེས། ཁྱེད་ཀྱི་གཡོག་དགོས་ན་བྱའམ་ཟེར་བས་དགའ་ནས། འོ་ན་དེ་ལྟར་ཞུ་བྱས་པས། སྤྲུགས་པ་དེས་སྙུང་གཡོག་བྱས་པས། ཟླ་བ་གཉིས་སྙུང་ནའང་མ་གྲོངས་ཙམ་བྱུང་གསུངས་སོ། །དེ་སྐད་དུའང་། རྒྱ་གར་བལ་པོར་གཟབས་ཀྱང་ཡུལ་དུག་གི། །ཚ་ནད་དྲག་པོས་ཐེབས་ཀྱང་དབང་པོ་ཡི། །གཙོ་བོ་སྲོག་གི་བར་ཆད་མ་བྱས་པ། །དེའང་མཁན་པོ་ཆོས་རྗེ་ཆེན་པོའི་དྲིན། །ཞེས་པ་དང་། སྲུང་བ་ཉམས་སུ་བླངས་ཀྱང་སྔོན་ལས་ཀྱིས། །རིམ་ནད་ཆེན་པོས་ཟིན་ཡང་བཤེས་གཉེན་གྱིས། །བསྐྱངས་པས་ཚེ་ཡི་འདུ་བྱེད་མ་འགགས་པས། །དེ་ཡང་མཁན་པོ་ཆོས་རྗེ་ཆེན་པོའི་དྲིན། །ཞེས་གསུངས་སོ། །སྤྲུགས་པ་དེ་ནི་མགོན་པོ་ཕྱག་བཞི་པ་འདི་ཡིན་པར་སྣང་གསུངས། དེ་

ནས་སླུང་བ་དྭངས་སྐྱུ་སྟ་སོར་བཞིན་མ་སོང་པའི་དུས་སུ་གྲོང་ཁྱེར་པ་རའི་རྒྱལ་པོ་དེ་སྲང་མདོར་ཕྱིན་པ་ཡོད་ཟེར་ནས། ཇ་སྒྲོ་བ་དང་གར་མཁན་དང་། རྒྱན་དང་། ཕྱེ་མ་ཕུར་མ་དང་། བསིལ་ཡབ་གཡོབ་པ་དང་། དུང་དང་འབུད་དཀྲོལ་ལ་སོགས་པ་བྱེད། ཁང་པའི་སྟེང་ཐམས་ཅད་དང་། སྲང་གི་མདོ་ཐམས་ཅད་དར་གྱིས་པར་ཕུར་ཁེངས་པར་བྱས། རྒྱལ་པོ་ར་མ་སིནྡྷ་ཞེས་བྱ་བ་དེ་གླང་པོ་ཆེ་གཅིག་གི་སྟེང་ན་རིན་པོ་ཆེའི་ཁྲི་དང་རྒྱབ་ཡོལ་རྒྱན་སྣ་ཚོགས་ཀྱིས་བརྒྱན་པ་ལ་འཁོད་ནས་ཕྱིན། ཆོས་རྗེ་ཡང་དཔོན་པོས་སྤྱན་འདྲེན་དུ་བྱུང་སྟེ། ཉིད་མ་ཕྱིན་ན་རྒྱལ་པོས་ཆད་པ་གཅོད་དུ་འོངས་བས་འགྱོན་པར་ཞུ། རྒྱལ་པོ་སྲང་མདོར་ལོ་རེ་ལ་ལན་རེ་ལས་མི་འགྱོན་དེ་ལ་ལྟད་མོ་བྱེད་པ་ཡིན་ཟེར། དཔོན་པོས་ཆོས་རྗེ་དོ་ལི་ལ་སྤྱན་དྲངས་ནས་རྒྱལ་པོ་དང་མཇལ། ཆོས་རྗེས་རྒྱལ་པོ་དེ་ལ་སཾ་སྐྲི་ཏའི་ཚིགས་སུ་བཅད་པས་ཤིས་པ་བརྗོད་པས་རྒྱལ་པོ་ཤིན་ཏུ་མཉེས་ནས་གསེར་དང་རས་ཡུག་དང་། སྨན་མང་པོ་དང་། འབྲས་དང་། ཡོན་བཟང་པོ་ཀྱི་ནོམ་པ་ཕུལ་ནས་བླ་མཆོད་ལ་བཞུགས་པར་ཞུ་གསུངས་པ་ལ། ཆོས་རྗེས་ཁྱེད་མུ་སྟེགས་ཀྱི་ཆོས་ལུགས་ལ་ང་ནང་པའི་ཆོས་ཀྱིས་བླ་མཆོད་བྱེད་པ་མི་འཐད་དོ་གསུང་པ་ཐུགས་ལ་བཏགས་གསུངས་པས། འོ་ན་ཞག་འགའ་འདིར་བཞུགས་ཟེར་ནས་རྒྱལ་པོ་དེས་ཅི་དགོས་པའི་བསྙེན་བཀུར་བྱས་གསུངས། ཚུར་ལམ་ཏི་ར་ཧུ་ཏིར་ཕྱིན་པའི་ལེའུ་སྟེ་བཅུ་གཅིག་པའོ། །

དེ་ནས་ཏི་ར་ཧུ་ཏིར་གྲོང་ཁྱེར་པ་རའི་ཁྲོམ་ཆེན་པོ་ཚོགས་སར་བལ་པོའི་མིས་ངོ་ཤེས་པ་བྱུང་བ་རྣམས་ན་རེ། འདི་ལྟར་སྐྱ་རིད་པ་གྲོངས་འགྲོ་སྐྱུ་གཤེགས་འགྲོ་ཟེར་ནས་ངུས། ཆོས་རྗེས་ང་གསོན་གཤིན་བྱེད་པ་ཡིན། དེའུ་རང་ཤི་སྟེ་གསོས་པ་ཡིན་གསུང་པས། ཁོང་འབའ་རོ་རྣམས་ཀྱིས་བསྙེན་བཀུར་

བྱུས་ཤིང་མདོ་ལི་ལ་སྤྱན་དྲངས་ནས་བལ་ཡུལ་དུ་ཕྱིན། བལ་ཡུལ་ན་ཕྱུག་པོ་ལ་འབའ་རོ་ཟེར། བན་རྙེ་ལ་ཏ་ས་སི་ཟེར། སྟོག་ས་པ་ལ་ཏང་ཏུ་ཟེར་གསུངས། བལ་ཡུལ་དུ་ཕྱིན་ཙ་ན། སྐུ་མ་བརྟས་པ་ལ་འབའ་རོ་རྣམས་ཀྱིས་ཟས་ཞིམ་པོ་མང་པོ་ཕྱིན་པས་བད་ཀན་ཆེ་བར་བྱུང་གསུངས། བལ་ཡུལ་དུ་བན་རྙེ་ས་ལེ་ཟེར་བའི་འབའ་རོ་གཅིག་ལ་གསེར་སྲང་ལྔ་དོམ་བླངས་ནས་དཔེ་རྟེན་མང་དུ་བཞེངས་གསུངས། དེར་མང་ཡུལ་གུང་ཐང་དུ་ཟླ་བ་དྲུག་ཙམ་ཚུལ་ཁྲིམས་རྒྱལ་བའི་གདན་ས་ཡང་དག་ཅེས་བྱ་བ་དེར་བཞུགས་པར་ཞུ་བའི་ཞུ་འབུལ་བྱུང་བ་ལ། ཆོས་རྗེའི་ཞལ་ནས་ང་གཉལ་གྱི་ལྷེའུ་ར་ཞེས་པར་མཁན་པོ་ཟླ་བ་གོང་མ་དེའི་གདན་ས་སྐྱོང་དགོས་པ་ཡོད་པས་བསྡོད་མི་ཐོམས། ཟླ་གཅིག་གཉིས་ཀྱིས་ཁྱོད་ལའང་མི་འཚོ་གསུངས་པས་ཟླ་གཅིག་ལས་མ་ཐོམས་ཀྱང་བཞུགས་པར་ཞུ་ཟེར། བླ་མ་རེ་ཚེན་དྲ་ལ་མཇོན་ཤེས་མངའ་བས་ཡང་དག་ཏུའང་ཟླ་བཞི་ལྔ་བཞུགས་ནས་ཕྱིན་ན་འཐད། དེ་ཙམ་རིངས་ཁ་ན་མེད། དེ་རྗེས་ལ་ཕྱིན་པས་འགྲོ་དོན་འོང་གསུངས་སོ། །གསུང་དེས་ཡང་དག་ཏུ་བཞུགས་པ་ཡིན། དེ་ནས་བལ་པོ་ནས་ཡང་དག་ཏུ་ཐེབས། དེར་ཏ་རི་མན་ད་ལ་སོགས་པ་མ་དང་འདྲ་བའི་བུ་བཞི་ལ་སོགས་ཏེ་གནས་གཞི་བརྒྱད་ཅུ་ཐམ་པའི་ལྗི་མིག་ཉིན་གཅིག་ལ་ཕྱུག་ཏུ་ཕུལ། ཡོན་བདག་ཕྱུག་པོ་བཙན་གྲགས་ཀྱིས་གསེར་འབུམ་ཕུལ། ཡོན་བདག་དཀོན་མཆོག་རྟེན་གྱིས་གསེར་གྱི་ཉི་ཁྲི་ཕུལ། སྤྱིར་གསེར་གྱི་ཉི་ཁྲི་ཚར་བཞི། བརྒྱད་སྟོང་པ་ཚར་གཉིས། སྔག་ཚའི་གསུང་རབ་ལ། མདོ་སྡེ་སུམ་ཅུ་རྩ་གཉིས་དུས་གཅིག་དང་། རྒྱས་པ་བཅུ་དྲུག་དུམ་གཅིག་གིས་སྔ་དྲངས་པ་པོ་ཏི་ཕྱེད་དང་ཉིས་བརྒྱ་ཙམ་ཕྱུག་ཏུ་ཕྱིན། ཆོས་སྐད་དུ་པུསྟ་ཀ །འཕྲལ་སྐད་དུ་པོ་ཏི། བོད་སྐད་དུ་གླེགས་བམ། གསེར་གྱིས་མ་ཡིན་པ་སྔག

ཆོས་ཁྲིམས་ཀྱང་གླེགས་བམ་ཡིན་གསུངས་སོ། །ལར་དཔེ་ཆ་མ་གཏོགས་པའི་པོ་ཏི་ཉིས་བརྒྱ་ཕྲུག་ཏུ་ཕྱིན། ཡང་དོག་ནས་དབུས་སུ་ཕྱིན་དུས་སོ་ཕྲུག་བཙན་གྲགས་ན་རེ་གསེར་འབུམ་ཡང་དོག་ཏུ་འཛོག་ན་མི་དགའ་བས་ཆོས་རྗེ་ཉིད་གར་བཞུད་དུ་སྤྱན་འདྲེན་པར་ཞུ་ཟེར། ཁོང་རང་གིས་ཀོ་གཏུམ་བྱས་ནས་སྟར་གོང་དུ་ཡམ་དུ་བཙངས་སོ། །དཀོན་མཆོག་རྟེན་གྱི་ཉི་ཁྲི་ཉི་མ་བཞིའི་སར་སྐྱེལ་དུ་ཕྱིང་བས་དེ་གཉིས་ལྷེའུ་རར་གདན་དྲངས་སོ། །ཡོན་བདག་དེ་གཉིས་བུ་མེད་ནས་ཚད་པ་ལ་དེ་ནས་བུ་གསུམ་སྐྱེས། མི་ནོར་འཛོམས། བདེ་སྐྱིད་དང་ལྡན་པར་གྱུར་ཏོ། །

བལ་ཡུལ་ན་བཞུགས་པའི་དུས་སུ་ཆོས་རྗེ་ས་སྐྱ་པཎྜི་ཏས་མཚན་བརྗོད་ཀྱི་འགྲེལ་པ་བདུད་རྩི་ཐིགས་པའི་དཔེ་བསྐུར་གསུང་བ་ཕྱིང་བ་ལ་དེའི་རྒྱུ་དཔེ་བསྐུར་བས། ཁྱེད་རང་གིས་འགྱུར་མཛད་པའི་བོད་དཔེའི་འགྱུར་བལྟ་བ་ཡིན་གསུངས་ནས་ཡང་བསྐུར་བ་གཟིགས་པས་ཤིན་ཏུ་མཉེས་ཏེ། ཕྱིས་ས་སྐྱར་མཇལ་དུས་གསུང་གླེང་མཛད་པས། ཆོས་རྗེ་ས་སྐྱ་པའི་ཞལ་ནས། ལོ་ཙྪ་བ་རིན་ཆེན་བཟང་པོའི་རྗེང་ལ་ཁྱེད་པས་མཁས་པ་མ་བྱུང་ངེས་པ་ཡིན། ང་ཡང་ཁྱེད་ཀྱི་འདི་ལྟར་མཁས་པ་གཅིག་བྱ་སྣམ་པ་ལ་ཡབ་མེས་ཀུན་གྱིས་རྒྱ་གར་དུ་མ་བཏང་བས་ལན། སྐུ་དྲིན་ཆེ་ལ་ཆུང་བྱུང་། ཆེ་སྐྱེ་ཆོས་དང་ལོངས་སྤྱོད་དང་མ་ཐྲལ་བ་མཛད། ཆུང་སྐྱེ་རྒྱ་གར་དུ་མ་བཏང་གསུང་ངོ་། །ཕྱིས་ཧོར་ཡུལ་དུའང་ཆག་ལོ་ཙྪ་བ་རང་མཁས་པ་ཡིན་པས་ཡོན་ཏན་སློབ་འདོད་ན་ཁོང་ལ་གཏུགས་ཤིག་གསུང་སྐད་དོ། །ཡང་དོག་ཏུ་ཆོས་གསུངས་པས་བླ་མ་ས་སྐྱ་པའི་སློབ་མ་དགེ་བཤེས་བཅུ་ཙམ་ལའང་ཆོས་ཀྱིས་ཕན་ཐོགས་ཆེ་བར་བྱུང་གསུངས་སོ། །

མང་ཡུལ་ཡང་དོག་ཏུ་ལོ་བཞི་བཞུགས་པའི་ལེའུ་སྟེ་བཅུ་གཉིས་པའོ། །

དེ་ནས་གཉལ་ལྡེའུ་རང་པ་རྣམས་ཀྱིས་སྤྱན་དྲངས་པས་ཡང་དོག་ནས་ཕྱིན་པའི་ཚེ་གསེར་འབུམ་ཉི་ཁྲི་སོགས་དང་། ཕྱུག་དཔེ་བོད་དཔེ་དང་རྒྱ་དཔེའི་སྡེ་སྣོད་གོང་རྩེར་བཞུགས་པ་རྣམས་མཛོ་མང་པོ་ལ་བཀལ་ནས་ཕྱིན་པས་མི་ལ་ལ་ན་རེ། དཔེ་དང་ཆོས་དེ་ཙམ་གྱི་མང་པོ་མི་སྲིད། ཆོས་དང་བུ་རམ་མང་པོ་ཡོད་འདུག་ཟེར་སྐད། དེའི་དུས་སུ་རང་འཐག་གཅིག་མ་གཏོགས་པ་ཅི་དགོས་པ་འབུལ་བ་བྱུང་། མི་ཆེ་རྒྱུ་ཅོག་གིས་ཞབས་ཀྱི་རྫུལ་སྤྱི་བོས་བླངས་ཏེ་གཉལ་གྱི་ལྡེའུ་རར་ཕེབས། ས་གཞི་རྟ་དང་མེས་གང་ཞིང་། །ནམ་མཁའ་འཇའ་དང་དར་གྱིས་གང་། །ཞབས་ཀྱིས་གང་དང་གང་བཅགས་པ། །བཀྲ་ཤིས་སོ་ལེགས་བདེ་སྐྱིད་ལྡན། །ལྡེའུ་རའི་སློབ་དཔོན་དོན་ཞགས་པ་ཆོས་རྗེ་སྟོན་གཞོན་ནུའི་དུས་སུ་ལྷའི་ཞལ་གཟིགས་གསུང་བ་ལ་ཡིད་མ་ཆེས་པ་བར་ཆད་ཡིན། རྒྱ་གར་ནས་ལོག་མི་འོང་གསུངས་པ་ལ། སོ་ཉི་ཤུ་རྩ་བཞི་མ་མཇལ་ཡང་། ད་གཟོད་བར་ཆད་མེད་པར་ཕྱིན་པ་ལ་དད་མུས་གཞན་བས་ཆེ་སྐད། མཁས་གྲུབ་བརྩོན་པའི་སྙན་གྲགས་ཕྱོགས་བཅུར་ཁྱབ། ཧོར་ཡུལ་ནས་ཀྱང་ཆོས་ཀྱི་རྒྱལ་པོ་འཕགས་པ་དང་། རྒྱལ་པོ་སོ་གོ་ས་བདག་གོ་པོ་ལ། གུས་པའི་ཚུལ་གྱིས་སྤྱན་འདྲེན་བཏང་བར་འགྱུར། དེ་ལ་སློབ་དཔོན་ཤིག་ཤ་ཏ་དང་ལ་སོགས་པའི་གསེར་ཡིག་པ་འགའ་ཡང་དང་ཡང་དུ་བྱུང་ཞིང་། གུས་པས་བསྙེན་བཀུར་བྱས་ཏེ། ཧོར་ཡུལ་དུ་སྤྱན་འདྲེན་པའི་གཏམ་ཞུས་སོ། །འགྲོ་བ་མང་པོ་ཕན་བདེ་ལ་བཀོད་ཅིང་ལྡེའུ་རར་བཞུགས། རྒྱ་གར་ནས་ཕེབས་ནས་ལོ་ཕྱེད་དང་བཅོ་ལྔ་ཙམ་སོང་བའི་དུས་སུ། འབྲུག་གི་ལོ་ལ་སི་ཏུ་ཨ་སྐྱིད་དང་། དཔོན་པོ་འཇུར་ན་དང་། ཨ་བ་རྐན་ལ་སོགས་ཀྱིས་ཧོར་ཡུལ་དུ་སྤྱན་དྲངས་པ་ལ། མདོ་ལི་ལ་སྤྱན་དྲངས་ནས་བྱང་སྒྲིང་འབུམ་དུ་ཕྱིན། དེའི་ཚེ་ཞབས་སྟུང་།

དེའང་ཡོས་བུའི་ལོ་ལ་ས་གཡོས་ཆེན་པོ་ཁང་པ་ཞིག་པ་མང་པས་བླ་བྲང་དུ་བཞུགས་མ་ནུས། ཕྱིར་བཞུགས་པས་ཀྱང་ཡན། ཆོས་སྐྱོང་གིས་ཞབས་ལ་ལྕགས་སྒྲོག་བཅུག་ནས་ཧོར་ཡུལ་དུ་མི་གཏོང་བ་འདུག་ཅེས་ཀྱང་རྗེ་མཐོང་མཁན་གྱིས་ཟེར། ཧོར་བོད་ཀྱི་མི་སྣ་ཅན་ཀུན་གྱིས་ལམ་དུ་གྲོངས་ན་ཕངས་པར་མཐོང་། དཔོན་ཟིན་ཤེས་རབ་སྐྱབས་ཀྱིས་ཧོར་བོད་ཀྱིས་མི་སྣ་ཀུན་བསགས་ཏེ་ལམ་དུ་གྲོངས་ན་རྒྱལ་པོ་ཡང་མི་མཉེས། བོད་དུ་བཞུགས་ན་འགྲོ་བ་ཀུན་ལ་ཕན། ཁམས་ཆེ་བས་ཧོར་བོད་ཀུན་གྲོས་ཀྱིས་ཟེར་བ་ལ་བརྟེན་ནས། ཧོར་བོད་ཀུན་གྱིས་བོད་དུ་བཞུགས་པར་ཞུས། དེའི་དུས་སུ་དཔོན་ཤེས་རབ་སྐྱབས་ཀྱིས་ཞུས་པས་བླ་མ་པཎྜི་ཏ་ཆེན་པོ་བཅུ་གཉིས། བོད་དུ་ལོ་ཟླ་བ་བཞི། མཁས་བཙུན་ཉི་ཤུ་ལ་ཆོས་གསན་པའི་གསན་ཡིག་ཆེན་མོ་དེ་མཛད་དེ་གནང་། སླར་ཡང་གཉལ་དུ་བྱོན། རྒྱ་གར་ནས་གཉལ་དུ་བྱོན་ནས་ལོ་གཉིས་ཙམ་ན། འཕྲུལ་སྣང་གི་ཤཱཀྱ་མུ་ནེ་ལ་མཆོད་པ་འབུལ་དུ་བྱོན་པའི་ལམ་དུ་ཡར་ཀླུངས་སྟག་ཚལ་དུ་པཎྜི་ཏ་དྷ་ན་ཤྲཱི་ལ་སྒྲུབ་ཐབས་བསྡུས་པའི་རྒྱ་དཔེ་ཡོད་མེད་འདྲི་བ་ལ་བྱོན་ཏེ་ཆུ་བ་བེ་རེ་གཅིག་དང་། ཨ་པི་པི་ལིང་ཕུལ་ནས་རྒྱུད་བླ་མའི་མཆོད་བརྗོད་སཾ་སྐྲི་ཏའི་སྐད་དུ་ཤེས་པ་བརྗོད་པས་པཎྜི་ཏ་འདར་སིག་སིག་སྤྱན་ཆབ་སི་ལི་ལི་ཕྱུང་། མཁས་མཁས་ང་བས་ཁྱོད་མཁས་པར་འདུག །ཁྱོད་རྒྱ་གར་དུ་ཡུན་རིང་དུ་སྦྱངས་པས་པཎྜི་ཏ་ཆེན་པོའི་ཆེན་པོར་འདུག །ང་བོད་དུ་བསྡད་པས་བ་ལང་དུ་སོང་། ཁྱོད་མཁས་གྲགས་པས་ངའི་བ་སྤུ་ལངས་པ་ཡིན་གསུངས་སོ། །གསེར་ཕྱེ་ཕུལ་བའི་དྲུང་དུ་ཆོས་གསུངས་ཏེ། རྒྱ་གར་གྱི་ལོ་རྒྱུས་གསུངས་པས་མི་ཚོགས་པ་ཐམས་ཅད་མཆི་མ་ཤོར་བ་ཤ་སྟག་བྱུང་། དེའི་ལོ་ལ་གསེར་ཕྱེ་ཕུལ་བའི་ཡུལ་ཁམས་དེར་ནད་མེད་པ་ལོ་ལེགས་པ་བྱུང་ངོ་། །ཧྲེའུ་

རའི་གདན་ས་བསྐྱངས་པའི་ལེའུ་སྟེ་བཅུ་གསུམ་པའོ། །

དགུང་ལོ་དྲུག་ཅུ་རེ་གཅིག་པ་རྟའི་ལོ་ལ་ཐང་པོ་ཆེར་ཕྱིན། དཔྱིད་དབྱར་སྟོན་གསུམ་གྱི་ཆོས་དགོན་པ་ཆེན་པོར་བཞུགས་ནས་གསུངས། དཔྱིད་ཆོས་ལ་ཏིང་ངེ་འཛིན་རྒྱལ་པོའི་འགྲེལ་པ་དང་། སེམས་བསྐྱེད་ཆེན་མོ་ལ་སོགས་པ་གསུངས། དབྱར་ཆོས་ལ་སྐྱེས་རབས་དང་། སྤྱོད་འཇུག་དང་། བཤེས་པའི་སྤྲིངས་ཡིག་དང་། ཀ་མ་ལ་ཤཱི་ལའི་སྒོམ་རིམ་གསུམ་དང་། རྟ་དབྱངས་ཀྱི་ཀུན་རྫོབ་བྱང་ཆུབ་ཀྱི་སེམས་སྒོམ་པ་དང་། དོན་དམ་བྱང་ཆུབ་ཀྱི་སེམས་སྒོམ་པ་རྣམས་གསུངས། སྟོན་ཆོས་ལ་འཕགས་སྐོར་གྱི་ཆོས་ཕྲན་སྣ་གཅིག་ཀྱང་མ་ལུས་པར་གསུངས། གཞན་ཡང་བླ་མ་ཉིད་ཀྱིས་མཛད་པའི་མཉྫལ་གྱི་ཚིག་གསུམ་དང་། ཆོས་སྤྱོད་ནོར་བུའི་ཕྲེང་བ་དང་། བསྔོ་བའི་མན་ངག་རིན་པོ་ཆེའི་གཏེར་དང་། ངན་སོང་སྦྱོང་བའི་རྒྱུད་ཆ་ལག་དང་བཅས་པ། ཀླུ་སྒྲུབ་ཀྱི་སྨོན་ལམ་ཚིགས་སུ་བཅད་པ་དགུ་པ་འགྱུར་བཅོས་ནས་གསུངས། གཞན་ཡང་ཆོས་བཀའ་མང་དུ་གསུངས་ནས་སྟོན་ཆོས་གཟབས་པ་ཡིན། དེས་ཐོན་པ་ཡིན་ནོ། །

ད་གྲོ་བོ་ལ་བཞུད་གྲོ་ཐོན་པ་དང་གྲྭ་པ་ཀུན་ངའི་དྲུང་དུ་ཕྱིན་ཅིག་གསུང་པས་སྲུན་སྟར་ཕྱིན་པ་ན་ཆོས་འདི་ཤེས་པ་རང་གིས་མི་ཚོག །ཉམས་སུ་ལེན་དགོས་པར་གདའ་བ། ཉམས་ལེན་དང་ཐོས་པ་གཉིས་ཀ་གྱིས་ཤིག །སྟོན་ལ་ཆོས་བསླབས་ནས་ད་གདོད་ཉམས་སུ་བླང་སྐམ་ན་རྟེས་སུ་མི་འོང་། སློབ་པ་རང་ལའང་བར་ཆད་འོང་བ་ཡིན་པས་ཉམས་ལེན་སྤྱོད་པ་དང་འཕྲུལ་རང་ལ་གྱིས། འཆི་ཁར་མི་འགྱོད་པ་རེ་བྱེད་འཚལ། དེ་ལ་ཆོས་ཤེས་པར་བྱས་ནས་ཉམས་སུ་ལེན་དགོས། སོ་སོ་ཡང་ད་ལོ་གཉིས་བཤད་པ་བྱེད། དེ་ནས་སྒྲུབ་པ་

རང་བྱེད་དེ་རྩིས་སུ་བྱུང་ན་ཡིན། ཨེ་ཡོང་མི་ཤེས། ཆོས་རྗེ་གོང་མ་དེ་དགུང་ལོ་དྲུག་ཅུ་རྩ་བཞི་ལ་སྐུ་གཤེགས་པ་ཡིན། ཁྱེད་ཡི་དམ་གྱི་མངོན་གཏོགས་གང་ལ་མོས་པ་རེ་བློ་ལ་ཟུང་ལ་བསྒོམས། བླ་མ་ལྷ་བཅུ་པ་བློ་ལ་བཟུང་། གཞན་དུས་སུ་ཡི་དམ་ལྷའི་བསྙེན་པ་ཐེབས་དགོས་པ་ཡིན། ཁོ་བོས་ཀྱང་གཞན་དུས་སུ་ཡི་དམ་ལྷའི་བསྙེན་པ་འབུམ་ཚོ་ཉི་ཤུ་རྩ་དྲུག་གི་སྐྱེལ་བས་རྒྱ་གར་ནས་མ་ཤི་བར་ལོག་ཙམ་བྱུང་བ་འདི་ཡིན་རྫུད་རྫུད་པར་འདུག་སྟེ་གསུངས་ནས་ཕྱག་བར་ལྷུ་ལ་བྱིལ་བྱིལ་མཛད་དོ། །

ཡང་ལན་ཅིག་ཁོ་བོས་སྔ་བལ་ཡུལ་དུ་འགྲོ་ཙ་ན་རྗོ་རྗེ་གདན་མ་མཐོང་བར་བོད་དུ་མི་ལོག་པའི་དམ་བཅའ་བྱས། ལོ་བཅུ་བདུན་ལོན་ནས་བཞི་བཅུ་རྩ་ལྔའི་བར་དུ་སྣག་སྨྱུག་དང་མི་འབྲལ་བའི་དམ་བཅའ་བྱས། ད་ལྟ་དགེ་སྦྱོར་གྱི་དམ་བཅའ་དང་། དཀོར་ལ་མི་འབག་པ་དང་། གཞིས་ཁ་མི་གཙོད་པ་དང་། གསེར་སེ་བ་གཅིག་ནས་བྲེ་གང་ཡང་བདེ་འགྱུར་དུ་མི་གཏོང་བ་དང་། འཁོར་ལ་ཁྲལ་མི་སྲུད་པ་དང་། མི་སྡེའི་དཔོན་མགོ་མི་བྱེད་པའི་དམ་བཅའ་འགའ་ཡོད་གསུངས་སོ། །

སྟོན་ཆོས་ཐོན་མ་ཐག་དགོན་པ་ཆེན་མོ་ནས་འཛུའི་ཕུར་བྱོན། རྒྱལ་དུ་ཟླ་བ་གསུམ་མཚམས་ལ་བཞུགས་ཏེ་གསུང་བཅད་ཐུགས་དམ་མཛད། ཐུན་མཚམས་སུ་སྒྲོན་གསལ་ལེའུ་དང་པོའི་ཊཱིཀྐ་མཛད། བོད་ལྷ་བ་མ་དག་པ་ཡོད། སྔོན་ཧྭ་ཤང་མ་ཧཱ་ཡ་ནའི་ལྟ་བ་དང་། ད་ལྟའང་དེ་དང་འདྲ། ལྟ་བ་དག་པར་བྱེད་པ་ལ་དབུ་མ་རིན་ཆེན་ཕྲེང་བ་བཤད་ན་ཕན། ཐང་དུ་དགུན་འདི་ཚོགས་ཆོས་ལ་བཤད་དགོས་གསུངས་ནས་བླ་མ་ཉིད་ཀྱིས་རྒྱ་དཔེ་འབྲུ་རེ་རེ་ནས་ཡོད་ཅིང་། སྟོན་པ་འཇུ་བས་བོད་ཡིག་ཏུ་བྲིས་ཏེ་ཕྱག་དཔེའི་མཚན་བུ་བཏབ།

དགུན་ཐང་པོ་ཆེར་ཕྱིན། ཤུད་ཀའི་ཁང་པ་ནས་དགུན་ཆོས་ལ་སློབ་གསལ་དང་རིན་ཆེན་ཕྲེང་བ་གསུངས། ཕྱག་དཔེ་དེ་དགེ་བཤེས་རིགས་པའི་རལ་གྲིས་ཞུས་པས་ཁོང་ལ་གནང་ནས་ཡོད་དོ། །དཔྱིད་ཆོས་མདོ་སྡེ་ཕུག་ཏུ་གསུངས། དབྱར་ཆོས་འཁོར་རྡོ་དགོན་པར་གསུངས་ཤིང་ཟླ་བྲང་བཏབ། དབྱར་ཐོག་གཉིས་ཀྱིས་ཟླ་བྲང་གི་མཁར་ལས་ཀྱང་ཚར། དེ་དུས། སུ་ཚ་དུང་ཛ་དུང་ཚོགས་ཆོས་སྤྱ་ཆོས་དུང་། །ཕྱི་དྲོའི་ཆོས་དུང་རྣམས་དང་དགོང་ཇའི་དུང་། །དགོང་མོའི་ཆོས་སྤྱོད་དུང་དང་བཅས་པ་ཡི། །ཉིན་རེ་དུང་ལན་བཅུ་གསུམ་བཅུ་གསུམ་བསྒྲགས། །གྲྭ་པའང་དཔེ་འགྲེམས་བརྒྱ་བརྒྱུས་མཆྱལ་ཕུལ། །མཆྱལ་ས་ཡི་སྙིགས་བུའང་བརྒྱ་བརྒྱ་ཕྱུང་། །དེ་ནས་ཕག་མོ་གྲུབ་པའི་དཔོན་གཞོན་ཚུལ་གྲིས་ཐང་པོ་ཆེར་མི་བཞུགས་པར་ཞུ་བའི་ཡི་གེ་ཕྱུང་བས་དབྱར་ཆོས་སྟོན་ཆོས་དང་བཅས་པ་གྲུང་ཐང་དུ་གསུངས། འདྲེན་ཕུ་ལྷས་སྡིངས་སུ་སོས་ཐུགས་དམ་མཛད། དེར་སྔར་བོད་དུ་མ་འགྱུར་བའི་གཙུག་དགུའི་རྒྱུད་བསྒྱུར། ཕྱིང་གི་ཨོད་ཀར་བྲག་ཏུ་ཐུགས་དམ་མཛད། ལར་ཡར་ཀླུངས་ཕྱོགས་སུ་ལོ་རིལ་པོ་ལྔ་བཞུགས་སོ། །ཆོས་རྗེ་ཆག་ལོ་ཙྪ་བ་ཐང་པོ་ཆེར་ཕྱིན་པའི་ལེའུ་སྟེ་བཅུ་བཞི་པའོ། །

འཇུ་བ་སྟོན་པ་བདག་གིས་འཇུ་ཕུར་གདན་དྲངས་ཏེ་ཞུས་པ་ལ་འཕགས་པ་ཀླུ་སྒྲུབ་ཀྱིས་མཛད་པའི་གསང་བ་འདུས་པའི་དབང་མཛད། རྡོ་རྗེ་དབྱིངས་ཀྱི་དཀྱིལ་འཁོར་ཆེན་པོ་བཞེངས། སྟོན་པ་དང་། སྟོན་པའི་ཉེ་འབྲེལ་གྱིས་ཞུས་པ་ལ་ཆོས་ཞག་བཅུ་གནང་། སེམས་བསྐྱེད་ཆེན་མོ་དང་། སེམས་བསྐྱེད་བསྡུས་པ་དང་། ཚོགས་ཆོས་མང་དུ་གསུངས། ཆོས་གསུང་བའི་ཐོག་མར་འཇམ་དབྱངས་ཀྱི་བསྟོད་པ་དང་། བདུད་ཚར་གཅོད་པའི་གཟུངས་དང་། ཟླ་

མའི་བསྟོད་པ་རེ་རྒྱ་སྐད་དུ་གསུངས། ཆོས་བཤད་ཙ་ན་ཐོག་མར་བླ་མའི་བསྟོད་པ་རེ་བྱས་པས་གསུང་སྒྲོས་མི་བརྗེད་པ་ཡིན་གསུངས་ནས་གུ་རུ་ཙ་ར་ཏ་ཞེས་པ་སོགས་བསྟོད་པ་རེ་མཛད་དོ། །བླ་མ་ཆོས་རྗེ་ཆག་ལོ་ཙཱ་བ་འཇུའི་ཕྱུར་ཕྱིན་པའི་ལེའུ་སྟེ་བཅོ་ལྔ་པའོ། །

དེ་ནས་ར་གུད་དུ་དབྱར་ཆོས་དགུན་ཆོས་རྒྱས་པར་གསུངས། དེ་དུས་སྲུའང་གྲྭ་པ་དཔེ་འགྲེམས་བརྒྱ་བརྒྱ་བྱུང་། དེ་ནས་ས་སྐྱར་ཕྱིན་ཆོས་འཁོར་ཆེན་མོ་ལ་དགེ་འདུན་ཇི་སྙེད་ཚོགས་པའི་དབུ་མཛད། བླ་མ་ཆེན་མོ་ཤར་པས་དབུ་དྲངས་པའི་ཆེ་ཆེ་ལ་དབང་བསྐུར། ལ་ལ་ལ་སྙོམ་པ་ཐོག །ལ་ལ་སྐྱབས་འགྲོ་ལ་བཀོད། ཁྱིམ་པ་རྣམས་བསྙེན་གནས་ལ་བཀོད། འགྲོ་བ་གྲངས་མེད་པ་སེམས་བསྐྱེད་ལ་བཀོད་དོ། །དཔོན་ཆེན་ཤཱཀྱ་བཟང་པོ་དང་བླ་མ་ཤར་པས་བསྙེན་བཀུར་གྱི་ནོམ་པ་མཛད་ཅིང་ས་སྐྱར་བཞུགས་པར་ཞུས་པ་ལ། ཁམས་བཟང་ན་ད་གཟོད་འོང་བར་ཞུ། ད་རེས་གཉལ་དུ་ཅི་ནས་ཀྱང་འགྲོ་གསུངས་ནས་སྲུའི་ངོ་ལའང་མ་བཞུགས་པར་གདན་ས་ལྷེའུ་རར་ཕྱིན་ནས་ཀྱང་ཆོས་འཁོར་མཛད་ནས་ཉེ་གནས་དཀོན་མཆོག་དཔལ་གྱིས་བསགས་པའི་བདོག་པ་ཐམས་ཅད་སྤྱོང་དག་མཛད་དེ་སྟོན་པ་ཆོས་རྒྱལ་གྱིས་བཏང་བ་ལ་རིན་པོ་ཆེའི་སྟེར་མ་ཡང་སུམ་བརྒྱ་བཏང་། དེ་ལྟར་བརྟོན་པ་མཛད་པ་ནི་སྐུ་མྱ་ངན་ལས་འདའ་བར་བཞེད་པ་སྟེ། དེ་ཡང་སངས་རྒྱས་རྣམས་སྤྲུལ་པའི་སྐུ་གཏན་དུ་མི་བཞུགས་པའི་རྒྱུ་མཚན་དྲུག་ཡོད་པས་སོ། །དྲུག་གང་ཞེ་ན། ཐེག་བསྡུས་ལས། མཛད་པ་རྫོགས་པར་གྱུར་པའི་ཕྱིར། །ཞི་བ་མི་འདོད་བཟློག་པའི་ཕྱིར། །སངས་རྒྱས་བརྙས་པ་བཟློག་པའི་ཕྱིར། །སྲོ་བ་བསྐྱེད་པར་བྱ་བའི་ཕྱིར། །སོ་སོ་རང་བརྟོན་བཙམ་བྱའི་ཕྱིར། །སྨྱུར་དུ་ཡོངས་སུ་སྨིན་བྱའི་ཕྱིར། །སངས་རྒྱས

རྣམས་ནི་སྤྲུལ་པའི་སྐུ། །གཏན་དུ་བཞུགས་པར་མི་བཞེད་དོ། །ཞེས་སོ། །རྒྱུ་དེས་ན་གདུལ་བྱའི་དོན་ལ་དགུང་ལོ་དྲུག་ཅུ་རྩ་བདུན་བཞུགས་ནས་ཤིང་ཕོ་བྱི་བ་ལོའི་དགུན་ཟླ་ར་བ་མགོའི་ཟླ་བ་རེས་གཟའ་ལྷག་པ། སྐར་མ་ནམ་གྲུའི་དུས། བྱེད་པ་ཁྱིམ་སྐྱེས། སྦྱོར་བ་ཤིན་ཏུ་མཆོག་ཅན་ཚེས་བཅུའི་ཉིན་མོ་ཉི་མ་ལྷན་ཐྲས་པ་ལ་ནི་ཞི་བར་གཤེགས། །

འཇིག་རྟེན་སྒྲོན་མེ་ཉི་མ་འདྲ་བ་ནུབ། །སྒྲ་དང་ས་གཡོས་རྒྱལ་ཁམས་ཀུན་གྱིས་ཚོར། །དྲི་བཟང་ཐུར་ན་མེད་པ་ཧེ་ཝུ་རར་བྱུང་། །ལ་ལས་ལྷ་ཡི་སིལ་སྙན་ཐོས་པའང་བྱུང་། །དེ་ཚེ་བླ་མ་ཆོས་ཀྱི་རྒྱལ་པོ་འཕགས་པ་རྒྱ་ཡུལ་ནས་ཡར་ཕྱིན་པ་བྱུང་འདམ་དུ་ཕེབས་པ་དེར་བླ་མ་ཆོས་རྗེ་ཆག་ལོ་ཙཱ་བ་འདི་ལྟར་མྱ་ངན་ལས་འདས་ཞེས་ཞུ་བའི་ཡི་གེ་ལ་གཟིགས་པས་ཆོས་ཀྱི་རྒྱལ་པོ་རྗེ་རྗེ་ལྟ་བུའི་ཏིང་ངེ་འཛིན་མངའ་བ་ཡང་སྤྱན་ཆབ་བསིལ། དེར་ཆོས་ཀྱི་རྒྱལ་པོའི་ཞལ་ནས། ན་ཞིང་སྔར་ཆོས་རྗེ་ཆག་ལོ་ཙཱ་བ་ཧོར་ཡུལ་དུ་འབྱོན་པའམ་ཡང་ན་ང་ཡར་འོངས་ནས་མཇལ་བར་ཞུ་བའི་ཡི་གེ་བཏང་བའི་ལན་ལ་སྐྱེ་བ་འདི་ལ་མཇལ་བ་མི་འོང་དོགས་ཡོད། སྐྱེ་བ་ཕྱི་མ་ཞིང་ཁམས་དག་པར་ཡང་ཡང་མཇལ་བའི་སྨོན་ལམ་འཚལ་གསུང་བའི་ཡི་གེ་བྱུང་བ་ཡིན། ད་དེའི་ཐོག་ཏུ་བབས་ཁོང་ལ་མངོན་ཤེས་མངའ་བར་གདའ་གསུངས་སོ། །སྐུ་གཤེགས་པ་དེ་ཕྱིར་མ་ཆོར་བར་ཡོད་པ་ལ་བྱ་མཁར་བའི་གནས་བརྟན་བགྲེས་པོ་ན་རེ་ཨ་ཙ་ར་གཉིས་ཀྱིས་བཤད་པ་ཡིན། ཆོས་རྗེ་ད་ལྟ་བར་ཉི་མ་ལྷན་ཐྲས་པ་ལ་སྐུ་གཤེགས་ཟེར་ཏེ་བྱུང་། དེ་བཤད་པའི་ཨ་ཙ་ར་གཉིས་པོ་དེ་ནི་ཆོས་སྐྱོང་ཡིན་པར་གྲགས་སོ། །སྐུ་གཤེགས་པའི་ཉིན་བླ་བྲང་གི་ཐོག་ཁར་འཇའ་ཚོན་སྣ་ལྔ་བཀྲ་བར་མི་ཀུན་གྱིས་མཐོང་བས་ལྷོ་པ་རྗེ་བཙུན་ནམ་མཁའ་དཔལ་ན་རེ། སྐུ་ཁམས་དགའ་

རབ་ཡོད་ཟེར་ཀྱང་འཇའ་མང་པོ་ལ་ཆ་མ་ལེགས་ཟེར་སྐད། ཕྱུར་མཚོད་བྱེད་པའི་ཉིན་པར་ཉི་མ་གཞན་པས་རིང་། དེའང་སྒྲིའུ་རིའི་གོང་ཙམ་ན་ཉིན་རེ་བཞིན་དུ་འཇམ་དཔལ་མཚན་བརྗོད་འདོན་པའི་དམ་བཅའ་ཅན་ཞིག་ཡོད་པ་དེས་ཆོར་བ། མཚན་བརྗོད་ཚར་སུམ་ཅུས་མང་དུ་ཐོན་བྱུང་ཉི་མ་དེ་ཙམ་གྱིས་རིང་ཟེར་སྐད་དོ། །དེ་ལྟར་ཆོས་རྗེ་མྱ་ངན་ལས་འདས། །མཐོང་བ་ཙམ་གྱིས་དད་འགྱུར་བའི། །རྗེ་དེ་མཐོང་བ་མེད་པར་གྱུར། །ཆུ་སྙོད་ཆག་པའི་ཆུ་ཟླ་བཞིན། །གདུང་སེལ་གསལ་བ་སྟོར་བར་གྱུར། །ཆོས་དོན་ཐེ་ཚོམ་ཕྱོགས་ཀུན་ལ། །དྲི་བའི་ལན་ལྡོན་མེད་པར་གྱུར། །

རྒྱལ་གྱི་ཟླ་བའི་ཚེས་བཅོ་ལྔའི་ཉིན་པར་ཕྱུར་ལ་ཞུགས་ཕུལ་བའི་དུས་སུ་ནམ་མཁའ་དྭངས་པ་འཇའ་ཚོན་གྱིས་གང་བ། དཀར་ཡོལ་ལྷ་བུའི་མེ་ཏོག་དཀར་པོའི་ཆར་བབས་པ་མི་ལ་ལའི་ལག་གཉིས་ཀྱིས་བཟུང་ནས་སྐེམ་པ་ཁ་ཕྱེ་ཙམ་ན་དངོས་མེད་དུ་ཡལ། དེ་ས་ལ་ཐོར་བ་ཡིན་སྙམ་ནས་ས་ལ་བལྟ་ཞིང་འཚོལ། ལ་ལ་གནམ་དུ་བལྟ་ཞིང་ད་དུང་འཇོན། ཞག་གསུམ་གྱི་བར་དུ་འཁྲུག་རོམ་ཐམས་ཅད་ཞུ། གདུང་ལ་རིགས་ལྔའི་ཕྱག་མཚན་ལ་སོགས་པ་ངོ་མཚར་ཆེ་བ་བྱོན། ཕྱིས་གདུང་ཞལ་མཇལ་བའི་དུས་སུ་ཟླ་བྲང་གི་སྟེང་དུ་དར་པོ་ཆེ་གྱིན་དུ་ཕྱུར་བ་ལྟ་བུའི་འཇའ་ཚོན་རབ་ཏུ་གསལ་བར་བྱུང་ངོ་། །སང་སྐུ་གཤེགས་པའི་དེ་རིང་དགོང་མོ་གཟིམ་མལ་དུ་སྤྱན་འདྲེན་ཁར་ཁྲི་བོ་བཅུ་བྱུང་ཞེས་གསུང་བ་ལ། ཉེ་གནས་སློབ་དཔོན་སྟོན་རིན་གྱིས་ཅི་ལགས་ཞུས་པས་ཁྲི་བོ་བཅུའི་ཁྲིས་སྐུ་གཅིག་ཁྲི་སྐམ་ཡོད་པས་དེའི་བག་ཆགས་ཕྱིར་འདུག་གསུངས། དེ་ནི་ཁྲི་བོ་བཅུས་ཞལ་གཟིགས་པའོ། །བླ་མ་ཆོས་རྗེ་ཆག་ལོ་ཙཱ་བ་སྐུ་མྱ་ངན་ལས་འདས་པའི་ལེའུ་སྟེ་བཅུ་དྲུག་པའོ། །

བདག་འདྲའི་ནོངས་པས་བླ་མ་སངས་རྒྱས་ཀྱི། །གསུང་དང་ཡོན་ཏན་བྲི་བརྗོད་ནུས་མིན་ཏེ། །འོན་ཀྱང་གསུང་ལ་བརྟེན་ནས་བྲིས་པའི་ཚུལ། །འདི་ལ་ནོངས་པ་མཁྱེན་ལྷན་བཟོད་མཛད་རིགས། །དགེ་བས་འགྲོ་ཀུན་བླ་མ་མཆོག་རྙེད་ཅིང་། །སྟོང་ཉིད་རྟེན་འབྲེལ་ལྟ་བ་རྒྱལ་བ་ཡི། །གསུང་གི་མཛོད་ཀྱི་གཅེས་པ་ཟབ་མོའི་དོན། །ཐོས་ཤིང་རྟོགས་ནས་ཀུན་མཁྱེན་ཐོབ་པར་ཤོག །

བླ་མའི་གསུང་དྲི་མ་མེད་པ་བསྒྲིགས་པ་ཞེས་བྱ་བ་འདི་ནི་བླ་མ་ཆོས་རྗེ་ལོ་ཙྪ་བའི་གསུང་བདུད་རྩིའི་ཆུ་རྒྱུན་ལ་སྣོད་ཀྱི་སྐྱོན་གསུམ་སྤངས་པ་གསུང་ཟིན་ཚད་བྲིས་ལ་འབྲི་བའི་དམ་བཅའ་ཅན་ཤཱཀྱའི་དགེ་བསྙེན་ཆོས་དཔལ་དར་དཔྱང་གིས་སྔོ་པའི་དགེ་བཤེས་ཤེས་རབ་དབང་ཕྱུག་ལ་སོགས་པས་བསྐུལ་བའི་ངོར་བླ་མ་ལོ་ཙྪ་བ་ཆེན་པོ་དེ་ཉིད་ཀྱིས་ཞབས་ཀྱིས་བཅགས་པའི་ས་འཛུའི་ཕུར་བསྡེབས་པ་རྫོགས་སོ། །

གསུང་སྐྱོན་ནོར་བུའི་ཕྲེང་བ་འདི། །ཉིད་ཀྱི་མགུལ་ལ་རྒྱན་དུ་འབུལ། །སརྦ་ཀ་ལྱ་ཎ་མི་ཏྲ། །ཧི་པི་ཏ་ཀ་ཧྲ་ར་ཡི་ཕྱག་ཏུ་འབུལ། །གུས་བཞིན་གཞན་ལའང་གསུང་བར་ཞུ། །མངྒ་ལཾ། ལན་གཅིག་ཞུས། ། །

༄༅། །ཆོས་གྲྭ་ཆེན་པོ་དཔལ་ཞ་ལུ་གསེར་ཁང་གི་བདག་པོ་ཇོ་བོ་ལྕེའི་གདུང་རབས་བཞུགས་སོ། །

ཐུགས་རྗེའི་བདག་ཉིད་འཕགས་པ་སྤྱན་རས་གཟིགས། །
གསང་བའི་མཛོད་འཛིན་རྒྱལ་བ་གོས་སྔོན་ཅན། །
བསྟན་བསྲུངས་གནོད་སྦྱིན་རྒྱལ་པོ་ངལ་བསོ་པོ། །
འཁོར་དང་བཅས་ལ་གུས་པས་ཕྱག་འཚལ་ལོ། །

འདིར་སྔོན་གྱི་རྒྱལ་བློན་ཆེན་པོ་རྣམས་ཀྱིས་བསྒྱུ་བ་བཞི་འཕྲིན་ལས་བཞིའི་སྒོ་ནས་འགྲོ་བའི་དོན་མཛད། དབུས་ལ་གཡོ་རུ་དང་། དབུ་རུ། གཙང་ལ་གཡས་རུ་དང་གཡོན་རུ་སྟེ། རུ་བཞི་ཆེ་བའི་ནང་ནས། གཡོན་རུ་ལག་གི་ཆར་ཤང་རོའི་མཐིལ་དེ་ཡང་ས་ཕྱོགས་རང་བཞིན་གྱི། འཇིག་རྟེན་དབང་ཕྱུག་གི་སྐུའི་རྣམ་པ་ལྷུན་གྱིས་གྲུབ་པ་སྟེ། བྱང་ཕྱོགས་ས་རིས་པདྨའི་འདབ་མ་ལྟར་སྣང་བ། ཤང་ཆུ་སྔོན་མོ་ཟླ་བ་ཆུ་ཤེལ་གདན་ལྟར་གྲུབ་པ། ཚོང་འདུས་རིན་པོ་ཆེའི་གླིང་། གསང་གནས་འདོད་དགུ་རྣམས་འབྱུང་བའི་རྟེན་འབྲེལ་དང་ལྡན་པ། བྱང་ཆུབ་དགེ་གནས་ཀྱི་ལྟེ་བ་རྩ་འདབ་འཁོར་ལོའི་དབྱིབས་སུ་གནས་པ། པཎ་ཆེན་པོ་པཎ་གྲུབ་ཐོབ་དུ་མས་ཐེག་པ་ཆེ་ཆུང་གི་ཆོས་ཀྱི་འཁོར་ལོ་བསྐོར་བའི་རྟགས་དང་ལྡན་པ། དཔལ་ཞ་ལུ་འདི་ཐུགས་ཁ

ཆོས་ཀྱི་ཕོ་བྲང་དུ་གནས་པའི་ཕྱིར། འཇིག་རྟེན་དབང་ཕྱུག་གི་སྐུ་རང་བྱོན་དངོས་སུ་བཞུགས་ཤིང་། འགྲོ་བ་རྣམས་ཀྱི་སྲིད་ཞིའི་རྒྱུད་པ་མཐའ་དག་སྦྱོང་ཞིང་། མངོན་འགྲོ་ངེས་ལེགས་དང་བདེ་འབྲས་མཐའ་དག་འབད་མེད་དུ་བསྐྱུན་པ། ཤར་ནུབ་ཀྱི་ས་འཛིན་ཕྱག་ཞབས་ཀྱི་དབྱིབས་སུ་གནས་པ། ལྷོ་ཕྱོགས་ཀྱི་རི་བོ་དབུའི་གཙུག་གི་རྣམ་པར་གྲུབ་པས། གྲུབ་ཐོབ་ཕོ་མོ་དཔག་ཏུ་མེད་པ་སེམས་ཅན་གྱི་དོན་མ་ལུས་པ་འགྲུབ་པའི་རྒྱལ་མཚན་འཕོར་ཡུག་ཏུ་འཇུག་པ། དེ་རྣམས་བྲོག་སྤྲུར་ལ་སོགས་པའི་སྲོག་ཆགས་ཕྲ་མོ་ཤུང་ཞིང་། སྐྱེ་བོ་ཐམས་ཅད་ཀྱང་རང་བཞིན་གྱི་རྒྱུད་དུལ་བ། ཕན་ཚུན་ཕ་མ་ལྟར་བྱམས་པའི་སེམས་དང་ལྡན་པའོ། །

དེ་ཡང་མཁན་བརྒྱུད་དང་ཡོན་བརྒྱུད་གྲགས་པ་ཅན་བྱོན་རྟགས་སུ། བྱང་ཕྱོགས་ཀྱི་ཆུ་ཀླུང་འདི་གཡུ་འབྲུག་སྔོན་མོ་མཁའ་ལ་འཕྱོ་བ་འདྲ་ཞིང་རྒྱུན་མི་ཆད་པར་འབབ་པ། མཁས་གྲུབ་དགེ་བའི་བཤེས་གཉེན་བསྟན་པ་འཛིན་པའི་སྲོག་ཤིང་དུ་གྱུར་པ་འབྱུང་བའི་མཚན་མར། ལྷོ་ཕྱོགས་ཀྱི་རི་གསེར་གྱི་གདུགས་ཕུབ་པ་འདྲ་བ་སྲིད་ཞིའི་གདུང་པ་སེལ་ཞིང་མངོན་མཐོ་ངེས་ལེགས་དང་འདོད་དགུ་ལྷུན་གྱིས་གྲུབ་པའི་ལྟས་ལ་ཤར་ཕྱོགས་ཀྱི་རི་ལྷུན་པོ་རིན་ཆེན་འབར་བའི་དབྱིབས་སུ་གནས་པ། ཉམས་དང་རྟོགས་པ་རྒྱུན་མི་འཆད་པར་གོང་ནས་གོང་དུ་འཕེལ་བའི་ཕྱིར། ནུབ་ཕྱོགས་ཀྱི་ས་འཛིན་པདྨ་རཱ་གའི་གཞོང་པ་ལྟ་བུ། བདེ་བར་གཤེགས་པའི་སྐུ་གསུང་ཐུགས་ཀྱི་རྟེན་རྒྱལ་བ་སྲས་དང་བཅས་པ་དང་། པཎ་ཆེན་པོ་པཎ་གྲུབ་ཐོབ་དུ་མའི་སྐུ་གདུང་རིང་བསྲེལ་བསྟུ་བ། ས་ལ་ལེགས་པར་བལྟམས་པའི་ཆོས་སྐུའི་རྟེན་དཔག་ཏུ་མེད་པ་བཞུགས་པའོ། །

གཞན་ཡང་བསྒོམ་པ་ངན་པ་མི་འབྱུང་ཞིང་། ཞི་བའི་ལས་འགྲུབ་པའི་

རྟགས་སུ། ཤར་ཕྱོགས་ཀྱི་རི་སྣང་པོ་ཆེ་ཉལ་བ་འདྲ་བ། ལྷ་བ་ངན་པ་མི་འབྱུང་ཞིང་། རྒྱས་པའི་ལས་འགྲུབ་པའི་མཚན་མར། ལྷོ་ཕྱོགས་ཀྱི་རི་ས་འཛིན་གདུགས་ཀྱི་དབང་པོ་མཁའ་ལ་འཕྱོ་བ་འདྲ་ཞིང་ས་ཕྱོགས་གསེར་གྱི་མདོག་ཏུ་སྣང་བ། བཤད་སྒྲུབ་ལས་མི་གཡེལ་ཞིང་། དབང་གི་ལས་འགྲུབ་པའི་རྟགས་སུ། ནུབ་ཕྱོགས་སུ་རི་ནམ་མཁའ་ལ་སྒྲེག་པ་འདྲ་ཞིང་། བྱུ་རུའི་ཕུང་པོ་དཔུང་པ་དང་འདྲ་བ། གསང་སྔགས་ཀྱི་སྟོད་དང་ལྡན་ཞིང་། དྲག་པོའི་ལས་སུ་འགྲུབ་པའི་རྟགས་སུ། བྱང་གི་གྲོག་པོ་རྗེ་རྗེ་བཙུན་མོའི་རྔ་གའི་དབྱིབས་སུ་གནས་པ། ནད་གསོ་ཞིང་བཅུད་ལེན་འགྲུབ་པའི་རི། སྨན་ཆུ་དང་། ཙོང་གཞི། རྩ་རྟག་ཏུ་ཊུ་སོགས་སྨན་དང་རྫས་ཀྱི་ཐེ་བྲག་དུ་མ་སྐྱེ་བ། གཞན་ཡང་ས་ཕྱོགས་རིན་པོ་ཆེ་གསེར་དངུལ་ཟངས། མཚལ་སྤྱང་མཐིང་ལ་སོགས་པའི་གཏེར་ཁ་དུ་མ་ལྷུན་གྲུབ་ཏུ་གནས་པ། འཁོང་ས་པ་རྣམས་ཀྱི་དབུལ་བ་སེལ་ཞིང་འཁོར་པའི་དཔལ་ལ་སྤྱོད་པ། རང་བཞིན་གྱི་གྲུབ་པའི་ས་གཞི་དང་རི་བོ་རྣམས་ཀུང་རིགས་ལྔའི་ཕྱག་མཚན་དང་། བཀྲ་ཤིས་རྫས་བརྒྱད་ཀྱི་དབྱིངས་སུ་གནས་པ། སྲིད་ཞིའི་དཔལ་འཁོར་མ་ལུས་པ་གང་ཞིང་མཁས་གྲུབ་དུ་མའི་འབྱུང་ས། ཆོས་གྲྭ་ཆེན་པོ་དཔལ་ཞ་ལུ་གསེར་ཁང་གི་བདག་པོ། ཇོ་བོ་ལྕེའི་གདུང་རབས་ནི། གནམ་རིམ་པ་བཅུ་གསུམ་གྱི་སྟེང་ན་འབྲུག་ལྷ་བུའི་ལྕེ་དང་། ས་མེར་གྱིས་བཞུ་བ་ལྷ་བུའི་བཙུན་མོ་བཀྲོས་པའི་སྲས་ལ་ལྷ་གེན་རྩེ་རྒྱལ་པོ་བྱུང་། དེའི་གདུང་རུས་ལྕེའི་མིང་ཐོབ། ལྷ་གན་རྩེ་རྒྱལ་པོ་དང་། གླུ་གཟའ་གླུ་བཙུན་བཀྲོས་པའི་སྲས་ལ། ལྕེ་ཉེ་ཟེར་འཕྲུལ་གྱི་རྒྱལ་པོ་བྱུང་། ལྕེ་རྒྱལ་པོ་དེས་གསེར་གྱི་དཀྱུང་མཁར་ལ། (གསེར་གྱི་མཆྲལ་ལྷ་བུར་གཡུ། བྱུ་རུ། མུ་ཏིག་སོགས་ཀྱིས་བརྒྱན་པ་སྟེ་ཕྲ་ཞེས་སོ། །) གཡུ་ཡི་ཕྲ་བཏབ། རིན་པོ་ཆེའི་སྒོ་བཙུག །ལྕང་ཤེས་ཀྱི་ཏྲ། འདོད་

འཛོའི་བ་ལ་སོགས་པ་མངའ་རིགས་ཆེན་པོ་དང་འདོད་དགུ་ལ་དབང་བསྒྱུར། རྒྱལ་པོ་དེ་ལ་སྲས་སྐུ་མཆེད་བདུན་བྱུང་བའི། ཆེ་བ་དྲུག་ཡབ་རྒྱལ་པོ་དང་བཅས་པར་དགུང་གི་ཐོག་བསྒྲུངས། སྲས་ཆུང་ཤོས་དེས་ཤེལ་གྱི་སྐས་བ་ལ་བབས་ཏེ་འཁོར་མང་པོ་དང་བཅས་པ་སྟག་གཟིག་གི་ཡུལ་དུ་ཕྱིན། དེའི་རྒྱལ་པོར་གྱུར་ནས་འདོད་དགུ་ལ་དབང་སྒྱུར། མིང་ཡང་སྟག་གཟིག་གི་རྒྱལ་པོ་ཆེ་བའི་ཕྲེང་ཞེས་བྱ། རྒྱལ་པོ་དེ་ལ་སྲས་གསུམ་འཁྲུངས་ཏེ། བར་མོ་དང་། ནན་མོ་དང་། དར་གན་དང་གསུམ་ལས། བར་མོ་བློན་པོ་དང་བཅས་པ་ཧོར་ཡུལ་དུ་གཤེགས། ཧོར་གྱི་ཟ་གོང་ཆེན་པོ་ཐོབ། མངའ་རིགས་ཆེན་པོ་ཡང་ཐོབ། རྒྱལ་སར་ཡང་བསྐྱངས།

ནན་མོ་རྒྱ་ཡི་ཡུལ་དུ་གཤེགས། རྒྱ་ཡི་རྒྱལ་ཁམས་ལ་མངའ་མཛད། རྒྱའི་རྒྱལ་པོ་ལྷེ་མི་མོ་ཞེས་གྲགས།

ཐ་ཆུང་ལྷེ་རྒྱལ་ཐན་གྱིས་ཞང་ཞུང་རྒྱལ་པོའི་ཕོ་བྲང་དང་ཉེ་བ་དེར་སྤྲ་དཀར་མང་པོ་ཕུབ་ནས་བཞུགས་པ་དང་། ཞང་ཞུང་རྒྱལ་པོའི་རྨི་ལམ་དུ། སྟག་གཟིག་གི་རྒྱལ་པོ་ཕྱིན་ནས་རང་གི་མངའ་རིས་མངའ་ཐང་རྣམས་ཤོར་བར་རྨིས་ནས། སློམ་བདེ་སྐྱེ་ནང་པར་ལངས་ནས་བལྟས་པས། གྲ་མ་ནེའུ་གསེང་ཐམས་ཅད་སྤྲ་དཀར་གྱིས་ཁེབས་འདུག་སྐད།

དེ་ནས་སྟག་གཟིག་གི་རྒྱལ་པོས། ཞང་ཞུང་གི་རྒྱལ་པོའི་གན་དུ་ཕྱིན་ནས། གཟི་བརྗིད་དང་སྟོབས་དང་བློ་གྲོས་འགྲན་པས། ཞང་ཞུང་གི་རྒྱལ་པོས་མ་ཐུབ་ནས། ལྷེ་ལ་ཞེ་ས་ཕུལ་ནས། ཞང་ཞུང་གི་རྒྱལ་པོའི་སྲས་མོ་གཡུ་ས་ལུག་རྫི་མ་དང་། ནེ་མར་ལུག་རྫི་མ་གཉིས་ཁབ་ཏུ་བཞེས། བློན་པོ་ཧོར་མི་ཡུལ་དང་བཅས་པ་འབངས་སུ་བཅད། མཁར་ཆུང་〈ཁྱུང་〉ལུང་དངུལ་དཀར་རྩེ་ལ་

མངའ་མཛད། གཡུའི་ཡི་གེ་ཐོབ། ཞང་ཞུང་གི་རྒྱལ་པོ་མཛད། དེ་ནས་ཆིབས་ཁ་བོད་དུ་བསྒྱུར་ཏེ། དེ་ཡང་བྲན་བུ་ལི་ཧོར་གསུམ། རོག་བུ་དང་ཕག་གཉིས་བརྒྱ་དང་ཡོངས་ལྕགས་གཉིས་རྫངས། རིམ་གྱིས་བྱོན་ནས་ཡར་ཀླུངས་སུ་ཕེབས། མངའ་ཐང་ཡང་རྒྱས་མཆེད་པ་བརྩེགས་སོ། །ཕྱོགས་རེ་ལ་འདོམ་དྲུག་ཅུ་དྲུག་ཅུ་ཡོད། སྐར་ཆ་ཡར་ཚང་མར་བཅུག །ལྡེ་རྒྱལ་དེའི་མིང་ལྡེ་བང་ཆེན་མོ་ཟེར། འདིས་རྒྱལ་པོ་སྲོང་བཙན་སྒམ་པོའི་ནང་བློན་མཛད། དེ་ལ་སྲས་མཆེད་ལྷ་འཁྲུངས་པའི་ཆེ་བ། ནག་ལ་ཆན་པས་འདེབས་པས། ནག་ལ་ཆན་གཡུ་ཁྲི། དེ་འོག་སྨོན་ཏེ་རི་ནུ་མདའ། དེ་འོག་གྲགས་པས་བྲག་ལ་སྒྲ་ལྟར་གཟར་བས་གྲགས་པ་ཟེར་རོ། །དེ་འོག་ཚ་ཁ་ཚ་སྙོ་ལ་དབང་བས་ཚ་བ་ཟེར་ཏེ། ད་ལྟ་ལ་སྟོད་ན་ཡོད། ཆུ་ཤོ་ཐ་ཆུང་ལྡེ་ལོ་ཙྪ་བ་ཁྲི་འབྲུག་ཡིན། འདི་རྒྱལ་པོ་ཁྲི་སྲོང་ལྡེ་བཙན་དང་། རྒྱལ་པོ་སད་ན་ལེགས་གཉིས་ཀྱི་ནང་བློན་མཛད། ཤེས་རབ་ཀྱི་ཕ་རོལ་ཏུ་ཕྱིན་པ་ལ་སོགས་སྒྲ་བསྒྱུར་བའི་ལོ་ཙྪ་དང་། སྒྲའི་གནས་བརྒྱད་ལ་སོགས་པའི་བསྟན་བཅོས་མཛད།

དེ་རྣམས་ལ་སྲས་ལྷ་ལྷ་ལྡེ་ཕ་མཚན་ལྷ་ལྷ། ལྡེ་སྨོན་ཏེ་རི་ནུ་མདའ་ལ། ཕྱིས་ནས་ལྡེ་ལོ་ཙྪ་བ་ཛྙཱ་ན་སི་ཧྨིར་གྲགས། འདི་རྒྱལ་པོ་ཁྲི་སྲོང་ལྡེ་བཙན་གྱི་བློན་པོ་མཛད།

རྒྱལ་པོ་དེའི་དུས་སུ་བློན་པོ་སྡིག་ཅན་རྣམས་ཀྱི་ཆོས་བྱེད་པ་ལ་བཀག་ནས། རྒྱལ་པོའི་བློ་ཐབ་དུ་〈ཏུ་〉བྱས་ནས། མཁན་པོ་རྡོ་རྗེ་ས་ཏྭ་དང་། སློབ་དཔོན་པདྨ་འབྱུང་གནས་གཉིས་གདན་འདྲེན་ལ་བཏང་། སློབ་དཔོན་པདྨ་འབྱུང་གནས་གདན་དྲངས་ཏེ། བོད་ཀྱི་ལྷ་སྲིན་གདུག་པ་ཅན་རྣམས་བཏུལ་ནས། བསམ་ཡས་སུ་ཕྱུགས་ཕེབས་རྒྱལ་པོ་དང་མཇལ། བསམ་ཡས་ཀྱི་

ས་ཚིག་ལ་སོགས་པ་མཛད་དོ། །

སློབ་དཔོན་སྲུན་ཇྲོངས་ནས་རྒྱལ་པོ་ཐུགས་མཉེས་ནས་ནང་བློན་དུ་བསྐོས། གསེར་གྱི་ཡི་གེ་ཡང་ཐོབ། ཚོས་མང་པོ་བསྒྱུར་བའི་ལོ་ཙཱ་བ་ཡང་མཛད། ལྷེ་སློན་ཏེ་རི་ནུ་བ་འདིས། ཁྱུང་བཟང་ངང་སྟེང་ཁབ་ཏུ་བཞེས་ནས། ལྷེ་སྟོ་ར་ན་ཏ་〈 རྟག་ 〉ནུ་དང་། ལྷེ་བཟང་སྟོ་ར་〈 རེ་ 〉ནུ་ཉེ་སྲས་གཉིས་འཁྲུངས། སྟོ་ར་རྟག་ནུས་རྒྱའི་ཡུལ་ལ་དམག་དྲངས། རྒྱ་ཡི་ཡུལ་འོག་ཏུ་བཙུག །རྒྱལ་པོས་རྗེས་དང་བྱ་དགའ་རྒྱ་ཆེར་བཏང་། བཟང་སྟོ་རེ་ནུས་སློ་ཕྱོགས་ཁ་བཞི་གནོན་མཛད། གཉིས་ཀས་རྒྱལ་པོ་ཐ་ལེགས་ཀྱི་ནང་བློན་མཛད། ཡིག་ཚང་མང་གསེར་གྱི་ཡི་གེ་ཐོབ། བཟང་སྟོ་རེ་ནུས་མནའ་ནམ་བཟའ་དུས་མ་ཁབ་ཏུ་བཞེས་པ་ལས། ལྷེ་ཁྲི་བཟང་ལྷ་སྦྱིན་སྐུ་འཁྲུངས། འདི་ལ་རྒྱལ་པོས་ཐུ་ཏའུ་གངས་བཟང་ནས། མདའ་ཡུག་པ་ཡུ་བ་གདོང་པ་ཚོགས་ཡན་ཉང་རོ་ཆུ་སྲུབས་སུ་ལུང་པ་རྐྱེན་རིགས་སོགས་གནང་། གསེར་གྱི་ཡི་གེ་ཡང་ཐོབ། རྒྱལ་པོ་ལུང་གི་ལྷ་ཁང་བརྒྱ་རྩ་བརྒྱད་བཞེངས་གསུངས་པའི་བཀའ་ལུང་གནང་བས། གཙུག་ལག་ཁང་བརྒྱ་རྩ་བརྒྱད་བཞེངས། ལྷ་ཁང་བཞེངས་པའི་རྗེས་བཏང་པ་ལ། རྗེས་གནས་སྙིང་ལྷ་ཁང་བཞེངས། རྗེས་ཀྱི་བིང་དམར་ཁྲབ་སློ་ཅན་ཡང་ལྷེའི་ཚོས་སྐྱོང་ཡིན། ལྷེ་སྲེའུ་ཚུང་པས་མཆོད་དགོས་ཀྱིན་ཡོད། རྗེས་ལྷག་ལ། དགེ་སྡིངས་ཀྱི་ལྷ་ཁང་བཞེངས། ཀ་ཆེན་བཞི་སོགས་ཆེ་བའི་ལས་དཀལ་ཉང་རོ་སྐྱ་ལོ་ཆེ་བཞི་ཞེས་བཞེངས་ཀྱི་འོད་ཀོར་སྟག་རྩེའི་ཉ་མོ་ཆེ། སྤྱ་ཚབ་ཀྱི་རྫོང་ཁ་དེ་རྣམས་ཀྱི་བཀའ་བསྩུང་ལ་ཨ་མོས་བླུ་འབར་བཞག །སྔ་ནི་བྱ་རོག་གདོ། །

དེའི་བཀའ་བསྩུང་ལ་ལྷེ་འབར་རྗེས། ལྷེ་ཁྲི་བཟང་ལྷ་སྦྱིན་གྱིས་རྒྱལ་པོ་ཁྲི་རལ་གྱི་ནང་བློན་མཛད། ཉེས་ཟ་མོས་གནང་ཁབ་ཏུ་བཞེས་པ་ལས་སྲས་

དྲུག་འཁྲུངས་པའི་ཚེ་བ་ཞང་སྟོན་ཆེན་པོ་འཕང་ཏོ་རེ། ལྡེ་ཁྲི་སྣང་། ལྡེ་རྒྱལ་ཁྲི་བཟུང་། ལྡེ་མང་ཚན་སྟོབས་བཟང་། ལྡེ་ཁྲི་སྐྱེས་དང་། མང་པོ་རྗེ་ཁྲི་ལ་སོགས་པ་བྱུང་། དེ་དག་གིས་ཀྱང་རང་རང་གི་ཚེ་བའི་ཐབས་ཀྱི་ལས་ཀ་རྒྱལ་པོའི་དམག་དཔོན་བྱེད་པ་དང་། གཙུག་ལག་ཁང་བཞེངས་པ་དང་། ཞང་ཞུང་ཁ་ཀློན་དང་སྨད་ཁམས་ཀྱི་མདོ་ཀློན་ལ་སོགས་བཟུང་བ་མཛད།

ཞང་སྟོན་ཆེན་པོའི་སྲས། ལྡེ་གཙུག་པ་དཔལ། དེའི་སྲས་ལྡེ་བཙན་ཁྲི་བཟང་། དེའི་སྲས་ལྡེ་སྟག་བཞེར་བརྟན་ཁྲི། སྟག་བཞེར་བརྟན་ཁྲིའི་སྲས་ལ། ལྡེ་ཁྲིམ་བཞེར་ལྷང་ཁྲི་བྱུང་།

ཁྲིམ་བཞེར་ཁྲིའི་སྲས་ལ་ལྡེ་སྟག་གི་རྒྱལ་མཚན་དང་སྐྱེས་ཚུལ་འཚོ་ཁྲི་གཉིས་བྱུང་། སྟག་གི་རྒྱལ་མཚན་ལ་སྲས་བཞི་ཡོད་པའི་ཕོ་བོ་ནི་རབ་ཆད། དེའི་འོག་གཡུ་ཐོག་སྒྲ་གསེར་བཟང་ཡིན། དེ་འོག་དཔལ་སྒྲ། དེ་འོག་ཐ་ཆུང་རྡོ་རྗེ་ཁྲི་བཙན་པོ།

ལྡེ་སྟག་གི་རྒྱལ་མཚན་དང་། ལྡེ་སྐྱེས་ཚུལ་འཚོ་ཁྲི་སྲས་གསུམ་ཡོད་པ་ལས། བྱ་ཁྲི་རྡོ་རྗེ་དབང་དག་ང་ར་གཙུག་ཏོར་རིན་ཆེན། ལྡེ་གཡུ་འབུམ་རྣམས་ཡིན་ནོ། །

གཡུ་འབུམ་གྱི་སྲས་གཉིས་ལ། གཅེན་པོ་ལྡེ་བཙུན་ཤེས་རབ་འབྱུང་གནས་དང་། གཅུང་པོ་ཤེས་རབ་ཡེ་ཤེས་གཉིས་ལགས་སོ། །

དེའི་དུས་ལྡེ་ལ་འབངས་ཀྱི་ཡོ་ལོག་བྱུང་ནས། ལྡེའི་མི་ཕལ་ཆེར་བསད་དོ། །

ལྡེ་བཙུན་གྱིས་ལོ་སྟོན་རྡོ་རྗེ་དབང་ཕྱུག་གི་དྲུང་དུ་བཙུན་པ་ལ་གྲོས་ཏེ། ལོ་སྟོན་ལ་རབ་ཏུ་བྱུང་ནས་ཉེ་གནས་མཛད། བསྟན་པ་ཕྱི་དར་གྱི་མགོ་མེ་མོ་བྱ་

ལ་རྒྱན་གོང་གི་འགྲོ་སྟེངས་རྒྱན་གོང་གཙུག་ལག་ཁང་ཆེན་པོ་བཞེངས་པའི་ཉེ་གནས་མཐིལ་ལེན་མཛད་ནས་ཡོངས་སུ་རྫོགས་པ་གྲུབ་སྟེ་སུམ་ཅུ་ལ་ཉེ་བར་སོང་། ཡོས་ལོ་ལ་ཞྭ་ལུ་འགྲེ་འདེངས་པའི་དགོངས་པ་མཛད།

དེ་ལྷེ་བཙུན་གྱིས་གསེར་སྟེངས་ཀྱི་བ་གམ་ལ་གོང་དུ་ཕྱིན་ནས་འགྲུལ་མི་ཀུན་ལ་དྲིས། གཙུག་ལག་ཁང་ཕ་གི་སུས་བཞེངས་པ་ཡིན་དྲིས་པས། འགྲུལ་མི་ཀུན་ན་རེ། ལོ་སྟོན་གྱིས་བཞེངས་པ་ཡིན་ཟེར། ཡང་ཚོང་འདུས་ཀྱི་དབུ་རྩེའི་བྲག་ཕོག་ཏུ་ཕྱིན་ནས། འགྲུལ་མི་ཀུན་ལ་སྔར་བཞིན་དྲིས་པས། ལོ་སྟོན་གྱིས་བཞེངས་པ་ཡིན་ཟེར་བྱུང་ནས། ད་ང་རང་གི་〈གིས〉བཞེངས་པ་ཡིན་ཟེར་བ་གཅིག་རང་ཟུར་དུ་དགོས་པ་འདུག་སྙམ་ནས། ལོ་སྟོན་ལ་བདག་གི་མདའ་འདི་སྐྱོགས་པར་གནས་ཞིང་། ཞྭ་ལུ་ཙམ་ཞིག་ངར་ཞུ་ཞུས་པས། དེ་བཞིན་གྱིས་གསུངས་ནས། ཕྱག་ཏུ་མདའ་གསེར་གྱིས་བཀང་བ་ཕུལ་ནས། ལོ་སྟོན་གྱིས་ཕྱག་མདའ་གསེར་གསེར་ལན་གསུམ་མཛད་ནས། ལྷེ་བཙུན་ཤེས་རབ་ཆེ་གསུངས་ནས་འཕང་བ། ད་ལྟ་ཙན་ཁང་སྙིང་〈སྙིང་〉མའི་མདའ་འབུམ་ཞེས་གྲགས་པ་ཡིན།

དེ་ནས་ལྷེ་བཙུན་རང་གི་ཞྭ་ལུའི་གཙུག་ལག་ཁང་། དབུ་རྩེ་ནུབ་མ་གཉིས་ཀྱི་སྒོ་བྱང་གཉིས། དབུ་རྩེ་ཤར་མའི་ཡུམ་ཆེན་མོའི་སྟེང་དང་། འོག་གི་ད་ལྟ་མགོན་ཁང་བྱས་པ་འདི། དེ་དུས་མགོན་ཁང་མིན་རྒྱུན་ལམ་ཡིན་པ་དེ་རྣམས་བཞེངས་པའོ། །རྒྱུ་རིན་ཆེན་སྣ་ཚོགས་ལས་གྲུབ་པའི་སྤྱན་རས་གཟིགས་ལྷེ་སྐུ་ཏུ་བཞེངས། ད་ལྟ་རང་ཕྱིན་བཞུགས་པའི་སྒོ་ཕྱོགས་ན་ཞལ་བྱང་གཟིགས་ན་བཞུགས་པ་དེ་བཞེངས་ནས་གསོལ་བ་བཏབ་པས། དེའི་ཞལ་ནས། རྒྱ་གར་རྡོ་རྗེ་གདན་དུ་ཇོ་བོ་ཁ་སར་པཎི། དེ་བཞིན་གཤེགས་པ་དགུང་ལོ་བཅུ་གཉིས

པའི་སྐུ་ཚད་ཁྱད་པར་འཕགས་པ་གཅིག་བྱོན་པ་འདུག་པས། དེ་གདན་དྲངས་གསུངས་ནས་དེར་ལྕེ་བཙུན་གྱིས་གདན་འདྲེན་པའི་འདུན་པ་མཛད།

དོན་གཉིས་པ་བོད་ཀྱི་སྡོམ་པ་འདི་མ་དག་པར་ཤེས་ནས། ཞྭ་ལུ་དགེ་འདུན་ཚོས་སྐྱེ་དང་བཅས་པ་འགོ་བ་ཡེ་ཤེས་གཡུ་དྲུང་ལ་གཏད། དེ་དུས་ཞྭ་ལུ་པ་ལ་ཀ་བཞི་གདུང་བརྒྱད་བྱུང་ཟེར།

དེ་ནས་ལྕེ་བཙུན་གྱིས་རྒྱ་གར་རྡོ་རྗེའི་གདན་ལ་བྱོན། རྡོ་རྗེ་གདན་པ་ཆེན་པོ་སློབ་དཔོན་ཨ་བྷ་ཡ་ཀ་ར་ལ་སྡོམ་པ་བླངས་ཆོས་མང་པོ་ཞུས། སྤྱན་རས་གཟིགས་ཁ་སར་པྣ་ཙི་སྤྱན་དྲངས་པས། རྒྱ་གར་གྱི་ལྷ་སྲུང་རྣམས་མ་དགའ་ནས། རྒྱ་གར་ཆུ་བོ་གངྒཱ་ལས་སྤྱན་མ་དྲོངས།

དེ་ནས་ལྕེ་བཙུན་གྱིས་དཀོན་མཆོག་ལ་ཞག་གསུམ་གྱི་བར་དུ་གསོལ་བ་བཏབ་པས། མོན་པའི་མི་ཐ་མལ་པ་ལས་ཉིས་འགྱུར་གྱིས་ཆེ་བ་གཅིག་བྱུང་ནས། རྣལ་འབྱོར་པ་ཁྱེད་སྐུ་འདི་གར་སྤྱན་འདྲེན་ཟེར། བོད་ན་ཞྭ་ལུ་ཟེར་བའི་གཙུག་ལག་ཁང་གཅིག་ཡོད་པས་དེར་སྤྱན་འདྲེན་པ་ཡིན་བྱས་པས། འོ་ན་ངས་ཁྱེར་གྱི་སྣ་བྱའམ་ཟེར། བོད་ཀྱི་ཞྭ་ལུ་ཚུན་སྐྱོལ་སྣ་ཇི་ཙམ་དགོས་པ་སྟེར་གསུངས་ནས་སྤྱན་དྲངས། ཞྭ་ལུའི་གཙུག་ལག་ཁང་གི་རྟེན་གྱི་གཙོ་བོ་ལ་བཞུགས་སོ། །ད་ལྟ་རང་བྱོན་གྱི་སྐུ་རྒྱབ་ན་བཞུགས་པ་འདི་ཡིན་ནོ། །སྤྱན་འདྲེན་མཁན་གྱི་མི་དེ་རང་བཞིན་མེད་པར་ཡལ་སོང་། རྟེན་ངོ་མཚར་བར་གྲགས་སོ། །

དེ་ནས་ཇོ་བོ་རྗེ་ཆེན་པོ་ཞིག་ལ་སྤྱན་དྲངས། ཞྭ་ལུའི་གཙུག་ལག་ཁང་ལ་རབ་གནས་ཞུས་པས། རབ་གནས་ལེགས་ཡུམ་ཆེན་མོའི་སྤྱན་ལ་རབ་གནས་ཆགས་ཤིང་བཀྲ་ཤིས་སོ། །དེ་དུས་ཇོ་བོའི་ཞལ་ནས་ཇོ་བོ་ཐུགས་རྗེ་ཆེན་པོ་ལ་

ཡི་དམ་བྱེད་མི་སུ་ཡོད་གསུངས་པས། ལྷ་བཙུན་གྱིས་བདག་སྟོགས་ལགས་ཞུས་པས། འོ་ན་ཆུ་བོ་ཆེན་པོ་སིནྡྷུའི་འགྲམ་ན་འཕགས་པ་སྤྱན་རས་གཟིགས་རང་བྱོན་གཅིག་འབྱོན་པར་འགྱུར་རོ་ཞེས་ལུང་བསྟན་ཏོ། །

དེ་ནས་ལྷ་བཙུན་ཤེས་རབ་འབྱུང་གནས་ཀྱི། མཁན་པོ་ཡེ་ཤེས་དབང་པོས། ཤང་གི་མཁན་ལུང་རྩིགས་〈བཙིགས〉། དེ་ནས་གེ་རེ་སླང་ར་བཙིགས། གཡས་རུ་ཤང་གི་རོ་སྨམ་རྩིགས་〈བཙིགས〉།

དེ་ནས་ལྷ་བཙུན་གྱི་མཁན་བུ། ཞང་སྟོན་ཚུལ་འཕགས་ཀྱིས་བྱ་ཀྱུས་བཟུང་། ལྷ་བཙུན་གྱི་མཁན་བུ། ཐར་རིན་ཆེན་ལ་མཁན་བུ་བཞི་འབྱུང་སྟེ། གཟུགས་སྟོན་འཕགས་གྲགས་ཀྱིས། སྦྲེའི་ལྷ་མཚམས་དང་། རྒྱ་མཁར་སྟག་ལུང་བཟུང་། དེ་ལ་མཆེད་པ་གཟུགས་ཚེ་ཟེར།

ལྷ་དཀར་པོས་ཨང་ཡིག་བཟུང་། ཕྱུག་སྟོན་གྱིས་ཛ་ཀྲ་རིས། སྤྱི་གོར་བཟུངས། ཤབ་རྟེ་ཤབ་ལྷ་མཁར་བཙིགས། དེ་རྣམས་ལ་གོང་ཚོ་ཟེར།

ལྷ་བཙུན་གྱི་མཁན་བུ་འགོ་མ་བ་ཡེ་ཤེས་གཡུང་དྲུང་གིས་རྩིས་ལྷ་ཁང་བཟུང་། ལྷ་བཙུན་གྱི་མཁན་བུ་ཡོན་ཏན་འབྱུང་གྲགས་ཀྱིས་སྐྱུར་བུ་རྩིགས། དེ་ནས་འདུལ་ཚང་ལ་སོགས་པ་ཞྭ་ལུ་ཤར་པའི་དགོན་པ་རྣམས་མཆེད། ལྷ་བཙུན་གྱི་སྤྱག་ཚལ་བ་ནས་ཡག་པ་རྣམས་མཆེད།

དེ་དུས་ཞྭ་ལུ་པ་ལ་ཆེ་བ་རྣམ་པ་བཞི་ཡོད་དེ། ལས་ཀ་བཞི་བྱས་པ་ཆེ། ཡོན་བདག་བཙད་པོ་ཡོད་པས་ཆེ། སྡོམ་པ་རྒྱ་གར་ནས་ཡོང་པས་ཆེ། རུས་པ་ལྷ་ཡིན་པས་ཆེ།

ཁྲོམ་གཞེར་གདོང་ཁྲི་ནས་ལྷ་དཀར་ནག་གཉིས་སུ་ཕྱེ་སྟེ། གཅིག་སྤྱིའུ་ཚང་བའི་བླམ་ལྷ་བཙུན་རྣམས་ཡིན། ལྷ་གཡུ་འབུམ་གྱི་རྒྱུད་ཀྱི། འབང་གི་ཡོ་

ཡོག་བྱུང་ནས། ཁྲིམ་མཁར་ལ་རར་ཐོན་ནས་ལ་ར་རྒྱུད་ཁྲིམ་དང་བཅས་པ་ལྷའི་ཡིན།

དེ་ནས་རིམ་གྱི་ཐོན་པས། ཞྭ་མོ་གཅིག་གི་ཁུད་ན། བུ་ཆུང་གཅིག་འ་འ་ཟེར་ནས་ངུ་ཡིན་འདུག་པས། དེ་ལྷེས་བསོས་པས་མིང་ལ་འ་ཞྭ་རྒྱལ་པོ་ཞེས་གྲགས་སོ། །

ལྷེ་བཙུན་གྱིས་གཙུག་ལག་ཁང་བཞེངས་པའི་རྗེས་སུ་གཡུ་ཐོག་སྒྲ་གསེར་བཟང་བྱ་བ། ལྷེ་བཙུན་གྱི་གཡུ་འབུམ་གྱི་རྗོ་རྗོ། སྟག་གི་རྒྱལ་མཚན་གྱི་བུ་ལྷེ་བཙུན་ལ་མཇལ་དུ་བྱུང་བས་བཙུན་པར་བཙུག་ཉེ་གནས་བཅོལ།

གཙུང་པོ་ཤེས་རབ་འབྱུང་གནས་ཀྱིས་ཞྭ་ལུའི་གདན་ས་གཡུ་ཐོག་སྒྲ་གསེར་བཟང་གིས་བྱས། གཡུ་ཐོག་སྒྲ་གསེར་བཟང་བསླབ་པ་འཆལ་ནས་དཔོན་རྒྱུད་དུ་སོང་། གདན་ས་ཁྱུང་པོ་གྲགས་པ་སེངྒེ་ལ་གཏད། ཁོ་རང་གི་དཔོན་བྱས་ནས་མངའ་རིས་བསྐྱངས། ཁྱུང་པོ་ལ་གཡུ་ཐོག་སྒྲ་གནས་འདི་ལ་ལྕགས་རི་སྐོར་〈གཏོང་〉བྱས་པས་འཐད་ཀྱི་གསུངས། ནང་དུ་ཁྲིད་པ་འཁྲུ་བྱས་པས་འཐད་དེ་གཉིས་ཚར་བ་དང་། རྒྱན་གོང་ལ་དམག་གཅིག་འདྲེན་བྱས་པས། ཁྱུང་པོ་རྒྱན་གོང་ནས་འ་མོ་ཡིན་པས་དམག་མ་འདྲེན་བྱས་པས། གཡུ་ཐོག་སྒྲ་གསེར་བཟང་གིས་མ་ཉན་དམག་རྒྱབ། མཆོད་ཆ་ཐམས་ཅད་ཞ་ལུ〈ལུར་〉དྲངས། རྒྱན་གོང་ནས་བྱུང་བའི་མཆོད་ཆ་རྣམས་ད་ལྟ་བཙན་ཁང་སྙིང་〈སྙིང་〉མ་ན་ཡོད་པ་རྣམས་ཡིན་ནོ། །

དམག་དྲངས་པས་ཁྱུང་པོ་མ་མཉེས་ཏེ། ལྷ་སར་ཐོན། ངག་མ་ལ་གོང་ལ་མི་འདའ་བའི་མནའ་བོར་དྭགས་པོ་དང་ཁྱུང་པོ་གཉིས་ཀྱི་མག་པོར་རི་དང་ལྕགས་པོ་རི་གཉིས་བཟུང་ནས་ཕར་ཕྱིན་ལ་འདྲེན་བཤད་བྱས་པས། དགེ་

འདུན་ཉེ་ཤུའི་གསུང་ན་ག་ཅེས་པ། རིན་ཆེན་བུ་སྟོན་གསུངས་སོ། །

དུས་ཕྱིས་ཁྲུང་པོ་གདན་དྲངས་པས། སྔར་བག་མ་ལ་གོང་མི་འདའ་བའི་མནའ་སྐྱེལ་ཡོད་པས། དེ་ལ་མི་གནོད་པའི་ཕྱིར། རི་གཤམ་སྐོར་ནས་ཞོ་བ་ལ་ལ་བྱོན། སྔར་ཡང་བླ་ཆོས་མཛད། ཁྲུང་པོས་གདན་ས་པ་སྟོན་པ་བ་ལ་གཏད།

གཡུ་ཐོག་སྨྲ་གསེར་བཟང་གི་དུས་སུ་གཡས་རུ་བྱེ་མ་གཡུ་ཟུར། ས་གཞི་སྟོ་ཞིང་ཡིད་དུ་འོང་བ། འགྲོ་བའི་དེད་དཔོན་བྱོན་པའི་གནས། བྱང་སྐྱོབས་པ། སྟོ་གཞོལ་པ། མདུན་ན་ནེའུ་གསེར་ན་མེ་ཏོག་དཔག་ཏུ་མེད་པ་འཁྲུངས་པ་བྱ་སྣ་ཚོགས་སྐད་པའི་སྒྲ་སྒྲོགས་པ། རི་དྭགས་སྣ་ཚོགས་དགའ་བའི་གར་བྱེད་པ་དེར། རང་བྱོན་གྱི་རྗེ་བོ་འདི་ཉིད་དབུ་སྐུག་གི་བཞུགས་པ། དགེ་བསྙེན་རྡོ་རྗེ་འབུམ་ཞེས་པ་འདིས་ར་ལུག་འཚོར་ཕྱིན་པ་ན། སྤྲུལ་པའི་ར་ལ་གཡུའི་ཨོག་ཚེར་ཉིལ་ལེ་བ་གཅིག་ཡོད་པ་དེས། ཉི་མ་གསུམ་ཙམ་ཁྲུ་དེའི་གསེབ་ཏུ་འོང་དུ་མ་འདོད་པ་ལས། དགེ་བསྙེན་གྱིས་བལྟར་ཕྱིན་པ་ན་ཁྱད་པར་ཅན་གྱི་ར་མ་དེ་ཉིད་འཇིག་རྟེན་གསུམ་གྱི་མགོན་པོ་ལ། གཡས་ཕྱོགས་ནས་བསྐོར་བ་བྱེད་ཀྱིས་〈ཀྱིན་〉འོ་མའི་ཁྲུས་གསོལ་བ་དེ་མཐོང་ནས། དགེ་བསྙེན་དད་པ་མཚུངས་པ་མེད་པར་སྐྱེས་ཏེ། སྟོན་གྱི་བག་ཆགས་བསད་ཅིང་བྱེ་མ་གསལ་བས་གསོལ་མ་ཐུབ། ཡང་དཀོན་མཆོག་ལ་གསོལ་བ་བཏབ་པས། སྐུ་ཡོངས་སུ་རྫོགས་པ་བྱོན། དེ་ནས་ཁོ་རང་མོས་པའི་སློབ་དཔོན་ས་རུ་སྤྱན་དྲངས་ཀྱང་མ་ཐེངས། སྤྱ་ཁོར་བོན་གནས་སུ་སྤྱན་དྲངས་ཀྱང་མ་ཐེངས། ཡང་དཀོན་མཆོག་ལ་གསོལ་བ་བཏབ་པས། གཡས་རུ་གཙང་འགྲམ་གྱི་ལྷ་ཁང་དྲན་པ་གཅིག་བྱུང་ནས། གཡས་རུ་གཙང་འགྲམ་དུ་སྤྱན་དྲངས་པས་ཐེངས་སོ། །

གཙང་འགྲམ་དུ་བཞུགས། དེའི་དུས་སུ་ཞྭ་ལུ་པའི་སློབ་དཔོན་བརྟོན་འགྲུས་ཞེས་པ་དེས། ཁྱེད་གཙང་འགྲམ་པ་རྣམས་ལ་ཇོ་བོ་འདི་འགྲོ་དོན་ཆུང་བ་གདའ་བས། ངེད་ཀྱི་བཀའ་རྒྱུས་འབྲིང་བསྡུས་གསུམ་རྣམས་ཇོ་བོའི་སྐུ་ཚབ་ཏུ་ཕུལ་ལམ་ཞུས་པས། གཙང་འགྲམ་པ་རྣམས་ཀྱིས་གནང་ནས་ཡར་ལ་ཇོ་བོ་གདན་དྲངས། གཙང་འགྲམ་དུ་ཞྭ་ལུ་པའི་ཆོས་སུ་གྲགས་པ་མར་ལ་སྤྱན་དྲངས། དེ་ནས་ཇོ་བོ་རི་ཕུག་ཏུ་བཞུགས་སུ་གསོལ།

དེ་དུས་ཆུ་ཞལ་འཁྲུགས་པའི་ཙུར་ཆེན་པོར་ཡོད་པས། ཆུ་མིག་པ་རྣམས་ཀྱི་〈ཀྱིས་〉ཇོ་བོ་འདི་ཉིད་བརྐུས་ཏེ་ཁྱེར་བས། ཇོ་མོ་རི་ཕུག་མས་ཧག་ཆེངས་རྒྱབ་ནས་གར་ཡང་འགྲོ་མ་ནུས། ཀུན་མ་རྣམས་ཀྱིས་བཅག་པས་ཀྱང་མ་ཆག་མ་ཞིག་པ་རྡོ་རྗེའི་སྐུར་བྱིན་གྱིས་རླབས་ནས། ཁུར་ཀྱང་མ་ཐེག །བཅག་ཀྱང་མ་ཆག་པར་འདུག་གོ །

དེ་དུས་རྒྱ་གར་བ། བལ་པོ། དབུས་གཙང་པ་རྣམས་ཡོན་བདག་ཏུ་གདག །ཁྱད་པར་བལ་པོ་རྣམས་ཡོན་བདག་བཟང་། བལ་པོ་རྣམས་ཀྱིས་རྒྱན་རི་དང་། ཞལ་རི་ནོར་གྱིས་དགོས་ནས་ཞལ་རིའི་མདའ་རུ་མཆོད་རྟེན་བཞེངས་པ་དུས་དེང་སང་ཡང་བལ་པོ་མཆོད་རྟེན་དུ་གྲགས་པ་རྒྱན་གོང་གི་ནུབ་སྟོད་ན་བཞུགས་པ་འདི་ཡིན་པར་གདའ་ལགས།

དེ་ནས་ཞྭ་ལུ་པ་དང་རི་ཕུག་པ་གཉིས་བཀའ་གྲོས་ཏེ། ཇོ་བོ་ཞྭ་ལུར་འགྲོ་དོན་ཆེ་ལ་བརྩན་པ་ཡོང་ཟེར་ནས་ཞྭ་ལུར་གདན་དྲངས་ཏེ། ཞྭ་ལུའི་དབུ་རྩེ་ནུབ་མ་གཉིས་ཀྱི་སྒོ་ཕྱོགས་ཀྱི་རྟེན་གྱི་གཙོ་བོ་ལ་བཞུགས་སོ། །

དེ་དུས་ཇོ་བོ་འདི་ཉིད་བཙན་ཁང་དེ་གཉིས་གང་དུ་བཞུགས་སུ་གསོལ་ལམ་སྙམ་པ་ལ། ང་མའི་པང་དུ་བུ་བསྟད་པས་ཚིག་གསུང་ཡང་བྱོན། རྒྱ་གར་

ནས་གདན་དྲངས་པའི་སྤྱན་རས་གཟིགས་ཁ་སར་པ་ཎི་དགུང་ལོ་བཅུ་གཉིས་པ་དེའི་སྐུ་པང་ན་བཞུགས།

གཡུ་ཐོག་སྨྲ་གསེར་བཟང་གི་སྲས། ལྷེ་འབུམ་པ། ལྷེ་འབུམ་པའི་སྲས། ལྷེ་འབུམ་མེ་དང་ལྷེ་འབུམ་དར་གཉིས་འཁྲུངས་སོ། །

དེའི་དུས་ཞྭ་ལུ་ཁྲི་སྐོར་གྱི་མིང་ནི་མེད། མངའ་རིས་ནི་ཁྲི་སྐོར་ཙམ་ཡོད། བོད་ཀྱི་རྒྱལ་ཁྲིམས་ནི་ཞིག །ཧོར་ཁྲིམས་ལ་འཆོས་པའི་དུས་སུ། རང་རང་གི་སྲིད་སྐྱེ་འཛིན་པའི། ཞྭ་ལུ་པའི་ཀ་བ་བཞི་གདུང་མ་བརྒྱད། བྱང་དུ་སེནྡྷེའི་རལ་པ་ཅན་དང་དགུ ལྷམ་བདུན་བཅུ་ཐམ་པ་ཞེས་གྲགས།

ཀ་བ་བཞི་ནི། དགའ་བ་གདོང་དམ་པ་ཆོས་ཀྱི་ཀ་བ། སྐུ་རི་བྱ་སྐྱུས་ཁ་རག་གདུང་གི་ཀ་བ། གཡུས་སྨྱུ་མ་ནོར་གྱི་ཀ་བ། ནེ་གསེར་མཐུའི་ཀ་བ་སྟེ། ཀ་བ་བཞིའོ། །

གདུང་མ་བརྒྱད་ནི། ཤར་དུ་གྲུ་ཤ་བྱར་ཚང་། སྐོར་འར་མུག །འབྲི་མཚམས་ནུབ་ཏུ་སྡོག །ཟ་སྐང་པོ། བྱང་དུ་མཉམ་རྗིབ་〈མཉལ་རྗེ་〉འབངས། ཅོག་རོ་སྤྲན་ནའོ། །

བྱང་གི་བརྒྱ་ཕྲུག་རལ་པ་ཅན་ནི། ཞུ་ཡུག་ཀོས་སྟོན་ཅན་གྱི་ལུང་པ་ཡིན།

ལྷེ་འབུམ་མེད་ལ་སྲས་ཨ་མེས་དགེ་འདུན་བཟང་མོ་འཁྲུངས་པ་ཡིན། ལྷེ་ཨ་མེས་འབུམ་དར་ལ་སྲས། ཨ་མེས་འབུམ་བསྟན་སྐུ་མཆེད་གཉིས་འཁྲུངས། ཨ་མེས་འབུམ་བསྟན་གྱིས། རྗེ་མོ་མཉམ་མོ་གྲོལ་ཆུང་ཁབ་ཏུ་བཞེས་པ་ལ། སྲས་ཨ་མེས་ཆེན་པོ་སངས་རྒྱས་ཡེ་ཤེས་དང་། ཤཱཀྱ་བློ་གྲོས་གཉིས་འཁྲུངས་སོ། །

ལྷེ་ཨ་མེས་ཨ་མེས་འབུམ་མེ་ལ་ཨ་མེས་དགེ་འདུན་བཟང་པོ་འཁྲུངས་པ་

ཡིན། ཨ་མེས་ཆེན་པོ་སངས་རྒྱས་ཡེ་ཤེས་ཀྱི་རྗེས་སུ། རྟག་དམར་རྫམ་པོའི་འདའ། རྟ་ཚོད་དང་སྤྲངས་ཚོད་ས་ཆ་ཁོར་ཚོད་གྲོང་ཚོད་གཉིས་ཡོད། སྤྲངས་ཚོད་གཅིག་ལ་མ་མཆི་སྟེ། ཆུ་ཞལ་འབྲུགས། ལན་མང་པོའི་བར་དུ་དམག་བྱས། རྒྱལ་ཕམ་ཅི་རིགས་པ་བྱུང་བ་ལ། བཙན་ཁང་གི་རྟ་མགྲིན་འདེས་རྟ་སྐད་ཐེངས་གསུམ་སྒྲོན་པས། ཆུ་མིག་པ་ཕམས་ཏེ། ས་ཚོགས་བཙུག་པས་རྫོད་པ་མ་བྱུང་ཀྱང་། འ་ཞྭ་ངོ་ལོག་སྟེ། ཞྭ་ལུ་པའི་མངའ་རིས་ཕལ་ཆེར་ཕྲོག །སྔོ་ཤིང་ཁ། བྱང་ཚྭ་ཁ་ཚུན་ཆད་ཀྱི་འདབ་སྒོ་གླང་པ་སྟག་ཅན་ཡིན་འདུག །དེའི་དུས་ན། འ་ཞྭ་རྒྱལ་པོ་ཞེས་གྲགས་སོ། །

ཨ་མེས་ཆེན་པོ་སངས་རྒྱས་ཡེ་ཤེས་ཀྱིས། ཆུ་མིག་པ་ལ་བསྟུན་ཤེས་ཀྱིས་འོག་ནས། ཆུ་མིག་ཞྭ་ལུ་བས་ཕྲོག །འབངས་ཀྱི་ངོ་ལོག་རྣམས་འོག་ཏུ་ཆུག ། འ་ཞྭ་ལ་འཁྲིལ་ནས་དམག་ལྡོག་པར་བྱ་བའི་དུས། རྟོར་ཁྲིམས་འཆའ་མཁན་བྱུང་ནས། ངོ་ལོག་རྣམས་དམག་བྱེད་མ་སྟེར་བ་ལས། ཁྲི་སྐོར་སྟོད་སྐོར་དུ་བཅས་སོ། །

ཨ་མེས་ཆེན་པོའི་ཞལ་ནས། རྟོར་ཁྲིམས་འདི་ཡང་ན་ལོ་བཅོ་ལྔས་ཕྱིས། མངའ་འོག་མངའ་རིགས་རྣམས་འཐོད་ན་ཡོད། ཡང་ན་ལོ་གཅིག་གིས་ལྡས། ཕྱི་ནས་ངོ་ལོག་རྣམས་ཐུལ་ཡོང་གསུངས། ཨ་མེས་ཆེན་པོ་སངས་རྒྱས་ཀྱི་〈ཀྱིས〉། ཇོ་མོ་ཚ་ཚ་བཙུན་ནི་ཁབ་ཏུ་བཞེས་པ་ལ། སྲས་སྐུ་ཞང་ཇ་སྒྲ། སྐུ་ཞང་མགོན་པོ་དཔལ། སྐུ་ཞང་ཀུན་དགའ་འབུམ་སྟེ་སྐུ་མཆེད་གསུམ། སྲས་མོ་མ་གཅིག་མཁའ་འགྲོ་འབུམ། ཇོ་བོ་སྟག་འབུམ། ཇོ་བོ་ཡེ་ཤེས་འབུམ། སྲས་མོ་གསུམ་སྟེ་ཀུན་དྲིལ་ལྕམ་སྲིང་དྲུག་འབྲུངས་སོ། །

མ་གཅིག་མཁའ་འགྲོ་འབུམ། དཔལ་ལྡན་ས་སྐྱ་པའི་ཕྱུག་རྗེར་གྱི་ཕྱུག་

རྒྱུར་བཞེས་ཏེ། རིན་ལ་སྒྲོད་མ་དྲུག་བཅུ་ཐམ་པ་ཨ་མེས་ཆེན་པོ་ལ་གནང་། ཨ་མེས་ཆེན་པོས་སྒྲོད་མ་སུམ་ཅུ་ཐམ་པ་རྒྱ་མིག་པ་ལ་གནང་། ཤབ་དགེ་སྡིངས་བརྒྱ་སྐོར་ཡང་ཨ་མེས་ཆེན་པོ་ལ་གནང་ནས། དེ་རྣམས་མ་གཅིག་མཁའ་འགྲོ་འབུམ་གྱི་ནོར་སྐལ་དུ་བཞག་པ་ཡིན།

མ་གཅིག་མཁའ་འགྲོ་འབུམ་གྱི་སྲས་ལ། ཛྙ་པ་ལ་རཀྴི་ཏ་སྐུ་འཁྲུངས། ཛྙ་པ་ལ་རྒྱལ་པོའི་ལུང་གིས་རྒྱ་ཡུལ་དུ་སྤྱན་དྲངས། རྒྱུད་པ་སྤེལ་དུ་བཅུག་པས། ཡུལ་མ་མཐུན་པར་སྲས་མ་བྱུང་བ་ལ། རྒྱལ་པོའི་འཛྷ་སྤུས〈འཇའ་ས〉། ཞྭ་ལུ་པའི་རྗེ་བོ་སྟག་གི་འབུམ་གདན་དྲངས་ནས། ཛྙ་པ་ལའི་རྗེ་བོ་མཛད། སྲས་རཏྣ་ཕ་ལ་རཀྴི་ཏ་སྐུ་འཁྲུངས་པས། སྐུ་ན་ཆུང་དུ་ལ་གྲོངས།

དེའི་ཕུར་སྦྱངས་པས། རིང་བསྲེལ་གྱི་ཕུང་པོ་འབབ་ཞིག་ཏུ་སོང་། བླ་མ་དགེ་བཤེས་བསྙེས〈བགྲེས〉པོ་རྣམས་ལ་རིང་བསྲེལ་འཐོན་པ་དཀའ་ན། བུ་ཆུང་འདི་ལ་རིང་བསྲེལ་ཕུང་པོ་འཐོན་པ་ཡ་མཚན་ཆེ། ས་སྐྱ་པའི་གདུང་བརྒྱུད་ཡིན་པ་ཙམ་གྱིས་བཟང་འདུག་པས་རྒྱུད་པ་ནས་རྒྱུད་པར་བཅས། གོང་མའི་བླ་མ་འཚོལ་བ་ཡིན་པས། བདག་ཉིད་ཆེན་པོ་སླན་རྩེ་ཡུལ་ཧོར་ནམ་ཞིང་དུ་སྤྱུགས་པ་གདན་དྲངས་སོ། །

པོད་དུ་ཕྱིན་ལ་ཆུང་མ་བདུན་ཡོང་ལ་རྒྱུད་པ་སྤེལ་གསུངས་པའི་ལུང་དང་། འཛྷས〈འཇའ་ས〉མཛད། རྒྱུད་པ་སྤེལ་བས་དེང་སང་གི་བར་དུ་རྒྱལ་པོའི་བླ་མ་སའི་བདག་པོར་ཡོད་པ། ཞྭ་ལུ་པ་ཡུམ་སྲས་ཀྱི་དྲིན་ཡིན།

དེ་ཕྱིན་ཆད་མ་གཅིག་མཁའ་འགྲོ་འབུམ་ལ་མ་གཅིག་ཆེན་མོ་ཞེས་དང་། བྱང་སེམས་མ་ལ། བྱང་སེམས་མ་ཆེན་པོ་ཟེར་བ་དང་། ཨ་མེས་ལ། ཨ་མེས་ཆེན་པོ་ཟེར་བ་དང་། སྐུ་ཞང་ལའང་། སྐུ་ཞང་ཆེན་པོ་ཟེར་ཏེ། འགྲོ་མགོན་

ཕྱག་ན་འབྲེལ་བས་ཆེན་པོའི་མིང་ཐོབ་པ་ལགས་སོ། །

ཨ་མེས་ཆེན་པོའི་སྐུ་ཚེ་སྨད་ལ། སེ་ཆེན་རྒྱལ་པོས། སྨན་འགྲོ་སྟོང་བསྐོར་གནང་། གདུང་རྒྱུད་ཐམས་ཅད་ཀྱི་རྩ་བའི་སྐུ་ཞང་ཡིན་པས། སྐུ་ཞང་ལྡེ་〈སྡེ་〉སྦྲ་ལ་རྟ་མཚམས་གནང་སྐུ་ཞང་མགོན་པོ་དཔལ་ལ། ཞྭ་ལུ་ཁྲི་སྐོར་ལྷ་སྡེ་ཐམས་ཅད་དབང་དུ་ཕྱག་ཐེར་བའི་ལུང་དང་འཛྭ་སྭ〈འཛའ་ས་〉གནང་།

སྐུ་ཞང་ལྡེ་སྦྲའི་རྗེས་ལ། ཞྭ་ལུའི་དཔོན་སྐུ་ཞང་མགོན་པོ་དཔལ་གྱིས་བྱས། སྒོ་འབུར་བྱང་སྒོ་གསུམ་མ་བཞེངས། སྒོ་གསུམ་མའི་ནང་དུ་ཕོ་རང་གི་ཡབ་ལ་ཨ་མེས་ཆེན་པོ་སངས་རྒྱས་ཡེ་ཤེས་ཀྱི་ནང་རྟེན་ལ་ཐུབ་པ་ཆེན་པོའི་གསེར་སྐུ་ཁྲི་རྒྱབ་དང་བཅས་པ། ན་བཟའ་གོས་ཆེན་དམར་སྨུག་གི་ཆོས་གོས་ལ། གྲུ་ཚང་རྣམས་སུ་ཏིག་གི་བྱས་པ་དང་། གསུང་རབ་རྒྱས་འབྲིང་བསྡུས་གསུམ་རྣམས་བཞེངས་སོ། །

མཁན་རྒྱུད་ནི་ཁྲུང་པོ་སྦྲ་སེང་གི་མཁན་པོ་མདོན་པ་བ་ལ་གདན་ས་གནང་། སྟོན་པ་བས། ཞྭ་ལུ་བཞོན་པ་བ་ལ་གདན་ས་གཏད། དེ་རྗེས་ཕ་ཆོས་བྱང་པ་ཡོད།

ཨ་མེས་ཆེན་པོ་ཆེན་པོ་སངས་རྒྱས་ཀྱི་དུས་སུ་མཁས་པ་ཆེན་པོ་བུ་སྟོན་སེནྡྷེ་འོད། ཆུ་མིག་ཆོས་འཁོར་གྱི་དུས་སུ། མཁས་པ་ཆེན་པོ་བཞི་ལ་གྲལ་ཕྱིན་བུ་སྟོན་སེནྡྷེའི་འོད། ཆོས་རྗེ་འཇམ་གསར་བ། ཤང་པ་ཀུན་མཁྱེན། མཁས་པ་བསོད་རྒྱལ་རྣམས་ཡིན། ཆོས་རྗེ་རིན་ཆེན་པ་གསུངས།

སྐུ་ཞང་ལྡེ་སྦྲིའི་〈སྦྲའི་〉སྲས། སྐུ་ཞང་གྲགས་པ་རྒྱལ་མཚན་སྐུ་འཁྲུངས། སྐུ་ཞང་མགོན་པོ་དཔལ་ལ་སྲས། སྐུ་ཞང་རྡོ་རྗེ་དབང་ཕྱུག་མ་གཅིག་གཞོན་ནུ་འབུམ། མ་གཅིག་ནམ་མཁའ་རྒྱལ་མཚན།

ཛོ་བོ་རྡོ་རྗེ་འབུམ། ཛོ་བོ་བརྩོན་མོ་མ་སྐྱེ། ལྕམ་སྲིང་ལྔ་འཁྲུངས།

མ་གཅིག་གཞོན་ནུ་འབུམ་གྱི། བླ་མ་བདག་ཉིད་ཆེན་པོའི་ཛོ་བོ་མཛད། སྲས་ནི་ཏ་དབེན་གུ་ཤྲཱི་ཀུན་དགའ་ཉི་མ། འཇམ་དབྱངས་དོན་ཡོད་རྒྱལ་མཚན་དཔལ་བཟང་པོ། ཆོས་རྗེ་བསོད་ནམས་རྒྱལ་མཚན་དཔལ་བཟང་པོ་སྐྱེ། ཆོས་རྗེ་མངའ་བདག་ཆེན་པོ་རྣམས་གསུམ་འཁྲུངས་སོ། །

མ་གཅིག་ནམ་མཁའ་རྒྱལ་མཚན་གྱི་〈གྱིས་〉ཤར་པའི་ཛོ་བོ་མཛད་དོ། །སྲས་བླ་མ་རིན་ཆེན་རྒྱལ་མཚན་པ་ལྕམ་སྲིང་གསུམ་སྐུ་འཁྲུངས་སོ། །

ཛོ་བོ་རྡོ་རྗེ་འབུམ་གྱིས། འཚལ་པ་སྨོན་ལམ་དང་ཏུ་དབེན་ཤྭ། བོད་རྒྱལ་འོད་ཀྱི་ཛོ་མོ་མཛད། སྲས་སི་ཏུ་ཀུན་དགའ་རྡོ་རྗེ་དང་། ཏུ་དབེན་ཤྭ་མགོན་པོ་འཕེལ་བྱུང་།

སྐུ་ཞང་མགོན་པོ་དཔལ་གྱི་རྗེས་སུ་སྐུ་ཞང་རྡོ་རྗེ་དབང་ཕྱུག་གི་ལོ་གསུམ་གྱི་དཔོན་མཛད། གོང་ནས་ཞྭ་ལུ་ཁྲི་སྐོར་ཡབ་བཞིན་འཛིན་པའི་ལུང་བརྫ་སྭ་〈འཛའ་ས་〉གནང་།

སྐུ་ཞང་རྡོ་རྗེ་དབང་ཕྱུག་གི་རྗེས་སུ། སྐུ་ཞང་གྲགས་པ་རྒྱལ་མཚན་གྱིས་ཞྭ་ལུའི་དཔོན་མཛད། འཚལ་པའི་སྲས་མོ་དང་འ་མོ་འཇམ་འབུམ་དཔལ་ཤེས་ཛོ་བོ་མཛད། མཁན་རྒྱུད་ལ་མཁན་པོ་འདུལ་འཛིན་དཔལ་མཁན་པོ་གྲགས་གཞོན་པ་ཡོད།

སྐུ་ཞང་གྲགས་པ་རྒྱལ་མཚན་ལ་སྲས། སྐུ་ཞང་ཀུན་དགའ་དོན་གྲུབ། དཔོན་པོ་རིན་ཆེན་རྒྱལ་མཚན། སྐུ་ཞང་ཡེ་ཤེས་ཀུན་དགའ། དཔོན་མོ་ཛོ་བོ་ཁྲིད་འདྲེན་དཔལ། དཔོན་མོ་མགོན། དཔོན་མོ་དཔལ་ལྡན་འབུམ་སྐྱེ། སྲས་ལྕམ་སྲིང་བདུན་འཁྲུངས།

སྐུ་ཞང་གྲགས་པ་རྒྱལ་མཚན་རྒྱ་ཡུལ་བྱོན། ཨོལ་ཇ་དུ་རྒྱལ་པོའི་ཕྱག་ནས། ཞེལ་གྱི་འོན་ཆེ་རྫ་བྱ་མ་གསོལ་ཚང་གིས་བཀང་ནས་གནང་། ཁྱེད་གདུང་རྒྱུད་ཐམས་ཅད་ཀྱི་ཞང་པོར་འདུག་པས་ངེད་ཀྱིས་ཀྱང་ཞང་པོ་ཡིན་དུ་འདུག་གསུང་ནས་གནང་། དབུས་གཙང་མངའ་རིས་སྐོར་གསུམ་གྱི་ཧུ་ཐྲི་དུ་དབེན་ཤྲ་མཛད། སྟག་མགོ་ནོར་བུ་གཉིས་པ་བཟུང་བའི་ཁྲིམས་ཀྱི་བདག་པོ་མཛད། ཞིང་ཀུན་ཡར་ཆད། པོད་ཆོལ་ཀ་གསུམ་ལ་གསུང་ཤོག་བཛྲ་སྭ〈འཇའ་ས་〉དང་འདྲ་བ་བྱས། གོང་མས་ཞྭ་ལུ་ཁྲི་སྐོར་གྱི་ལྷ་སྡེ་མི་སྡེ་ཐམས་ཅད་བདག་པོར་བྱས་ལུང་བཛྲ་སྭ〈འཇའ་ས་〉གནང་།

དཔོན་མོ་བུདྡྷ་ཤྲི་རེ་ཏུ་འཚལ་གྱི་ས་ཆའི་མཚམས་ཁྲོན་པ་ལ་མར་ཆད། དེའི་ཚེ་གནང་པ་ལ་མར་ཆད་གནམ་ལྷ་ལོ་ཁྲོག་མར་ཆད། ཡུལ་ལ་སྤྱང་ཆེན་ཚུན་ཆད། ཀུན་དགའ་ར་བས་མགོ་བྱས། ལྷ་སྡེ། མི་སྡེ། དགེ་ཏུ་བཟའ་ཚོ། གནས་གཞི་ཚོར་བུ་སྐོར། ཏུ་ཆ་དང་བཅས་པ། སྨོན་འགྲོ། རྟ་མཆོག །ཁབ་བྱེད་གླིང་། ར་སྒྲོག་རྒྱ་མཚོ་གཉིས། བྱང་ན་དར་ཀན་ཏུ་བ། སྟག་སློན་ཏུ་བ། དབུས་ཕུ་ཏུ་བ། རིན་ཆེན་སྒང་ཁང་གསར། བྱ་སྒང་། དགེ་སྡིངས་པ་རྒྱལ་འོག །གསེར་ལག་གི་མགོ་བྱས་པས། གཞིས་ལྷུང་དྲལ་ལ་སོགས་དེར་རྗེས་ནས་ཁྲོང་ཇི་དུ་དབེན་ཤྲའི་ལས་ཀ་གནང་། ཞྭ་ལུ་ཁྲི་སྐོར་བདག་པའི་བཛྲ་ས〈འཇའ་ས་〉སྟག་མགོ། དབང་ཧུ་བསོད་རྒྱལ་གྱི〈གྱིས་〉གླངས། ནམ་མཁའ་དམར་པོ་དང་། དབང་ཧུའི་ཁྲིམས་ལ་དབང་ཡང་ཁྲི་དཔོན་བྱས། ཁྲི་དཔོན་ཤག་བསོད་འདི། གོང་ནས་ཁྲིསམ་དཔོན་གྱི་ལས་ལ་ཁས་ལེན་མཁན་ཡིན་ཅིང་། བྱས་ཡུས་ཅན་གྱི་མི་ཡིན། ཕྱིས་མ་གཅིག་མཁའ་འགྲོ་འབུམ་གྱིས་བདག་བྱས་པས། རིན་ཆེན་སྒང་ཁང་གསར་བ་མ་གཏོགས་པ་ཐམས་ཅད།

གྲགས་པ་རྒྱལ་མཚན་ཐོང་ཧེ་དུ་དཔེན་ཤཱ་བདག་ཏུ་བཙུག་པའི་ལུང་བཛྲ་སཱ་〈འཛའ་ས་〉བྱུང་ཞིང་། ཞྭ་ལུའི་གཙུག་ལག་ཁང་པའི་རྒྱ་ཆེན་སོང་བསྐྱེད། སློ་འབུར་ལྷོ་མ་བསེ་སློ་མ་དང་། བར་བསྐོར་གྱི་བསྐོར་ཁང་དང་། ཤར་གྱི་སློ་ཁང་ལ་མགོན་ཁང་བྱས།

ད་ལྟ་བྱང་ངོས་ཀྱི་སློ་ཁང་རྒྱུན་ལམ་ཆེན་པོ་ཆེ་བ་བཞི། སློ་འབུར་མིག་མང་རིས་བྲིས་པ། གཡུ་རྩིའི་བ་སྐམ་དང་ལེབ་རྐན་ལ་གསེར་གྱི་འགན་ཛེ་རས་བརྒྱན་པ། གསེར་ཁང་རྒྱ་ཕུབ་གསུམ་རྩེགས་སུ་ཡོད་པ། གཞན་རྣམས་གཉིས་བརྩེགས་སུ་ཡོད་པ། ནང་ན་ཚོན་སྣ་བརྒྱ་དང་གཅིག་གིས་བཀྲས་པའི་དེ་བཞིན་གཤེགས་པའི་སྐུ་བསམ་གྱིས་མི་ཁྱབ་པ་བཞུགས། ཁྱད་པར་བསེ་སློ་མར་དུས་གསུམ་སངས་རྒྱས་བརྒྱ་རྩ་བརྒྱད་རྣམས་བཞེངས།

དགེ་འདུན་སྡེ་དར་རྒྱས་ལ་དམིགས་ནས། བཟའ་བཙུན་དང་ཐུས་བཙུན་མང་དུ་འཚུགས། བཟའ་བཙུན་ལ་ཆོས་ཀྱི་ཚུལ་ནར་མར་བཙུགས། ཐུས་བཙུན་ལ་མི་སྡེའི་ཁྲལ་ཐོག་སྐར་ཀྱང་སྲང་གསུམ་རེ་གནང་། དགེ་སློང་མཛད་པ་རྣམས་ལ་སྣམ་སྦྱར་སོགས་གནང་བའི་དམ་བཅའ་མཛད། ར་བ་བཞི་ལ་མཆོད་པ་ཆེན་པོའི་གཞི་བཙུགས། དཀོན་མཆོག་གི་མཆོད་པ་དང་། དགེ་འདུན་གྱི་བསྙེན་བཀུར་གྱི་གཞི་རྟེན་བཟང་པོ་ནི་བཏིང་། དམ་པའི་ཆོས་ཀྱི་ཁྲི་ཆེན་པོ་ནི་བཅས། ཆབ་འོག་ཏུ་གཏོགས་པའི་སྐྱེ་བོའི་ཚོགས་མང་པོ་བསྟུ་བ་རྣམ་པ་བཞིས་དབུག་ཕྱུང་།

མདོར་ན། སྔོན་གྱི་ཆོས་རྒྱལ་བྱང་ཆུབ་སེམས་དཔའ་ཁྲི་སྲོང་ལྡེ་བཙན་དང་། ཁྲི་རལ་པ་ཅན་ལ་སོགས་པའི་རྣམ་ཐར་བསྐྱངས་ཏེ། ཐུགས་ལ་འདི་ལྟར་དུ་དགོངས། སྤྱིར་སངས་རྒྱས་ཀྱི་བསྟན་པ་དར་བ་དང་། སློས་ཞྭ་ལུ་པ་

ཡོན་མཆོད་ཐེག་པ་ཆེན་པོའི་ཆོས་འཕེལ་བ། བསྟན་པའི་རྩ་ལག་གོང་མ་ཡོན་མཆོད་སྐུ་ཁམས་བཟང་བ། རྒྱལ་ཁམས་ཀྱི་སེམས་ཅན་ཐམས་ཅད་བདེ་ཞིང་སྐྱིད་པར་བྱ་བའི་ཕྱིར་གཙུག་ལག་ཁང་ཡང་ཨ་ཧོ་སྐོས་པ་བཞིན་དུ་གྲུབ། འདི་ཡང་དཀོན་མཆོག་གི་བྱིན་རླབས་ཡིན།

ད་དུང་དུའང་ངའི་གཙུག་ལག་ཁང་འདི་ན་དགེ་འདུན་ཡང་ཉུང་ཤས་གཅིག་ལས་མི་འདུག་པས། དགེ་འདུན་རྒྱ་མཚོ་ལྟ་བུ་ཞིག་སྟིང་ལ་འདོད། དགེ་བའི་བཤེས་གཉེན་བརྒྱ་ཁ་སོང་བ་ཞིག་སྟིང་ལ་འདོད། དེ་ལ་ལས་ཅན་ཆོས་དཔོན་བཟང་པོ་ཞིག་སུ་དྲག་གམ། གང་ཐད་ལྷས་ལུང་བསྟན་དུ་གསོལ། ཅེས་གསོལ་བ་བཏབ་སྟེ། དཀོན་མཆོག་ལ་མཆོད་པ་བཤམས། དགེ་འདུན་ལ་བསྙེན་བཀུར་བྱས། ཆོས་སྐྱོངས་ལ་གཏོར་མ་བཏང་། གཞི་བྱས་ཀྱི་དགེ་བའི་བཤེས་གཉེན་འདི་མཁས་བསམ་བཙན་ནམ། བཟང་ངོ་སྐམ་པ་རྣམས་ཀྱི་མིང་ནས་སྨོས་ནས་ཉལ་ཏེ་རྨི་ལམ་བརྟག་ནས། སྦྱིན་བདག་ཆེན་པོའི་ལྷག་བསམ་རྣམ་དག་གི་ནུས་པ་ལ་བརྟེན་ཏེ། ལྷས་རྨི་ལམ་དུ་ལུང་བསྟན་པ་ལ་ཆོས་རྗེ་ཐམས་ཅད་མཁྱེན་པ་བུ་སྟོན་ལོ་ཙྪ་བ་ཆེན་པོ་འདི་བྱོན་ཏེ་སྤྱིར་སངས་རྒྱས་ཀྱི་བསྟན་པ་དར་བ། སྒོས་ཆོས་སྡེ་འདི་དར་ཞིང་རྒྱས་པར་བྱ་བའི་ཕྱིར། ཁྲི་ཕུ་ན་བཞུགས་པའི་མཁན་སློབ་དགེ་འདུན་དང་བཅས་པ་དང་། ཆོས་རྗེ་ཉིད་ལ་ཞུ་ཡིག་བྱས་ནས། སྤྱན་འདྲེན་པ་གཅིག་བཙམས་པ་ན། ཕལ་ཆེ་ན་རེ་〈རེས་〉ངོར་བྱོན་པ་མི་དྲག་ཅེས་གླེང་། འགའ་ཞིག་ན་རེ་〈རེས་〉བྱོན་པ་དྲག་ཅེས་གླེང་། ཉིད་ཀྱི་སློབ་མ་སློབ་བཟང་ལ་སོགས་པས་བྱོན་པ་མི་དྲག་ཅེས་གླེང་། ཡེ་ཤེས་དཔལ་ལ་སོགས་པ་〈པས་〉བྱོན་པ་དྲག་ཅེས་གླེང་། ཀུན་ཁ་མ་མཐུན་པ་ན། ཆོས་རྗེ་ཉིད་ཀྱིས་གཟིགས་པས། སྦྱིན་བདག་ཆེན་པོ་དེ་དང་ཐར་སྨོན་

ལམ་གྱི་འཕྲེལ་བ་ཡང་གཟིགས། བསྟན་པ་དང་སྡེ་ལ་ཡང་ཕན་པར་གཟིགས་ནས། རེ་ཞིག་འདུལ་དཀའ་སེའི་ཡོང་ཡང་། ཐུགས་སུ་འགྲོ་ཕན་ཡོང་བ་གཟིགས་ཏེ། ཉིད་ཀྱིས་ཞལ་གྱིས་བཞེས་ནས་བྱོན། ལྕགས་ཕོ་སྤྲེའུ་ལོ་ལ། ཆོས་རྗེ་ཉིད་དགུང་ལོ་སུམ་ཅུ་རྩ་གཅིག་པ་ཞྭ་ལུར་ཕྱག་ཕེབས། སྟོན་ཁྲིམ་བདག་མགོན་མེད་ཟམ་སྦྱིན་གྱིས། བཅོམ་ལྡན་འདས་ལ་ཇི་ལྟར་བྱས་པ་ལྟར་དུ་སྦྱིན་བདག་ཆེན་པོ་དེས་བྱས། ཆོས་ཀྱི་རྗེ་ཉིད་ལ་གུས་པ་ཆེན་པོས་ཞབས་ཏོག་ཚུལ་བཞིན་དུ་བྱས། ལུས་ལོངས་སྤྱོད་གཉེན་འབངས་འཁོར་དང་བཅས་པ་ཕུལ་ནས། ཕྱིར་སངས་རྒྱས་ཀྱི་བསྟན་པ་དར་བ་ཞིག་ཞུ། སློས་ཞྭ་ལུ་པ་ཡོན་མཆོད་དར་ཞིང་རྒྱས་པ་ཞིག་ཞུ་འཚལ། ཅེས་གསོལ་བ་བཏབ། དད་པ་ཆེན་པོ་ནི་བཅང་། གུས་པ་ཆེན་པོ་ནི་བསྐྱུར། སློ་མང་པོས་ནི་ཞབས་ཏོག་བྱས། གཙུག་གི་ནོར་བུ་ལྟར་ནི་མཆོད། དགེ་འཁོར་ཆེན་པོ་དང་བཅས་པའི་བླ་མཆོད་ཀྱི་གཙོ་བོ་མངའ་གསོལ་མཛད། དེའི་དུས་སུ་ཆོས་རྗེ་ཉིད་ཀྱང་། སྟོན་རྗེ་བོ་རྗེ་ལྷ་གཅིག་གིས་ཀྱང་བཞུགས་ཤིང་། དེའི་ཐུགས་དམ་ཚ་ཚ་བཞུགས་པའི་མཆོད་རྟེན་གྱི་བྱིན་གྱིས་རླབས་པའི་གནས་ཞྭ་ལུའི་རི་ཕུག་ཏུ་སྤྲེའུ་རྩང་གཅིག་ཡོད་པ་ལ་གཞི་བྱས་ནས་གཙུག་ལག་ཁང་དགེ་འདུན་གྱི་སྡེ་དང་བཅས་པ་བཞེངས། གཞན་ཡང་ཆོས་རྗེ་ཉིད་ཀྱིས་བཞེངས་པའི་གཙུག་ལག་ཁང་དུ། དཔལ་དུས་ཀྱི་འཁོར་ལོའི་གསེར་སྐུ་ཁྲི་རྒྱབ་དང་བཅས་པ། རྣམ་སྣང་གི་གསེར་སྐུ་ཐུབ་དབང་གི་གསེར་སྐུ། བྱམས་པའི་གསེར་སྐུ། གསང་འདུས་ཀྱི་གསེར་སྐུ་ལ་སོགས་པ་བཀའ་དྲིན་ཆེ་བའི་བླ་མ་བཞིའི་ནང་རྟེན་ཉིད་ཀྱི་ཡུམ་གྱི་ནང་རྟེན་ཕྱིར་རྟེན་ས་ཕག་ལས་གྲུབ་པའི། བྱང་ཆུབ་ཆེན་པོའི་མཆོད་རྟེན་དང་། གསུང་རབ་བཀའ་རྒྱས་འབྲིང་བསྡུས་པའི་གསེར་སྐུ། གསང་འདུས་ཀྱི་གསེར་སྐུ་ལ་སོགས་པ་

བཀའ་དྲིན་ཆེ་བའི་བླ་མ་བཞིའི་ནང་རྟེན་ཉིད་ཀྱི་ཡུམ་གྱི་ནང་རྟེན་ཕྱི་རྟེན་ས་ཕག་ལས་གྲུབ་པའི། བྱང་ཆུབ་ཆེན་པོའི་མཆོད་རྟེན་དང་། གསུང་རབ་བཀའ་རྒྱས་འབྲིང་བསྡུས་གསུམ་ལ་སོགས་པ། སྐུ་གསུང་ཐུགས་བསམ་གྱིས་མི་ཁྱབ་པ་བཞེངས་སོ། །སྐུ་ཞང་ཀུན་དགའ་དོན་གྲུབ་ཀྱིས་སྦྱིན་བདག་མཛད་ནས། ཆོས་རྗེ་ཉིད་ཀྱིས་ཞྭ་ལུའི་གཙུག་ལག་ཁང་གི་ཕྱོགས་བཞིའི་རི་མོའི་བཀོད་པ་ལ། ནུབ་མར་རྡོ་རྗེ་དབྱིངས་ཀྱི་བསྡུས་པའི་དཀྱིལ་འཁོར། ལྷོ་མར་དཔལ་མཆོག་རིགས་བསྡུས་པའི་དཀྱིལ་འཁོར། བྱང་མར་ཀུན་རིག་བསྡུས་པའི་དཀྱིལ་འཁོར། ཤར་མར་འཇམ་དཔལ་ཆོས་ཀྱི་དབྱིངས་གསུང་གི་དབང་ཕྱུག་གི་རིགས་བསྡུས་པའི་དཀྱིལ་འཁོར་རྣམས་བཞེངས་པའི་བཀོད་པ་དཀར་ཆག་དང་བཅས་པ། བསྟན་འགྱུར་ལྷ་ཁང་དུ་བསྟན་བཅོས་པོད་དུ་འགྱུར་རོ་ཅོག་རྣམས་བཞེངས། སྤར་མ་འགྱུར་བ་རྣམས་བསྒྱུར། ཆད་པ་རྣམས་ཧར་ཁོང་བསབ་པ་ལ་སོགས་པ་མཛད། ཉིད་ཀྱིས་མཛད་པའི་གསུང་རབ་རྣམས་ཀྱང་བཞེངས་སོ། །གཞན་ཡང་ཆོས་རྗེས་མཛད་པ་ལ་བསམ་གྱིས་མི་ཁྱབ་སྟེ། བླ་མ་བརྟེན་ནས་ཐོས་བསམ་མཛད་པ་ལ་བལྟས་ན། སྐུ་ཚེ་རིལ་སོགས་ཐོས་བསམ་མཛད་པ་ལྟ་བུ། དགེ་སློང་དགེ་ཚུལ། དགེ་བསྙེན་རྣམས་ལ་བལྟས་ན་སྐུ་ཚེ་རིལ་པོར་མཁན་སློབ་མཛད་པ་ལྟ་བུ། གསང་སྔགས་ཀྱི་དབང་བསྐུར་བ་ལ་བལྟས་ན། སྐུ་ཚེ་རིལ་པོར་དབང་བསྐུར་བ་ལྟ་བུ། མདོ་སྔགས་ཀྱི་སློབ་བུར་བལྟས་ན། སྐུ་ཚེ་རིལ་པོར་བཤད་པ་མཛད་པ་ལྟ་བུ། རྩོད་པ་ལ་ལྟས་ན་སྐུ་ཚེ་རིལ་པོར་རྩོད་པའི་དྲིས་ལན་མཛད་པ་ལྟ་བུ། ཐུགས་རྩོམ་པ་ལ་བལྟས་ན། སྐུ་ཚེ་རིལ་པོར་རྩོམ་མཛད་པ་ལྟ་བུ། སྒྲུབ་ཚུགས་ལ་བལྟས་ན། སྐུ་ཚེ་རིལ་པོར་སྒྲུབ་པ་མཛད་པ་ལྟ་བུ། སྐུ་གསུང་ཐུགས་ཁོ་ན་བཞེངས་པ་ལྟ་བུ། གཏོར་མ་མཛད་པ་ལ་

བསྔོས་ན། སྐུ་ཚེ་རིལ་པོར་ཐུགས་དམ་གཏོར་མའི་བསྒྲིགས་ཆགས་མཛད་པ་ལྟ་བུ། བླ་མ་རྣམས་ཀྱི་དུས་མཆོད་མཛད་ཚུལ་ལ་བསྔོས་ན། སྐུ་ཚེ་རིལ་པོར་དུས་མཆོད་མཛད་པ་ལྟ་བུ། རྒྱུད་སྡེ་བཞིའི་དཀྱིལ་འཁོར། སྨྲ་མར་དཔལ་མཆོག་རིགས་བསྡུས་པའི་དཀྱིལ་འཁོར། བྱང་མར་ཀུན་རིག་བསྡུས་པའི་དཀྱིལ་འཁོར། ཤར་མར་འཇམ་དཔལ་ཆོས་ཀྱི་དབྱིངས་གསུང་གི་དབང་ཕྱུག་གི་རིགས་བསྡུས་པའི་དཀྱིལ་འཁོར་རྣམས་བཞེངས་པའི་བཀོད་པ་དཀར་ཆག་དང་བཅས་པ། བསྟན་འགྱུར་ལྷ་ཁང་དུ་བསྟན་བཅོས་པོད་དུ་འགྱུར་རོ་ཙོག་རྣམས་བཞེངས། སྔར་མ་འགྱུར་བ་རྣམས་བསྒྱུར། ཆད་པ་རྣམས་ཧྐོར་ཁོང་བསབ་པ་ལ་སོགས་པ་མཛད། ཉིད་ཀྱིས་མཛད་པའི་གསུང་རབ་རྣམས་སྲས་ཀྱི་སྤྲུལ་པར་གྲགས་པ། མིའི་དབང་པོ་ཆེན་པོ། སྐུ་ཞང་གྲགས་པ་རྒྱལ་མཚན་གྱི་རྗེས་སུ། སྲས་སྐུ་ཞང་ཀུན་དགའ་དོན་འགྲུབ་ཀྱིས་ཝ་ལུའི་དཔོན་བྱས། ཕོང་ཧི་ཏུ་དབེན་ཤྭའི་ལུང་བཛྷ་ས་〈འཇའ་ས་〉གནང་། བོད་ཆོལ་ཁ་གསུམ་གྱི་ཁྲིམས་བདག་མཛད། ཝ་ལུ་ཁྲི་སྐོར་བདག་པོའི་བཛྷ་ས〈འཇའ་ས〉སྟག་མགོ་བཟུང་། ཡབ་ལ་ཇི་ལྟར་ཡོད་པའི་བྱ་བ་ལས་དཀའ་མངའ་རིགས་རྣམས་གོང་ནས་རིམ་བཞིན་གནང་། ཡབ་ཀྱི་དུས་ལས་ཀྱང་དབང་ཆེ་བ་བྱུང་། སྟེང་གི་ཕྱོགས་བཞིའི་གཞལ་ཡས་ཁང་གི་རི་མོ། ཚེ་དཔག་མེད་ཀྱི་ལྷ་ཁང་། བསྟན་འགྱུར་ལྷ་ཁང་། གནས་བརྟན་ལྷ་ཁང་གི་སྐུ་བརྙ། ནང་པོའི་བདེ་ལྡན་ལྷ་ཁང་དང་བཅས་པ་རྣམས་བཞེངས་སོ། །

ཆོས་རྗེ་ཐམས་ཅད་མཁྱེན་པ་ཆེན་པོ་ལ་བླ་བྲང་དར་དང་བཅས་པ་རྟེས་ཕུལ། དགེ་འདུན་རྣམས་ལ་དད་གུས་ཕུན་སུམ་ཚོགས་པ་ཡབ་ལྟར་མཛད། དེ་ལ་སྲས་པོ་དཀོན་མཆོག་རྒྱལ་མཚན་དང་། སློབ་དཔོན་ཆེན་པོ་དངོས་གྲུབ་རྒྱལ་

མཚན་པ་སྐུ་མཆེད་གཉིས་འཁྲུངས་སོ། །

མཁས་བཙུན་བཟང་གསུམ་འཛོམ་པ་གཉིས་བྱུང་སྟེ། གཉིས་པ་སྐུ་ཆེ་ཁྱུང་། སྲས་མོ་རྡོ་མོ་པདྨ། རྡོ་བོ་དར་རབ། རྡོ་བོ་རྡོ་ར་ལ་སོགས་པ་བྱུང་།

དེ་རྗེས་སྐུ་ཞང་ཀུན་དགའ་དོན་འགྲུབ་ཧོར་ཡུལ་ནས་གདན་མ་དྲངས་སོང་དུ། དཔོན་མོ་དཀར་འབུམ་ལ་འཁྲུངས་པའི་སྲས། སྐུ་ཞང་ཡེ་ཤེས་ཀུན་དགའ་ལ་མཛད་དེ། ཞྭ་ལུ་སྟེ་ཚབ་སྲིད། མངའ་རིས་རྣམས་རྣམ་དག་ཏུ་ཆུག་གསུངས་འཇའ་ས་གནང་། གསེར་གྱི་ཡི་གེ་དང་བཅས་པ། ཡབ་ཀྱི་ཐོང་ཇི་དུ་དབེན་ཤྲཱ། མཐུན་གོན་ཤྲ་ཚུགས་གསུངས་པའི་ལུང་ལག་རྟགས་བཟང་པོ་ཡང་གནང་། གོང་མ་རྣམས་ལ་ཞབས་ཏོག་ལ་བརྟོན་པ་དང་། ཡབ་སྲིད་ཆོས་སྐྱོང་བ་དང་། སྟེ་ཞྭ་ལུའི་ལྷག་ཆུང་འབངས་དང་བཅས་པ་རྣམས་ཆེན་པོར་བསྐྱེད་པ་སོགས། ཆོས་འཇིག་རྟེན་གྱི་བྱ་བ་མཐའ་དག་གིས། སྟེ་གཙུག་ལག་ཁང་གི་ཞབས་ཏོག་ཆེར་མཛད། སྐུ་ཞང་ཡེ་ཤེས་ཀུན་དགའ་མི་འཁྲུག་པའི་གློས་བླངས་དང་། སྙིང་གི་སྐོར་ཁང་གི་ལོག་བྲིས་དང་། གནས་བརྟན་གྱི་ཆེན་རྩེ། ཤར་གྱི་ཆོས་རྗེ་བུ་སྟོན་ཡབ་སྲས་ཀྱི་སྐུ་འདྲ། ཕྱིའི་ལོག་བྲིས་ནང་གི་བདེ་ཡངས། སྒོའུ་དཀར་པོ། གནས་ཀྱི་འབུམ་རའི་ཕྱིའི་བྱང་གི་ལྷགས་རི། མོ་དཔོན། འབངས་ལྷགས་རི། ལྷགས་ཆུང་རྣམས་བཞེངས། སྐུ་ཞང་ཡེ་ཤེས་ཀུན་དགའ། མཆེད་ཟླ། རྡོ་བོ་ཁྲིད་འདྲེན་དཔལ་གྱི་འཛམ་དབྱངས་དོན་ཡོད་དཔལ་བཟང་པོའི་རྡོ་མོ་མཛད། སྲས་བླ་ཆེན་ཀུན་དགའ་རྒྱལ་མཚན་སྐུ་འཁྲུངས། དཔོན་མོ་དཔལ་ལྡན་པས། སྲི་ཏུ་ཀུན་དགའ་རྡོ་རྗེའི་རྡོ་མོ་མཛོད། དཔོན་མོ་དགོན་གྱི་རྒྱལ་བ་བཟང་པོ་ཡིན་ཤེ་རིའི་རྡོ་མོ་མཛད། དཔོན་མོ་དཔལ་ལྡན་འབུམ་གྱིས་ཤར་པའི་རྡོ་མོ་མཛད། སྲས་ཡོད་དཔོན་མོ་རྡོ་རས། དཔོན་འོད་ཟེར་སེངྒེའི་རྡོ་མོ་

མཛད། ཀློ་ཁྲི་སྐོར་སོགས་འཛིན་པའི་སྲས་ཀྱང་འཁྲུངས་སོ། །

ཇོ་མོ་པདྨ། ཤི་ཏུ་འཕགས་པ་དཔལ་གྱི་ཇོ་མོ་མཛད། དཔོན་མོ་དབང་གྲགས་པ་རྒྱལ་མཚན་གྱི་ཇོ་མོ་མཛད་དོ། །

ཡེ་ཤེས་ཀུན་དགའི་སྲས་ལ། སྐུ་ཞང་ལེགས་པ་དོན་འགྲུབ། རྣམ་སྲས་དཔལ་བཟང་རྒྱལ་བ་རྣམ་〈རྣམས་〉འཁྲུངས་སོ། །

དེ་རྗེས་སྐུ་ཞང་ལེགས་པ་དོན་འགྲུབ་ཀྱིས་ཞྭ་ལུའི་དཔོན་མཛད། ཏཱ་ཐོ་རི་ཏུ་དབེན་ཤྭའི་ལས་དཀའ་མཐུན་དང་། ཞྭ་ལུ་ཁྲི་སྐོར་ཞེས་པའི་བཛྲ་སྭ〈འཛའ་ས〉གནང་། ཚབ་སྲིད་ལེགས་པར་བསྐྱངས། གཉིས་པ་ཏུ་དབེན་ནོ། །ཤབ་རྣམ་རྒྱལ་དཔལ་བཟང་པོས་ཀྱང་། དབེན་ཤྭའི་ལས་དཀའ་བླངས་ཏེ་སྡེ་སྲིད་འཛིན་སྐྱོང་མཛད་དོ། །

རྣམ་རྒྱལ་དཔལ་བཟང་ལ་སྲས་པོ་མ་བྱུང་། སྲས་མོ་བདག་མོ་བསྟན་འཛིན་རྒྱལ་མོ་འཁྲུངས། དེ་རྗེ་ཆེན་བདག་པོ་ངུས་སྭི་ལ་གནང་། སྲས་བདག་པོ། པོ་རྗོད། ཁྱུང་རྒྱལ་ལ་འཁྲུངས། སྐུ་ཞང་ལེགས་པ་དོན་འགྲུབ་ལ་སྲས་སྤྱི་གཉིས་ཀྱི། སྤྱ་ཚར་ཆེ་བ་རྗོད་ཀྱི་མཁན་པོ་དགེ་སློང་པ། བར་པ་སྐུ་ཞང་རྒྱལ་ལ་བ་ཆུང་བ་ཞྭ་ལུ་མཐོང་སྨན་དུ་བཞུགས་པའི་དགེ་སློང་པའོ། །

སྐུ་ཞང་རྒྱལ་ལ་བ་ནས་སྐུ་ཞང་རྣམ་རྒྱལ་དཔལ་བཟང་གི་བར་དུ། ཞྭ་ལུའི་དཔོན་པོ་གཅིག་གཉིས་ཙམ་མཛད་ཡང་ཟེར། སྐུ་ཞང་རྒྱལ་ལ་བས། རྒྱ་མཁར་སྤྱི་གཉིས་སུ་བཞུགས།

སྐུ་ཞང་རྡོ་རྗེ་དཔལ་བཟང་པོ་དང་། རྡོ་རྗེ་རྒྱལ་མཚན་པ་ལ་སྐུ་མཆེད་གཉིས། སྐུ་མཆེད་གཉིས་ཀྱི་སྲས། སྐུ་ཞང་དཔལ་འབྱོར་བ། ཆོས་རྗེ་ཆོས་རྒྱལ་བ། སྐུ་ཞང་རིག་པ་བ་དང་གསུམ་བྱུང་ངོ་། །

དེ་རྣམས་ལའང་སྲས་པོ་ཡོད་ཚོད་མིན་པ་འདུག་སྟེ། རྒྱལ་མཁར་རྩེ་པས། སྐུ་ཞང་རྩེ་གཉིས་པའི་རབ་བཅད། སྐུ་ཞང་ལེགས་པ་དོན་འགྲུབ་པའི་སྲས་ཕྱི་ཚར། སྐྱེ་མོ་ཕྲོན་པའི་སྲས་མོ་ལ་འཁྲུངས་པའི། ཆེ་བ་སྐུ་ཞང་དོན་རྒྱལ་བ། བར་པ་རིགས་ལྡན་གྱི་སྤྲུལ་པ་སྐུ་ཞང་ཆོས་རྗེ་རིན་པོ་ཆེ། བཀྲ་ཤིས་རྒྱལ་མཚན་དཔལ་བཟང་པོ། ཆུང་བ་ངག་དབང་དབང་པོ།

སྐུ་ཞང་དོན་རྒྱལ་བ་ལ་སྲས་གསུམ་འཁྲུངས་ཏེ། ཆེ་བ་སྐུ་ཞང་སངས་རྒྱས་པ། བར་པ་ཆོས་རྗེ་རིན་ཆེན་འཛམ་དབྱངས། ཆུང་བ་སྐུ་ཞང་རྒྱལ་ཆེན་པའོ། །

སངས་རྒྱས་པའི་སྲས། སྐུ་ཞང་རིན་ཆེན་བཟང་པོ་པ། ཆོས་རྗེ་དུས་འཁོར་བ། སངས་རྒྱས་དཔལ་འབྱོར་བ། སྐུ་ཞང་ལེགས་པ་བ། ཆོས་རྗེ་ཀུན་དགའ་སྙིང་པོ་བ། སྐུ་ཞང་ལྷ་འཛམ་པ་རྣམས་སོ། །

སྐུ་ཞང་རིན་ཆེན་བཟང་པོའི་སྲས། སྐུ་ཞང་རིན་ཆེན་པའོ། །

སྐུ་ཞང་རྡོ་རྗེ་དབང་ཕྱུག་གི་སྲས། སྐུ་ཞང་སློབ་དཔོན་རིན་ཆེན། ནམ་མཁའ་མཆོག་གྲུབ་དཔལ་བཟང་པོ་སྟེ། རྗེ་དེ་ཉིད་རབ་ཏུ་མ་བྱུང་གོང་དུ། མཚལ་པའི་སྲས་མོ་དཔོན་ཀ་ར་ཐབས་སུ་བཞེས་པ་ལས། སྲས་མོ་སློབ་དཔོན་སྒྲོ་གསལ་བ། སློབ་དཔོན་ཕྱོགས་ལས་རྣམ་པར་རྒྱལ་བ་སྐུ་མཆེད་གཉིས། སྲས་མོ་གཅིག་དང་གསུམ་འཁྲུངས་སོ། །

སྲས་མོ་བྲག་རམ་ལ་གནང་བའི་སྲས་གཉེར་ཆེན་ཨ་མོ་ឃ་པའོ། །

སྐུ་ཞང་ཆོས་རྗེ་འདི་ཉིད་སྐུ་ན་གཞོན་ནུའི་དུས་ནས་ཐུགས་ཆོས་ལ་གཞོལ་ཡང་། རང་གི་ཡབ་ཆེན་གྱི་གཅེན་པོ། སྐུ་ཞང་ཡེ་ཤེས་ཀུན་དགའ་པས་ངེད་ཀྱི་སྡེ་འཛིན་རོག་〈རོགས〉དགོས་ཞེས་ཀྱང་མ་བྱུས། དེའི་སྐབས་སུ་ཆོས་

རྗེ་བུ་སྟོན་རིན་པོ་ཆེའི་དྲུང་དུ། དགེ་བསྙེན་གྱི་སྡོམ་པ་ཞུས། དཔལ་དུས་ཀྱི་འཁོར་ལོ་ལ་སོགས་པའི་བཀའ་མང་དུ་གསན། སྦྱོར་དྲུག་གསན་པ་ཙམ་གྱིས་ཐུགས་དམ་ཡང་དག་པ་ཐུགས་ལ་འཁྲུངས། ཆོས་རྗེས་ཀྱང་ཆོས་པའི་བསྔགས་པ་བརྗོད། བཅོམ་ལྡན་འདས་གཤིན་རྗེ་གཤེད་དམར་དང་། རྡོ་རྗེ་འཇིགས་བྱེད་ཀྱིས་ཞལ་གཟིགས། གྲུབ་ཐོབ་ཆེན་པོ་ཐོབ་གྱུར། དགུང་ལོ་སུམ་ཅུ་སོ་གཉིས་ལ་ཐུགས་སྲས་སེམས་དཔའ་ཆེན་པོའི་དྲུང་དུ་རབ་བྱུང་བསྙེན་རྫོགས་དུས་གཅིག་ལ་མཛད། བཙུན་པའི་མཆོག་ཏུ་གྱུར།

རྗེ་དེ་ཉིད་དང་། མཁན་ཆེན་བཀྲ་ཤིས་རིན་ཆེན་དང་། ཆོས་རྗེ་གྲགས་པ་རྒྱལ་མཚན་པ་གསུམ་ཛོས་ཀྱི་ཟན་རིལ་དུ་བཞུགས་པ་ལས། གྲགས་པ་རྒྱལ་མཚན་པ་བབ་སྐྱེ་བཞུགས། རྗེ་དེ་ཉིད་ཀྱིས་དཔལ་ལྡན་བླ་མ་དམ་པ་ལ་སོགས་པ། སྐྱེས་བུ་དམ་པ་མང་པོའི་ཞབས་ལ་ཐུགས། མདོ་སྔགས་ཀྱི་གསུང་ཆོས་མང་པོ་གསན། བསྙེན་སྒྲུབ་མཐར་ཕྱིན་པའི་རྗེ་བཙུན་འཇམ་དབྱངས། སྟོན་པ་ཐུབ་དབང་། འོད་དཔག་མེད། རྡོ་རྗེའི་མི་འཁྲུགས་པ་ལ་སོགས་པ་སངས་རྒྱས་བྱང་སེམས་མང་པོས་ཞལ་གཟིགས་ཏེ་བྱིན་གྱིས་རླབས་པ་ཐོབ། རྣམ་སྲས་ཞི་དྲག །མགོན་པོ་ཕྱག་བཞི་པ། རྡོ་རྗེ་རབ་བརྟེན་མ་རྣམས་ལ་མི་ཕལ་པ་བཞིན་བཀའ་བསྒོ་དང་དུ་ལེན། གདོན་བགེགས་འདུལ་བ་ན་སྐུ་ལ་མེ་འབར་བ་དང་། ཞལ་ནས་སྔགས་ཀྱི་འོད་ཟེར་འཕྲོ་བ་མི་ཕལ་པས་སྣངས་〈ཀྱང་〉མཐོང་། གུས་པ་ཆེ་བའི་མཆོག་ཏུ་གྲགས།

འདི་ཉིད་ལ་ཐུགས་སྲས་ལོ་ཙཱ་བ་ཆེན་པོས་ཡོ་ག་རྡོ་རྗེ་དབྱིངས་ཀྱི་དབང་བསྐུར་མཛད་པའི་ཆོས་ཀྱི་འཁོར་ལོ་བསྐོར་བའི་རྗེས་གནང་གི་དུས། པོ་ཏི་དང་། བུ་སྟོན་རིན་པོ་ཆེའི་དབང་རྫས་རྣམས་ཀྱང་རིགས་ལྔའི་ཕྱག་མཚན་

རྣམས་ཕྱག་ཏུ་གཏད་དེ། མཁྱེན་རབ་དབང་ཕྱུག་བུ་སྟོན་ལོ་ཙཱ་བའི་ཡོ་གའི་བསྟན་པ་འདི་ཁྱེད་ལ་གཏད་པ་ཡིན་ནོ་གསུངས་ཏེ། མངའ་གསོལ་ཞིང་རྟེན་འབྲེལ་བསྒྲིགས། དབང་མཛོད་རྣམས་ཀྱང་གནང་སྦྱིན་མཛད། དེ་ལ་བརྟེན་ནས་དེང་སང་གི་བར་དུ་སྤྱིར་གསང་སྔགས་དང་ཁྱད་པར་ཡོ་གའི་བདག་པོ་བརྒྱུད་པ་དང་བཅས་པ་བཞུགས་པ་འདི་ཡིན་གསུངས།

སྐུ་ཞང་སྣོ་གསལ་བ་ནི། དགུང་ལོ་བདུན་ལ། ཀུན་མཁྱེན་བུ་ཡི་དྲུང་དུ་རབ་ཏུ་བྱུང་། དགུང་ལོ་བཅོ་ལྔའི་བར་དུ། ཞྭ་ལུ་དཀར་བཞིའི་གྲལ་སྐོར་མཛད། མཁས་པའི་གྲགས་པ་ཐོབ། ཀུན་མཁྱེན་བུའི་གདན་སའི་འོས་སུ་ཡོང་བ་འདུག །ཅེས་གླེང་པ་བྱུང་ཀྱང་། དགུང་ལོ་ཉེར་གཅིག་ཐོགས་ལ་ཞི་བར་གཤེགས།

སྐུ་ཞང་ཕྱོགས་ལས་རྣམ་པར་རྒྱལ་བས། འབྲོང་རྩེ་ནས་དཔོན་མོ་ལྷ་ཚུམ་ཁབ་ཏུ་བཞེས་པ་ལ། སྲས་སྐུ་ཞང་དཔལ་འབྱོར་འཁྲུངས།

འདི་ཉིད་ཀྱིས་ས་སྐྱ་མགོན་པོའི་སྲས་མོ་དཔོན་སངས་རྒྱས་འཛོམ་པ་ཁབ་ཏུ་བཞེས་པ་ལ། སྲས་སྐུ་ཞང་ཆོས་ཀྱི་རྗེ་རིན་པོ་ཆེ་མཁྱེན་རབ་མཆོག་གྲུབ་དཔལ་བཟང་པོ་དང་། ཆོས་རྗེ་ཕུན་ཚོགས་པ། སྐུ་ཞང་རྒྱལ་བ་རྣམ་སྲས་པ། སྐུ་ཞང་ལེགས་པ་པ་བཀྲ་ཤིས་པ་སྐྱེ་མཆེད་ལྔ་འཁྲུངས་སོ། །

སྐུ་ཞང་རྒྱལ་བ་རྣམ་སྲས་པའི། མཁར་ཁ་བའི་སྲས་མོ་ཁབ་ཏུ་བཞེས་པ་ལ། སྲས་སྐུ་ཞང་ཆོས་རྗེ་རིན་པོ་ཆེ། བསོད་ནམས་མཆོག་སྒྲུབ་དཔལ་བཟང་པོ་འཁྲུངས།

གཞན་ཡང་ལྕེ་རུས་འདི་ལ། ལྕེ་སྣོ་ལྡན་སྒོམ་དང་། ལྕེ་མདོ་སྡེ་སེངྒེ་ལ་སོགས་པའི་རྣལ་འབྱོར་རྒྱུད་ཀྱི་བཀའ་སྲོལ་འཛིན་པ་མང་པོ་དང་། ལྕེ་ལོ་ཙཱ་བ་

དགའ་བའི་དཔལ་དང་། ལྷེ་ལོ་ཙཱ་བ་བཀྲ་ཤིས་བརྩེགས་པ་བ་དང་། ལྷེ་ལོ་ཙཱ་བ་ཀླུ་མེས་ལ་སོགས་པ་ལོ་ཙཱ་བ་ཡང་མང་དུ་བྱོན་ནོ། །

སྐུ་ཞང་ཆོས་རྗེ་རིན་པོ་ཆེ་བསོད་ནམས་མཆོག་གྲུབ་དཔལ་བཟང་པོ་འདི་ཉིད་ཡང་། དགའ་ལྡན་གནས་ན་མ་ཕམ་པ་དང་། རྒྱལ་བ་རབ་གསལ་གྱི་བསྟན་པ་འཛིན་པ་ལ། བྱང་ཕྱོགས་ཁ་བ་ཅན་གྱི་ལྗོངས་ཧ་རི་དམར་པོ་ཁ་དབྱེ་བ་འདྲ་བ། འཕགས་པ་སྤྱན་རས་གཟིགས་ཀྱིས་བྱིན་གྱིས་རླབས་པའི་གནས། ཉང་སྨད་ཞྭ་ལུའི་གནས་གསར་དགེ་འཕེལ་དུ། མི་ཕོ་འབྲུག་ལ་སྐུ་བལྟམས་པ་ནས་དབུ་བཟུངས་ནས། སྐུ་མ་གཤེགས་བར་གྱི་གདུལ་བྱ་སེམས་ཅན་གྱི་འགྲོ་དོན། མངོན་ཤེས་ནུས་མཐུ་གྲུབ་རྟགས་བསྟན་པ་སོགས་བསམ་གྱིས་མི་ཁྱབ་པའོ། །འདི་ཉིད་ཀྱི་ཆེ་བའི་ཡོན་ཏན་རྒྱས་པར་བརྗོད་ན། རྣམ་ཐར་རྒྱས་པ་མཐོང་བ་དོན་ལྡན་དུ་བལྟ་བར་བྱའོ། །

འོ་ན་ཞྭ་ལུ་པའི་བླ་དཔོན་གང་དང་གང་དུ་སྐམ་མམ་ཟེར་ན། ལྕེ་བཙུན་ཤེས་རབ་འབྱུང་གནས། གཙང་པོ་ཤེས་རབ་ཡེ་ཤེས། ཕོ་ཐོ་གཡུ་ཐོག་སྒྲ་གསེར་བཟང་། དེ་གསུམ་བླ་དཔོན་སྔགས་མ་ཡིན། གཡུ་ཐོག་སྒྲ་བསྒྲུབ་པ་འཆར་ནས་དཔོན་རྒྱུད་དུ་སོང་སྟེ། གདན་ས་ཁྱུང་པ་གྲགས་སེང་ལ་གཏད། དེས་མཁན་པོ་མངོན་པ་བ་ལ་གདན་ས་གཏད། མངོན་པ་བའི་ངོ་ལ་ལྕེ་འབུམ་པ་ཡོད། ལྕེ་འབུམ་མེ་དང་འབུམ་དར་གཉིས་ཀྱི་རིང་ལ། ཞྭ་ལུ་གཞོན་བརྩོན་པ་ཡོད། འབུམ་དར་གྱི་སྐད་དང་། འབུམ་བརྟན་གྱི་རིང་ལ་ཕྱ་ཆོས་བྱང་པ་ཡོད། ཨ་མེས་ཆེན་པོ་སངས་རྒྱས་ཀྱི་དུས་སུ་བུ་སྟོན་སེངྒེ་འོད་ཡོད། ཕྱཀྱི་བློ་གྲོས་དང་། སྐུ་ཞང་ཛ་སྒྲ་གཉིས་ཀྱི་དུས་སུ། མཁན་པོ་འདུལ་འཛིན་པ་ཡོད། སྐུ་ཞང་མགོན་པོ་དཔལ་དང་། སྐུ་ཞང་རྡོ་རྗེའི་དབང་ཕྱུག་གི་ལོ་གསུམ་པའི་

བར་ལ། མཁན་པོ་གྲགས་གཞོན་པ་ཡོད། སྐུ་ཞང་གྲགས་པ་རྒྱལ་མཚན། སྐུ་ཞང་ཀུན་དགའ་དོན་འགྲུབ། སྐུ་ཞང་ཡེ་ཤེས་ཀུན་དགའི་སྟོད་རྣམས་ལ། བུ་སྟོན་ཐམས་ཅད་མཁྱེན་པ་ཞུགས། ཡེ་ཤེས་ཀུན་དགའི་སྨད་དང་། ལེགས་པ་དོན་གྲུབ་ཀྱི་སྟོད་ལ། ཕྱུགས་སྲས་ལོ་ཙཱ་བ་རིན་ཆེན་རྣམ་རྒྱལ་བཞུགས། སྐུ་ཞང་ལེགས་པ་དོན་འགྲུབ་ཀྱི་སྨད་དང་། རྣམ་རྒྱལ་དཔལ་བཟང་གི་སྟོད་ལ། འཇམ་དབྱངས་གྲགས་པ་རྒྱལ་མཚན་བཞུགས། སྐུ་ཞང་རྣམ་རྒྱལ་དཔལ་བཟང་གི་སྨད་དང་། རྒྱལ་ལ་བའི་སྟོད་ལ། མཁས་གྲུབ་སངས་རྒྱས་རིན་ཆེན་པ་བཞུགས། སྐུ་ཞང་རྒྱལ་བའི་སྨད་ལ། འཕྲུལ་ཞིག་རིན་པོ་ཆེ་ཚུལ་ཁྲིམས་རྒྱལ་མཚན་བཞུགས་སོ། །

འོ་ན་བུ་སྟོན་ཐམས་ཅད་མཁྱེན་པ་ཆེན་པོ་ནས་བཟུང་སྟེ་མཁན་པོ་རྣམས་ཀྱི་གདན་ས་ལོ་འདི་མཛད། དགུང་ལོ་འདི་བཞུགས་དང་། ལོ་འདི་ལ་གཤེགས་ཟེར་ནས་〈ན་〉། བུ་སྟོན་ཐམས་ཅད་མཁྱེན་པ་ཆེན་པོ་དགུང་སྙིང་སྟག་ལོ་པ། ལྕགས་ཕོ་སྤྲེའུ་ལོ་ལ་དགུང་ལོ་སུམ་ཅུ་སོ་གཅིག་བཞེས་པ་ལ་གདན་སར་ཕྱག་ཕེབས། ལོ་སུམ་ཅུ་སོ་བདུན་ནས་གདན་ས་མཛད། ཐམས་ཅད་མཁྱེན་པ་ཆེན་པོ་དགུང་ལོ་དྲུག་ཅུ་རེ་བདུན་བཞེས་པ། ཆོས་རྗེ་ཕྱུགས་སྲས་པ་ཆེན་པོ་དགུང་སྙིང་རྟ་ལོ་པ་སུམ་ཅུ་སོ་དགུ་བཞེས་པ། སྤྲེལ་ལོ་དགུན་ཟླ་ར་བའི་ཚེས་ལྔའི་ཉིན་གདན་སར་ཕྱག་ཕེབས། གདན་ས་ལོ་སུམ་ཅུ་སོ་གསུམ་མཛད། ཐམས་ཅད་མཁྱེན་པ་ཆེན་པོ་དགུང་ལོ་བདུན་ཅུ་དོན་ལྔ་བཞེས་པ། ཤིང་ཕོ་འབྲུག་ལོ་ཆུ་སྟོད་ཟླ་བའི་ཉི་ཤུ་གཅིག་ཞི་བར་གཤེགས། སྐུ་རྗེན་ལ་དབེན་སྐུ་གསུམ་མཆོད་རྟེན་དང་ཞྭ་ལུར་སྒོ་གསུམ་པའི་ནང་དུ་གསེར་འབུམ་དང་། ནང་རྟེན་ལ་སྐུ་ཞང་པའི་གཙོ་བྱས་པའི་བུ་སློབ་དད་པ་ཅན་རྣམས་ཀྱིས། ཐུབ་

དབང་གསེར་སྐུ་ཁྲི་རྒྱབ་ལ་ཤ་རིའི་བུ་དང་། མོའུ་འགལ་གྱི་བུས་འདོམས་བྱས་པ། མཐར་གནས་བརྟན་བཅུ་དྲུག་གིས་བསྐོར་བ། གཟིམ་མལ་སྐུ་འདྲ་སྐུ་དངོས་སུ་བྱོན་པ་འདྲ་བ། ཐུགས་ཀ་ནས་བུ་བྱ་རིལ་བཞུགས་པ་དང་། ནང་རྟེན་རི་ཕུག་ཞྭ་ལུར་གདན་དྲངས་པའི་ཚེ་མེ་ཏོག་གི་ཆར་པ་བསམ་གྱིས་མི་ཁྱབ་པ་རྣམས་བཞེངས་སོ། །

ཆོས་རྗེ་ཐུགས་སྲས་པ་ཆེན་པོ་དགུང་ལོ་བདུན་བཅུ་དོན་གཅིག་བཞེས་པ་འབྲུག་ལོ་ཧོར་ཟླ་བཅུ་པའི་ཚེས་གཉིས་ཀྱི་ཉི་མ་ནུབ་མཚམས་ལ་ཞི་བར་གཤེགས། སྤྱི་རྟེན་ལ་རྣམ་རྒྱལ་མཆོད་རྟེན་དང་། ཞལ་བཞུགས་དུས་སུ་བཞེངས་པའི་མཆོད་རྟེན་བཀྲ་ཤིས་སྒོ་མང་དང་། ནང་རྟེན་ལ། ཞྭ་ལུར་ཐུབ་དབང་གི་གསེར་སྐུ་ཁྲི་རྒྱབ་དང་བཅས་པ་དང་། གཟིམ་མལ་སྐུ་འདྲ་སྐུ་དངོས་སུ་བྱོན་པ་འདྲ་བ་རྣམས་བཞེངས་སོ། །

ཆོས་རྗེ་གྲགས་པ་རྒྱལ་མཚན་པ་ཆེན་པོ་དགུང་སྐྱིད་སྤྲུལ་ལོ་པ་(༢༥)བཞེས་པ། རང་ལོའི་སྟེང་དུ་གདན་སར་ཕྱག་ཕེབས། གདན་ས་ལོ་བཅུ་དྲུག་མཛད། བར་དུ་མཁས་གྲུབ་སངས་རྒྱས་དཔལ་རིན་པ་ལ་བསྙེས། མཁས་གྲུབ་སངས་རྒྱས་དཔལ་རིན་པས་གདན་ས་ལོ་བརྒྱད་མཛད་པ། རྗེས་སུ་ལ་སྟོད་ལ་ཕེབས། གཙང་སྐོར་བྲག་དམར་པོ་མཐོ་ལ་སྤྱི་དྲིན་འོབ་ཆུང་རྣམ་སྡིངས་རྣམས་སུ་འགྲོ་དོན་དཔག་ཏུ་མེད་པ་མཛད་པ་སོགས། དེ་ཉིད་ཀྱི་མགུར་འབུམ་ན་གསལ། དགུང་སྐྱིད་འབྲུག་ལོ་པ་འབྲུག་ལ་སྐུ་གཤེགས། ཅིབ་རི་གནམ་སྡིངས་ན་རྗེ་ཉིད་ཀྱི་སྐུ་འདྲ་དང་། རི་ཕུག་ན་སྤྱི་རྟེན་བཀྲ་ཤིས་སྒོ་མང་དང་། ནང་རྟེན་ལ་ཐུབ་དབང་གི་གསེར་སྐུ་ལོ་བརྒྱད་པའི་ཚད་དང་། གཟིམ་མལ་སྐུ་འདྲ་དངོས་སུ་བྱོན་པ་འདྲ་བ་རྣམས་རྗེས་སུ་བུ་སློབ་རྣམས་ཀྱིས་བཞེངས་སོ། །

སླར་ཡང་ཆོས་རྗེ་གྲགས་པ་རྒྱལ་མཚན་པ་རང་གི་གདན་ས་མཛད་ནས་ལོ་སུམ་ཅུ་སོ་དྲུག །སྤྱི་རིང་ཀུན་དྲིལ་བས་ལོ་ལྔ་བཅུ་ང་གཉིས་གདན་ས་མཛད། དེ་རྗེས་འཁྲུལ་ཞིག་ཆེན་པོ་ལ་གདན་ས་བསྐོས། རྗེ་བཙུན་མཁྱེན་བརྩེའི་མངའ་བདག་འཇམ་དབྱངས་གྲགས་པ་རྒྱལ་མཚན་དཔལ་བཟང་པོ་དགུང་ལོ་བརྒྱད་བཅུ་གྱ་བཞི་བཞེས་པ་འབྲུག་ལོ་ཧོར་ཟླ་བཅུ་པའི་སྨིན་དྲུག་ཟླ་བའི་ཆོས་པ་བཅོ་ལྔ་ལ་ཞི་བར་གཤེགས། ཕྱི་རྟེན་ལ། ཞལ་བཞུགས་དུས་སུ་བཞེངས་པའི་བྱང་ཆུབ་མཆོད་རྟེན་དང་། ནང་རྟེན་ལ་ཡང་ཞལ་བཞུགས་དུས་སུ་བཞེངས་པའི་ཐུབ་པ་ཆེན་པོའི་གསེར་སྐུ་ཁྲི་རྒྱབ་དང་བཅས་པ། སྟེ་གདོང་དུ་གོང་མ་རིན་པོ་ཆེ་གྲགས་པ་རྒྱལ་མཚན་གྱི་〈གྱིས〉སྦྱིན་བདག་མཛད་ནས་ཞྭ་ལུར་གདན་དྲངས་པ་དང་། གཟིམ་མལ་སྐུ་འདྲ་སྐུ་དངོས་སུ་བྱོན་པ་འདྲ་བ་རྣམས་བཞེངས་སོ། །

འཁྲུལ་ཞིག་ཚུལ་ཁྲིམས་རྒྱལ་མཚན་དཔལ་བཟང་པོ་དགུང་སྐྱིང་ཡོས་ལོ་པ་བཞི་བཅུ་ཞེ་གཉིས་བཞེས་པ། སྤྲེའུ་རྒྱལ་ཟླ་ལ་གདན་སར་ཕྱག་ཕེབས། གདན་ས་ལོ་ཉི་ཤུ་བདུན་མཛད། དགུང་ལོ་བདུན་བཅུ་དོན་ལྔ་བཞེས་འབྲུག་ལོ་ཧོར་ཟླ་བཅུ་པའི་ཆོས་ཉི་ཤུ་བདུན་ཉིན་ཞི་བར་གཤེགས་སོ། །ཕྱི་རྟེན་ནང་རྟེན་གྱི་ཚབ་ལ། རི་ཤུག་གླ་གྲང་〈བྲང〉འདུ་ཁང་དང་བཅས་པ་འདི་འོག་མིན་ཆོས་ཀྱི་ཕོ་བྲང་དང་འདྲ་བར་བཅོས་རྣམས་ལེགས་པར་བྱས་པ་འདི། ཕྱི་རྟེན་ནང་རྟེན་རེ་བཞེངས་པ་ལས་བསོད་ནམས་ཆེ་བར་འདུག་གསུངས། ཁྱད་པར་ཐམས་ཅད་མཁྱེན་པ་བུ་སྟོན་རིན་པོ་ཆེའི་གསུང་འབུམ་རྣམ་〈རྣམས〉པར་དུ་བཞེངས་པ་དང་། བསམ་ལྡིངས་ཡང་དགོན་དུ་རྗེ་ཉིད་ཀྱི་སྐུ་འདྲ་དང་། ཕྱི་རྟེན་མཆོད་རྟེན་གསེར་འབུམ་དང་། རི་ཤུག་གཟིམ་མལ་སྐུ་འདྲ། གསེར་

འབུམ་བྱུང་ཆུབ་མཆོད་རྟེན་སྐུ་འདྲ་བུམ་པ་ན་བཞུགས་པ་རྗེས་སུ་བུ་སློབ་རྣམས་ཀྱིས་བཞེངས་སོ། །

ཀུན་མཁྱེན་མཆོག་གྲུབ་བཟང་པོ་དགུང་སྐྱེར་རྟ་མོ་པ་དགུང་ལོ་ལྔ་བཅུ་ང་གསུམ་བཞེས་པ། ཁྲི་ལོ་རྒྱལ་གྱི་ཟླ་བའི་ཚེས་པ་ཙུའི་〈བཙུའི་〉ཉིན་གདན་སར་ཕེབས། ལོ་བཅུ་བདུན་གདན་ས་མཛད། དགུང་ལོ་དྲུག་བཅུ་རེ་དགུ་བཞེས་པ་སྟག་གི་ལོ་ཐ་སྐར་ཟླ་བའི་ཉེར་གཅིག་གི། ཉི་མ་ནུབ་མཚམས་ཞི་བར་གཤེགས་སོ། །གཟིམ་མལ་སྐུ་འདྲ་ཡང་བཞེངས།

འཇམ་པའི་དབྱངས་བཤེས་གཉེན་བཟང་པོ་རྒྱལ་མཚན་པ་དགུང་སྐྱེར་རྟ་ལོ་པ་དྲུག་བཅུ་རེ་དགུ་བཞེས་པ། ཡོས་ལོ་རྒྱལ་གྱི་ཟླ་བའི་ཚེས་པ་བཅོ་ལྔའི་ཉིན་གདན་སར་ཕྱག་ཕེབས། ལོ་བཅུ་གཅིག་གདན་ས་མཛད། དགུང་ལོ་བརྒྱད་བཅུ་བཞེས་པ་གླང་ལོ་ཆུ་སྟོད་ཟླ་བའི་ཚེས་པ་བཅུ་ལ་ཞི་བར་གཤེགས་སོ། །མཚུངས་མེད་ཆོས་རྗེ་རིན་ཆེན་རིག་འཛིན་རྒྱལ་པོ། དགུང་སྐྱེར་སྤྲུལ་ལོ་པ་དགུང་ལོ་ལྔ་བཅུ་ང་དགུ་བཞེས་པ་སྟག་ལོ་ས་ག་ཟླ་བའི་ཚེས་བཅོ་བརྒྱད་ཀྱི་ཉིན་གདན་སར་ཕྱག་ཕེབས། གདན་ས་ལོ་བཅུ་གཉིས་མཛད།

དཀོན་མཆོག་ཚུལ་ཁྲིམས་པ་དགུང་སྐྱེར་གླང་། མེ་མོ་ཡོས་ལོའི་ཧོར་ཟླ་བཅུ་གཅིག་པ་གདན་སར་ཕེབས་ནས། གདན་ས་ལོ་བརྒྱད་མཛད།

ཆོས་རྗེ་བསོད་ནམས་རྒྱལ་མཚན་པ་དགུང་སྐྱེར་གླང་ལོ་པ། ལོ་སུམ་ཅུ་སོ་གཅིག་ཞེས་པ་ཆུ་མོ་ལུག་གི་ལོ་ཆུ་སྟོད་ཟླ་བའི་ཚེས་བཅུ་བདུན་ཉིན་གདན་སར་ཕེབས། ལོ་བཅུ་གཅིག་གདན་སར་མཛད།

དེ་རྗེས་ལྷའི་བཙུན་པ་བློ་བཟང་བསྟན་པ་པ། དགུང་སྐྱེར་མེ་མོ་ཡོས་དགུང་ལོ་དྲུག་བཅུ་རེ་བདུན་བཞེས་པ། མེ་མོ་བྱ་ལོའི་སྟོན་གྱི་ཟླ་བའི་ཚེས་བཅུ་

བདུན་ལ་ཁྲི་ཐོག་ཏུ་ཕེབས།

དེ་རྣམས་ཐམས་ཅད་འཕགས་པ་ཐུགས་རྗེ་ཆེན་པོའི་དཀར་ཆག་དང་མཐུན་པར། འདི་པའི་མཁན་རྒྱུད་དང་། བསྙེས་〈བགྲེས〉པོ་རྣམས་ཀྱི་ཕྲེས་གཏམ་དང་། མཁན་ཆེན་རྗོད་དུས་ཀྱི་ཐམས་ཅད་མཁྱེན་པའི་གསུང་སྒྲོས་བཞིན་སྨྲ་ཚད་པ་དོན་གྲུབ་རྒྱལ་མགོན་གྱིས་མཛད་པ་ལ་གཞི་བྱས། ཁྱད་པར་དུ་སྐུ་ཞང་ཡེ་གཉིས། སྐེ་མོ་དགེ་འཕེལ་བ་སོགས་སྐེགས་དུས་ཀྱི་རྡོ་རྗེ་སྐུ་ཞང་ཆོས་རྗེ་རིན་ཆེན་མཁྱེན་རབ་མཆོག་གྲུབ་དཔལ་བཟང་པོའི་རྣམ་ཐར་མཐོང་བ་དོན་ལྡན་ནས་དྲངས་ཏེ། མཆན་ལ་བཀྲ་ཤིས་དོན་གྲུབ་ཞེས་པའོ། །

ཨ་མོ་གྷ་སི་དྡྷིས། ཕྱི་རབས་ཀྱི་སྐྱེ་བོ་རྣམས་ལ་ཕན་པའི་ཕྱིར། བོད་ཀྱི་རྡོ་རྗེ་གདན་གཉིས་པ་དཔལ་ཞྭ་ལུའི་གསེར་ཁང་གི་བདག་པོའི་བླ་མའི་སྐུའི་ཞང་སེགས་ཞེན་ཉུས་ཆེ་བ་རྣམས་ཀྱི་དོན་དུ། མི་བརྗེད་གཟུངས་སུ་ཡི་གེ་བཀོད་པ་དགེ་ལེགས་འཕེལ་བར་གྱུར་ཅིག །བཀྲ་ཤིས། । । །

༄༅། །དཔལ་ལྡན་གཡས་རུ་བྱང་པའི་གདུང་རབས།

༄༅། །ཨོཾ་སྭསྟི་སིདྡྷི། དཔལ་ལྡན་གཡས་རུ་བྱང་པའི་གདུང་རབས་ནི། སྔོན་རྒྱའི་རྒྱལ་པོ་རིམ་པར་བྱུང་བའི་ལག་ནས་སྟོབས་ཀྱིས་རྒྱལ་ས་བཟུང་སྟེ། རྒྱལ་ཁམས་ཆེན་པོ་ལ་མངའ་མཛད་པ། མི་ཉག་སེའུ་རྒྱལ་པོ། དེ་ནས་རྒྱལ་རབས་དྲུག་པ། མི་ཉག་རྒྱལ་རྒོད་ཀྱི་དཔོན་པོ་རིགས་ཆེ་ཞིང་མཐོ་བ་དག་རིམ་གྱིས་གཙང་གི་སྟོད་དུ་ཡོང་སྟེ། ཡུལ་བཟུང་པ་ལས། རིང་ཞིག་ནས། ར་ས་ཏད་པོ་ལུང་ནས་ཡུལ་འཕོས་ཏེ། དྲག་སྟེ་སེང་གེ་ལུང་དུ་ཡུལ་བཟུང་ངོ་། །དེར་གནས་པའི་མི་ཉག་རྣམས་ཀྱི་ཕུ་བོར་གྱུར་པ་ནི། མི་ཉག་དཔོན་པོ་ལྷ་བཙན་ལེགས་པ་ཞེས་བྱ་སྟེ། དེས་ཚུང་མ་གཉིས་བླངས་པ་ལས། བུ་ཞུ་ཞང་སྤྱན་དགུ་ཞེས་བྱ་བ་བྱུང་པ། དེ་དག་དང་ལྷན་ཅིག་ཏུ་ཡོང་སྟེ། ཉེ་ལུང་དུ་གཞི་ཕབ་སྟེ། སོ་སོར་ཡུལ་བཟུང་ངོ་། །དེ་ལ་སྤྱན་དགུའི་ཆེ་ཤོས་མི་ཉག་སེང་གེ་དར། དེའི་སྲས་ཀུན་དགའ་གྲགས། དེའི་སྲས་ཡོན་ཆེན་རྡོ་རྗེ་དཔལ། འདིས་རྗེ་བཙུན་ཆེན་པོ་གྲགས་པ་རྒྱལ་མཚན་གྱི་ཞབས་ལ་བཏུགས་ནས་ཡོན་བདག་བྱས། དེའི་སྲས་ཡོན་ཆེན་དཀོན་མཆོག་གྲགས། དེ་ལ་སྲས་གསུམ་སྟེ། ཡོན་ཆེན་དཔལ་འབུམ། སངས་རྒྱས་སྐྱབས། དཔལ་མགོན་རྣམས་སོ། །ཡབ་སྲས་འདི་དག་གིས། ཆོས་ཀྱི་རྗེ་དཔལ་ལྡན་ས་སྐྱ་པཎྜི་ཏ་ཆེན་པོ་ཁུ་དཔོན་གྱི་ཞབས་

ལ་བཏུགས་ཏེ། ཡོན་བདག་གིས་རྐང་བཟུང་། ཡོན་ཆེན་དཔལ་འབུམ་གྱིས་ར་ཞུང་དུ་ཕྱོན་ནས་ཡུལ་བཟུང་། འདི་ལ་སྲས་དྲུག་སྟེ། ཡོན་ཆེན་གྲགས་པ་དཔལ། ཡོན་ཆེན་སྲི་ནོན་དཔལ། ཡོན་ཆེན་དགེ་བ་དཔལ། ཡོན་ཆེན་རྒྱལ་མཚན་དཔལ། དཔོན་ཀུན་དགའ་རྒྱལ་མཚན། དཔོན་ཆེན་ཡོན་བཙུན་ཆེན་པོ་གྲགས་པ་དར་རྣམས་སོ། །

ཡོན་སྲིའི་སྲས་ཁྲི་དཔོན་དཔལ་ལྡན་མགོན་པོ། དེའི་བུ་ཁྲི་དཔོན་དཔལ་ཤེ་ལ་སོགས་ཏེ་མི་བརྒྱུད་མང་དུ་འཕེལ་ལོ། །གྲགས་པ་དཔལ་དང་། དགེ་བ་དཔལ་ལ་རྒྱུད་མེད། རྒྱལ་མཚན་དཔལ་རབ་བྱུང་ཡིན། དཔོན་ཀུན་དགའ་རྒྱལ་མཚན་གྱིས་སྡེད་བུ། ཡོན་བདག་རྒྱལ་མཚན། མ་གཅིག་ཤར་ལ་བྲུག་མ། ལྕམ་མོ་རྡོ་རྗེ་དཔལ་དང་གསུམ་གྱིས་མ་གཅིག་ཤར་ལ་བྲུག་མ། མིང་ཀུན་དགའ་ནམ་མཁའི་རྒྱལ་མཚན། འདི་བདག་ཉིད་ཆེན་པོ་བཟང་པོ་དཔལ་གྱི་ཁབ་ཏུ་བཞེས་པ་ལ། སྲས་ཏེ་ཤྲཱི་ཀུན་དགའ་ལེགས་པའི་འབྱུང་གནས་དང་། བླ་མ་ཆེན་པོ་ཏེ་ཤྲཱི་ཀུན་དགའ་རྒྱལ་མཚན་དཔལ་བཟང་པོ་གཉིས་འཁྲུངས། དཔོན་ཀུན་དགའ་རྒྱལ་མཚན་དང་། ལྕམ་མོ་འོད་ཟེར་ལྡན་གྱི་སྲས། གུ་ཤྲཱི་ནམ་མཁའ་རྒྱལ་མཚན། ལྕམ་མོ་བྱང་ཆུབ་ལྡན་གྱི་སྲས། ཆང་གུའི་གུང་ཀུན་སྤངས་ཆོས་གྲགས་དཔལ་བཟང་པོ། མ་གཅིག་བསོད་ནམས་དཔལ། དཔོན་མོ་བྱང་ཆུབ་འབུམ་རྣམས་བྱུང་པའི་ཀུན་སྤངས་ཆེན་པོས། དཔལ་བཟང་ལྡན་གྱི་ཆོས་སྡེ་བཏབ། མ་གཅིག་བསོད་ནམས་དཔལ་ལ་ཏེ་ཤྲཱི་ཆེན་པོ་ཀུན་དགའ་རྒྱལ་མཚན་པ། ཆང་གུའི་གུང་དུ་བཞུགས་དུས་ཀྱི་སྲས། ཏའི་དཔོན་〈དཔེན་〉བློ་གྲོས་རྒྱལ་མཚན་པ་འཁྲུངས་སོ། །

སྐུ་མཆེད་དྲུག་གི་ཐ་ཆུངས་སུ་འཁྲུངས་ཀྱང་། འཇིག་རྟེན་འདིར་རྒྱལ་

མཚན་གྱི་རྩེ་མོ་ལྟར་མངོན་པར་མཐོ་ཞིང་། འགྲན་པའི་ཟླ་དང་བྲལ་བའི་དཔོན་ཆེན་ཡོན་བཙུན་ཆེན་པོས། བདག་ཉིད་ཆེན་པོ་རྣམ་པ་ལ་རཀྵི་ཏའི་ཞབས་ལ་བཏུགས། སེ་ཆེན་རྒྱལ་པོ་དང་། ཨོལ་ཛ་དུ་རྒྱལ་པོ་ཡོན་མཆོད་ཀྱི་ལུང་གིས། ས་སྐྱ་དཀོན་མཆོག་གི་གཉེར་ལ་བཀོས། ཏཱའི་སི་ཏུའི་ལས་ཀ་དང་། དངུལ་གྱི་དམ་ཁ། དབུས་གཙང་གི་འཇར་གོ་ཆེ་དང་། ཐུང་ཁྲི་སྐོར་ཐུས་དགོན་དུ་འཛིན་པའི་འཛའ་ས་གནང་། གདན་ས་ཆེན་པོའི་ནང་ཆེན་དང་། བདག་ཉིད་ཆེན་པོ་རྣམ་པ་ལའི་དུས་མཆོད་གཞིས། ཤིང་ཁང་ཟླ་བྲང་བཟུང་། ཏི་ཤྲཱི་ཀུན་དགའ་བློ་གྲོས་གོང་ན་བཞུགས་དུས། དབུས་གཙང་དཔོན་ཆེན་ལ་བཀོས། ལོ་བཅུ་གསུམ་གྱི་བར་དུ་དཔོན་ཆེན་གྱིས་གོ་ས་ལ་བཞུགས་ཏེ། རང་གི་ཆས་རྐྱེན་གྱི་སྟོད་སྨད་ཀྱི་འཛམ་ཆེན་འཚོས་པ་སོགས། བོད་ཡུལ་སྤྱིའི་ཆེད་དུ་འགྲོ་བའི་ཕྱུག་རྗེས་བཟང་པོ་བཞག །མཁན་པོ་ཤཱཀྱ་སེང་གེ་སྤྱན་དྲངས་ཏེ་དཔལ་ངམ་རིངས་ཆོས་སྡེ་ཆེན་པོ་ཕྱག་མར་འཛུགས་པའི་བདག་རྐྱེན་མཛད། བཀའ་འགྱུར་རོ་ཅིག་གསེར་ལས་བཞེངས་པ་སོགས་དཀར་པོ་དགེ་བའི་བྱ་བ་རྒྱ་ཆེན་པོ་མཛད་པ་ཡིན་ནོ། །དཔོན་ཆེན་པས། ཏི་ཤྲཱི་སངས་རྒྱས་དཔལ་གྱི་ལྕམ་མོ་བཀྲ་ཤིས་ལྡན་ཁབ་ཏུ་བཞེས་པ་ལ། སྲས་མ་འཁྲུངས་ཀྱང་ཟུར་པའི་དཔོན་མོ་ཚོང་འདུས་མ་ལ། སློབ་དཔོན་རྡོ་རྗེ་མགོན་པོ་འཁྲུངས། གཞོན་ནུའི་དུས་སུ་ལུང་གིས་དཀོན་ཁང་མ་བཀོས། དབུས་གཙང་གི་འཇར་གོ་ཆེ་དང་། ཏའི་སི་ཏུའི་ལས་ཀ་གནང་། ཚོགས་སྡེ་བཞིའི་ཞབས་ཏོག་ཕྱོགས་གཅིག་ཏུ་མཛད་པའི་སྲོལ་བཙུགས། དཔོན་ཆེན་ཡོན་བཙུན་ཆེན་པོ་གཤེགས་ནས་ཀྱང་། ལོ་ལྔ་དྲུག་གི་བར་དུ། དབུས་གཙང་དུ་དཔོན་ཆེན་གྱིས་འཛིན་པའི་བྱ་ལས་ཆེ་ཆུང་ཀུན་བཟུང་ནས། དབུས་གཙང་དཔོན་ཆེན་གྱི་དོད་མཛད། ལྕམ་མོ་བཀྲ་ཤིས་

ལྡན་དང་ཁམས་པ་དགེ་བཤེས་བྱ་བའི་སྲས་སོ། ཕྱིས་ཧི་ཤྲི་ཆེན་པོ་ཀུན་དགའ་རྒྱལ་མཚན་པ་ཚང་གུའི་གུང་དུ་བཞུགས་དུས་ཀྱི་སྲས། ཏའི་དབེན་ཆོས་ཀྱི་རྒྱལ་མཚན་པ་འབྲུངས་ནས། མ་གཅིག་དཔལ་ལྡན་བཟང་མོ་ཞེས་ཡོངས་སུ་གྲགས་པ་དེ་ཉིད་དང་། ཏའི་སི་ཏུ་རྡོ་རྗེ་མགོན་པོ་ཁྲིམ་གྱི་བྱ་བ་མཛད་པ་ལས། སྲས་ལྷམ་སྲིང་དྲུག་འབྲུངས་པ་ནི། དཔོན་མོ་སངས་རྒྱས་སྐྱིད། སློབ་དཔོན་མ་ཆོས་དཔལ་ཡོན་ཏན་སྒྲོན། དཔོན་མོ་ནམ་མཁའ་ཁྲིའུ་འདྲེན། མ་གཅིག་ལྷ་རིན། དཔོན་མོ་དགེ་མ། ཏའི་དབེན་ནམ་མཁའ་བརྟན་པའི་རྒྱལ་མཚན་དཔལ་བཟང་པོ་རྣམས་སོ། །དེ་ལ་དཔོན་མོ་སངས་རྒྱས་སྐྱིད་ཀྱིས། མངའ་བདག་བཀྲ་ཤིས་ལྡེའི་བཙུན་མོ་མཛད། སློབ་དཔོན་མ་ཆོས་དཔལ་ཡོན་ཏན་སྒྲོན་རབ་ཏུ་བྱུང་། དཔོན་པོ་ནམ་ཁྲི་བས་སློབ་དཔོན་དོན་ཡོད་དཔལ་བ་དང་། ཏའི་སི་ཏུ་ཆོས་ཀྱི་རིན་ཆེན་ཡབ་སྲས་པའི་བཙུན་མོ་མཛད། མ་གཅིག་ལྷ་རིན་པས། པའི་ལེན་དབང་གྲགས་པ་རྒྱལ་མཚན་གྱི་བཙུན་མོ་མཛད་ནས། ཏའི་དབེན་ཀུན་དགའ་ལེགས་པ་དང་། དབང་རྣམ་སྲས་རྒྱལ་མཚན་སྐྱུ་མཆེད་གཉིས་འབྲུངས། ཁང་གསར་ཆེན་མོ་བ། ཧི་ཤྲི་གྲགས་པ་འོད་ཟེར་ཁུ་དཔོན་གྱི་དགོས་ཀྱི་གདུང་རབས། ཀུན་སྤངས་གྲགས་པ་རྒྱལ་མཚན་སྐྱུ་མཆེད་ཀྱིས་རྫོགས་ནས། དཔོན་ཆེན་ཡོན་བཙུན་ཆེན་པོ་ཡབ་ཡུམ་དང་། ཉེ་གནས་ནམ་མཁའ་དཔག་ཤི་བཀའ་གྲོས་མཛད། བླ་བྲང་གི་ཕྱི་ཐེབས་རྒྱུན་རིང་པར་བྱ་བའི་ཕྱིར་དུ། བླ་མ་ཆེན་པོ་ཁུ་དཔོན་གྱིས་གདུང་སྤྱུག་འཁོར་བའི་བརྒྱུད་རྣམས་དང་མི་ཆོགས་ཆད་ནའང་། ཕྱི་ཚ་གསུམ་པ་ཡིན་པར་གདུང་གཅིག་ཙམ། ཐབ་གཞོན་གྱི་རྒྱུད། སློབ་དཔོན་ཆེན་པོ་ཉི་མ་རྒྱལ་མཚན་པ་དང་། བདེ་ལེགས་རྒྱལ་མཚན་པ་གཉིས་ཁང་གསར་དུ་ཆེ་འཛིན་མཛད་པའི་གཙེན་གྱིས་གུ་ཤྲི་

མཛད། གཙུང་ཁང་གསར་དུ་བཞུགས། དཔོན་མོ་དགེ་མས་དེའི་བརྩུན་མོ་མཛད། མཚན་དངོས་ནོ་ཛེ་ཀུན་དགའ་འདྲེན་ཟེར། བདག་པོ་ཏའི་དབེན་རིན་པོ་ཆེ་སྐུ་གཞོན་ནུ་ལ། ཏའི་སི་ཏུའི་ལས་ཀ་དང་། སྟག་མགོ་ནོར་བུ་གསུམ་པ་གནང་། དཔུས་གཙང་གི་འཛར་གོ་ཆེ་བཟུང་། གུའི་གུང་གི་མཚན་གསེར་གྱི་དམ་ཁ། ཤེལ་གྱི་ཐོ་ཤུ་དང་བཅས་པ་གནང་། དགུང་ལོ་སུམ་ཅུ་པ་ལ་དཔུས་གཙང་དཔོན་ཆེན་མཛད་རྗེང་དུ། ཐོ་ལེང་ཤི་གུའོ་ཏའི་དབེན་གུ་ཤྲིའི་ལས་ཀ་དང་། ཤེལ་གྱིས་དམ་ཁ་གནང་། གུ་གེ་ཕྱིར་བཅད་ལ་མངའ་མཛད། ཆོས་རྗེ་ཕྱོགས་ལས་རྣམ་རྒྱལ་སྤྱན་དྲངས་ནས་དཔལ་ངམ་རིངས་ཀྱི་ཆོས་སྡེ་ཆེན་པོའི་གདན་སར་བཞུགས་སུ་གསོལ་ཏེ། བཀའ་ཆེན་གྱིས་གྲྭ་བསྐོར་བ་ལ་གསེར་གྱི་འབུལ་བ་མཛད་པ་སོགས། བཀའ་སྲོལ་བཟང་པོ་མཐའ་ཡས་པ་བཙུགས་ནས་དར་རྒྱས་སུ་མཛད། བསྟན་བཅོས་འགྱུར་རོ་འཚལ་བཞེངས་པ་ལ་སོགས་ཏེ། མདོར་ན་ལུགས་གཉིས་དང་མཐུན་པའི་མཛད་ཕྲིན་རྒྱ་ཆེན་པོ་མཛད་དོ། །

ཏའི་དབེན་ཆེན་པོ་དེ་ཉིད་ལ་སྲས་འཕེལ་བའི་ཚུལ་ནི། ཐོག་མར་ཐེག་ཆེན་ཆོས་ཀྱི་རྒྱལ་པོ་ཆེན་པོའི་ཡུམ། ཉེ་གནས་ནམ་མཁའ་པག་ཤིའི་དཔོན་མོ། མ་གཅིག་ཆུ་མདོ་མ་ལ། སློབ་དཔོན་ཆེན་པོ་བསོད་ནམས་རྒྱལ་མཚན་པ་དང་། ལྷམ་མོ་དཔོན་མོ་དཔལ་ལྡན་མཆོ་མོ་གཉིས་འཁྲུངས། གཅེན་རབ་ཏུ་བྱུང་། ལྷམ་གྱིས་དཔོན་ཆེན་གྲགས་པ་རྒྱལ་མཚན་གྱི་སྲས། ཏའི་སི་ཏུ་བློ་གྲོས་རྒྱལ་མཚན་གྱི་བཙུན་མོ་མཛད། དཔོན་ཆེན་འོད་ཟེར་སེང་གེའི་སྲས་མོ། དཔོན་མོ་སྲས་པ་ཕྱེས་ཏ་དབེན་ཆོས་རྒྱལ་བའི་སྲས། སློབ་དཔོན་ཆེན་པོ་བསོད་ནམས་བཀྲ་ཤིས་པ་འཁྲུངས་ནས། མ་གཅིག་དཔལ་ལྡན་འབུམ་པར་གྲགས་པ་དེ་ཉིད་ཁབ་ཏུ་བཞེས་པ་ལ་སྲས་ལྷམ་སྲིང་དྲུག་རིམ་པར་འཁྲུངས་པ་ནི། དཔོན་མོ་ག

འདོད་ལ་བ། གུའི་གུང་རིན་ཆེན་རྒྱལ་མཚན་པ། འཇམ་དབྱངས་ནམ་མཁའ་རིན་ཆེན། དཔོན་མོ་ནམ་མཁའ་འབུམ། དཔོན་མོ་ཉི་ཟླ་རྒྱལ་མོ། དཔོན་མོ་རྒྱལ་མོ་འབུམ་རྣམས་སོ། །དེ་ལ་དཔོན་མོ་ག་འདོད་ལ་ཟླ་ར་ཚོ་བ་ཟླ་བ་བྱམས་ཆེན་པ་ལ་གནང་། དཔོན་མོ་ནམ་མཁའ་འབུམ་གྱི་ཏའི་སྲི་ཏུ་ཆོས་ཀྱི་རིན་ཆེན་གྱི་བཙུན་མོ་མཛད་པ་ལས། ཏའི་སྲི་ཏུ་ལྷ་བཙན་སྐྱབས་མ་འཁྲུངས། དཔོན་མོ་ཉི་ཟླ་རྒྱལ་མོ་དབུས་སུ་བྱོན། ཁྲི་དཔོན་ཤཱཀ་རིན་པའི་བཙུན་མོ་མཛད། དཔོན་མོ་རྒྱལ་མོ་འབུམ་གྱིས་མངའ་བདག་ལྷ་བཙུན་གྱི་བཙུན་མོ་མཛད། གུའི་གུང་རིན་ཆེན་རྒྱལ་མཚན་ནི་སྐུ་གཞོན་ནུ་ནས་དབུས་གཙང་གི་འཇར་གོ་ཆེ་ལ་ལུང་གིས་བཀོས། ཏའི་སྲི་ཏུའི་ལས་ཀ་གནང་། ཕྱིས་ཆད་གུའི་གུང་གི་ལས་ཀ་བཟུང་། འདི་ཡང་སྔོན་བསགས་པའི་བསོད་ནམས་ཆེན་པོའི་དཔལ་དང་ལྡན་པས། དད་པ་དང་། སྙིང་རྗེ་དང་། ཤེས་རབ་ཐུན་སུམ་ཚོགས་པ་དང་ལྡན་ཞིང་། བདེ་བར་གཤེགས་པའི་བཀའ་འགྱུར་རོ་ཅོག་བཞེངས་པ་ལ་སོགས་པ། བསྟན་པ་རིན་པོ་ཆེའི་ཞབས་ཏོག་རྒྱ་ཆེར་མཛད་ལ། བྱང་ཆུབ་སེམས་དཔའི་སྤྱོད་པ་རླབས་པོ་ཆེ་མཛད་པས། མགོན་པོ་སྤྱན་རས་གཟིགས་ཀྱི་རྣམ་འཕྲུལ་དུ་གྲགས་ཤིང་། རྡོ་རྗེའི་རྣལ་འབྱོར་ཐུགས་ཉམས་སུ་བཞེས་པའི་ཚེ། བསྒོམ་ཁང་དུ་བཞུགས་པ་ཙམ་གྱིས། ལམ་རྟགས་ཀྱི་ཉམས་སྨྱོང་ཡོངས་སུ་རྫོགས་པ་བསུ་བའི་ཚུལ་དུ་འཆར་བ་དང་། འབྱོན་བཞུད་མཛད་པའི་ཚེ། རྡོ་ལ་ཞབས་རྗེས་མཛད་པ་དང་། སྐུ་གཤེགས་ནས་ཀྱང་། གདུང་ཞུགས་ལ་ཞེན་པའི་ཚེ། རིང་བསྲེལ་ཤེལ་གྱི་ཁ་དོག་ཅན་ལྷོག་སྙོང་ཙམ་གྱིས་ཐོག་དྲངས། རིང་བསྲེལ་གྱིས་ཕྱུར་བུར་གྱུར་པ་ལ་སོགས་པ་ངོ་མཚར་ཆེ་བའི་རྣམ་ཐར་དཔག་ཏུ་མེད་པ་མངའ་བ་ཡིན་ནོ། །

དེ་ཉིད་ཀྱི་ཡར་འབྲོག་དཔོན་ཆེན་ཨག་ལེན་གྱི་དཔོན་མོ། དཔོན་མོ་འཛོམ་འབུམ་ཁབ་ཏུ་བཞེས་པས། སྲས་གུའི་གུང་ཆོས་གྲགས་དཔལ་བཟང་པོ་དང་། སྡེ་སྲིད་པ་འཇམ་དབྱངས་ཤཱཀྱ་རྒྱལ་མཚན་གྱི་ལྕམ་མོ། །དཔོན་མོ་དཔོན་མོ་ཁབ་ཏུ་བཞེས་པ་ལ། སྲས་སློབ་དཔོན་ཆེན་པོ་ཟླ་བ་རྒྱལ་མཚན་པ་དང་། ཟུར་དུ་སྲས་མོ་འབྲུངས་པ། དཔོན་མོ་དགེ་མ། དཔོན་མོ་ཚེ་བདག །མ་གཅིག་ནམ་པ་རྣམས་ལས་མ་གཅིག་ནམ་པ། བདག་པོ་བླ་མ་བསོད་ནམས་བཀྲ་ཤིས་པའི་ཁབ་ཏུ་བཞེས་པ་ལས། སྲས་སློབ་དཔོན་ཆེན་བདེ་ལེགས་བཀྲ་ཤིས་པ་འབྲུངས་སོ། །

དེ་ལ་གུའི་གུང་ཆོས་གྲགས་དཔལ་བཟང་པོ་ནི་སྐྱེས་སྟོབས་ཀྱིས་དད་པ་དང་སྙིང་རྗེ་དང་ཤེས་རབ་མཐའ་ཡས་པ་མངའ་བ་ལ་རྟེན་ནས། འགྲན་ཟླ་མེད་པའི་བླ་མ་དང་། དགེ་བའི་བཤེས་གཉེན་དུ་མས་རྗེས་སུ་བཟུང་ཞིང་། དེ་དག་ལ་མི་ཕྱེད་པའི་དད་པ་བརྟན་པོ་དང་ལྡན་པའི་སྒོ་ནས་ཞབས་ཏོག་ཚུལ་བཞིན་དུ་མཛད་པ་དང་། རྒྱལ་བས་གསུངས་པའི་མདོ་རྒྱུད་དུ་མ། རིན་པོ་ཆེ་ལས་བཞེངས་པ་དང་། དགེ་བའི་བཤེས་གཉེན་དུ་མའི་བཤད་བསྒྲུབ་ཀྱི་བདག་རྐྱེན་མཛད་པ་ལ་སོགས་པ། བསྟན་པའི་བྱ་བ་རྒྱ་ཆེན་པོ་མཛད་ཅིང་། འཇིག་རྟེན་གྱི་ཕྱོགས་ནས་ཀྱང་། ཏ་ཡི་ཤྲཱི་ཏའི་ལས་ཀ་ཐོག་མར་གནང་ཞིང་། ཕྱིས་སུ་རྒྱའི་རྒྱལ་པོ་ཏ་མིང་གིས། ཚང་གུའི་གུང་གི་ལས་ཀ །དངུལ་གྱི་དམ་ཁ་དང་བཅས་པ་གནང་། ཕྱིར་དབུས་གཙང་ཀུན་དང་ཁྱད་པར་དུ་ཡང་ཁྲི་སྐོར་ཆེན་པོ་བདེ་ཞིང་སྐྱིད་པར་འགྱུར་བའི་བྱ་བ་ཁོ་ན་གཙོ་བོར་མཛད་པ་ཡིན་ནོ། །

དེའི་གཅུང་སློབ་དཔོན་ཆེན་པོ་ཟླ་བ་རྒྱལ་མཚན་པ་ནི་རྒྱལ་བའི་བསྟན་

པ་རིན་པོ་ཆེའི་སྒོར་ཞུགས་ནས། བསླབ་པར་བྱ་བའི་གནས་ཤིན་ཏུ་ཕྲ་བའི་ཕྱོགས་ལའང་མིག་གི་འབྲས་བུ་ལྟར་གཅེས་པར་འཛིན་པ་དང་། སྐྱེས་སྟོབས་དང་སྦྱོར་བྱུང་གི་བློ་གྲོས་མཐའ་ཡས་པ་མངའ་བས། མདོ་རྒྱུད་དུ་མ་ལ་མི་འཇིགས་པའི་སྤོབས་པས་བརྟེས་ཤིང་། ཁྱད་པར་དུ་སྡེ་བདུན་འགྲེལ་བཤད་དང་བཅས་པ་མཁས་པའི་མཆོག་ཏུ་གྱུར་པ་ཡིན་ནོ། །

གུའི་གུང་ཆོས་གྲགས་དཔལ་བཟང་པོ་དེ་ཉིད་ཀྱིས། ཏའི་སི་ཏུ་ཆོས་ཀྱི་རིན་ཆེན་གྱི་སྲས་མོ། བྱང་སེམས་འབུམ་སྐྱིད་རྒྱལ་མོ་ཁབ་ཏུ་བཞེས་པ་ལས། སྲས་ལྔུམ་སྲིང་དྲུག་འཁྲུངས་པ་ནི། དཔོན་མོ་ལྷ་འཚོ་བ། དཔོན་མོ་ཆོག་སྐྱིད། དཔོན་མོ་བཙན་ལྕམ་རྒྱལ་མོ་(ཆུ་མོ་བྱ་)། ཏའི་སི་ཏུ་རྣམ་རྒྱལ་གྲགས་པ་(ཤིང་མོ་ཕག)། དཔོན་པོ་དམག་དཔོན་རྒྱལ་ལ། ཏི་ཧྲས་དཀོན་མཆོག་ལེགས་པའི་རྒྱལ་མཚན་(མེ་མོ་གླང་)དཔལ་བཟང་པོ་རྣམས་སོ། །

དེ་ལ་ལྕམ་སྲིང་གཞན་གསུམ་ནི། གཡོན་ནུ་ལ་སྐྱུ་གཤེགས། བདག་མོ་བཙན་ལྕམ་རྒྱལ་མོས། ཏའི་སི་ཏུ་ལྷ་བཙན་སྐྱབས་པའི་བཙུན་མོ་མཛད་པ་ལ། དྲུང་ཆེ་དབང་བཀྲ་ཤིས་པ་འཁྲུངས་སོ། །

ཏིའི་སི་ཏུ་ཆེན་པོ་ནི། སྐྱེས་སྟོབས་དང་། སྔོན་སྦྱངས་པའི་ལས་འཕྲོ་རྣམ་པར་དག་པ་མངའ་བ་ལ་བརྟེན་ནས། སྡེ་སྣོད་གསུམ་དང་རྒྱུད་སྡེ་བཞིས་བསྡུས་པའི་གསུང་རབ་མཐའ་དག་གཟིགས་པ་ཙམ་གྱིས་དགོངས་དོན་རབ་ཏུ་འབྱེད་ནུས་པའི་མཁྱེན་རབ་མཐའ་ཡས་པ་མངའ་ཞིང་། ཁྱད་པར་དུ་གཉིས་སུ་མེད་པའི་རྒྱུད་ཀྱི་ཡང་རྩེ། རྒྱ་ཆེ་བ་གཉིས་སུ་མེད་པ་དཔལ་དུས་ཀྱི་འཁོར་ལོའི་རྒྱུད། འགྲེལ་པ་འགྲེལ་བཤད་ཆ་ལག་དང་བཅས་པའི་དོན་ཕྱིན་ཅི་མ་ལོག་པར་གཞན་གྱི་དྲིང་མི་འཛོག་པའི་ཚུལ་གྱིས་ཐུགས་སུ་ཆུད་པར་མཛད་ནས། འཆད་

རྩོད་རྩོམ་གསུམ་གྱི་སྒོ་ནས་གཞན་ལ་ཕན་པ་ལྷུར་མཛད་པ་དང་། དཔལ་དུས་ཀྱི་འཁོར་ལོའི་དཀྱིལ་འཁོར་ཡོངས་སུ་རྫོགས་པ་རིན་པོ་ཆེ་ལས་བཞེངས་པ་དང་། དེའི་དྲུང་དུ་བསྒྲུབ་མཆོད་རྒྱུན་པར་འཛུགས་པ་དང་། གཞན་ཡང་རྒྱལ་བའི་གསུང་རབ་འགྲེལ་པ་འགྲེལ་བཤད་དང་བཅས་པ། ཁ་བ་ཅན་དུ་འགྱུར་རོ་ཅོག་གི་དགོངས་དོན་རབ་ཏུ་འབྱེད་པ་ལ་གཞན་གྱི་དྲིང་མི་འཇོག་པའི་ཤིང་རྟ་ཆེན་པོ། དཔལ་འཇིགས་མེད་གྲགས་པའི་ཞལ་སྔ་ནས་མཛད་པའི་བསྟན་བཅོས་ཆེན་པོ། དཔལ་དེ་ཁོ་ན་ཉིད་བསྡུས་པ་ཞེས་བྱ་བ་འཇུག་པའི་སྒོ་བཞི། རིག་པའི་གནས་ལྔ། རིམ་པར་ཕྱེ་བ་སུམ་བརྒྱ་དྲུག་བཅུ། ལེའུ་ཉི་ཁྲི་ཚིག་སྟོང་དྲུག་བརྒྱ། རྣམ་པར་ངེས་པ་སྟོང་ཕྲག་བདུན་བཅུ་རྩ་གཉིས་པ། ཆོས་ཀྱི་ཚོམས་བརྒྱད་ཁྲི་བཞི་སྟོང་གི་བདག་ཉིད་ཅན་གྱི་གླེགས་བམ་ཡོངས་སུ་རྫོགས་པར་བཞེངས་ཏེ། རྩོམ་པ་པོ་དེ་ཉིད་ལ་ཆོས་ཀྱི་འཁོར་ལོ་རྒྱ་ཆེན་པོ་བསྐོར་བར་གསོལ་བ་བཏབ་ནས། བཤད་བསྒྲུབ་ཀྱི་བདག་རྐྱེན་མཛད་པ་ལ་སོགས་ཏེ་བསྟན་པའི་ཞབས་ཏོག་དང་། སེམས་ཅན་གྱི་དོན་རྒྱ་ཆེན་པོ་བསྒྲུབ་པར་མཛད་ཅིང་། འཇིག་རྟེན་ཕྱོགས་ལ་ཡང་། ཏ་མིང་ཆོས་ཀྱི་རྒྱལ་པོ་ཆེན་པོས། ཏའི་སི་ཏུའི་མིང་དང་ལས་ཀ་གནང་། ལུགས་ཀྱི་བསྟན་བཅོས་མཐའ་དག་གི་དོན་ཐུགས་སུ་ཆུད་པས། མདོར་ན་ཆོས་དང་འཇིག་རྟེན་གྱི་ལུགས་གཉིས་ཀྱི་སྒོ་ནས། གངས་ཅན་གྱིས་ཁྲིད་དུ་འགྲན་ཟླ་དང་བྲལ་བར་གྱུར་པ་ཡིན་ནོ། །

ཆོས་ཀྱི་རྒྱལ་པོ་དཀོན་མཆོག་ལེགས་པའི་རྒྱལ་མཚན་དཔལ་བཟང་པོ་ནི། གཞོན་ནུ་ནས་ལུགས་ཀྱི་བསྟན་བཅོས་མཐའ་དག་ཐུགས་སུ་ཆུད་པས། དེ་དག་དང་རྗེས་སུ་མཐུན་པའི་སྒོ་ནས་འཇིག་རྟེན་གྲགས་སྡེའི་སྤྱོད་ཚུལ། རིགས་པ་དང་མི་རིགས་པ་རྣམ་པར་འབྱེད་པ་ལ་ཤིན་ཏུ་མཁས་པར་གྱུར་ཅིང་། གོང་མ་

ཏ་མིང་ཆོས་ཀྱི་རྒྱལ་པོ་ཆེན་པོས། མིང་ཕྲུའི་ཧྥུ་ཀྱུན་གུའི་གཙང་དབུའི་དུའི་ཐྲི་ཐེའི་ཏེ་ཧོས་ཆེན་ ཐྲི་ཞེས་པའི་ཟམ་གོན་བཟང་པོ། དངུལ་གྱིས་དམ་ཁ་དང་བཅས་པ་གནང་། རང་བཞིན་གྱི་དད་པ་དང་། སྙིང་རྗེ་དང་། བྱང་ཆུབ་ཀྱི་སེམས་དང་། ཤེས་རབ་ཕུན་སུམ་ཚོགས་པ་དང་ལྡན་པ་ལ་བརྟེན་ནས། ཆབ་འོག་ཏུ་གཏོགས་པ་མཐའ་དག་དགེ་བ་བཅུའི་ལས་ཀྱི་ལམ་ལ་འགོད་པ་དང་། ཡབ་མེས་བཀའ་དྲིན་ཅན་གོང་མ་རྣམས་ཞལ་བཞུགས་པའི་ཚེ་སྲི་ཞུ་དང་ཞབས་ཏོག་ཚུལ་བཞིན་དུ་མཛད་ཅིང་། བདེ་བར་གཤེགས་པའི་ཚུལ་བསྟན་པའི་ཚེ་ཡང་། དཔེ་ཟླ་དང་བྲལ་བའི་ཐུགས་དགོངས་རྫོགས་ཐབས་རྒྱ་ཆེན་པོ་འཕྲུལ་དང་ཡུན་དུ་བསྒྲུབ་པར་མཛད་པ་དང་། རྒྱ་བོད་ཀྱི་མཁས་གྲུབ་དམ་པའི་ཞབས་ལ་བཏུགས་ནས་དགེ་བསྙེན་གྱི་སྡོམ་པ་དང་། ཐེག་པ་ཆེན་པོའི་སེམས་བསྐྱེད། རིག་འཛིན་སྔགས་ཀྱི་སྡོམ་པས་རྒྱུད་མཛེས་པར་བྱས་ཏེ། སྡེ་སྣོད་གསུམ་དང་རྒྱུད་སྡེ་བཞི་དང་འབྲེལ་བའི་དབང་བསྐུར། རིགས་གཏད་རྗེས་གནང་། རྒྱུད་མན་ངག །བསྒྲུབ་ཐབས་ཡན་ལག་དང་བཅས་པ་ཕལ་ཆེར་གསན་ནས། དེ་དག་གི་ཟབ་པའི་གནད་དུ་མ། སྦྱངས་པའི་ཚུལ་གྱིས་ཉམས་སུ་ལེན་པ་ལྷུར་ལེན་པར་མཛད་ཅིང་། དེ་དག་གི་ནང་ནས་ཀྱང་། རྡོ་རྗེ་འཆང་ཆེན་པོ་ནས། ད་ལྟའི་བར་དུ་བརྒྱུད་པ་བར་མ་ཆད་པ་བཀའ་ཡོད་པ། རང་བཟོའི་ལྷད་མ་ཞུགས་པ། མཐོང་བ་བརྒྱུད་པའི་ཕྱག་ལེན་དང་བཅས་པ། དཔལ་ལྡན་ས་སྐྱ་པའི་བཀའ་སྲོལ་དྲི་མ་མེད་པའི་ལམ་ཟབ་མོ་ལ་ཐུན་བཞིའི་རྣལ་འབྱོར་གྱི་ཉམས་ལེན་གཙོ་བོར་མཛད་པས། དེ་དག་གི་ལམ་རྟགས་སྔོན་གྱི་གནས་རྗེས་སུ་དྲན་པ་ལ་སོགས་པ་ཅི་རིགས་པ་ཡང་མངའ་ལ། རང་ཉིད་ཀྱི་བླ་མ་དགེ་བཤེས་དེ་དག་ལ་ཡང་། སངས་རྒྱས་དངོས་ཀྱི་འདུ་ཤེས་དང་མི་འབྲལ་བའི་སྒོ་ནས། ཕྱི་

ནང་གསང་བའི་དེ་ཁོ་ན་ཉིད་ཀྱིས་མཚོན་པ་དང་། བསྙེན་ཅིང་བསྒྲུབ་པ་གྲུ་
ཆེམ་པས་ཤིན་ཏུ་མཉེས་པར་མཛད་པ་དང་། མདོ་སྔགས་རྒྱ་མཚོའི་ཕ་རོལ་ཏུ་
སོན་པའི་བླ་མ་དང་དགེ་བའི་བཤེས་གཉེན་དུ་མ་རིམ་པར་སྤྱན་དྲངས་ཏེ།
ཞབས་ཏོག་ཚུལ་བཞིན་དུ་མཛད་ནས། འདི་ཉིད་ཀྱི་ཆོས་སྡེ་ཆེན་པོ་གོང་འོག་
དང་། གཞན་ཡང་དབུས་གཙང་ཁམས་གསུམ། མངའ་རིས་དང་བཅས་པའི་
དགེ་བའི་བཤེས་གཉེན་དུ་མ་ལ། མདོ་སྔགས་ཀྱི་འཆད་ཉན་སྒོམ་སྒྲུབ་ཀྱི་བདག་
རྐྱེན་བགྱང་གི་མི་ལང་བ་མཛད་པ་དང་། འཛམ་བུའི་གླིང་འདིར་འགྲན་ཟླ་
དང་བྲལ་བའི་བྱམས་ཆེན་འཛམ་གླིང་རྒྱན། རྟེན་དང་བརྟེན་པར་བཅས་པའི་
གཙུག་ལག་ཁང་ཆེན་པོ་བཞེངས་ཅིང་། ཞབས་ཏོག་གློས་མི་འཁྱུད་པ་ཙམ་
བསྒྲུབས་པ་དང་། གཞན་ཡང་བདེ་བར་གཤེགས་པའི་བཀའ་འགྱུར་རོ་ཅོག་
བྱང་ཚགས་མའི་ཚུལ་དུ་བཞེངས་པ་སོགས་རྣམ་དཀར་གྱི་མཛད་པ་ཁོ་ནས་དུས་
འདའ་བར་མཛད་ལ། གང་གི་ཚེ་ཞིང་ཁམས་གཞན་དུ་གདུལ་བྱ་རྒྱ་ཆེ་བ་ལ་
དགོངས་ཏེ་གཤེགས་པར་བཞེད་པ་ན། ཤིང་ཕོ་བྱི་བའི་ལོ་ནག་པ་ཟླ་བའི་ཚེས་
བཅོ་ལྔའི་ཉིན་པར་ནམ་མཁའ་འཇའ་འོད་ཀྱི་དྲ་བས་ཁེབས་པ་དང་། མེ་ཏོག་
གི་ཆར་ཆེན་པོ་བབ་པ་ལ་སོགས་ཏེ། ངོ་མཚར་བའི་བལྟས་དཔག་ཏུ་མེད་པ་
ཞིག་བསྟན་ཅིང་། འཇིག་རྟེན་གྱི་བྱ་བ་ལ་མངོན་པར་ཞེན་པ་རྡུལ་ཙམ་ཡང་མི་
མངའ་བ་དང་། རྒྱུད་སྡེ་ཟབ་མོ་ནས་གསུངས་པའི་འདའ་ཁ་མའི་མན་ངག་
ཟབ་མོ་ལ་ཐུགས་རྩེ་གཅིག་ཏུ་མཛད་པའི་ངང་ནས། སྤྲུལ་པའི་སྐུ་ཆོས་ཀྱི་
དབྱིངས་སུ་བསྡུ་བར་མཛད་ཅིང་། དེའི་ཚེ་དབུའི་གཙུག་ཏོར་ལག་པས་བཟུང་
དུ་རུང་པར་འཕགས་པ་དང་། ཀུན་རྫ་གྲེན་དུ་འཁྱིལ་པ་དང་། རཀྟ་འཐུར་དུ་
བབས་པ་ལ་སོགས་པ། རྒྱུད་སྡེ་ནས་བཤད་པའི་རྟགས་མཚན་ཉིད་དང་ལྡན་པ་

དག་བྱུང་ལ། གཞན་ཡང་ན་ཟ་འབུལ་དང་། མཆོད་འབུལ་ཆེན་མོ་དང་། སྨོན་ལམ་ལ་བརྟེན་དེ་མཆོད་པ་འབུལ་བ་དང་། བདུན་ཚིགས་ཀྱི་མཆོད་འབུལ་དང་། སེར་གསོག་གི་ཆོས་འཁོར་ཆེན་མོ་དང་། ཟླ་མཆོད་རིམ་པར་འབུལ་བ་དང་། གདུང་ཞུགས་ལ་ཞེན་པ་དང་། གཟིམ་མལ་གྱི་དངུལ་འབུམ་རབ་ཏུ་གནས་པ་སྒྲུབ་པ་ལ་སོགས་པའི་གནས་སྐབས་དེ་དག་གིས་རྣམ་པ་ཀུན་ཏུ་འཛའ་འོད་ཀྱི་དྲ་བས་ནམ་མཁའི་ཁམས་ཁྱབ་པ་དང་། རྩིག་པ་དང་། ཐོག་ཕུབས་པ་ལ་སོགས་པ་ལ་ཐོགས་པ་མེད་པའི་མེ་ཏོག་གི་ཆར་ཅི་ཡང་འབབ་པ་དང་། སྒྲ་དང་། འོད་དང་། སྤོས་ཀྱི་དྲི་ཞིམ་པ་ལ་སོགས་པ། ལྷ་རྫས་ཀྱི་མཆོད་པ་བསམ་གྱིས་མི་ཁྱབ་པ་བྱུང་ཞིང་། སྐུ་གདུང་ཡང་རིང་བསྲེལ་གྱི་ཕྱུར་བུར་གྱུར་ཏེ། ཕོ་བོ་ཅག་གིས་མཐོང་པར་ཡང་། རིང་བསྲེལ་ཤེལ་གྱི་ཁ་དོག་ཅན་ཤིན་ཏུ་མཚར་བ་སུམ་ཅུ་ལྷག་པ་བྱོན་ཞིང་། དེ་དག་ལས་གསར་དུ་འཁྲུངས་པའི་འཕེལ་གདུང་རིང་བསྲེལ་དུ་མ་ཡང་མཐོང་ལ། དེ་ལྟ་བུ་ལ་སོགས་ཏེ། ངོ་མཚར་བའི་ལྟས་བསམ་གྱིས་མི་ཁྱབ་པ་དག་བྱུང་བས། དག་པ་མཁའ་སྤྱོད་ཀྱི་ཞིང་དུ་གཤེགས་པར་གདོན་མི་ཟ་བ་ཞིག་གོ །

ཏའི་སི་ཏུ་རྣམ་རྒྱལ་གྲགས་པ་དེ་ཉིད་ཀྱིས་དབང་རྣམ་སྲས་པའི་སྲས་མོ། སློབ་དཔོན་མ་འཛོམ་པ་ཁབ་ཏུ་བཞེས་པ་ལ། བདག་པོ་ནམ་མཁའ་བཀྲ་ཤིས་པ་འཁྲུངས། བཙུན་མོ་གཉིས་པ་ཏའི་སི་ཏུ་བསོད་ནམས་དཔལ་གྱི་སྲས་མོ། དཔོན་མོ་ནམ་མཁའ་དཔལ་འབུམ་ལ་བདག་མོ་རྡོ་རྗེ་ཚེ་རིངས་མ་འཁྲུངས་པ། སེང་གེ་རྩེར་རྡུང་ཕག་གྲོད་པའི་བཙུན་མོ་མཛད་ཅིང་། རྗེས་སུ་གཞིས་ཁ་རིན་སྤུངས་སུ་ཕེབས་ནས། ནང་སོ་ནོར་བུ་བཟང་པོ་ཡབ་སྲས་ཀྱི་བཙུན་མོ་མཛད། བདག་པོ་ནམ་མཁའ་བཀྲ་ཤིས་པ། སྐུ་གཞོན་ནུ་ལ་བདག་པོ་ཆོས་རྒྱལ་དགོན་

མཆོག་ལེགས་པའི་སྐུ་འཁྲིས་སུ་གདན་དྲངས། ལུགས་གཉིས་ཀྱི་བསླབ་སྦྱོང་མཛད། ཁྲི་བསྐོར་གྱི་འཛིན་སྐྱོང་མཛད་རྒྱུ། དགུང་ལོ་ཉི་ཤུ་རྩ་གཅིག་ལ་སྐུ་གཤེགས་འཚམས། གདུང་སྤྱིལ་མཛད་ལུགས་གལ་ཤིན་ཏུ་ཆེ་བས། སྐུ་མཆེད་གཉིས་ཀ་ནས་གཟིགས་རྒྱུ་ཕྱུག་མོ་བཀའ་གྲོས་བསྡུར། ཡུམ་རིགས་ཊུས་ལྷ་ཁྱུང་ས་གཙང་མ་འོས་སུ་གྱུར་པ་འགའ་ཞིག་གི་ནང་ནས་ཏེ་ཤྲཱི་གྲགས་པ་འོད་ཟེར་ཁྱུད་དཔོན་གྱི་སྐུ་ཞང་བརྒྱུད་པ་སྐུ་ཞང་བརྟན་བཟང་གི་སྲས་མོ་〈 དཔོན་མོ་〉། གཅིག་མ་དཔལ་ལྡན་ཁྱོ་འདྲེན་པ་ཁང་གསར་ན་ཁྱིམ་ན་བཞུགས་པ་བཟང་པར་བྱུང་ནས། བདག་ཆེན་ཆོས་རྒྱལ་ཏའི་སི་ཏུ་རྣམ་རྒྱལ་གྲགས་པ་བཟང་པོས། སྤྱི་གཡུ་སོགས་རྒྱན་ཆ་གནང་། ལྷ་བསུངས་ལ་བཏགས། ཁབ་ཏུ་བཞེས་པ་དང་འདྲ་བར་མངོན་དུ་མཛད་པ་ལ། བདག་པོ་ནམ་མཁའ་རྡོ་རྗེ་གྲགས་པ་དཔལ་བཟང་པོ་དང་། སྲས་མོ་ལྷ་མོ་གཉིས་འཁྲུངས་པའི་ལྷ་མོ་གཞོན་ནུ་ལ་གཤེགས།

བདག་པོ་ནམ་མཁའ་རྡོ་རྗེ་གྲགས་པ་དཔལ་བཟང་པོ་འདི་ཉིད། ཤིང་མོ་ཡོས་ཀྱི་ལོ་ལ་ཡུམ་གྱི་ལྷུམས་སུ་ཞུགས། འབྲུག་ལོ་ལ་ཁང་གསར་དུ་སྐུ་འཁྲུངས། ཧོར་ནམ་མཁའ་རྡོ་རྗེ་ཞེས་པར་མཚན་གསོལ། བདག་པོ་ཆོས་རྒྱལ་དཀོན་མཆོག་ལེགས་པའི་དྲུང་གི་ཞལ་ཏ་མཛད། སྟོན་གྱི་འཕྲོད་ལམ་ཡོད་པས་གསུང་སྙིངས་ནང་སོའི་མཚལ་ཁང་དུ་སྐུ་ཕྲ་མོ་རང་ལ་གདན་དྲངས། སྲས་བསྲུངས་སྐུ་རིམ་པ་སོགས་ལས་ཚན་སྒྲིགས་གཟིགས་ཏོག་ལ་ངོས་ཀྱིས་ཡང་ཡང་ཕེབས་པ་སོགས། སྐུ་གཅེས་སྲུས་ཤིན་ཏུ་ཆེ་བར་མཛད།

དགུང་ལོ་དྲུག་པ་ལ་ངམ་རིངས་རྩེར་གདན་དྲངས། སྐུ་ཉེ་སར་དབུ་འདོན་བསླབ་ཆ་མཛད། ཡི་གེ་དང་རྩིས་ལ་སོགས་པ་བག་ཆགས་སད་པ་ལྟ་བུ་

དཀའ་ཚེགས་མེད་པར་མཁྱེན་པའི་ཐུགས་རབ་ཕྱུལ་དུ་བྱུང་བ་མངའ་ཞིང་། ཕྱིར་བྱུང་བའི་གདུང་རབས་བསོད་ནམས་ཀྱི་དཔལ་གྱིས་མངོན་པར་མཐོ་བ། ངམ་རིངས་ཀྱི་གདན་སར་ཁྲིམས་དཔོན་རིམ་པར་བྱོན་པར། རྗེ་བཙུན་ས་སྐྱ་པ་ཆེན་པོའི་ལུང་བསྟན་ཅིང་། རི་བོ་བཀྲ་བཟངས་ཀྱི་གཏེར་ཡིག་ན། གདུང་རབས་དྲུག་པ་ལ་ཉེག་འཚམས་ཤིག་ཡོང་། དེ་བཅོས་པའི་ཐབས་བཀྲ་བཟང་ཀྱི་རྩ་བ། རྩེ་མོ། བསྐྱེད་པ་གསུམ་དུ་ལྷ་ཁང་དང་། རི་ཀུན་དུ་གཟིགས་ཀྱི་མཚམས་སུ་མཆོད་རྟེན་གསོས་པས། རྒྱལ་བརྒྱུད་རིང་པོ་ཡོང་པར་ལུང་བསྟན།

ཁྱད་པར་བདག་ཆེན་ནམ་མཁའི་རྡོ་རྗེ་གྲགས་པ་དཔལ་བཟང་པོ་འབྱོན་པར་ལུང་སྟོན་པ་པོ་ནི། འཕགས་པ་བ་ཀུ་ལའི་སྤྲུལ་པར་གྲགས་པའི་ཆོས་རྗེ་བཀའ་ལྷ་པ་དཔལ་འབྱོར་ཤེས་རབ་ཀྱི་ཞལ་མངའ་ནས། བདག་ཆེན་ནམ་མཁའ་བཀྲ་ཤིས་པ་ལ། ཐུགས་དམ་འདུན་པ་ཡང་ཡང་གནང་ཀྱང་། ལས་འཚམས་དང་སྐལ་བ་མི་འདུག །ཕྱིས་ཁྱེའུ་གོས་ནི་ཙོ་གོན་པ་འབྱུང་བར་འདུག །དེ་དུས་བྱང་ཁྲི་བསྐོར་ལ་སྐྱིད་པའི་ཉི་མ་འཆར་བ་འདུག་གསུངས་པ་བཞིན། ན་ཟའི་ཐོག་མ་ཡང་དེ་བཞིན་དུ་བྱུང་བ་ལྟར། ལུང་བསྟན་ཇི་ལྟ་བ་བཞིན་དུ་བྱུང་།

ཆོས་རྗེ་སེམས་དཔའ་ཆེན་པོ་གཞོན་ནུ་རྒྱལ་མཆོག་གི་ཞལ་མངའ་ནས། རྗེ་བཙུན་བྱམས་པ་ཆེན་པོའི་ཐུགས་རྗེ་ལས་འཁྲུངས་པའི་སྲས་ཡིན་གསུངས། བསྔགས་པ་ཆེ་བར་མཛད་པ་སོགས། སྐྱེས་བུ་དམ་པ་མང་དག་གིས་ལུང་བསྟན་པ་བཞིན། བདག་ཆེན་ནམ་མཁའི་རྡོ་རྗེ་གྲགས་པ་དཔལ་བཟང་པོ། ཡུམ་གྱི་ལྷུམས་སུ་ཞུགས་པ་ནས། ཉི་མའི་འོད་ཀྱིས་མུན་པ་སེལ་བ་ལྟར། བྱང་ཁྲི་བསྐོར་སྤྱི་མཐུན་གྱི་ཆགས་སྡོ་ཐམས་ཅད་སངས་པར་བྱས། ཁྲི་བསྐོར་ནང་

འགྲིག །འབྲུངས་པའི་ལོ་སྐུ་མཆེད་ཞལ་འཛོམས་མཛད། ལྷ་རྩེ་པའི་སྟེང་ས་སུ་ཁྲི་དམག་བྱོན། བསམ་འགྲུབ་རྫོང་དང་། ལྷུན་གྲུབ་སྟག་རྩེ་བརྩིགས། དགྲ་འདུལ་གཉེན་སྐྱོང་སྐྱིད་པའི་ཉི་མ་ཤར་བ་ཡིན་ཅིང་། རིགས་བཟང་གཟུགས་བཟང་གཟི་བརྗིད་ཆེ། །ལོངས་སྤྱོད་དང་ནི་ཤེས་རབ་ཆེ། །ཚེ་རིང་བ་དང་ནད་མེད་པའོ། །ཅེས་མཐོ་རིས་ཀྱི་ཡོན་ཏན་བདུན་དངོས་སུ་ཚང་བ་དང་། སྔོན་བསགས་པའི་སྐལ་བསོད་ཀྱིས་མངོན་པར་མཐོ་བ། སྐུའི་སྐྱེ་མཆེད་གཙང་། ཤེས་རབ་དང་རྣམ་དཔྱོད་ཕུན་སུམ་ཚོགས། བདག་ཆེན་སྐུ་མཆེད་ཀྱིས། ལུགས་གཉིས་ལ་བསླབ་སྦྱང་མཛད་པ་མཐར་སོན། ཡིན་པ་དང་མ་ཡིན་པ་རྣམ་པར་འབྱེད་པའི་ཁྲིམས་ལུགས་ཐུགས་སུ་ཆུད་ནས། དགུང་ལོ་བཅུ་དྲུག་པ་ལ། ནམ་མཁའི་རྡོ་རྗེ་གྲགས་པ་དཔལ་བཟང་པོ་ཅེས་པ་ཁྲི་དཔོན་དུ་བསྐོ་བཞག་མཛད། ལུགས་གཉིས་ཀྱི་མཛད་པ་བཟང་དཔེ་རྒྱ་ཆེན་པོ་གཡེལ་བ་མེད་པ་ལ་བརྟེན། དེང་སང་གི་སྡེ་དཔོན་ཆེ་བཙུན་ཐམས་ཅད་ཀྱིས་འགྲན་ཟླ་དང་བྲལ། ཆོས་འཇིག་རྟེན་གྱི་མཛད་པ་མཐའ་དག་འབད་པ་མེད་པར་ལྷུན་གྲུབ་ཏུ་ཡོང་། རང་སྲིད་བརྩེ་བས་སྐྱོང་། གཞན་སྡེ་ཟིལ་གྱིས་གནོན། ཤོང་སྲུན། དཔལ་ལྡན་ལྷ་རྩེ་རྫོང་གི་མགོ་བྱས་མཛད་སོགས་སྔོན་གྱི་ཁྲི་བསྐོར་ཤས་ཆེ་ཞབས་སུ་ཆུག་པའི་སྟེང་ས་སུ་འདོད་པ་བསྒྲུབ་པ་མེད་པར་ལྷོ་བྱང་སྐྱིད་སྡུག་ཅིག །གདུང་རབས་སུ་བསྐྱངས་པའི་ལས་དང་སྐུ་ཉེ་འབྲེལ་པ་ལ་རྟེན་ཆུ་འདུས་ཡན། ལྷོ་ཁྲི་བསྐོར་བརྩེ་བས་སྐྱོང་། མངའ་རིས་བསྐོར་གསུམ་མན་ལ་མངའ་མཛད་པ་འདི་ཡིན། རེ་རེ་ནས་བསྒྲུང་བར་མི་ལང་ངོ་། །

ཆོས་ཕྱོགས་ཀྱི་ཐུགས་དམ། བདག་ཆེན་ཆོས་རྒྱལ་ཏའི་སི་ཏུ་རྣམ་རྒྱལ་གྲགས་པ་བཟང་པོའི་དྲུང་གིས་མཛད་པ་རྣམས་གཙོ་བོར་མཛད་ལ། གཞན་

ཡང་དཔལ་ལྡན་ས་སྐྱ་པའི་བཀའ་སྲོལ་ལམ་ཟབ་མོ་སོགས་རིམ་གཉིས་རྣལ་འབྱོར་ལ་ཉམས་ལེན་ཁྱད་པར་དུ་འཕགས་ཤིང་མཛད། དཔལ་དུས་ཀྱི་འཁོར་ལོའི་སྐུ་འོད་ན་མཚར་ཞིང་ཆེ་བའི་ལྷ་ཁང་ཆ་ལག་དང་བཅས་པ་དང་། རྗེ་བཙུན་བྱམས་ཆེན་གྱི་ལྷེམ་དང་། ཁྲི་གཙུག་ལག་ཁང་གི་བཅོས། བདག་ཆེན་ཆོས་རྒྱལ་ཆེན་པོའི་ནང་རྟེན་གྱི་ཐུབ་ཆེན་ལུགས་མ་ཁྲི་རྒྱབ་དང་བཅས་པ། བདག་པོ་སློབ་དཔོན་ཆེན་པོ་དཔལ་ལྡན་ཆོས་སྐྱོང་གི་ནང་རྟེན་ཚེ་དཔག་མེད་ཀྱི་སྐུ་ཁྲི་རྒྱབ་དང་བཅས་པ། གསེར་དངུལ་གྱི་སྐུ་མཚར་ལ་མང་བ། དུས་འཁོར་བརྒྱུད་པའི་གསེར་སྐུ་ལུགས་མ། བཀའ་འགྱུར་བསྟན་འགྱུར་ཚང་མ་སོགས་ནར་མར་སྒྲུབ་པ། གྲུབ་ཆེན་བརྩོན་འགྲུས་བཟང་པོའི་ཞལ་མངའ་ནས། ང་དང་དཔོན་པོ་ནམ་མཁའ་རྡོ་རྗེ་སྐྱེ་བ་སྔོན་ལམ་མཐུན་པའི་སྦྱིན་བདག་གཞན་དང་མི་འདྲ་གསུང་པའི་བསྔགས་པ་མཛད་པ་ལྟར། གྲུབ་ཆེན་དཔལ་རི་བོ་ཆེར་བཞུགས་སུ་གསོལ་ནས། མཆོད་རྟེན། ལྷ་ཁང་། གྲུ་ལྷུགས་སོགས་དགེ་ལས་སྤོབས་ཆེ་བ་དང་། ཁྱད་པར་སྒྲུབ་སྡེ་བརྒྱ་རྩའི་བདག་རྐྱེན་མཛད་པ་སོགས་བློས་མི་འཁྱུད་པ་ཙམ་འགྲུབ་ཅིང་། ཆོས་སྡེ་གོང་འོག་སོགས་བཤད་སྒྲུབ་ཀྱི་གྲྭ་རྣམས་དར་རྒྱས། དཔལ་ལྡན་ས་སྐྱར་གྲོ་འགྱེད། སྡེ་པ་གཞན་གྱི་འགྲན་ཟླ་དང་བྲལ་བ། དགེ་འདུན་སྣང་ཚོགས་པ། འཕགས་སྡེ་བ་སོགས་རྒྱུན་ཁོར་མར་འདེགས་པ། སྐྱེ་བོའི་སྦྱིན་གཏོང་སོགས་ནར་མར་མཛད་ཅིང་། དགེ་བ་གང་དང་གང་གོང་འཕེལ་དུ་མཛད་པ་འདི་ཡིན་ནོ། །

དེ་ཉིད་ཀྱིས་བླ་བྲང་ཤར་པ། བདག་པོ་ཤར་ཆེན་པའི་སྲས་མོ། བདག་མོ་དཔལ་ལྡན་བཟང་མོ་ཁབ་ཏུ་བཞེས་པ་ལ། སྲས་བདག་ཆེན་ནམ་མཁའ་ལེགས་པ། བདག་པོ་སློབ་དཔོན་ཆེན་པོ་བསོད་ནམས་རྒྱལ་མཚན། བདག་

ཆེན་ཀུན་དགའ་ལེགས་པ་གསུམ་འཁྲུངས་པའི་སྐུ་མཆེད་གསུམ་ཀ་ཡང་མཐོ་རིས་ཀྱི་ཡོན་ཏན་བདུན་ཚང་། རྣམ་དཔྱོད་ཤེས་རབ་ཕུན་སུམ་ཚོགས། ཆོས་འཇིག་རྟེན་གཉིས་ཀའི་ལུགས་བཟང་པོ་ཡང་འཕེལ། ཡབ་མེས་གོང་མའི་རྗེས་སུ་འཇུག་ཅིང་། བདག་པོ་ནམ་མཁའ་ལེགས་པའི་རྒྱལ་མཚན་དཔལ་བཟང་པོ་ཁྲི་ཐོག་ཏུ་བསྐོས། ཞལ་ཏ་མཛད། ཆོས་རྫོང་། ལྷ་ས་ཚུན། ལྷ་རྩེ་རྫོང་མངའ་ཞབས་དང་བཅས་པ་བཞེས་པའི་དམག་ཐོག་ཏུ་ཕྱིན། ཞི་དྲག་གི་མཛད་པ་མཐར་སོན། འཛིན་སྐྱོང་གི་ཞལ་ཏ་མཛད། བདག་པ་〈པོ་〉སློབ་དཔོན་ཆེན་པོ་ནི། ཆོས་རྗེ་རིན་པོ་ཆེ་དཀོན་མཆོག་རྒྱལ་མཚན་པའི་དྲུང་དུ་རབ་བྱུང་མཛད། ལམ་འབྲས་བུ་དང་བཅས་པ་གསན། སྐྱེས་སྟོབས་དང་སྦྱངས་པའི་ཕ་རོལ་ཏུ་སོན་པས། བཀའ་ཆེན་བཞིའི་ཐོག་གྲངས་པོ་ཏི་བཅུ་གསུམ་གྱི་གྲྭ་བསྐོར། ངམ་རིངས་ཀྱི་ཚོགས་ཆེན་པོར་མཛད། འཆད་རྩོད་རྩོམ་གསུམ་ལ་འགྲན་ཟླ་དང་བྲལ། ཆོས་རྗེ་སངས་རྒྱས་དཔལ་བའི་དྲུང་དུ། ཀྱཻ་བདེ་འཇིགས་གསུམ་སོགས་ཀྱི་དབང་བཀའ། མན་ངག་སོགས་གསན། ཆོས་རྗེ་རྡོ་རྗེ་རྒྱལ་མཚན་པའི་དྲུང་དུ། དུས་འཁོར་གྱི་རྒྱུད་འགྲེལ། ཀྱཻ་རྡོར། བདེ་མཆོག་གི་ཡབ་བཀའ། ཡུམ་བཀའི་དབང་མན་ངག་ལམ་འབྲས་སོགས་གསན་ནས་ཐུགས་ཉམས་སུ་བཞེས། སངས་རྒྱས་བསྟན་པ་ཉིན་མོར་མཛད་དོ། །

བདག་ཆེན་ཀུན་དགའ་ལེགས་པ་ནི། ཡབ་དང་། མཆེད་རྩེའི་〈ཚོའི་〉ཕྱག་ཕྱི་དང་། ཕྱི་ནང་གི་མཛད་པ་མཐའ་དག་མཛད་ཅིང་། ཐུགས་རབ་ཕུལ་དུ་བྱུང་། གོང་འོག་མངའ་ཞབས་ཐུགས་དགྱེས་ཤིང་། ཡིད་དགའ་ལ་གུས་པའི་གནས་སུ་གྱུར་ཏོ། །

སྐུ་མཆེད་ཚོའི་རྣམ་ཐར་བཟང་པོ་ཕྱིས་ནས་བཀོད་པར་འགྱུར་ཞིང་།

ཏའི་དབེན་ཆེན་པོའི་སྲས་གཉིས་པ། འཇམ་དབྱངས་ནམ་མཁའ་རིན་ཆེན་ནི། གཞོན་ནུ་ནས་བསྟན་པ་རིན་པོ་ཆེའི་སྐོར་ཞུགས། སྡེ་སྣོད་ཀྱི་གཞུང་ལུགས་དང་། རྒྱུད་སྡེ་དུ་མ་ལ་ཐོས་བསམ་མཛད། དཔལ་ལྡན་ས་སྐྱར་ཚོགས་ཆོས་གསུངས། འཇམ་པའི་དབྱངས་སུ་མཚན་གསོལ། རྒྱལ་སྲས་སེམས་དཔའ་ཆེན་པོ་སོགས་མཁས་གྲུབ་དུ་མའི་ཞབས་ལ་བཏུགས་ནས། གསུང་གི་བདུད་རྩི་གསོལ་བས། འཇིག་རྟེན་གྱི་རྣམ་གཡེང་རྩ་བཞིན་དུ་དོར་ཏེ། གཅིག་ཏུ་ཉམས་སུ་ལེན་པ་ལྷུར་ལེན་པར་མཛད་པར་བཞེད་ཅིང་། དེ་བཞིན་གྱིས་མཛད་སྤྱོད་ལ་ཞུགས་ཀྱང་། ཡབ་དང་གཅེན་གྱི་བཀའ་ལྟོ་མོ་གནང་བ་དང་། གདུལ་བྱར་གྱུར་པ་རྣམས་ཀྱིས་གསོལ་བ་དྲག་ཏུ་བཏབ་པ་དང་། རང་ཉིད་ཀྱང་བྱང་ཆུབ་སེམས་དཔའི་སྤྱོད་པ་རླབས་པོ་ཆེ་ལ་སྦྱོང་བར་བྱ་བའི་ཕྱིར། ཉན་ཐོས་ཀྱི་བསླབ་པ་ཕུལ་ཏེ། རིང་ཞིག་གི་བར་དུ། གཅེན་གྱི་ཞབས་ཏོག་དང་། ཁྲི་བསྐོར་གྱི་བསྐྱོང་དར་མཛད་ཅིང་། དེའི་ཚེ་དཀོན་ཏིང་གུ་ཤྲཱིའི་ལུང་ཀྱང་བྱུང་ལ། དེ་དག་གི་དུས་ཀྱང་རྡོ་རྗེ་ཐེག་པའི་ཟབ་དོན། སྐྱེད་རྫོགས་ཟུང་དུ་འབྲེལ་བ་ཡན་ལག་དང་བཅས་པ་ཉམས་སུ་ལེན་པ་གཙོ་བོར་འདོན་པ་དང་། གཞན་དག་ལ་ཡང་ཚུལ་དེ་ཉིད་རྒྱ་ཆེར་འདོམས་པ་དང་། དབུས་གཙང་རུ་བཞི། མངའ་རིས་བསྐོར་གསུམ། མདོ་ཁམས་སྒང་གསུམ་དང་བཅས་པའི་དགེ་བའི་བཤེས་གཉེན་སྟོང་ཕྲག་དུ་མའི་བཤད་སྒྲུབ་ཀྱི་བདག་རྐྱེན་འགྲན་ཟླ་མེད་པ་མཛད། དེ་དག་ལ་གང་དང་ཅི་འདོད་པའི་ཆོས་དང་ཟང་ཟིང་གི་སྦྱིན་པས་ཚིམ་པར་མཛད་དོ། དེ་དག་གིས་ཀྱང་གཙུག་རྒྱན་དམ་པར་འཛིན་པ་སོགས་བྱང་ཆུབ་སེམས་དཔའི་སྤྱོད་པ་རླབས་པོ་ཆེ་ཡོངས་སུ་རྫོགས་པར་མཛད་པ་ཞིག་གོ །

དེ་ཉིད་ལ་སྲས་ལྷམ་སྲིང་གསུམ་འཁྲུངས་པའི་གཅེན་སློབ་དཔོན་ཆེན་པོ་

ནམ་མཁའ་ནས་གཞོན་ནུ་ནས་རབ་ཏུ་བྱུང་། དམ་པའི་ཆོས་ཀྱི་ཕྱིར་དུ་དཀའ་བ་དུ་མ་བཅད། མདོ་རྒྱུད་དུ་མ་ལ་མཁྱེན་པ་རྒྱས། ཚངས་པར་སྤྱོད་པ་དྲི་མ་མེད་པའི་བརྟུལ་ཞུགས་ལ་གནས་པར་གྱུར་ཏོ། །

ལྕམ་མོ་དཔོན་མོ་མཁའ་འགྲོ་རྒྱལ་མོ་མངའ་རིས་སུ་མངའ་བདག་ཁྲི་ལྷ་དབང་རྒྱལ་མཚན་གྱི་བཙུན་མོ་མཛད། སྲས་ཀྱི་ཐ་ཆུངས་སུ་གྱུར་པ་ཕོ་བོ་ནི། འདི་ལྟར་རྣམ་དག་ཚོ་གས་སྡོམ་གསུམ་ནོད་ཀྱང་ཚུལ་འཆལ་དྲི་མས་རྙོག་པ་ཅན། མདོ་རྒྱུད་རྒྱ་མཚོའི་ཚིག་དོན་རྟོགས་ཀྱང་ཚིག་གཅིག་གཞན་ལ་མི་ཕན་ཅིང་། མན་ངག་ཟབ་མོའི་གཏེར་མཛོད་འཛིན། སྐད་ཅིག་ཉམས་སུ་མི་ལེན་ལ། ཚངས་པར་སྤྱོད་པའི་བརྟུལ་ཞུགས་འཛིན། དམྱལ་བའི་ཆང་རྗེ་བྱེད་པ་འདི། ཆོས་མིན་སྤྱོད་ཀྱང་ཆོས་སྐྱོང་མིང་ཅན་རྣམ་ཐར་ཡིན།

དེ་ལྟར་ཤྲི་ཏུ་རྒྱལ་པོ་དང་། མི་ཉག་རྒྱལ་རྒོད་ཀྱི་གདུང་གི་རྒྱུད་དང་། མ་ག་ཏ་རྡོ་རྗེ་གདན་གྱི་མཁན་པོ་འཛམ་བུ་གླིང་དུ་ཉི་ཟླ་ལྟར་གྲགས་པའི་མཁས་གྲུབ་ཆེན་པོ་ཛ་མི་ལོ་ཙཱ་བའི་དཔོན་པོའི་རིགས་སུ་འཁྲུངས་པ། བྱང་ཕྱོགས་ཀྱི་མིའི་དབང་པོ་དག་གི་གདུང་རབས་བརྗོད་ནས། ད་ནི་དེ་དག་གི་མཆོད་པའི་གནས་དམ་པ་སྐྱེ་དགུ་མ་ལུས་པ་ལ་ཕན་བདེ་རྒྱ་ཆེན་པོ་སྟེར་བའི་རྩ་ལག་ཏུ་གྱུར་པ། དཔལ་ངམ་རིང་གི་ཆོས་སྡེ་ཆེན་པོ་འདི་ཉིད་ཀྱི་གདན་སའི་རིམ་པ་བརྗོད་པར་བྱ་སྟེ། དེ་ཡང་དཔོན་ཆེན་ཡོན་བཙུན་ཆེན་པོའི་སྐུ་རིང་ལ། འགྲོ་བའི་མགོན་པོ་ཆོས་ཀྱི་རྒྱལ་པོ་འཕགས་པ་རིན་པོ་ཆེའི་ཐུགས་ཀྱི་སྲས། བླ་མ་དོ་ཞེས། ཀུན་མཁྱེན་ཆེན་པོ་དེ་ཉིད་ཀྱི་གསུང་ལས་འབྱུང་ངོ་། །དེ་ནས་གཙུང་གི་སྤྱི་ཞེས་བྱ་བར་སྐུ་འཁྲུངས་པའི་འདུལ་བ་འཛིན་པ་ཆེན་པོ་མཁན་ཆེན་བརྩོན་འགྲུས་རྒྱན་ཞེས་བྱ་བས་གདན་ས་མཛད། འདི་ཡན་ཆད་ལ་དཔེའུ་〈སྤེའུ་〉དཀར་པོ་

ལ་བླ་བྲང་དང་། དེའི་ནུབ་ཀྱི་ཚོམས་ཆུང་ལ་འདུ་ཁང་མཛད་དོ། །ཞེས་གྲག་གོ་〈གྲགས་སོ〉། །

དེ་ནས་མངའ་རིས་སློ་བོ་བ། དེའི་ནང་ནས་ཀྱང་། ཤར་རི་བའི་མེ་ཞེན་སྟེངས་སུ་སྐུ་འཁྲུངས་པ། སྡེ་སྣོད་གསུམ་དང་རྒྱུད་སྡེ་བཞིའི་མངའ་བདག །ཁྱད་པར་དུ་ཡང་འགྲན་ཟླ་མེད་པའི་དུས་ཀྱི་འཁོར་ལོ་པ་ཆེན་པོ། ཆོས་རྗེ་ཆོས་ཀྱི་རྒྱལ་པོ། མཚན་གཞན་ཕྱོགས་ལས་རྣམ་རྒྱལ་ཞེས་ཡོངས་སུ་གྲགས་པ་དེ་ཉིད་ཀྱིས་གདན་ས་མཛད་དེ། འདིའི་སྐུ་ངོ་ལ་བདག་པོ་ཏའི་དབེན་རིན་པོ་ཆེས་སྦྱིན་བདག་མཛད་ནས། བླ་བྲང་འདུ་ཁང་རྙིང་པ་དང་བཅས་པ་བསྐྱབས། ཤར་ནུབ་ཀྱི་བྲང་ཁང་རྣམས་བཏབ། ཚུལ་དུས་མཆོད་བཟང་པོ་བཙུགས། བཅའ་ཡིག་ཆེན་པོ་ཡང་མཛད་དེ་དར་ཅིང་རྒྱས་པར་མཛད་པ་ཡིན་ནོ། །

དེ་ནས་ཁམས་ཀྱི་ཡུལ་དུ་འཁྲུངས་པའི་དགེ་བའི་བཤེས་གཉེན། མཚན་དངོས་ཆོས་ཀྱི་རྗེ་བསོད་ནམས་རྒྱལ་མཚན་མཁས་གྲུབ་འཕགས་པ་ཞེས་ཡོངས་སུ་གྲགས་པ་དེ་ཉིད་ཀྱིས་གདན་ས་མཛད། ཡང་ཆོས་རྗེ་སྟོབས་ལས་རྣམ་རྒྱལ་གྱིས་གདན་ས་སྐྱར་ནས་མཛད། དེ་ནས་མདོག་གི་ཅེའུ་རུ་སྐུ་འཁྲུངས་ཤིང་། སྡེ་སྣོད་དང་རྒྱུད་སྡེ་འཛིན་པ་ཆེན་པོ་མཁན་ཆེན་མཁས་པའི་རྒྱན་ཞེས་ཡོངས་སུ་གྲགས་པ། རྡོ་རྗེ་ནག་པོ་ཆེན་པོ་ཞལ་མངོན་སུམ་དུ་གཟིགས་པ་ལ་སོགས་པའི་ཡོན་ཏན་དུ་མ་དང་ལྡན་པ་དེས་གདན་ས་མཛད་དེ། མཁན་ཆེན་འདི་ནི། ཆོས་སྡེ་ཆེན་པོ་འདི་ཉིད་ཀྱི་དགེ་བའི་བཤེས་གཉེན་གྱིས། ཆོས་སྡེ་འདི་ཡིས་མཁན་པོ་མཛད་པའི་ཐོག་མ་ཡིན་ནོ། །

དེ་ནས་ག་རྐོ་བའི་རིགས་སུ་འཁྲུངས་པའི་མཁས་པ་ཆེན་པོ། མཁན་ཆེན་ཆེན་པོ་གྲགས་པ་འོད་ཟེར་དང་། དེའི་དཔོན་པོ་བླ་མ་ཆེན་པོ་སངས་རྒྱས་

དཔལ་གཉིས་ལ། བཀའི་གནང་བ་ཞུས་ཤིང་། དེ་དག་གིས་ཀྱང་། ཆ་རྐྱེན་བཟང་པོ་དང་བཅས་ཏེ་གནང་པ་དང་། ཏི་ཤྲཱི་དེ་དག་གི་དཔོན་པོ་ཆོས་རྒྱལ་ཁྲི་སྲོང་ལྡེ་བཙན་གྱི་སྐུའི་སྐྱེ་བར་གྲགས་པ། ཀུན་སྤངས་ཆེན་པོ་གྲགས་པ་རྒྱལ་མཚན་པས་ཀྱང་། ཡུམ་གྱི་གསོལ་ཞིང་མ་གཏོགས་པ་ཆོས་སྡེ་ཆེན་པོའི་བདག་རྐྱེན་དུ་བཙུགས་པ་དང་། དཔོན་ཆེན་པ་དེ་ཉིད་ཀྱིས་ཀྱང་། ཐུགས་ཀྱི་རྩོལ་བ་ཆེར་བསྐྱེད་ནས། སྟག་སྡེ་ལ་རྒྱབ་ཏུ་སྐུ་འཁྲུངས་པ། ཡང་དག་པ་ཡོངས་ཀྱི་དགེ་བའི་བཤེས་གཉེན་ཆེན་པོ། མཁན་པོ་ཤཱཀྱ་སེང་གེ་ཞེས་བྱ་བ་སྤྱན་དྲངས་ཏེ། ཆོས་སྡེ་ཆེན་པོ་འདི་ཉིད་ཐོག་མར་བཙུགས། དེ་ནས་ཁ་ཕྱར་དུ་སྐུ་འཁྲུངས་པ་སྡོམ་བརྩོན་སྡེ་སྣོད་འཛིན་པ་ཆེན་པོ། ཞང་ཡོན་ཏན་རྒྱན་གྱིས་མཁན་པོ་མཛད།

དེ་ནས་རྗེ་ཡང་དགོན་པ་ཆེན་པོའི་སྐུའི་སྐྱེ་བར་ཡོངས་སུ་གྲགས་པ། སྐྱིར་ཕུ་རྒྱལ་སར་འཁྲུངས་ཤིང་། མདོ་རྒྱུད་མན་ངག་མཐའ་དག་ལ་མངའ་བ་དང་། མངོན་ཤེས་དང་རྫུ་འཕྲུལ་ལ་སོགས་པ་ཐོགས་པ་མེད་པ་མངའ་ཞིང་། ཡི་དམ་གྱི་ལྷ་དུ་མས་དངོས་སུ་བྱིན་གྱིས་བརླབས་ནས། ལུང་བསྟན་ཐོབ་པ། གྲུབ་པ་བརྙེས་པའི་རྣལ་འབྱོར་གྱི་དབང་ཕྱུག་ཆེན་པོ། ཆོས་ཀྱི་རྗེ་གྲགས་པ་དཔལ་བཟང་པོ། མཚན་གཞན་ཀུན་མཁྱེན་གངས་ཁྲོད་པ་ཆེན་པོ་ཞེས་ཡོངས་སུ་གྲགས་པ་དེ་ཉིད་ཀྱིས་གདན་ས་མཛད་དོ། །དེའི་དུས་ན། རྗེ་ཉིད་གདན་སར་ཕེབས་པའི་ལོ། ཆོས་རྗེ་དཔོན་སློབ་བཅུ་དང་། ཆོས་སྡེ་ན་དགེ་འདུན་པ་ལྔ་བཅུ་ལས་མི་བཞུགས་པ་ལ། ལོ་གཉིས་སོང་ནས། དབྱར་ཆོས་ཀྱི་དུས་དགེ་བཤེས་དང་གྲྭ་པ་འདྲིས་པ་བརྒྱ་དང་བཅུ་བཞིར་འཕེལ་བ་ལ། གྲ་སྟོན་བཟང་པོ་མཛད། ཟན་ཚུལ་ཆོད་ཚུལ་སོགས་ཀྱི་སྲོལ་ཐོག་མར་བཙུགས་ཏེ། ལོ་དགུའི་

བར་དུ་དར་རྒྱས་མཛད།

མགོན་ཕེབས་པ། དེ་ནས་མདོག་གི་དཔེ་དམར་དུ་སྐུ་འཁྲུངས་པའི་དགེ་བའི་བཤེས་གཉེན་ཆེན་པོ། གཞུང་ལུགས་རབ་འབྱམས་ལ་མངའ་མཉེས་པའི་བྱང་ཆུབ་སེམས་དཔའ་སེམས་དཔའ་ཆེན་པོ་དཀའ་བཅུ་པ་དཔལ་འབྱོར་ཤེས་རབ། དེ་ནས་དཀའ་རྩད་ཀྱི་རིགས་སུ་འཁྲུངས་པ། ལུང་རིགས་སྨྲ་བའི་དགེ་བའི་བཤེས་གཉེན་ཆེན་པོ་མཁན་ཆེན་རིན་ཆེན་དཔལ་ལྡན། དེ་ནས་མཁན་ཆེན་བསྟན་པའི་རྒྱལ་མཚན་གྱི་དཔོན་པོ། མདོག་གི་ཙེས་སུ་སྐུ་འཁྲུངས་པའི་སྡེ་སྣོད་འཛིན་པ་ཆེན་པོ་མཁན་ཆེན་མཉྫུ་ཤྲཱི་འདིས་ཆོས་སྡེ་ཆེན་པོའི་ཁྲི་རབས། ཐེག་ཆེན་ཆོས་ཀྱི་རྒྱལ་པོ་ཆེན་པོའི་ཕྱུགས་ཕྱིར་གོང་དུ་ཕྱོན། གོང་མ་ཏ་སྨིང་ཆོས་ཀྱི་རྒྱལ་པོ་ཆེན་པོས་ཐུགས་ལ་རྟགས་ནས། ཆེན་ཤྲཱིའི་ལུང་གནང་པ་ཡིན།

དེ་ནས་གདན་ས་ཆེན་པོ་དཔལ་ལྡན་ས་སྐྱར་སྐུ་འཁྲུངས་པ། ལུང་དང་རིགས་པ་དང་མན་ངག་གི་ཚུལ་མཐའ་དག་ལ་དབང་འབྱོར་པས། སྡེ་སྣོད་གསུམ་དང་རྒྱུད་སྡེ་བཞིས་བསྡུས་པའི་གསུང་རབ་ལ་འདུས་པའི་དགོངས་དོན་ཚུལ་བཞིན་དུ་འབྱེད་པ་ལ། གཞན་གྱིས་དྲིང་མི་འཇོག་པའི་མཁྱེན་རབ་དང་། འགྲོ་བ་མཐའ་དག་ལ་བུ་གཅིག་པ་ལྟར་བརྩེ་བའི་ཐུགས་རྗེ་དང་ལྡན་པས། རྗེ་བཙུན་འཇམ་པའི་དབྱངས་དང་གཉིས་སུ་མ་མཆིས་པ། གནས་ལྔ་རིག་པའི་པཎྜི་ཏ་ཆེན་པོ་འཇམ་དབྱངས་གྲགས་པའི་དཔལ། མཚན་གཞན་ཆོས་ཀྱི་རྗེ་ཀུན་དགའ་རྒྱལ་མཚན་དཔལ་བཟང་པོ། དེ་ནས་མདོག་གི་འགའ་གྲོང་དུ་སྐུ་འཁྲུངས་པ། སྤྱིར་བཀའ་མདོ་རྒྱུད་ལུང་མན་ངག་དུ་མའི་མཛོད་འཛིན་ཅིང་། ཁྱད་པར་དུ་རྒྱུད་སྡེ་རྒྱ་མཚོའི་ཕ་རོལ་ཏུ་སོན་ནས། གཅིག་ཏུ་ཐུགས་ཉམས་སུ་བཞེས་པ་ལྟར་མཛད་པས། རིམ་པ་གཉིས་ཆ་ལག་དང་བཅས་པ་ལ་བསྟན་པ

ཐོབ་པ། དག་པའི་གདུལ་བྱ་འགའ་ཞིག་ལ་ཡི་དམ་གྱི་སྐུར་མངོན་སུམ་དུ་སྟོན་པ་ལ་སོགས་པ། མཁྱེན་རྟོགས་ཀྱི་ཡོན་ཏན་མཐའ་ཡས་པ་མངའ་བས། རྡོ་རྗེ་འཛིན་པ་འདུས་པའི་གཙུག་གི་རྒྱན་དམ་པར་གྱུར་པ། ཆོས་རྗེ་རིན་པོ་ཆེ་ཀླུ་ནག་ཏ་ལ་ཏེ། དེ་ནས་མདོག་སྟོད་དཔེ་སྐྱུར་སྐུ་འཁྲུངས་པའི་སྡེ་སྣོད་འཛིན་པ་ཆེན་པོ། ཁྱད་པར་རྒྱས་པའི་བསྟན་བཅོས་ཚད་མ་རྣམ་འགྲེལ། འགྲེལ་པ་འགྲེལ་བཤད་དང་བཅས་པ་ལ་སྨྲ་བའི་ཁྱུ་མཆོག་ཏུ་གྱུར་པ། མཁན་ཆེན་སེང་གེ་དཔལ་རིན་ཆེན་གྱིས་གདན་ས་མཛད་དོ། །

མཁན་ཆེན་གོང་འོག་འདི་གཉིས་ཀྱི་སྐུ་རིང་ལ། བསྟན་པ་རིན་པོ་ཆེའི་སྦྱིན་བདག་ཆོས་ཀྱི་རྒྱལ་པོ་དཀོན་མཆོག་ལེགས་པའི་ཐུགས་དགོངས་རྣམ་པར་དཀར་བ་ལ་བརྟེན་ནས། ཐུབ་པ་རིན་པོ་ཆེའི་རྒྱལ་ཚབ་དམ་པ་ཐམས་ཅད་མཁྱེན་པ་གཞོན་ནུ་རྒྱལ་མཆོག་སྤྱན་དྲངས་ཏེ་ཚོགས་ཆེན་པོར་མཚུངས་ཀྱི་སྲོལ་བཟང་པོ་བཙུགས། བྱམས་ཆེན་འཛམ་གླིང་རྒྱན་བཞེངས། ཆོས་ཐོག་གཅིག་ཉིད་ལ། ༧ གསལ་བདུན་བརྒྱ་ལྷག་པ་ཆོས་སྐོར་བཙུག །ཡང་ནས་ཡང་དུ་དགེ་འདུན་དུ་མ་ལ་རྒྱུན་གྱི་མང་ཇ་དང་བཅས་པའི་ཞབས་ཏོག་གྱུ་ནོམ་པ་བསྒྲུབས་ནས། རྗེ་དེ་ཉིད་ཀྱིས་གང་ལ་ཅི་འདོད་ཀྱི་ཆོས་ཆར་ཆེན་པོ་ཕབ་ཅིང་། དགེ་བའི་བཤེས་གཉེན་རྣམས་ཀྱིས་ཀྱང་། འཆད་ཉན་དང་རིགས་ལུང་གིས་གཏན་ལ་ཕབ་ནས། དར་ཞིང་རྒྱས་པར་མཛད་པ་དང་། ལོ་རེ་བཞིན་ཕྱུལ་དུ་བྱུང་བའི་ལྷ་དང་མི་ཡིས་མཆོད་པའི་ཡོ་བྱད་བསམ་གྱིས་མི་ཁྱབ་པ་ཉེ་བར་བསྒྲུབས་ནས། རྗེ་དེ་ཉིད་ཀྱིས་ཐོག་དྲངས། སྟོང་ཕྲག་གཉིས་ལྷག་པའི་དགེ་འདུན་འདུས་པ་རྒྱ་མཚོའི་ཚོགས་དང་བཅས་པས་འགྲོ་བ་མ་ལུས་པ་ལ་ཕན་བདེ་རྒྱ་ཆེན་པོ་འབྱུང་བར་གྱུར་ཅིག་པའི་སྨོན་ལམ་རྣམ་པར་དག་པ་བསྒྲུབ་པ་ལ་

སོགས་པའི་སྒོ་ནས། ཆོས་སྐེ་ཆེན་པོ་འདི་ཉིད་ཤིན་ཏུ་དར་ཅིང་རྒྱས་པར་གྱུར་པ་ཡིན་ནོ། །

དེ་ནས་སྟག་སྐེ་མཚོ་འཁོར་གྱིས་གུར་ཚུར་དུ་སྐུ་འཁྲུངས་པའི་སྐེ་སྟོད་དང་རྒྱུད་སྐེ་འཛིན་པ་ཆེན་པོ་དགྲ་བཅོམ་པ་དོན་བཟང་རྒྱལ་མཚན་པའི་དྲུང་ནས་དེང་སང་ཁྲི་ཐོག་ན་བཞུགས་ཏེ་གདན་ས་མཛད་པའོ། །སྐབ་ཆད་ཀྱང་ཤེས་བྱ་འདིའི་ཕྱོགས་ལ་ཤེས་འདོད་དང་ལྡན་པ་རྣམས་ཀྱིས་ཡོན་མཆོད་ཀྱི་ཕྲེང་བ་གསར་དུ་འཕེལ་བ་རྣམས་བསྟན་ཏེ་བྲི་བར་བྱའོ། །ཚུལ་འདི་སྟགས་ཀྱིས་རྣལ་འབྱོར་པ། །སྐེ་སྟོད་གསུམ་གྱི་ལུས་སྟོབས་ཅན། །རྒྱུད་སྐེ་བཞི་ཡི་ཡན་ལག་རྒྱས། །སྒྲ་དང་ཚད་མའི་མིག་དང་ལྡན། །ལུང་དང་རིགས་པའི་རྣམ་འགྱུར་ཅན། །དཔལ་ལྡན་ཆོས་སྐྱོང་བཟང་པོ་ཡིས། །དོན་གཉེར་འགའ་ཡིས་བསྐུར་ཕྱིར་བྲིས། །དགེ་བས་འགྲོ་ཀུན་སངས་རྒྱས་ཤོག །

འདི་ནི་བླ་མ་བརྒྱུད་པའི་རྣམ་ཐར་འགའ་ཞིག་དང་། སྟོན་གྱི་ཡིག་ཚང་རྙིང་པ་ལ་ཞིབ་ཏུ་བལྟས་ཤིང་། ཁྱད་པར་དུ་ཡང་བདག་པོའི་དཔོན་རིན་པོ་ཆེས་མཛད་པའི་སྟགས་པ་གསུམ་ལྡགས་པའི་གདུང་དབང་བའི་སྲིད་གསུམ་རྣམས་ཡིད་ཆེས་པའི་ཁུངས་སུ་བྱས་ཏེ། ཁྲིམས་ཡིག་ཡབ་ཤིག་ཏུ་དག་པར་ཤེས་པར་བྱོས་ཤིག །མངྒ་ལཾ། ། ། །

༄༅། །བྱང་པ་སྐོ་བདག་པའི་གདུང་རབས།

༄༅། །ཨོཾ་སྭསྟི་སིདྡྷཾ། དཔལ་ལྡན་གཡས་རུ་བྱང་པའི་གདུང་རབས་ནི། སྔོན་རྒྱའི་རྒྱལ་པོ་རིམ་པར་བྱུང་བའི་ལག་ནས་སྟོབས་ཀྱིས་རྒྱལ་ས་བཟུང་སྟེ། རྒྱལ་ཁམས་ཆེན་པོ་ལ་མངའ་མཛད་པ། མི་ཉག་སེ་ཙུ་རྒྱལ་པོ། དེ་ནས་རྒྱལ་རབས་དྲུག་པ། མི་ཉག་རྒྱལ་རྒོད་ཀྱི་དཔོན་པོ་རིགས་ཆེ་ཞིང་མཐོ་བ་དག་རིམས་ཀྱིས་གཙང་གི་སྟོད་དུ་ཡོང་སྟེ། ཡུལ་བཟུང་པ་ལས། རིང་ཞིག་ནས་ར་ས་རྒྱད་པོ་ལུང་ནས་ཡུལ་འཕོས་ཏེ། དྲག་སྟེ་སེང་གི་ལུང་དུ་ཡུལ་བཟུང་ངོ་། །དེར་གནས་པའི་མི་ཉག་རྣམས་ཀྱི་ཕུ་བོར་གྱུར་པ་ནི། མི་ཉག་དཔོན་པོ་ལྷ་བཙན་ལེགས་པ་ཞེས་བྱ་སྟེ། དེས་ཆུང་མ་གཉིས་བླངས་པ་ལས། བུ་ཞུ་ཞང་ཤྲུན་དགུ་ཞེས་བྱ་བ་བྱུང་པ་དེ་དག་དང་ལྷན་ཅིག་ཏུ་ཡོང་སྟེ། ཉེ་ལུང་དུ་གཞི་ཕབ་ནས་ཡུལ་སོ་སོར་བཟུང་ངོ་། །དེ་ལ་ཤྲུན་དགུའི་ཆེ་ཤོས་མི་ཉག་སེང་གེ་དང་། དེའི་སྲས་ཀུན་དགའ་གྲགས། དེའི་སྲས་ཡོན་ཆེན་རྡོ་རྗེ་དཔལ། འདིས་རྗེ་བཙུན་ཆེན་པོ་གྲགས་པ་རྒྱལ་མཚན་གྱི་ཞབས་ལ་བཏུགས་ནས་ཡོན་བདག་བྱས། དེའི་སྲས་ཡོན་ཆེན་དཀོན་མཆོག་གྲགས། དེ་ལ་སྲས་གསུམ་སྟེ། ཡོན་ཆེན་དཔལ་འབུམ། སངས་རྒྱས་སྐྱབས། དཔལ་མགོན་རྣམས་སོ། །ཡབ་སྲས་འདི་དག་གིས། ཆོས་རྗེ་དཔལ་ས་སྐྱ་པཎྜི་ཏ་ཆེན་པོ་ཁུ་དཔོན་གྱི་ཞབས་ལ་བཏུགས་ཏེ། ཡོན་བདག་གིས་ཐང་བཟུང་། ཡོན་ཆེན་དཔལ་འབུམ་གྱིས་ར

ལུང་དུ་ཕྱོན་ནས་ཡུལ་བཟུང་། འདི་ལ་སྲས་དྲུག་སྟེ། ཡོན་ཆེན་གྲགས་པ་དཔལ། ཡོན་ཆེན་སྲི་ནོན་དཔལ། ཡོན་ཆེན་དགེ་བ་དཔལ། ཡོན་ཆེན་རྒྱལ་མཚན་དཔལ། དཔོན་ཀུན་དགའ་རྒྱལ་མཚན། དཔོན་ཆེན་ཡོན་བརྩུན་ཆེན་པོ་གྲགས་པ་དར་རྣམས་སོ། །

ཡོན་སྲིའི་སྲས་ཁྲི་དཔོན་དཔལ་ལྡན་མགོན་པོ། དེའི་བུ་ཁྲི་དཔོན་དཔལ་ཤེ་ལ་སོགས་ཏེ་མི་བརྒྱུད་མང་དུ་འཕེལ་ལོ། །གྲགས་པ་དཔལ་དང་། དགེ་བ་དཔལ་ལ་རྒྱུད་མེད། རྒྱལ་མཚན་དཔལ་རབ་བྱུང་ཡིན། དཔོན་ཀུན་དགའ་རྒྱལ་མཚན་གྱི་སྲུ་བུ། ཡོན་བདག་རྒྱལ་མཚན། མ་གཅིག་ཤར་ལ་ཟླུག་མ། ལྷུམ་མོ་རྡོ་རྗེ་དཔལ་དང་གསུམ་གྱིས་མ་གཅིག་ཤར་ལ་ཟླུག་མ། མིང་ཀུན་དགའ་ནམ་མཁའི་རྒྱལ་མཚན། འདི་བདག་ཉིད་ཆེན་པོ་བཟང་པོ་དཔལ་གྱི་ཁབ་ཏུ་བཞེས་པ་ལ། སྲས་ཏི་ཤྲི་ཀུན་དགའ་ལེགས་པའི་འབྱུང་གནས་དང་། བླ་མ་ཆེན་པོ་ཏི་ཤྲི་ཀུན་དགའ་རྒྱལ་མཚན་དཔལ་བཟང་པོ་གཉིས་འཁྲུངས། དཔོན་ཀུན་དགའ་རྒྱལ་མཚན་དང་། ལྷུམ་མོ་འོད་ཟེར་ལྡན་གྱི་སྲས། གུ་ཤྲི་ནམ་མཁའ་རྒྱལ་མཚན། ལྷུམ་མོ་བྱང་ཆུབ་ལྡན་གྱི་སྲས། ཚང་གུའི་གུང་ཀུན་སྤངས་ཆོས་གྲགས་དཔལ་བཟང་པོ། མ་གཅིག་བསོད་ནམས་དཔལ། དཔོན་མོ་བྱང་ཆུབ་འབུམ་རྣམས་བྱུང་པའི་ཀུན་སྤངས་ཆེན་པོས། དཔལ་བཟང་ལྡན་གྱི་ཆོས་སྡེ་བཏབ། མ་གཅིག་བསོད་ནམས་དཔལ་ལ་ཏི་ཤྲི་ཆེན་པོ་ཀུན་དགའ་རྒྱལ་མཚན་པ། ཚང་གུའི་གུང་དུ་བཞུགས་དུས་ཀྱི་སྲས། ཏའི་དཔོན་བློ་གྲོས་རྒྱལ་མཚན་པ་འཁྲུངས་སོ། །

སྐུ་མཆེད་དྲུག་གི་ཐ་ཆུངས་སུ་འཁྲུངས་ཀྱང་། འཇིག་རྟེན་འདིར་རྒྱལ་མཚན་གྱི་རྩེ་མོ་ལྟར་མངོན་པར་མཐོ་ཞིང་། འགྲན་པའི་ཟླ་དང་བྲལ་བའི་

དཔོན་ཆེན་ཡོན་བརྩོན་ཆེན་པོས། བདག་ཉིད་ཆེན་པོ་ཧྣམ་པྣ་ལ་རཀྵི་ཏའི་ཞབས་ལ་བཏུགས། སེ་ཆེན་རྒྱལ་པོ་དང་། ཨོལ་ཇ་དུ་རྒྱལ་པོ་ཡོན་མཆོད་ཀྱི་ལུང་གིས། ས་སྐྱ་དགོན་མཆོག་གི་གཉེར་ལ་བཀོས། ཏའི་སི་ཏུའི་ལས་ཀ་དང་། དངུལ་གྱི་དམ་ཁ། དབུས་གཙང་གི་འཇར་གོ་ཆེ་དང་། བྱང་ཁྲི་སྐོར་ཕྱུས་གོན་དུ་འཛིན་པའི་འཇའ་ས་གནང་། གདན་ས་ཆེན་པོའི་ནང་ཆེན་དང་། བདག་ཉིད་ཆེན་པོ་ཧྣམ་པྣ་ལའི་དུས་མཆོད་གཞིས། ཤིང་ཁང་བླ་བྲང་བཟུང་། ཏི་ཤྲི་ཀུན་དགའ་བློ་གྲོས་གོང་ན་བཞུགས་དུས། དབུས་གཙང་དཔོན་ཆེན་ལ་བཀོས། ལོ་བཅུ་གསུམ་གྱི་བར་དུ་དཔོན་ཆེན་གྱིས་གོ་ས་ལ་བཞུགས་ཏེ། རང་གི་ཆས་རྒྱན་གྱི་སྟོད་སྨད་ཀྱི་འཇམ་ཆེན་འཚོས་པ་སོགས། བོད་ཡུལ་སྤྱིའི་ཆེད་དུ་འགྲོ་བའི་ཕྱུག་རྗེས་བཟང་པོ་བཞག །མཁན་པོ་ཤཱཀྱ་སེང་གེ་སྤྱན་དྲངས་ནས། དཔལ་ངམ་རིང་གི་ཆོས་སྡེ་ཆེན་པོ་ཕྱག་མར་འཛུགས་པའི་བདག་རྐྱེན་མཛད། བཀའ་འགྱུར་རོ་ཙོག་གསེར་ལས་བཞེངས་པ་སོགས་དཀར་པོ་དགེ་བའི་བྱ་བ་རྒྱ་ཆེན་པོ་མཛད་པ་ཡིན་ནོ། །དཔོན་ཆེན་པས། ཏི་ཤྲི་སངས་རྒྱས་དཔལ་གྱི་ལྕམ་མོ་བཀྲ་ཤིས་ལྡན་ཁབ་ཏུ་བཞེས་པ་ལ། སྲས་མ་འབྲུངས་ཀྱང་ཟུར་པའི་དཔོན་མོ་ཆོང་འདུས་མ་ལ། སློབ་དཔོན་རྡོ་རྗེ་མགོན་པོ་འབྲུངས་(ས་མོ་ཁྱི་ལོ)། གཞོན་ནུའི་དུས་སུ་ལུང་གིས་དགོན་ཁང་མ་བཀོས། དབུས་གཙང་གི་འཇར་གོ་ཆེ་དང་། ཏའི་སི་ཏུའི་ལས་ཀ་གནང་། ཚོགས་སྡེ་བཞིའི་ཞབས་ཏོག་ཕྱུགས་གཅིག་ཏུ་མཛད་པའི་སྲོལ་བཙུགས། དཔོན་ཆེན་ཡོན་བརྩོན་ཆེན་པོ་གཤེགས་ནས་ཀྱང་། ལོ་ལྔ་དྲུག་གི་བར་དུ་དབུས་གཙང་དུ་དཔོན་ཆེན་གྱིས་འཛིན་པའི་བྱ་ལས་ཆེ་ཆུང་ཀུན་བཟུང་ནས། དབུས་གཙང་དཔོན་ཆེན་གྱི་དོད་མཛད། ལྕམ་མོ་བཀྲ་ཤིས་ལྡན་དང་ཁམས་པ་དགེ་བཤེས་བྱ་བའི་སྲས་མོ། ཕྱིས་ཏི་ཤྲི་

ཆེན་པོ་ཀུན་དགའ་རྒྱལ་མཚན་པ་ཚང་གུའི་གུང་དུ་བཞུགས་དུས་ཀྱི་སྲས། ཏའི་དབེན་ཆོས་ཀྱི་རྒྱལ་མཚན་པ་འཁྲུངས་ནས། མ་གཅིག་དཔལ་ལྡན་བཟང་མོ་ཞེས་ཡོངས་སུ་གྲགས་པ་དེ་ཉིད། ཏའི་སི་ཏུ་རྡོ་རྗེ་མགོན་པོ་ཁྲིམས་ཀྱི་བྱ་བ་མཛད་པ་ལས། སྲས་ལྷུམ་སྐྱིད་དྲུག་འཁྲུངས་པ་ནི། དཔོན་མོ་སངས་རྒྱས་སྐྱིད། སློབ་དཔོན་མ་ཆོས་དཔལ་ཡོན་ཏན་སྒྲོན། དཔོན་མོ་ནམ་མཁའ་ཁྲིའུ་འདྲེན། མ་གཅིག་ལྷ་རིན། དཔོན་མོ་དགེ་མ། ཏའི་དབེན་ནམ་མཁའ་བརྟན་པའི་རྒྱལ་མཚན་དཔལ་བཟང་པོ་(ཆུ་མོ་ཕག་) རྣམས་སོ། །དེ་ལ་དཔོན་མོ་སངས་རྒྱས་སྐྱིད་ཀྱིས། མངའ་བདག་བཀྲ་ཤིས་ལྡེའི་བཙུན་མོ་མཛད། སློབ་དཔོན་མ་ཆོས་དཔལ་ཡོན་ཏན་སྒྲོན་རབ་ཏུ་བྱུང་། དཔོན་མོ་ནམ་ཁྲི་བས་སློབ་དཔོན་དོན་ཡོད་དཔལ་བ་དང་། ཏའི་སི་ཏུ་ཆོས་ཀྱི་རིན་ཆེན་ཡབ་སྲས་པའི་བཙུན་མོ་མཛད། མ་གཅིག་ལྷ་རིན་པས། པའི་ལེན་དབང་གྲགས་པ་རྒྱལ་མཚན་གྱི་བཙུན་མོ་མཛད་ནས། ཏའི་དབེན་ཀུན་དགའ་ལེགས་པ་དང་། དབང་རྣམ་སྲས་རྒྱལ་མཚན་སྐུ་མཆེད་གཉིས་འཁྲུངས། ཁང་གསར་ཆེན་མོ་བ་ཏི་ཤྲཱི་གྲགས་པ་འོད་ཟེར་ཁུ་དཔོན་གྱི་དགོས་ཀྱི་གདུང་རབས། ཀུན་སྤངས་གྲགས་པ་རྒྱལ་མཚན་སྐུ་མཆེད་ཀྱིས་རྫོགས་ནའང་། དཔོན་ཆེན་ཡོན་བཙུན་ཆེན་པོ་ཡབ་ཡུམ་དང་། ཉེ་གནས་ནམ་མཁའ་པག་ཤི་བཀའ་གྲོས་མཛད། བླ་བྲང་གི་ཕྱི་ཐེབས་རྒྱུན་རིང་པར་བྱ་བའི་ཕྱིར་དུ། བླ་མ་ཆེན་པོ་ཁུ་དཔོན་གྱི་གདུང་སྤྲུག་འཕོར་བའི་བརྒྱུད་རྣམས་དང་མི་ཚོགས་ཚད་ནའང་། ཕྱི་ཚ་གསུམ་པ་ཡིན་པར་གདུང་གཅིག་ཙམ། ཐབ་གཞོབ་ཀྱི་རྒྱུད། སློབ་དཔོན་ཆེན་པོ་ཉི་མ་རྒྱལ་མཚན་པ་དང་། བདེ་ལེགས་རྒྱལ་མཚན་པ་གཉིས་ཁང་གསར་དུ་ཆེ་འདོན་མཛད་པའི་གཅེན་གྱིས་གུ་ཤྲཱི་མཛད། གཙུང་ཁང་གསར་དུ་བཞུགས། དཔོན་མོ་དགེ་མས་

དེའི་བཙུན་མོ་མཛད། མཚན་དངོས་རྡོ་རྗེ་ཀུན་དགའ་འདྲེན་ཟེར། བདག་པོ་ཏའི་དབེན་རིན་པོ་ཆེ་སྐྱ་གཞོན་ནུ་ལ། ཏའི་སི་ཏུའི་ལས་ཀ་དང་། སྟག་མགོ་ནོར་བུ་གསུམ་པ་གནང་། དབུས་གཙང་གི་འཛར་པོ་ཆེ་བཟུང་། གུའི་གུང་གི་མཚན་གསེར་གྱི་དམ་ཁ། ཤེལ་གྱི་ཐོ་ཤུ་དང་བཅས་པ་གནང་། དགུང་ལོ་སུམ་ཅུ་པ་ལ་དབུས་གཙང་དཔོན་ཆེན་མཛད་རྗེང་དུ། ཐུ་ལིང་ཤི་གུའོ་ཏའི་དབེན་གུ་ཀྲིའི་ལས་ཀ་དང་། ཤེལ་གྱིས་དམ་ཁ་གནང་། གུ་གེ་ཕྱིར་བཅད་ལ་མངའ་མཛད། ཆོས་རྗེ་ཕྱོགས་ལས་རྣམ་རྒྱལ་སྤྱན་དྲངས། དཔལ་ངམ་རིང་གི་ཆོས་སྡེ་ཆེན་པོའི་གདན་སར་བཞུགས་སུ་གསོལ་ཏེ། བཀའ་ཆེན་གྱིས་གྲྭ་བསྐོར་བ་ལ་གསེར་གྱི་འབུལ་བ་མཛད་པ་སོགས། བཀའ་སྲོལ་བཟང་པོ་མཐའ་ཡས་པ་བཙུགས་ནས་དར་རྒྱས་སུ་མཛད། བསྟན་བཅོས་འགྱུར་རོ་འཚལ་བཞེངས་པ་ལ་སོགས་ཏེ། མདོར་ན་ལུགས་གཉིས་དང་མཐུན་པའི་མཛད་ཕྲིན་རྒྱ་ཆེན་པོ་མཛད་དོ། །

ཏའི་དབེན་ཆེན་པོ་དེ་ཉིད་ལ་སྲས་འཕེལ་བའི་ཚུལ་ནི། ཐོག་མར་ཐེག་ཆེན་ཆོས་ཀྱི་རྒྱལ་པོ་ཆེན་པོའི་ཡུམ། ཉེ་གནས་ནམ་མཁའ་པག་ཤིའི་དཔོན་མོ་མ་གཅིག་ཆུ་མདོ་མ་ལ། སློབ་དཔོན་ཆེན་པོ་བསོད་ནམས་རྒྱལ་མཚན་པ་དང་། ལྕམ་མོ་དཔོན་མོ་དཔལ་ལྡན་མཚོ་མོ་གཉིས་འཁྲུངས། གཅེན་རབ་ཏུ་བྱུང་། ལྕམ་གྱིས་དཔོན་ཆེན་གྲགས་པ་རྒྱལ་མཚན་གྱི་སྲས། ཏའི་སི་ཏུ་བློ་གྲོས་རྒྱལ་མཚན་གྱི་བཙུན་མོ་མཛད། དཔོན་ཆེན་འོད་ཟེར་སེང་གེའི་སྲས་མོ། དཔོན་མོ་སྲས་པ་(ལྕགས་མོ་བྱ་)ཕྱིས་ཏ་དབེན་ཆོས་རྒྱལ་བའི་སྲས། སློབ་དཔོན་ཆེན་པོ་བསོད་ནམས་བཀྲ་ཤིས་པ་འཁྲུངས་ནས། མ་གཅིག་དཔལ་ལྡན་འབུམ་པར་གྲགས་པ་དེ་ཉིད་ཁབ་ཏུ་བཞེས་པ་ལ་སྲས་ལྕམ་སྲིང་དྲུག་རིམ་པར་འཁྲུངས་པ་

ནི། དཔོན་མོ་ག་འདོལ་བ། གུའི་གུང་རིན་ཆེན་རྒྱལ་མཚན་པ། འཇམ་དབྱངས་ནམ་མཁའ་རིན་ཆེན། དཔོན་མོ་ནམ་མཁའ་འབུམ། དཔོན་མོ་ཉི་ཟླ་རྒྱལ་མོ། དཔོན་མོ་རྒྱལ་མོ་འབུམ་རྣམས་སོ། །དེ་ལ་དཔོན་མོ་ག་འདོལ་བ་ཟུར་ཚོ་བ་བླམ་བྱམས་ཆེན་པ་ལ་གནང་། དཔོན་མོ་ནམ་མཁའ་འབུམ་གྱི་ཧའི་སྒེ་ཧུ་ཆོས་ཀྱི་རིན་ཆེན་གྱིས་བཙུན་མོ་མཛད་པ་ལས། ཧའི་སྒེ་ཧུ་ལྷ་བཙན་སྐྱབས་མ་(ཤིང་མོ་བྱ་)འཁྲུངས། དཔོན་མོ་ཉི་ཟླ་རྒྱལ་མོས་(ལྕགས་མོ་ཡོས་)དགུས་སུ་རྫོགས། ཁྲི་དཔོན་ཤག་རིན་པའི་བཙུན་མོ་མཛད། དཔོན་མོ་རྒྱལ་མོ་འབུམ་གྱིས་མངའ་བདག་ལྷ་བཙུན་གྱི་བཙུན་མོ་མཛད། གུའི་གུང་རིན་ཆེན་རྒྱལ་མཚན་སྐུ་གཞོན་ནུ་ནས་དགུས་གཙང་གི་འཇར་གོ་ཆེ་ལ་ལུང་གིས་བཀོས། ཧའི་སྒེ་ཧུའི་ལས་ཀ་གནང་། ཕྱིས་ཆང་གུའི་གུང་གི་ལས་ཀ་བཟུང་། འདི་ཡང་སྔོན་བསགས་པའི་བསོད་ནམས་ཆེན་པོའི་དཔལ་དང་ལྡན་པས། དད་པ་དང་། སྙིང་རྗེ་དང་། ཤེས་རབ་ཐུན་སུམ་ཚོགས་པ་དང་ལྡན་ཞིང་། བདེ་བར་གཤེགས་པའི་བཀའ་འགྱུར་རོ་ཙིག་བཞེངས་པ་ལ་སོགས་པ། བསྟན་པ་རིན་པོ་ཆེའི་ཞབས་ཏོག་རྒྱ་ཆེར་མཛད་ལ། བྱང་ཆུབ་སེམས་དཔའི་སྤྱོད་པ་རླབས་པོ་ཆེ་མཛད་པས། མགོན་པོ་སྤྱན་རས་གཟིགས་ཀྱི་རྣམ་སྤྲུལ་དུ་གྲགས་ཤིང་། རྡོ་རྗེའི་རྣལ་འབྱོར་ཐུགས་ཉམས་སུ་བཞེས་པའི་ཚེ། བསྒོམ་ཁང་དུ་བཞུགས་པ་ཙམ་གྱིས། ལམ་རྟགས་ཀྱི་ཉམས་མྱོང་ཡོངས་སུ་རྫོགས་པ་བསྡུ་བའི་ཚུལ་དུ་འཆར་བ་དང་། འཁྲོན་བཞུད་མཛད་པའི་ཚེ། རྡོ་ལ་ཞབས་རྗེས་མཛད་པ་དང་། སྐུ་གཤེགས་ནས་ཀྱང་། གདུང་ཞུགས་ལ་ཞེན་པའི་ཚེ། རིང་བསྲེལ་ཤེལ་གྱིས་ཁ་དོག་ཙན་ལྗོག་སྔོང་ཙམ་གྱིས་ཐོག་གྲངས། རིང་བསྲེལ་གྱིས་སྦྱར་བུར་གྱུར་པ་ལ་སོགས་པ་ངོ་མཚར་བའི་རྣམ་ཐར་དཔག་ཏུ་མེད་པ་མངའ་བ་

ཡིན་ནོ། །

དེ་ཉིད་ཀྱི་ཡར་འབྲོག་པ་དཔོན་ཆེན་ཨག་ལེན་གྱི་དཔོན་མོ། དཔོན་མོ་འཛོམ་འབུམ་（ས་མོ་སླང་）ཁབ་ཏུ་བཞེས་པས། སྲས་གུའི་གུང་ཆོས་གྲགས་དཔལ་བཟང་པོ་དང་། སྔེ་སྟོང་པ་འཇམ་དབྱངས་ཤཱཀྱ་རྒྱལ་མཚན་གྱི་ལྕམ་མོ། དཔོན་མོ་དཔོན་མོ་ཁབ་ཏུ་བཞེས་པའི་སྲས་སློབ་དཔོན་ཆེན་པོ་ཟླ་བ་རྒྱལ་མཚན་པ་（ས་ཕོ་སྤྲེའུ་）དང་། ཟུར་དུ་སྲས་མོ་འཁྲུངས་པ། དཔོན་མོ་དགེ་མ། དཔོན་མོ་ཚེ་བདག །མ་གཅིག་ནམ་པ་རྣམས་ལས་མ་གཅིག་ནམ་པ། བདག་པོ་བླ་མ་བསོད་ནམས་བཀྲ་ཤིས་པའི་ཁབ་ཏུ་བཞེས་པ་ལས། སྲས་སློབ་དཔོན་ཆེན་པོ་བདེ་ལེགས་བཀྲ་ཤིས་པ་འཁྲུངས་སོ། །

དེ་ལ་གུའི་གུང་ཆོས་གྲགས་དཔལ་བཟང་པོ་ནི་སྐྱེས་སྟོབས་ཀྱིས་དད་པ་དང་སྙིང་རྗེ་དང་ཤེས་རབ་མཐའ་ཡས་པ་མངའ་བ་ལ་རྟེན་ནས། འགྲན་ཟླ་མེད་པའི་བླ་མ་དང་། དགེ་བའི་བཤེས་གཉེན་དུ་མའི་རྗེས་སུ་བཟུང་ཞིང་། དེ་དག་ལ་མི་ཕྱེད་པའི་དད་པ་བརྟན་པོ་དང་ལྡན་པའི་སྒོ་ནས་ཞབས་ཏོག་ཚུལ་བཞིན་དུ་མཛད་པ་དང་། རྒྱལ་བས་གསུངས་པའི་མདོ་རྒྱུད་དུ་མ་རིན་པོ་ཆེ་ལས་བཞེངས་པ་དང་། དགེ་བའི་བཤེས་གཉེན་དུ་མའི་བཤད་བསྒྲུབ་ཀྱི་བདག་རྐྱེན་མཛད་པ་ལ་སོགས་པ། བསྟན་པའི་བྱ་བ་རྒྱ་ཆེན་པོ་མཛད་ཅིང་། འཇིག་རྟེན་གྱི་ཕྱོགས་ནས་ཀྱང་། ཧོར་གྱི་རྒྱལ་པོས་ཏའི་སི་ཏུའི་ལས་ཀ་ཐོག་མར་གནང་ཞིང་། ཕྱིས་སུ་རྒྱའི་རྒྱལ་པོ་ཏ་མིང་གིས། ཆང་གུའི་གུང་གི་ལས་ཀ །དངུལ་གྱི་དམ་ཁ་དང་བཅས་པ་གནང་། ཕྱིར་དབུས་གཙང་ཀུན་དང་ཁྱད་པར་དུ་ཡང་ཁྲི་སྐོར་ཆེན་པོ་བདེ་ཞིང་སྐྱིད་པར་འགྱུར་བའི་བྱ་བ་ཁོ་ན་གཙོ་བོར་མཛད་པ་ཡིན་ནོ། །

དེའི་གཙུང་སློབ་དཔོན་ཆེན་པོ་ཟླ་བ་རྒྱལ་མཚན་པ་ནི་རྒྱལ་བའི་བསྟན་པ་རིན་པོ་ཆེའི་སྒོར་ཞུགས་ནས། བསླབ་པར་བྱ་བའི་གནས་ཤིན་ཏུ་ཕྲ་བའི་ཕྱོགས་ལའང་མིག་གི་འབྲས་བུ་ལྟར་གཅེས་པར་འཛིན་པ་དང་། སྐྱེས་སྟོབས་དང་སྦྱོར་བྱུང་གི་བློ་གྲོས་མཐའ་ཡས་པ་མངའ་བས། མདོ་རྒྱུད་དུ་མ་ལ་མི་འཇིགས་པའི་སྤོབས་པས་བརྙེས་ཤིང་། ཁྱད་པར་དུ་སྡེ་བདུན་འགྲེལ་བཤད་དང་བཅས་པ་མཁས་པའི་མཆོག་ཏུ་གྱུར་པ་ཡིན་ནོ། །

ཀུའི་ཀུང་ཆོས་གྲགས་དཔལ་བཟང་པོ་དེ་ཉིད་ཀྱིས། ཏའི་སི་ཏུ་ཆོས་ཀྱི་རིན་ཆེན་གྱི་སྲས་མོ། བྱང་སེམས་འབུམ་སྐྱོང་རྒྱལ་མོ་ཁབ་ཏུ་བཞེས་པ་ལས། སྲས་ལྷུམ་སྐྱེས་དྲུག་འཁྲུངས་པ་ནི། དཔོན་མོ་ལྷ་འཚོ་བ། དཔོན་མོ་ཆོས་སྐྱིད། དཔོན་མོ་བཙན་ལྷུམ་རྒྱལ་མོ་(ཆུ་མོ་བྱ་)། ཏའི་སི་ཏུ་རྣམ་རྒྱལ་གྲགས་པ་(ཤིང་མོ་ཕག་)། དཔོན་པོ་དམག་དཔོན་རྒྱལ་ལ། ཏེ་རོས་དཀོན་མཆོག་ལེགས་པའི་རྒྱལ་མཚན་དཔལ་བཟང་པོ་(མེ་མོ་གླང་) རྣམས་སོ། །

དེ་ལ་ལྷུམ་སྐྱེས་གཞན་གསུམ་ནི། གཞོན་ནུ་ལ་སྐུ་གཤེགས། བདག་མོ་བཙན་ལྷུམ་རྒྱལ་མོས། ཏའི་སི་ཏུ་ལྷ་བཙན་སྐྱབས་པའི་བཙུན་མོ་མཛད་པ་ལ། དྲུང་ཆེ་དབང་བཀྲ་ཤིས་པ་འཁྲུངས་སོ། །

ཏའི་སི་ཏུ་ཆེན་པོ་ནི། སྐྱེས་སྟོབས་དང་། ཐོན་སྦྱངས་པའི་ལས་འཕྲོ་རྣམ་པར་དག་པ་མངའ་བ་ལ་བརྟེན་ནས། སྡེ་སྣོད་གསུམ་དང་རྒྱུད་སྡེ་བཞིས་བསྡུས་པའི་གསུང་རབ་མཐའ་དག་གཟིགས་པ་ཙམ་གྱིས་དགོངས་དོན་རབ་ཏུ་འབྱེད་ནུས་པའི་མཁྱེན་རབ་མཐའ་ཡས་པ་མངའ་ཞིང་། ཁྱད་པར་དུ་གཉིས་སུ་མེད་པའི་རྒྱུད་ཀྱི་ཡང་རྩེ། རྒྱ་ཆེ་བ་གཉིས་སུ་མེད་པ་དཔལ་དུས་ཀྱི་འཁོར་ལོའི་རྒྱུད། འགྲེལ་པ་འགྲེལ་བཤད་ཆ་ལག་དང་བཅས་པའི་དོན་ཕྱིན་ཅི་མ་ལོག་པར་

གཞན་གྱི་དྲིང་མི་འཇོག་པའི་ཚུལ་གྱིས་ཐུགས་སུ་ཆུད་པར་མཛད་ནས། འཆད་རྩོད་རྩོམ་གསུམ་གྱི་སྒོ་ནས་གཞན་ལ་ཕན་པ་ལྷུར་མཛད་པ་དང༌། དཔལ་དུས་ཀྱི་འཁོར་ལོའི་དཀྱིལ་འཁོར་ཡོངས་སུ་རྫོགས་པ་རིན་པོ་ཆེ་ལས་བཞེངས་པ་དང༌། དེའི་དྲུང་དུ་བསྒྲུབ་མཆོད་རྒྱུན་པར་འཛུགས་པ་དང༌། གཞན་ཡང་རྒྱལ་བའི་གསུང་རབ་འགྲེལ་པ་འགྲེལ་བཤད་དང་བཅས་པ། ཁ་བ་ཅན་དུ་འགྱུར་རོ་ཅོག་གི་དགོངས་དོན་རབ་ཏུ་འབྱེད་པ་ལ་གཞན་གྱི་དྲིང་མི་འཇོག་པའི་ཤིང་རྟ་ཆེན་པོ། དཔལ་འཇིགས་མེད་གྲགས་པའི་ཞལ་སྔ་ནས་མཛད་པའི་བསྟན་བཅོས་ཆེན་པོ། དཔལ་དེ་ཁོ་ན་ཉིད་བསྡུས་པ་ཞེས་བྱ་བ་འཇུག་པའི་སྒོ་བཞི། རིག་པའི་གནས་ལྔ། རིམ་པར་ཕྱེ་བ་སུམ་བརྒྱ་དྲུག་བཅུ། ལེའུ་ཉི་ཁྲི་ཆིག་སྟོང་དྲུག་བརྒྱ། རྣམ་པར་ངེས་པ་སྟོང་ཕྲག་བདུན་བཅུ་རྩ་གཉིས་པ། ཆོས་ཀྱི་ཚོམས་བརྒྱད་ཁྲི་བཞི་སྟོང་གི་བདག་ཉིད་ཅན་གྱི་གླེགས་བམ་ཡོངས་སུ་རྫོགས་པར་བཞེངས་ཏེ། རྩོམ་པ་པོ་དེ་ཉིད་ལ་ཆོས་ཀྱི་འཁོར་ལོ་རྒྱ་ཆེན་པོ་བསྐོར་བར་གསོལ་བ་བཏབ་ནས། བཤད་བསྒྲུབ་ཀྱི་བདག་རྐྱེན་མཛད་པ་ལ་སོགས་ཏེ་བསྟན་པའི་ཞབས་ཏོག་དང༌། སེམས་ཅན་གྱི་དོན་རྒྱ་ཆེན་པོ་བསྒྲུབ་པར་མཛད་ཅིང༌། འཇིག་རྟེན་ཕྱོགས་ལ་ཡང༌། ཏ་མིང་ཆོས་ཀྱི་རྒྱལ་པོ་ཆེན་པོས། ཏའི་སི་ཏུའི་མིང་དང་ལས་ཀ་གནང༌། ལུགས་ཀྱི་བསྟན་བཅོས་མཐའ་དག་གི་དོན་ཐུགས་སུ་ཆུད་པས། མདོར་ན་ཆོས་དང་འཇིག་རྟེན་གྱི་ལུགས་གཉིས་ཀྱི་སྒོ་ནས། གངས་ཅན་གྱིས་ཁྲིད་དུ་འགྲན་ཟླ་དང་བྲལ་བར་གྱུར་པ་ཡིན་ནོ། །

ཆོས་ཀྱི་རྒྱལ་པོ་དཀོན་མཆོག་ལེགས་པའི་རྒྱལ་མཚན་དཔལ་བཟང་པོ་ནི། གཞོན་ནུ་ནས་ལུགས་ཀྱི་བསྟན་བཅོས་མཐའ་དག་ཐུགས་སུ་ཆུད་པས། དེ་དག་དང་རྗེས་སུ་མཐུན་པའི་སྒོ་ནས་འཇིག་རྟེན་གྲགས་སྡེའི་སྤྱོད་ཚུལ། རིག་པ་དང་

མི་རིག་པ་རྣམ་པར་འབྱེད་པ་ལ་ཤིན་ཏུ་མཁས་པར་གྱུར་ཅིང་། གོང་མ་ཏ་མིང་ཆོས་ཀྱི་རྒྱལ་པོ་ཆེན་པོས། མིང་ལྷུའི་ཧྥུ་གུན་དབུའི་གཙང་དབུའི་དུའི་ཤྲི་ཟེའི་ཏཱ་ཧོས་ཆེན་ཤྲི་ཞེས་པའི་ཟམ་གོན་བཟང་པོ། དངུལ་གྱིས་དམ་ཁ་དང་བཅས་པ་གནང་། རང་བཞིན་གྱི་དད་པ་དང་། སྙིང་རྗེ་དང་། བྱང་ཆུབ་ཀྱི་སེམས་དང་། ཤེས་རབ་ཕུན་སུམ་ཚོགས་པ་དང་ལྡན་པ་ལ་བརྟེན་ནས། ཆབ་འོག་ཏུ་གཏོགས་པ་མཐའ་དག་དགེ་བ་བཅུའི་ལས་ཀྱི་ལམ་ལ་འགོད་པ་དང་། ཡབ་མེས་བཀའ་དྲིན་ཅན་གོང་མ་རྣམས་ཞལ་བཞུགས་པའི་ཚེ་སྲི་ཞུ་དང་ཞབས་ཏོག་ཚུལ་བཞིན་དུ་མཛད་ཅིང་། བདེ་བར་གཤེགས་པའི་ཚུལ་བསྟན་པའི་ཚེ་ཡང་། དཔེ་ཟླ་དང་བྲལ་བའི་ཐུགས་དགོངས་རྫོགས་ཐབས་རྒྱ་ཆེན་པོ་འཕྲུལ་དང་ཡུན་དུ་བསྒྲུབ་པར་མཛད་པ་དང་། རྒྱ་བོད་ཀྱི་མཁས་གྲུབ་དུ་མའི་ཞབས་ལ་བཏུགས་ནས་དགེ་བསྙེན་གྱི་སྡོམ་པ་དང་། ཐེག་པ་ཆེན་པོའི་སེམས་བསྐྱེད། རིག་འཛིན་སྔགས་ཀྱི་སྡོམ་པས་རྒྱུད་མཛེས་པར་བྱས་ཏེ། སྡེ་སྣོད་གསུམ་དང་རྒྱུད་སྡེ་བཞི་དང་འབྲེལ་བའི་དབང་བསྐུར། རིགས་གཏད་རྗེས་གནང་། རྒྱུད་མན་ངག །བསྒྲུབ་ཐབས་ཡན་ལག་དང་བཅས་པ་ཕལ་ཆེར་གསན་ནས། དེ་དག་གི་ཟབ་པའི་གནད་དུ་མ། སྦས་པའི་ཚུལ་གྱིས་ཉམས་སུ་ལེན་པ་ལྷུར་ལེན་པར་མཛད་ཅིང་། དེ་དག་གི་ནང་ནས་ཀྱང་རྡོ་རྗེ་འཆང་ཆེན་པོ་ནས་ད་ལྟའི་བར་དུ་བརྒྱུད་པ་བར་མ་ཆད་པའི་བཀའ་ཡོད་པ། རང་བཟོའི་ལྷད་མ་ཞུགས་པ། མཐོང་བ་བརྒྱུད་པའི་ཕྱག་ལེན་དང་བཅས་པ། དཔལ་ལྡན་ས་སྐྱ་པའི་བཀའ་སྲོལ་དྲི་མ་མེད་པའི་ལམ་ཟབ་མོ་ལ་ཐུན་བཞིའི་རྣལ་འབྱོར་གྱི་ཉམས་ལེན་གཙོ་བོར་མཛད་པས། དེ་དག་གི་ལམ་རྟགས་སྔོན་གྱི་གནས་རྗེས་སུ་དྲན་པ་ལ་སོགས་པ་ཅི་རིགས་པ་ཡང་མངའ་བ་ལ། རང་ཉིད་ཀྱི་བླ་མ་དགེ་བཤེས་དེ་དག

ལ་ཡང་། སངས་རྒྱས་དངོས་ཀྱི་འདུ་ཤེས་དང་མི་འབྲལ་བའི་སྒོ་ནས། ཕྱི་ནང་གསང་བའི་དེ་ཁོ་ན་ཉིད་ཀྱིས་མཆོད་པ་དང་། བསྙེན་ཅིང་བསྐུར་བ་གྱི་ནོམ་པས་ཤིན་ཏུ་མཉེས་པར་མཛད་པ་དང་། མདོ་སྔགས་རྒྱ་མཚོའི་ཕ་རོལ་ཏུ་སོན་པའི་བླ་མ་དང་དགེ་བའི་བཤེས་གཉེན་དུ་མ་རིམ་པར་སྤྱན་དྲངས་ཏེ། ཞབས་ཏོག་ཚུལ་བཞིན་དུ་མཛད་ནས། འདི་ཉིད་ཀྱི་ཆོས་སྡེ་ཆེན་པོ་གོང་འོག་དང་། གཞན་ཡང་དབུས་གཙང་ཁམས་གསུམ། མངའ་རིས་དང་བཅས་པའི་དགེ་བའི་བཤེས་གཉེན་དུ་མ་ལ། མདོ་སྔགས་ཀྱི་འཆད་ཉན་སྒོམ་སྒྲུབ་ཀྱི་བདག་རྐྱེན་བསྒྲང་གི་མི་ལང་བ་མཛད་པ་དང་། འཛམ་བུའི་གླིང་འདིར་འགྲན་ཟླ་དང་བྲལ་བའི་བྱམས་ཆེན་འཛམ་གླིང་རྒྱན། རྟེན་དང་བརྟེན་པར་བཅས་པའི་གཙུག་ལག་ཁང་ཆེན་པོ་བཞེངས་ཅིང་། ཞབས་ཏོག་བློས་མི་འཁྲུད་པ་ཙམ་བསྒྲུབས་པ་དང་། གཞན་ཡང་བདེ་བར་གཤེགས་པའི་བཀའ་འགྱུར་རོ་ཅོག་བྱང་ཚགས་མའི་ཚུལ་དུ་བཞེངས་པ་སོགས་རྣམ་དཀར་གྱི་མཛད་པ་ཁོ་ནས་དུས་འདའ་བར་མཛད་ལ། གང་གི་ཚེ་ཞིང་ཁམས་གཞན་དུ་གདུལ་བྱ་རྒྱ་ཆེ་བ་ལ་དགོངས་ཏེ་གཤེགས་པར་བཞེད་པ་ན། ཤིང་ཕོ་བྱི་བའི་ལོ་ནག་པ་ཟླ་བའི་ཚེས་བཅོ་ལྔའི་ཉིན་པར་ནམ་མཁའ་འཇའ་འོད་ཀྱི་དྲ་བས་ཁེབས་པ་དང་། མེ་ཏོག་གི་ཆར་ཆེན་པོ་བབས་པ་ལ་སོགས་ཏེ། ངོ་མཚར་བའི་བརྗོད་དཔག་ཏུ་མེད་པ་ཞིག་བསྟན་ཅིང་། འཇིག་རྟེན་གྱིས་བྱ་བ་ལ་མངོན་པར་ཞེན་པ་རྟུལ་ཙམ་ཡང་མི་མངའ་བ་དང་། རྒྱུད་སྡེ་ཟབ་མོ་ནས་གསུངས་པའི་འདའ་ཁ་མའི་མན་ངག་ཟབ་མོ་ལ་ཐུགས་རྩེ་གཅིག་ཏུ་མཛད་པའི་ངང་ནས། སྤྲུལ་པའི་[སྐུ]ཆོས་ཀྱི་དབྱིངས་སུ་བསྡུ་བར་མཛད་ཅིང་། དེའི་ཚེ་དབུའི་གཙུག་ཏོར་ལག་པས་བཟུང་ཏུ་ཙུང་ཕར་འཕགས་པ་དང་། ཀུན་ཏ་གྱེན་དུ་འཁྱིལ་བ་དང་། རཀྟ་འཕུར་

〈ཕྱུར་〉ལ་བབས་པ་ལ་སོགས་པ། རྒྱུད་སྡེ་ནས་བཤད་པའི་རྟགས་མཚན་ཉིད་དང་ལྡན་པ་དག་བྱུང་ལ། གཞན་ཡང་ན་བཟའ་འབུལ་དང་། མཆོད་འབུལ་ཆེན་མོ་དང་། སྨོན་ལམ་ལ་བརྟེན་དེ་མཆོད་པ་འབུལ་བ་དང་། བདུན་ཚིགས་ཀྱི་མཆོད་འབུལ་དང་། སེར་གསོག་གི་ཆོས་འཁོར་ཆེན་མོ་དང་། ཟླ་མཆོད་རིམ་པར་འབུལ་བ་དང་། གདུང་ཞུགས་ལ་ཞེན་པ་དང་། གཟིམ་མལ་གྱི་དངུལ་འབུམ་རབ་ཏུ་གནས་པ་སྒྲུབ་པ་ལ་སོགས་པའི་གནས་སྐབས་དེ་དག་གིས་རྣམ་པ་ཀུན་ཏུ་འཇའ་འོད་ཀྱི་དྲ་བས་ནམ་མཁའི་ཁམས་ཁྱབ་པ་དང་། རྡིག་པ་དང་། ཐོག་ཕུབས་པ་ལ་སོགས་པ་ལ་ཐོགས་པ་མེད་པའི་མེ་ཏོག་གི་ཆར་ཅི་ཡང་འབབ་པ་དང་། སྒྲ་དང་། འོད་དང་། སྤོས་ཀྱི་དྲི་ཞིམ་པ་ལ་སོགས་པ། ལྷ་རྫས་ཀྱི་མཆོད་པ་བསམ་གྱིས་མི་ཁྱབ་པ་བྱུང་ཞིང་། སྐུ་གདུང་ཡང་རིང་བསྲེལ་གྱི་ཕུར་བུར་གྱུར་ཏེ། སོ་སོ་ཅག་གིས་མཐོང་པར་ཡང་། རིང་བསྲེལ་ཤེལ་གྱི་ཁ་དོག་ཅན་ཤིན་ཏུ་མཚར་བ་སུམ་ཅུ་ལྷག་པ་བྱོན་ཞིང་། དེ་དག་ལས་གསར་དུ་འཁྲུངས་པའི་འཕེལ་གདུང་རིང་བསྲེལ་དུ་མ་ཡང་མཐོང་ལ། དེ་ལྟ་བུ་ལ་སོགས་ཏེ། ངོ་མཚར་བའི་ལྟས་བསམ་གྱིས་མི་ཁྱབ་པ་དག་བྱུང་ལ། དག་པ་མཁའ་སྤྱོད་དུ་གཤེགས་པར་གདོན་མི་ཟ་བ་ཞིག་གོ །

ཏའི་སི་ཏུ་རྣམ་རྒྱལ་གྲགས་པ་འདི་ཉིད་ཀྱིས། དབང་རྣམ་སྲས་པོའི་སྲས་མོ་དཔོན་མོ་འཛོམ་པ་ཁབ་ཏུ་བཞེས་པའི་སྲས། ནམ་མཁའ་བཀྲ་ཤིས་རྒྱལ་མཚན་དཔལ་བཟང་པོ་གཞོན་ནུ་ལ་འདས། དེའི་རྗེས་ཏའི་སི་ཏུ་བསོད་ནམས་དཔལ་གྱི་དཔོན་མོ། དཔོན་མོ་ནམ་མཁའ་དཔལ་འབུམ་ཁབ་ཏུ་བཞེས་པའི་སྲས་མོ། རྡོ་རྗེ་ཚེ་རིང་མ། ཟུར་དུ་འཁྲུངས་པའི་སྲས་པོ་ནམ་མཁའི་རྡོ་རྗེ། (མེ་ཕོ་འབྲུག་) སྲས་མོ་ལྷ་མོ་རྣམས། རྟའི་དཔོན་ཆེན་པོའི་སྲས་གཉིས་པ།

འཇམ་དབྱངས་ནམ་མཁའ་རིན་ཆེན་ནི། གཞོན་ནུ་ནས་བསྟན་པ་རིན་པོ་ཆེའི་སྒོར་ཞུགས། སྡེ་སྣོད་གཞུང་ལུགས་དང་། རྒྱུད་སྡེ་དུ་མ་ལ་ཐོས་བསམ་མཛད། དཔལ་ལྡན་ས་སྐྱར་ཚོགས་ཆོས་གསུངས། འཇམ་པའི་དབྱངས་སུ་མཚན་གསོལ། རྒྱལ་སྲས་སེམས་དཔའ་ཆེན་པོ་སོགས་མཁས་གྲུབ་དུ་མའི་ཞབས་ལ་གཏུགས་ནས། གསུང་གི་བདུད་རྩི་གསོལ་བས། འཇིག་རྟེན་གྱི་རྣམ་དབྱེ་རྣ་བཞིན་དུ་དོར་ཏེ། ཅིག་ཏུ་ཉམས་སུ་ལེན་པ་ལྷུར་ལེན་པར་མཛད་པར་བཞེད་ཅིང་། དེ་བཞིན་གྱི་མཛད་སྤྱོད་ལ་ཞུགས་ཀྱང་། ཡབ་དང་གཅེན་གྱི་བཀའ་ལྡོ་མི་གནང་བ་དང་། གདུལ་བྱར་གྱུར་པ་རྣམས་ཀྱིས་གསོལ་བ་དྲག་ཏུ་བཏབ་པ་དང་། རང་ཉིད་ཀྱང་བྱང་ཆུབ་སེམས་དཔའི་སྤྱོད་པ་རླབས་པོ་ཆེ་ལ་སྦྱངས་པའི་ཕྱིར། ཉན་ཐོས་ཀྱི་བསླབ་པ་ཕུལ་ཏེ། རེ་ཞིག་གི་བར་ལ་གཅེན་གྱི་ཞབས་ཏོག་དང་། ཁྲི་བསྐོར་གྱི་སྐྱོང་རན་མཛད་ཅིང་། དེའི་ཚེ་དགོན་རྟེང་གུ་ཤྲཱིའི་ལུང་ཀྱང་བྱུང་ལ། དེ་དག་གི་དུས་ཀྱང་རྡོ་རྗེ་ཐེག་པའི་ཟབ་དོན། བསྐྱེད་རྫོགས་ཟུང་དུ་འབྲེལ་བ་ཡན་ལག་དང་བཅས་པ་ཉམས་སུ་ལེན་པ་གཙོ་བོར་འདོན་པ་དང་། གཞན་དག་ལ་ཡང་ཚུལ་དེ་ཉིད་རྒྱ་ཆེར་འདོམས་པ་དང་། དབུས་གཙང་ཏུ་བཞི། མངའ་རིས་བསྐོར་གསུམ། མདོ་ཁམས་སྒང་གསུམ་དང་བཅས་པའི་དགེ་བའི་བཤེས་གཉེན་སྟོང་ཕྲག་དུ་མའི་བཤད་བསྒྲུབ་ཀྱི་བདག་སྐྱེན་〈རྐྱེན་〉འགྲན་ཟླ་མེད་པ་མཛད་ནས། དེ་དག་ལ་གང་ལ་ཅི་འདོད་པའི་ཆོས་དང་ཟང་ཟིང་གི་སྦྱིན་པས་ཚིམས་པར་མཛད་དེ། དེ་དག་གིས་ཀྱང་གཙུག་གི་རྒྱན་དམ་པར་འཛིན་པ་སོགས་བྱང་ཆུབ་སེམས་དཔའི་སྤྱོད་པ་རླབས་པོ་ཆེ་ཡོངས་སུ་རྫོགས་པར་མཛད་པ་ཞིག་གོ།

དེ་ཉིད་ལ་སྲས་ལྔམ་སྲིང་གསུམ་འཁྲུངས་པའི་གཅེན་སློབ་དཔོན་ཆེན་པོ་

ནམ་མཁའ་དཔལ་བཟང་པོ་གཞོན་ནུ་ལ་རབ་ཏུ་བྱུང་། དམ་པའི་ཆོས་ཀྱི་ཕྱིར་དཀའ་བ་དུ་མ་སྤྱད། མདོ་རྒྱུད་དུ་མ་ལ་མཁྱེན་པ་རྒྱས། ཚངས་པར་སྤྱོད་པའི་དྲི་མ་མེད་པ་བརྟུལ་ཞུགས་ལ་གནས་པར་གྱུར་ཏོ། །ལྕམ་མོ་དཔོན་མོ་མཁའ་འགྲོ་རྒྱལ་མོ་མངའ་རིས་སུ་མངའ་བདག་ཁྲི་ལྷ་དབང་རྒྱལ་མཚན་གྱི་བཙུན་མོ་མཛད། སྲས་ཀྱི་ཐ་ཆུང་དུ་གྱུར་པ་ཕོ་བོ་ནི་ལྕུགས་སྨྱུག་འདི་ལྟར་རྣམ་དག་ཆོ་ག་སྡོམ་གསུམ་ནོད་ཀྱང་ཚུལ་འཆལ་དྲི་མས་རྙོག་པ་ཅན། མདོ་རྒྱུད་རྒྱ་མཚོའི་ཚིག་དོན་རྟོགས་ཀྱང་ཚིག་གཅིག་གཞན་ལ་མི་ཕན་ཅིང་། མན་ངག་ཟབ་མོའི་གཏེར་མཛོད་འཛིན་ཀྱང་སྐད་ཅིག་ཉམས་སུ་མི་ལེན་ལ། ཚངས་པར་སྤྱོད་པའི་བརྟུལ་ཞུགས་འཛིན་ཀྱང་དམྱལ་བའི་ཚང་ཚོ་བྱེད་པ་འདི། ཆོས་མིན་སྤྱོད་ཀྱང་ཆོས་སྐྱོང་མིང་ཅན་དཔལ་ལྡན་ཆོས་སྐྱོང་རྣམ་ཐར་ཡིན།

དེ་ལྟར་སི་ཏུ་རྒྱལ་པོ་དང་། མི་ཉག་རྒྱལ་རྒོད་ཀྱི་གདུང་གི་བརྒྱུད་པ་དང་། མ་ག་ཏ་རྡོ་རྗེ་གདན་གྱི་མཁན་པོ་འཛམ་བུ་གླིང་དུ་ཉི་ཟླ་ལྟར་གྲགས་པའི་མཁས་གྲུབ་ཆེན་པོ་ཙ་མི་ལོ་ཙྪ་བའི་དཔོན་པོའི་རིགས་སུ་འཁྲུངས་པ། བྱང་ཕྱོགས་ཀྱི་མིའི་དབང་པོ་དག་གི་གདུང་རབས་བརྗོད་ནས། ད་ནི་དེ་དག་གི་མཆོད་པའི་གནས་དམ་པ་སྐྱེ་རྒུ་མ་ལུས་པ་ལ་ཕན་བདེ་རྒྱ་ཆེན་པོ་སྟེར་བའི་ཙ་ལག་ཏུ་གྱུར་པ། དཔལ་ངམ་རིང་གི་ཆོས་སྡེ་ཆེན་པོ་འདི་ཉིད་ཀྱི་གདན་སའི་རིམ་པ་བརྗོད་པར་བྱ་སྟེ། དེ་ཡང་དཔོན་ཆེན་ཡོན་བཙུན་ཆེན་པོའི་སྐུ་རིང་ལ། འགྲོ་བའི་མགོན་པོ་ཆོས་རྒྱལ་འཕགས་པ་རིན་པོ་ཆེའི་ཐུགས་ཀྱི་སྲས། བླ་མ་ཆེན་པོ་གྲགས་པ་འོད་ཟེར་དང་། དེའི་དཔོན་མོ་བླ་མ་ཆེན་པོ་སངས་རྒྱས་དཔལ་གཉིས་ལ། བཀའི་སྣང་བ་ཞུས་ཅིང་། དེ་དག་གིས་ཀྱང་ཆས་རྐྱེན་བཟང་པོ་དང་བཅས་ཏེ་གནང་བ་དང་། ཏི་ཤྲི་དེ་དག་གི་དཔོན་པོ། ཆོས་རྒྱལ་

ཁྲི་སྲོང་ལྡེ་བཙན་གྱི་སྐུའི་སྐྱེ་བར་གྲགས་པ། ཀུན་སྤངས་ཆེན་པོ་གྲགས་པ་རྒྱལ་མཚན་པས་ཀྱང་། ཡུམ་གྱི་གསོལ་ཞིང་བཏགས་པ། ཆོས་སྡེ་ཆེན་པོའི་བདག་རྐྱེན་དུ་བཙུགས་པ་དང་། དཔོན་ཆེན་པ་དེ་ཉིད་ཀྱིས་ཀྱང་། ཐུགས་ཀྱི་རྩོལ་བ་ཆེན་པོ་སྐྱེད་ནས། སྟག་སྡེ་ལ་རྒྱབ་ཏུ་སྐུ་འཁྲུངས་པ། ཡང་དག་པ་ཡོངས་ཀྱི་དགེ་བའི་བཤེས་གཉེན་ཆེན་པོ་མཁན་པོ་ཤཱཀྱ་སེང་གེ་ཞེས་བྱ་བ་སྤྱན་དྲངས་ཏེ། ཆོས་སྡེ་ཆེན་པོ་འདི་ཉིད་ཐོག་མར་བཙུགས། དེ་ནས་ཁ་ཕྱུར་དུ་སྐུ་འཁྲུངས་པ། སྡོམ་བརྩོན་སྡེ་སྣོད་འཛིན་པ་ཆེན་པོ་ཞང་ཡོན་ཏན་རྒྱལ་མཚན་གྱིས་མཁན་པོ་མཛད།

དེ་ནས་རྗེ་ཡང་མགོན་པོ་ཆེན་པོའི་སྐུའི་སྐྱེ་བར་ཡོངས་སུ་གྲགས་པ། དགེར་ཕུ་རྒྱལ་སར་འཁྲུངས་ཤིང་། མདོ་རྒྱུད་མན་ངག་མཐའ་དག་ལ་མངའ་བརྙེས་པ། མངོན་ཤེས་དང་རྫུ་འཕྲུལ་ལ་སོགས་པ་ཐོགས་པ་མེད་པ་མངའ་ཞིང་། ཡི་དམ་གྱི་ལྷ་དུ་མས་དངོས་སུ་བྱིན་གྱིས་རླབས་ནས། ལུང་བསྟན་ཐོབ་པ། གྲུབ་པ་བརྙེས་པའི་རྣལ་འབྱོར་གྱི་དབང་ཕྱུག་ཆེན་པོ། ཆོས་ཀྱི་རྗེ་གྲགས་པ་དཔལ་བཟང་པ། མཚན་གཞན་ཀུན་མཁྱེན་གངས་ཁྲོད་པ་ཆེན་པོ་ཞེས་ཡོངས་སུ་གྲགས་པ་དེ་ཉིད་ཀྱི་གདན་ས་མཛད། དེའི་དུས་ན་རྗེ་ཉིད་གདན་སར་ཕེབས་པའི་ལོ། ཆོས་རྗེ་དཔོན་སློབ་བཅུ་དང་། ཆོས་སྡེ་ན་དགེ་འདུན་ལྔ་བཅུ་ལས་མི་བཞུགས་པ་ལ། ལོ་གཉིས་སོང་ནས་དབྱར་ཆོས་ཀྱི་དུས། དགེ་བཤེས་གྲྭ་པ་འདྲིས་〈བགྲེས་〉པ་བརྒྱ་དང་བཅུ་བཞིར་འཕེལ་བ་ལ། རྒྱས་སྟོན་བཟང་པོ་མཛད། ཟན་ཚུལ། ཚོད་ཚུལ་སོགས་ཀྱི་སྲོལ་ཐོག་མར་བཙུགས་ཏེ། ལོ་དགུའི་བར་ལ་དར་རྒྱས་སུ་མཛད་དོ་ཞེས་ཀུན་མཁྱེན་པ་དེ་ཉིད་ཀྱི་གསུང་ལས་བྱུང་། དེ་ནས་གཙུང་གི་སྤྱི་ཞེས་པར་སྐུ་འཁྲུངས་པའི་འདུལ་བ་འཛིན་པ་

ཆེན་པོ་མཁན་ཆེན་བསྟོན་འགྲུས་རྒྱལ་མཚན་པ་ཞེས་བྱ་བས་གདན་ས་མཛད། འདི་ཡན་ཆད་ལ། སྤྱིའུ་དཀར་པོ་ལ་བླ་བྲང་དང་། དེའི་ནུབ་ཀྱི་ཚོགས་ཆུང་ལ་འདུ་ཁང་མཛད་དོ་ཞེས་གྲགས།

དེ་ནས་མངའ་རིས་གློ་བོ་བ། དེའི་ནང་ནས་ཀྱང་ཤར་རི་བའི་མི་ཞིན་སྟེངས་སུ་སྐུ་འཁྲུངས་པ། སྡེ་སྣོད་གསུམ་དང་། རྒྱུད་སྡེ་བཞིའི་མངའ་བདག །ཁྱད་པར་དུ་ཡང་འགྲན་ཟླ་མེད་པའི་དུས་ཀྱི་འཁོར་པ་ཆེན་པོ། ཆོས་རྗེ་ཆོས་ཀྱི་རྒྱལ་པོ། མཚན་གཞན་ཕྱོགས་ལས་རྣམ་རྒྱལ་ཞེས་ཡོངས་སུ་གྲགས་པ། དེ་ཉིད་ཀྱི་གདན་ས་མཛད་དེ། དེའི་སྐུ་དོར་ལ། འདག་པོ་ཏིའི་དཔོན་རིན་པོ་ཆེའི་སྦྱིན་བདག་མཛད་ནས་བླ་བྲང་། འདུ་ཁང་སྟེང་པ་དང་བཅས་པ་སྐྲུབས། ཤར་ནུབ་ཀྱི་བྲང་ཁང་རྣམས་བཏབ། ཆོ་འཕྲུལ་དུས་མཆོད་བཟང་པོ་བཙུགས། བཅའ་ཡིག་ཆེན་མོ་ཡང་མཛད་དེ། དར་ཞིང་རྒྱས་པར་མཛད་པ་ཡིན་ནོ། །

དེ་ནས་ཁམས་ཀྱི་ཡུལ་དུ་འཁྲུངས་པའི་དགེ་བའི་བཤེས་གཉེན་མཚན་དངོས་ཆོས་ཀྱི་རྗེ་བསོད་ནམས་རྒྱལ་མཚན་མཁས་གྲུབ་འཕགས་པ་ཞེས་ཡོངས་སུ་གྲགས་པ་དེ་ཉིད་ཀྱི་གདན་ས་མཛད། ཡང་ཆོས་རྗེ་ཕྱོགས་ལེགས་རྣམ་རྒྱལ་གྱིས་གདན་ས་སྐྱུར་〈སྐྱུང་〉ནས། དེ་ནས་མདོག་གི་གཅེས་སུ་སྐུ་འཁྲུངས་ཞིང་། སྡེ་སྣོད་དང་རྒྱུད་སྡེ་འཛིན་པ་ཆེན་པོ་མཁན་ཆེན་བསྟན་པའི་རྒྱལ་མཚན་ཞེས་ཡོངས་སུ་གྲགས་པ། རྡོ་རྗེ་ནག་པོ་ཆེན་པོའི་ཞལ་དངོས་སུ་གཟིགས་པ་ལ་སོགས་པའི་ཡོན་ཏན་དུ་མ་དང་ལྡན་པ་དེས་གདན་ས་མཛད་དེ། མཁན་ཆེན་འདི་ཉིད་ནི། ཆོས་སྡེ་ཆེན་པོ་འདིའི་དགེ་བའི་བཤེས་གཉེན་གྱིས་ཆོས་སྡེའི་མཁན་པོ་མཛད་པའི་ཐོག་མ་ཡིན་ནོ། །

དེ་ནས་བཀའ་བསྒྲོ་བའི་རིགས་སུ་འཁྲུངས་པའི་མཁས་པ་ཆེན་པོ་མཁན་

ཆེན་ཟླ་མགོན་ཤེས་རབ། དེ་ནས་མདོག་གི་སྡེ་དམར་དུ་སྐུ་འཁྲུངས་པའི་དགེ་བའི་བཤེས་གཉེན་སོགས་གཞུང་ལུགས་རབ་འབྱམས་ལ་མངའ་བརྙེས་པའི་བྱང་ཆུབ་སེམས་དཔའ་སེམས་དཔའ་ཆེན་པོ་དཀའ་ལྷ་པ་དཔལ་འབྱོར་ཤེས་རབ། དེ་ནས་ཀ་ཙད་ཀྱི་རིགས་སུ་འཁྲུངས་པ། ལུང་རིག་སྨྲ་བ་དགེ་བའི་བཤེས་གཉེན་ཆེན་པོ་མཁན་ཆེན་རིན་ཆེན་དཔལ་བཟང་། དེ་ནས་མཁན་ཆེན་བསྟན་པའི་རྒྱལ་མཚན་གྱི་དཔོན་པོ། མདོག་གི་ཅེས་〈གཅེས〉སུ་སྐུ་འཁྲུངས་པའི་སྡེ་སྣོད་འཛིན་པ་ཆེན་པོ་མཁན་ཆེན་མཉྫུ་ཤྲི་འདེས། ཆོས་སྡེ་ཆེན་པོའི་ཕྱིར་དུ་ཐེག་ཆེན་ཆོས་ཀྱི་རྒྱལ་པོ་ཆེན་པོའི་ཕྱག་ཕྱིར་གོང་ལ་ཕྱོན། གོང་མ་ཏའི་མིང་ཆོས་ཀྱི་རྒྱལ་པོ་ཆེན་པོའི་ཐུགས་ལ་བཏགས་ནས། ཆེན་ཤྲིའི་མིང་གནང་བ་ཡིན།

དེ་ནས་གདན་ས་ཆེན་པོ་དཔལ་ལྡན་ས་སྐྱ་ཏུ་སྐུ་འཁྲུངས་པ། ལུང་དང་རིག་པ་དང་། མན་ངག་གི་ཚུལ་མཐའ་དག་ལ་དབང་འབྱོར་བས་སྡེ་སྣོད་གསུམ་དང་། རྒྱུད་སྡེ་བཞིས་བསྡུས་པའི་གསུང་རབ་མ་ལུས་པའི་དགོངས་དོན་མ་ལུས་པ་ཚུལ་བཞིན་དུ་འབྱེད་པ་ལ། གཞན་གྱི་དྲིང་མི་འཇོག་པའི་མཁྱེན་རབ་དང་། འགྲོ་བ་མཐའ་དག་ལ་བུ་གཅིག་པ་ལྟར་བརྩེ་བའི་ཐུགས་རྗེ་དང་ལྡན་པའི་རྗེ་བཙུན་འཇམ་པའི་དབྱངས་དང་གཉིས་སུ་མ་མཆིས་པ། གནས་ལྔ་རིག་པའི་པཎྜི་ཏ་ཆེན་པོ་འཇམ་དབྱངས་གྲགས་པའི་དཔལ། མཚན་གཞན་ཆོས་ཀྱི་རྗེ་ཀུན་དགའ་རྒྱལ་མཚན་དཔལ་བཟང་པོ། དེ་ནས་མདོག་གི་འགའ་གྲོང་དུ་སྐུ་འཁྲུངས་པ། སྤྱིར་བཀའ་མདོ་རྒྱུད། ལུང་མན་ངག་དུ་མའི་མཛོད་འཛིན་ཅིང་། ཁྱད་པར་རྒྱུད་སྡེ་རྒྱ་མཚོའི་ཕ་རོལ་ཏུ་སོན་ནས། གཅིག་ཏུ་ཐུགས་ཉམས་སུ་བཞེས་པ་ལྟར་མཛད་པས། རིམ་པ་གཉིས་ཆ་ལག་དང་བཅས་

པ་ལ་བསྟན་པ་ཐོབ་པ། དག་པའི་གདུལ་བྱ་འགའ་ཞིག་ལ་ཡི་དམ་གྱི་སྐུ་མངོན་སུམ་དུ་བཏོན་པ་ལ་སོགས་པ། མཁྱེན་རྟོགས་ཀྱི་ཡོན་ཏན་མཐའ་ཡས་པ་མངའ་བ། རྡོ་རྗེ་འཛིན་པ་འདུས་པའི་གཙུག་གི་རྒྱན་དམ་པར་གྱུར་པ། ཆོས་རྗེ་རིན་པོ་ཆེ་ཨ་ནན་ཏ་ལ་ཏེ། དེ་ནས་མདོག་སྟོད་སྡེ་སྐྱུར་སྐུ་འཁྲུངས་པའི་སྡེ་སྣོད་འཛིན་པ། ཁྱད་པར་རྒྱས་པའི་བསྟན་བཅོས་ཚད་མ་རྣམ་འགྲེལ་འགྲེལ་བཤད་དང་བཅས་པ་ལ་སྦྱང་བའི་མཆོག་ཏུ་གྱུར་པ། མཁན་ཆེན་སེང་གེ་དཔལ་རིན་ཆེན་གྱིས་གདན་ས་མཛད་དོ། །

མཁན་ཆེན་གོང་འོག་འདི་གཉིས་ཀྱི་སྐུ་རིང་ལ། བསྟན་པ་རིན་པོ་ཆེའི་སྦྱིན་བདག །ཆོས་ཀྱི་རྒྱལ་པོ་དཀོན་མཆོག་ལེགས་པའི་ཐུགས་དགོངས་རྣམ་པར་དཀར་བ་ལ་བརྟེན་ནས། ཐུབ་པ་རིན་པོ་ཆེའི་རྒྱལ་ཚབ་དམ་པ། ཐམས་ཅད་མཁྱེན་པ་གཞོན་ནུ་རྒྱལ་མཆོག་པ་སྤྱན་དྲངས་ཏེ། ཚོགས་ཆེན་པོར་དང་ཚུགས་ཀྱི་སྲོལ་བཟང་པོ་བཙུགས། བྱམས་ཆེན་འཛམ་གླིང་བརྒྱན་བཞེངས། ཆོས་ཐོག་གཅིག་གཉིས་ལ་བློ་གསལ་བདུན་བརྒྱ་ལྷག་པ་ཆོས་སྙོར་བཙུག །ཡང་ནས་ཡང་དུ་དགེ་འདུན་དུ་མ་ལ་རྒྱུན་གྱི་མང་ཇ་དང་བཅས་པའི་ཞབས་ཏོག་གྱི་ཉོམ་པ་བསྒྲུབས་ནས། རྗེ་དེ་ཉིད་ཀྱི་གང་ལ་ཅི་འདོད་ཀྱི་ཆོས་ཀྱི་ཆར་ཆེན་པོ་ཕབ་ཅིང་། དགེ་བའི་བཤེས་གཉེན་ཆེན་པོ་རྣམས་ཀྱིས་ཀྱང་། འཆད་ཉན་དང་། རི་〈རིག་〉ལུང་གི་གཏན་ལ་ཕབ་ནས། དར་ཞིང་རྒྱས་པར་མཛད་པ་དང་། ལོ་རེ་བཞིན་ཕུལ་དུ་བྱུང་བའི་མཆོད་པའི་ཡོ་བྱད་བསམ་གྱིས་མི་ཁྱབ་པར་བརྙེས་པར་བསྒྲུབས་ནས། རྗེ་དེ་ཉིད་ཀྱི་ཐོག་གྲྭ་པ་སྟོང་ཕྲག་གཉིས་ལྷག་པའི་དགེ་འདུན་འདུས་པ་རྒྱ་མཚོའི་ཚོགས་དང་བཅས་པས། འགྲོ་བ་མ་ལུས་པ་ལ་ཕན་བདེ་རྒྱ་ཆེན་པོ་འབྱུང་བར་གྱུར་ཅིག་པའི་སྨོན་ལམ་རྣམ་པར་དག་པ

བསྒྲུབ་པ་ལ་སོགས་པའི་སྒོ་ནས། ཆོས་སྡེ་ཆེན་པོ་འདི་ཉིད་ཤིན་ཏུ་དར་ཞིང་རྒྱས་པར་གྱུར་པ་ཡིན་ནོ། །

དེ་ནས་སྟོག་སྡེ་མཚོ་འཁོར་གྱི་གུར་ཆུང་དུ་སྐུ་འཁྲུངས་པའི་སྡེ་སྣོད་དང་། རྒྱུད་སྡེ་འཛིན་པ་ཆེན་པོ་དགྲ་བཅོམ་པ་དོན་བཟང་རྒྱལ་མཚན་པའི་དྲུང་ནས། དེང་སང་ཁྲི་ཐོག་ན་བཞུགས་ཏེ་གདན་ས་མཛད་པའོ། །

སྨན་ཆད་ཀྱང་ཤེས་བྱ་འདིའི་ཕྱོགས་ལ་ཤེས་འདོད་དང་ལྡན་པ་རྣམས་ཀྱིས་ཡོན་མཆོད་ཀྱི་ཕྲེང་བ་གསར་དུ་འཕེལ་བ་རྣམས་བསྣན་ཏེ་བྲི་བར་བྱའོ། ། ཚུལ་འདི་སྔགས་ཀྱི་རྣལ་འབྱོར་པ། །སྡེ་སྣོད་གསུམ་གྱི་ལུས་སྟོབས་ཅན། །རྒྱུད་སྡེ་བཞི་ཡི་ཡན་ལག་རྒྱས། །སྒྲ་དང་ཚད་མའི་མིག་དང་ལྡན། །ལུང་དང་རིག་པའི་རྣམ་འགྱུར་ཅན། །དཔལ་ལྡན་ཆོས་སྐྱོང་བཟང་པོ་ཡིས། །དོན་གཉེར་འགའ་ཡིས་བསྐུལ་ཕྱིར་བྲིས། །དགེ་བས་འགྲོ་ཀུན་སངས་རྒྱས་ཤོག །འདི་ནི་བླ་མ་བརྒྱུད་པའི་རྣམ་ཐར་འགའ་ཞིག་དང་། སྔོན་གྱི་ཡིག་ཚང་རྙིང་པ་ལ་ཞིབ་ཏུ་བལྟས་ཅིང་། ཁྱད་པར་དུ་ཡང་བདག་པོ་ཏའི་དཔོན་ཆེན་པོས་མཛད་པའི་གཡས་རུ་བྱང་པའི་གདུང་རབས་བྲིས་སྐུ་རྣམས་ཡིད་ཆེས་པའི་ཁུངས་སུ་བྱས་ཏེ་བྲིས་པ་ཡིན། མི་ཐྭ་ལཾ་ཛྷ་ཕན་ཏུ། དགེའོ། །

༄༅། །ཨོཾ་སྭ་སྟི། འཇམ་པའི་དབྱངས་ཀྱི་རྣམ་སྤྲུལ། །གང་མེད་ཁུ་དཔོན་ལ་གུས་པས་ཕྱག་འཚལ་ལོ། །ལ་སྟོད་ལྷོ་པའི་གདུང་རབས་ཟུར་ཙམ་གླེང་བར་བྱེད་ན། སྔོན་གྱི་དུས་ལྷ་སྟོད་ན་འགུ་ཚོ། སྨད་ན་ཙ་ཚོ། ཡང་སྟོད་ན་སྤུ་ཚོ། སྨད་ན་འདར་ཚོ་དང་། ཚ་བཞི་ཡོད་པའི་རྒན་པ་རེ་མོས་བྱ། ཧོར་རྒྱལ་པོ་ལ་ཕྱག་འབུལ་ལ་འགྲོ་དགོས་པ། ཕྱུག་པོ་སྒོང་མཁར་བ་ལ་རེས་བབ། ཁོང་ལ་བུ་དང་ནུས་ཚོ་མེད་པས་ཁོང་རང་གིས་རྒྱ་ཡུལ་ལ་འབྱོན་རྩིས་མཛད།

མར་རེས་འཕན་ཡུལ་དུ། དཔོན་བསོད་ནམས་འབུམ་ལ་ཞག་པ་གཡས་ན་
བཞུགས། བུ་གཉིས་ཡོད་པའི་ཆེ་བ་ལ་དཀོན་མཆོག་སྐྱབས། ཆུང་བ་ལ་གཞོན་
དབང་། ཕྱུག་པོ་བུ་ཆེ་བ་ལ་ང་བུ་ཚ་དང་། རུས་ཚ་མེད་པས། ཁྱོད་ངའི་བུ་
ཡིན་ཟེར་བ་བྱུས། ཞུ་ཡིག་དང་། འབུལ་བ་མི་ངན་པ་བྱེད་ཅིང་། ལམ་བར་
གྱི་ཆས་བཟང་པོ་བསྐུར། ཕ་མ་ལའང་རྒྱུ་དངོས་ཆེར་མི་འདུག་ཅིང་། ནང་
ནོར་ཕྱི་ནོར་གང་དགོས་སྐྱེར་བྱུས་པས། བུ་ཆེ་བ་ཟེར་དུས་བྱི་ཡང་ཆེ་སྐྱེ་ཉེན་
ཡང་ཆེ་བས་འགྲོར་མི་འདོད། བུ་ཆུང་པ་ལ་གང་ལྟར་གློང་བས། ཕ་མ་ལ་ཁྲིས་
〈དྲིས་〉ནས་འགྲོ་ཟེར། ཞུ་ཡིག་འབུལ་བ་ལམ་གྱི་ཆས་རྐྱེན་བཟང་པོ་བསྐུར།
རྒྱ་ཡུལ་ལ་བརྫངས། ཕྱུག་པ་སྣང་མཁར་བའི་བུ་ཡིན་བྱུས་པས། ཐག་རིང་
ནས་ཡོངས་པས་ང་བསམ་པ་ཡིན་གསུངས། རྒྱལ་པོ་དགེས་〈དགྱེས་〉།
དབུས་གཙང་དཔོན་ཆེན་གྱིས་ལུང་། དམ་ཁ། ལྷ་ཁྲི་བསྐར་བདག་པའི་འཇའ་
ས། སྟག་ལག་དང་བཅས་པ་གནང་། དབུས་གཙང་གི་དུད་རྩེ་བ་སོགས།
ཁྲིམས་ཀྱི་ཞིབ་ཆ་ཕལ་ཆེ་བ་མཛད། དཔོན་ཆེན་གྱི་སྲས་འོད་ཟེར་སེང་གེ་ལ།
དཔོན་ཆེན་གྱི་ལུང་གནང་། སོན་ཤེ་སེ་པའི་མི་དཔོན་གྱི་དམ་ཁ་གཟུང་
〈བཟུང་〉། འདིའི་སྲས་དཔོན་པོ་དོན་ཡོད་དཔལ་བ། ཕོང་གི་སྲས་ལྷུ་
〈སྤུ་〉ཚར་དཔོན་པོ་དཀོན་མཆོག་བཟང་། དེའི་སྲས་དཔོན་ཆེན་ཨ་མ་ཟླ་པ།
དེའི་སྲས་དཔོན་པོ་ནམ་མཁའ་རྒྱལ་པ་བ། ཕོང་གི་སྲས་ཆོས་རྗེ་སྐྱབས་པ་བ།
ཉི་ཤར། ཁྲི་མཁར་བ་ཚང་འདི་ཡིན། དཔོན་པོ་དོན་ཡོད་དཔའ་པོ་རྒྱ་ཡུལ་ལ་
བྱོན་པའི་མར་ལམ་འཕན་ཡུལ་དུ་བཞུགས། གནས་མོ་དེ་དང་འགྲིགས་པས།
བུད་མེད་དེས་ཁྱེད་ཐག་རིང་ལ་འབྱོན་པ་ཡིན། ང་ལ་བུ་བྱུང་ན་ཡིད་ཆེས་པའི་
ཕྱག་རྟགས་དགོས་ཞུས་པས། ཕྱག་བྲིས་ཕྱག་རྟགས་འབྱོར་བ་བཞག །ཕོང་

ལམ་ཁར་གྲོངས་པ་ལ་བུ་གཅིག་སྐྱེས། མིང་ཆོས་རིན་དུ་བཏགས། སྒྲོ་པ་མཁན་པོ་ལ་འདུལ་བ་བསླབས། དེ་སྐབས་སུ་དཔོན་དོན་ཡོད་དཔལ་ལ་སྲས་པོ་〈པོ་〉འདུག་ཟེར་བ། བྱང་པ་རྟ་དབེན་པས་གསན། རྩད་དཔྱད་གནང་བས། ཁོང་རང་གི་ཕྱག་བྲིས་ཕྱག་རྟགས་འགྱུར་བ་བྱུང་། ཐུགས་ཡིད་ཆེས་པར་མཛད་ནས། སྒྲ་པ་མཁན་པོ་ལ་གནང་སྦྱིན་གསེར་ཡིག་པ་བཛུངས། ཆོས་རིན་པ་སྐོར་གདན་དྲངས། བདག་ཆེན་མཛད། ཏ་དབེན་རིན་པོ་ཆེའི་སྲས་མོ་ནམ་མཁའ་འབུམ་པ་ཁབ་ཏུ་བཞེས། སྲས་བཅུ་གསུམ་འཁྲུངས་ནའང་། བརྒྱུད་ཀྱི་ཕན་མ་ཐོགས། བྱང་སེམས་འབུམ་སྐྱོང་རྒྱལ་མོས། བྱང་དུ་གུའི་གུང་ཆོས་གྲགས་དཔལ་བའི་བཙུན་མོ་མཛད། ཏའི་སི་ཏུ་ལྷ་བཙན་སྐྱབས་པ་འདིས་ཁབ་ཏུ་བྱང་སེམས་བཙན་ལྷུམ་རྒྱལ་མོ་བཞེས་པའི་སྲས། དྲུང་ཚེ་དབང་པ། འདིའི་སྲས་རྗེ་བཙུན་སྒྲོལ་མ་སྐྱབས་པས་ལགས། དཔོན་ཆེན་གཉན་པོ་དབང་། ཁྲི་ཐོག་ཕེབས་ནས་གཅེན་པོ་དཀོན་མཆོག་སྐྱབས་པ་ཡར་བས། ཆུ་འདུས་སྟོང་བསྐོར་མངའ་ཞབས་སུ་གནང་། ཁྲི་ཆུང་སྐོས་པའི་རྒྱུད་ཆུ་འདུས་པ་དཔོན་དཀོན་མཆོག་འབུམ། དེའི་སྲས་དཔོན་སློབ་ཆོས་སྐྱོང་རིན་ཆེན། དེའི་སྲས་ཆེན་པོ་འཕགས་པ་རིན་ཆེན། དཔོན་ཆོས་དབྱིངས་སྒྲོལ་མ། ཆེན་པོ་པའི་སྲས་རྒྱ་གར་ནི་རིན་ཆེན་པ། ཆོས་དབྱིངས་པའི་སྲས་འོད་ཟེར་འཛམ་པ་ཡབ་སྲས་གཉིས། ཆུ་འདུས་སྟོང་བསྐོར་འཛིན་ཅིང་སྐྱོང་། གུ་ཤྲི་མང་པོ་རྒྱུད་མང་དུ་བྱུང་ཞིང་། མང་ཚ་བར་བཏགས། སྔ་པའི་གདུང་རབས་ཀྱི་ཟིན་བྲིས་རེ་ཞིག་བསྒྲུབ་པས་དགེ་ལེགས་འཕེལ། ། ། །

༄༅། །རྫོག་རབས་གསལ་བའི་མེ་ལོང་།

༄༅། །ན་མོ་ཤཱཀྱ་མུ་ན་ཡེ། མཁྱེན་པའི་དཀྱིལ་འཁོར་ལེགས་བཤད་རབ་རྒྱས་ཚ་ཟེར་འཕྲོས་པས་གདུལ་བྱའི་པད་ཚལ་རྒྱས་པར་མཛད། །བརྩེ་བའི་བསིལ་ཟེར་ཀུ་མུད་རབ་རྒྱས་ཕན་དང་བདེ་བའི་ཕྲིན་ལས་ཕྱོགས་བཅུར་རྒྱས་པར་མཛད། །ནུས་པ་ཐུལ་ཕྱིན་འགྲོ་དོན་རབ་རྒྱས་རྒྱལ་བའི་བསྟན་པ་གངས་རིའི་ཁྲོད་འདིར་རྒྱས་པར་མཛད། །དེ་ལྟའི་དགེ་ལེགས་ཡོན་ཏན་རབ་རྒྱས་བརྒྱུད་པའི་བླ་མའི་གདུང་ལ་རྫོག་ཅེས་གྲགས་ལ་འདུད། །སངས་རྒྱས་བསྟན་པ་རི་དཔང་ལྷ་བུར་ཤིན་ཏུ་བརྟེན་པའི་རྩེར། །འཛིན་སྐྱོང་སྤེལ་བརྩོན་ཉི་དབང་ལྷ་བུའི་བཤེས་གཉེན་མཁས་པ་མང་བྱོན་ཀྱང་། །བརྒྱ་བྱིན་ལྷ་ཡི་དབང་པོ་ལྷ་བུར་ཀུན་གྱིས་བཀུར་བའི་གནས་ཐོབ་པའི། །གངས་ཅན་□□□བྱ།

དེ་ལ་འདིར་རྫོག་ཅེས་པའི་གདུང་འདིའི་རྣམ་པར་ཐར་པ་རྒྱས་པ་རྫོག་རབས་རིན་ཆེན་ཕྲེང་བ་དང་། བསྡུས་པ་རྫོག་རབས་བདུད་རྩིའི་ཐིགས་པ་སོགས་བསམ་གྱིས་མི་ཁྱབ་པ་འདུག་པའི་ནང་ནས། རྒྱས་པ་ལས་བསྡུས། བསྡུས་པ་ལས་ཚིག་སྣ་སྤྲིངས་ནས་གོ་བདེ་བར་དགྲོལ་བ་ནི། དང་པོ་བོད་དུ་མིའི་འགྲོ་བ་བྱུང་ཚུལ། བོད་ཀྱི་གཏམ་བརྒྱུད་དག་ལས། སྤྲེའུ་དང་བྲག་སྲིན་མོ་ལས་འཕེལ་བ་སོགས་ནི་ཟུར་དུ་ཤེས་ལ། རྫོག་འདི་ནི་རྒྱ་གར་ནས་ཆད་པ་

ཡིན་ཏེ། དེ་ཡང་རྫོད་དུས་ཀྱི་རྙེངས་〈སྙིང་〉ནས་རིང་ཞིག་ལོན་པ་ན། རྒྱ་གར་དུ་རྒྱལ་པོ་ཡུལ་འཁོར་སྐྱོང་གི་སྲས་གཡུལ་ངོར་བརྟན་པ་ཞེས་སོ། །དགྲ་ངན་ཞེས་ཀྱང་བྱ་བ་དཔུང་ཚོགས་བཅུ་གཉིས་སམ། ལྔ་ལས་ཐུལ་དུ་བྱུང་བའི་བསྐོད་པའི་འཁྲིལ་པར་དཔུང་ཚོགས་བཅོ་བརྒྱད་ཟེར་བ་དང་། རྒྱལ་པོ་སྐྱབས་སེང་གི་བུ་ལྔ། ཚ་བོ་དང་དྲུག །ཁྱབ་འཇུག་དང་བདུན་གྱིས་བཙམས་ནས། དགྲ་ངན་གསུམ་པའི་ཚེ། དགྲ་ངན་གྱི་ཆབ་སྲིད་རྣམས་སྐྱབས་སེང་བུའི་མངའ་རིས་སུ་ཡོད་པ་ལ་རྒྱལ་པོ་རྟ་པ་ཏི་ཞེས་བྱ་བ་དང་། བློན་པོ་རྫོག་གིས་མགོ་བྱས་མི་སྟོང་ཕྲག་གཉིས་བུད་མེད་ཀྱི་ཆས་སུ་ཞུགས་ནས་རི་གངས་ཅན་གྱི་གསེབ་ཏུ་བྲོས་པས་མི་འཕེལ་ལོ། །རྫོག་གི་བརྒྱུད་པ་འདི་མར་ཁམས་ཤར་ཙོང་ཁའི་ཡུལ་དང་ཉེ་བ་ན་རྫོག་གིས་སྡེ་ཆེ་བར་ཆགས་སོ། །དེ་ལ་རྫོག་ཡེ་ཤེས་འབྱུང་གནས་ནི། ཡུལ་དེ་ན་འཁོར་དང་ལོངས་སྤྱོད་ལྷའི་དཔལ་ལ་འགྲན་པ་ལྟ་བུ་ཡོད་པ་ལ། སྔོན་གྱི་ལས་སད་པའི་སྟོབས་ཀྱིས་འཁོར་བའི་ཆོས་ལ་ཡིད་ཕྱུང་། རྒྱལ་བུ་དོན་གྲུབ་ལྟ་བུར་འདུ་འཛི་བློས་གཏོང་གི་ཐུགས་དགོངས་སྐྱེས་ནས། འཁོར་འབངས་རྣམས་ལ་བཀའ་སྩལ་པ། སྤྱིར་འཁོར་བ་འདི་ལ་གཞིགས་པས་སྙིང་པོ་ཞིག་མི་འདུག །དགོས་〈སྒོས་〉འཇིག་རྟེན་གྱི་བྱ་བ་འདི་ལ་བློ་གཏད་ཐུབ་པའི་རིགས་སུ་མི་འདུག །རང་རེ་རྗེ་འབངས་ཀྱི་ཁྲུལ་ནའང་ཆོས་ཕྱོགས་སུ་གོ་ཆ་དང་སྙིང་རུས་བསྐྱེད་པའི་དད་བརྩོན་ཅན་ཡང་དཀོན་པར་འདུག་པས། ད་ནི་ང་དབུས་གཙང་དག་པའི་ཞིང་དུ་སྤྱོད་པར་འདུག་པས་དེར་ཆོས་ལ་འགྲོ་བའི་དུས་ལ་བབ་བོ་ཞེས་བགྲོས་པས་འཁོར་འབངས་རྣམས་ན་རེ། མངའ་ཐང་ཆབ་སྲིད་འདི་ལྟ་བུ་བཞག་ནས་ཆོས་ལ་གཤེགས་གསུང་བ་ནི་གནས་དང་གོ་སྐབས་མ་ཡིན་ཞེས་སོགས་ཀྱི་ཞོལ་འདེབས་མཁྱེན་གཅིག་ཏུ་འབུལ་བ་ལ། རྗེ་མངའ་ཐང་

འདི་འདྲ་ཐ་ཆུང་། ཟླས་གཅང་གི་སྲས་བུས་རྒྱལ་སྲིད་དེ་ཙམ། བཙུན་མོ་སྲས་
དང་བཅས་པ་མཆིལ་སྣབས་བཞིན་དོར་ཟེར་དེ་མ་ཐོས་སམ་གསུངས་ནས་ཆས་
པ་ལ། དགོན་པོ་ཡེ་ཤེས་སེང་གེ། དེའི་གཅུང་པོ་དབུ་མ་ནྡ་ཧྣ་དང་། རྡོ་རྗེ་
གྲགས་པ་ཡང་ཁྱེུ་པོ་དབུས་གཙང་ལ་ཆོས་ལ་གཤེགས་ན་བདག་གསུམ་ཡང་ཕྱུག་
ཕྱིར་འགྲོ་བར་ཞུ་ཟེར་ནས། གཞན་པ་ཕྱུག་ཕྱིར་འབྲང་མི་བརྒྱ་ཕྲག་མང་པོ་
དང་། གསེར་དངུལ། གཡུ། གོས་དར་ཇ་ལ་སོགས་པ། མཛོ་རྟ་མང་པོ་དང་
བཅས་ལམ་དུ་ཞུགས་པས། དབུས་ཀྱི་དྲང་སྲོང་སྲིན་པོ་རི་དང་། ཆུ་བོ་རིར་
ཕྱུག་ཕེབས་ནས་རབ་ཏུ་བྱུང་། ཐེག་པ་ཆེ་ཆུང་གི་ཆོས་རྣམས་ལ་སྦྱངས་པས་
ཐོགས་མེད་དུ་མཁྱེན། ཕ་རོལ་གྱི་རྒོལ་བ་རྣམས་ཚར་གཅད། ཡང་དག་པའི་
མཁས་པ་ཆེན་པོར་གྲུབ། རྒྱུད་སྡེ་བཞི་ལ་སོགས་པའི་གསང་སྔགས་ཀྱི་ཆོས་
མཐའ་དག་ལའང་དབང་འགྱུར་པས། ཁམས་གསུམ་གྱི་སྟོན་པ། མདོར་ན་
འགྲན་ཟླ་ཐམས་ཅད་དང་བྲལ་བས་ཀུན་གྱི་གཙུག་རྒྱན་ལྟ་བུར་གྲགས་ཏེ། དེ་
དུས་ན་འཇིག་རྟེན་པ་རྣམས་ཀྱི་ནོར་དངོས་སྤུས་དཀའ་བ་ལ་ངའི་རྡོག་ཡེ་ཤེས་
འབྱུང་གནས་ཡིན་ཟེར་གཅེས་གཏམ་དུ་བྱེད་དོ། །ཇོ་བོ་ཨ་ཏི་ཤ་བོད་དུ་བྱོན་
དུས། རྡོག་བྱང་ཆུབ་འབྱུང་གནས་ཇོ་བོའི་དྲུང་དུ་ཆོས་ཉན་ལ་ཡོད་པའི་ཚེ་ཇོ་
བོའི་ཞལ་ནས། ཁྱེད་ཀྱི་རིགས་རུས་རྣམས་ཇི་ལྟར་ལགས་གསུང་བ་ལ། བདག་
གི་ཡུལ་རྒྱ་གར་ནས་ཆད་པ་ལགས། རིགས་རྗེ་རིགས། རུས་རྡོག་ཟེར་བ་
ལགས་ཞུས་པས། རྒྱལ་པོ་དགྲ་ངན་གྱི་བློན་པོ་རྡོག་ཅེས་པའི་གྲགས་པ་ད་དུང་
ཡང་ཡོད་གསུངས། བོད་དུའང་། སྟོད་ན་འདར་རྡོག་འབོན་དང་གསུམ།
སྨད་ན་ཁྱུ་རྡོག་འབྲོམ་དང་གསུམ། བར་ན་སོ་ཟུར་གནུབས་དང་གསུམ་སྟེ།
བོད་ན་ཆེ་བ་མི་དགུ་ཟེར་བའི་ཆེ་ཡ་གཅིག་ཡིན། ས་སྐྱ་པ་ཧྲ་ཨེན་〈 དབེན་〉

ཆོས་ཀྱི་རྒྱལ་མཚན་པའི་བན་ཚང་པ་རྫོག་ནམ་མཁའ་དཔལ་བཟང་པོས་མཛད་དུས། བུ་སྟོན་རིན་པོ་ཆེ་ས་སྐྱར་གདན་དྲངས་ནས་ཏ་ཨེན་〈དབེན་〉ཆོས་རྒྱལ་བ་ལ་ཆོས་བཀའ་མང་པོ་གནང་བའི་དུས་སུ། རྗེ་བུ་སྟོན་པའི་གསུང་གིས། བླ་མ་ནམ་མཁར་དཔལ་བ་འདི། བོད་ཀྱི་ཇོ་སྲས་མི་དགུའི་གྲྭ་བ་ཡང་ཡིན། བོད་ཀྱི་ཤཱཀྱ་ཐུབ་པའི་མི་བརྒྱུད་ཡང་ཡིན་པས། འདི་གཡོག་གི་འོས་མ་ལགས་པས། རབ་ཏུ་སློབ་དཔོན་དུ་ཁྱེར་མཛད་དོ། །དེ་མིན་ནའང་ཡོང་གི་བློ་དང་མ་འགལ་བའི་མགོ་འདོན་མཛད་པ་ཞུ་གསུངས་པས། བརྒྱུད་པ་འདི་མཆོག་དུ་བསྟགས་སོ། །

རྫོག་ཡེ་ཤེས་འབྱུང་གནས་ཀྱི་དཔོན་པོ་རྡོ་རྗེ་གྲགས་པའི་རྣམ་ཐར་ནི། འཁྲུངས་ཡུལ་སོགས་ནི་གོང་དུ་བསྟན་པ་བཞིན་ལ། རབ་ཏུ་བྱུང་ལུགས་ནི། བོད་ཀྱི་བླ་ཆེན་མི་བཞི་བྱ་བའི་ཡ་བ་མཁས་བཙུན་གྲགས་པ་བཟང་པོའི་དྲུང་དུ་རབ་ཏུ་བྱུང་། ཁྲིས་ཀློག་སོགས་འབད་རྩོལ་མི་དགོས་པར་ལེགས་པར་མཁྱེན། འདུལ་བ་མདོ་རྩ་སོགས་འདུལ་བའི་ཆོས་སྐོར་མཐའ་དག་དང་། དབུ་མ་རིགས་ཚོགས་དང་ཕར་ཚད་སོགས་ལ་སྦྱངས་པ་མཛད། དཀའ་སྤྱད་ཚུལ་ཁྲིམས་དང་ལྡན་པར་གྱུར་ནས་ཕྱིས་གཙང་ལ་ཐོན། འཇད་དུ་དགོན་པ་གད་ཕུར་བཏབ། གཞན་ཡང་དགོན་གཞིས་འགའ་རེའི་བདག་མཛད། དར་རྒྱས་ཀྱང་ཕུན་སུམ་ཚོགས་པ་བྱུང་། སློབ་མ་སེ་ག་ལིང་ཁྱེར་བ་ཡང་ལྔ་བརྒྱ་ཙམ་འཚོགས་སོ། །འདུལ་བ་གཙོ་བོར་གསུངས་པས། མཁས་བཙུན་བཟང་གསུམ་དུ་འཛོམས། འདུལ་བ་འཛིན་པ་ཀུན་གྱི་རྒྱན་དུ་གྱུར་ཅིང་། བོད་ཀྱི་དགྲ་བཅོམ་པར་གྲགས་སོ། །དེ་ནས་འཇད་ཤར་ཕྱོགས་ཀྱི་དགོན་པ་གདོང་ཁྲོད་ཅེས་པ་བཏབ། དར་རྒྱས་ཤིན་ཏུ་ཆེ་བར་བྱུང་། དེ་རྗེས་གསང་སྔགས་ཀྱི་ཐོས་བསམ་སྒོམ་གསུམ་མཐར་ཕྱིན། ང་མཚར་བའི་ལྟས་དུ་མ་བསྟན་ནས་དག་པའི་ཞིང་དུ་གཤེགས་

སོ། །བླ་མ་དེ་ཉིད་ཀྱི་གཙུང་པོ་དགུ་མ་རལ་པའི་རྣམ་ཐར་ནི། འཁྲུངས་ཡུལ་དང་། རབ་ཏུ་བྱུང་བ་སོགས་གཅེན་དང་འདྲ་ལ། ཐུགས་རྩུང་ཞིག་རྐོད་པ་ཞིག་ཡོད། འདུལ་བ་དང་། དགུ་མ་རིགས་ཚོགས་ལ་སྦྱངས་པ་མཛད་ཚུལ་རྣམས་གོང་དང་འདྲ་བས། ཐོས་བསམ་གྱིས་འཆད་ཉན་གྱིས་ཆོས་ཀྱི་རྩ་བ་ལེགས་པར་ཚུགས། བསླབ་གསུམ་དང་ལྡན་ཞིང་། ཚུལ་ཁྲིམས་ཀྱི་སྡོང་པོ་ལ་ཉེས་ལྟུང་གི་དྲི་མས་མ་གོས་པར། ཁྲིད་བཀའ་ཐབ་ལ་མང་བ་རྣམས་ཀྱིས་རང་གཞན་རྒྱུད་སྨིན་ཅིང་གྲོལ་བར་མཛད། སྐུ་ཚེ་སྟོ་མ་ནས་ལས་འཕྲེལ་གྱི་ཤུགས་ཀྱིས། དཔལ་རྡོ་རྗེ་འཇིགས་བྱེད་ལ་ཤིན་ཏུ་ནས་མོས་པར་བྱུང་། རྣལ་ལམ་དུའང་འཇིགས་བྱེད་སྒྲུབས་པ་དང་། ཞལ་གཟིགས་པ་དང་། བྱིན་གྱིས་བརླབས་པའི་སྣང་བ་ཡང་ཡང་དུ་བྱུང་ནས། ང་ཡི་དམ་གྱི་ལྷ་འདི་སྒྲུབ་གྱིན་སྡོད་པ་ཞིག་ཡིན་ན་དགའ་སྙམ། དེ་ནས་རིང་པོ་མ་སོན་པ་ལ་དབེན་གནས་ཁྲུང་ཚང་དུ་སྒྲུབ་པ་ལ་བཞུགས་པའི་ནུབ་གཅིག་གི་རྨི་ལམ་ན། ཁྱིའུ་དམར་པོ་གཞོན་ནུ་མ་ཅིག་བྱུང་རིགས་ཀྱི་བུ་ལས་དང་སྐལ་བར་ལྡན་ནོ། །ངས་ཁྱོད་ཀྱི་ཕྱི་ནང་གི་བར་ཆད་བསྲུང་ཞིང་དངོས་གྲུབ་སྦྱིན་གྱིས་གསུང་བ་སྙམ་བྱས་ནས། ནམ་མཁའ་ལ་འཇའ་ཡལ་བ་བཞིན་ཅི་ཡང་མི་སྣང་བར་གྱུར་པ་དང་མནལ་སད་དོ། །དགོངས་པ་བཏང་པས། འཕགས་པ་འཇམ་དཔལ་གྱི་སྤྲུལ་པ་ཡིན་ངེས་སྙམ་ནས། སྒྲུབ་པ་ལ་ནན་ཏན་ཆེར་བཏང་པས། རིང་པོར་མ་སོན་པ་ན། རྡོ་རྗེ་འཇིགས་བྱེད་སྐུ་བལྟ་བས་ཆོག་མི་ཤེས་པ་གཅིག་མདུན་གྱི་ནམ་མཁའ་ལ་འདུག་པ་ཞལ་གཟིགས། བཅོས་མ་མ་ཡིན་པའི་མོས་གུས་ཐུགས་ལ་འཁྲུངས། སྣང་ཞིང་སྲིད་པའི་ཆོས་འདི་ཐམས་ཅད་བདེན་པ་མ་ཡིན་སྙམ་པའི་ཉམས་རྟོགས་བཟང་པོ་རྒྱུད་ལ་སྐྱེས། སྐུ་དེ་ཉིད་ལ་བརྟན་བཞུགས་མཛད། དེ་རྗེས་

ཆོས་སྐྱོང་བྱ་རོག་མ་ཞལ་གཟིགས་ནུས་མཐུ་དཔག་ཏུ་མེད་པ་ཐོབ། གང་ནའང་
གདོན་ཁ་ཟུག་པ་དང་། མཐུ་སེར་གྱི་སྲི་ཡོད་པ་ཀུན་ལ་ཞབས་ཀྱིས་བཅགས་པ་
ཙམ་གྱིས་ཟློགས་པ་དང་རྒྱུན་ཆད་པ་བྱུང་། གཞན་ཡང་ལྷ་སྲིན་དྲེགས་པ་ཅན་
རྣམས་ལའང་བཀའ་དང་ཡི་གེ་འགྲོ་བ་བྱུང་བས། སྲིའུ་མ་གསོས་པ་དང་གདོན་
གྱིས་གཙོས་པ་རྣམས་ཀྱང་གཏོར་གསོས་རེ་ཕུལ་བའམ། བསྲུང་སྐྱུད་རེ་ཞུས་
པས་བདེ་བར་འཚོ་བར་བྱུང་ཞིང་། སངས་རྒྱས་ཀྱི་བསྟན་པ་དང་། བླ་མ་ལན་
རྗེ་བ། སེམས་ཅན་མང་པོ་ལ་གནོད་པ། མདོར་ན་བསྒྲལ་བའི་ཞིང་དུ་
གཏོགས་པ་རྣམས་ཚར་གཅོད་པའི་ནུས་པ་དང་ལྡན་ཅིང་། ཡང་འདུལ་བར་སླ་
ཞིང་སྣོད་དང་ལྡན་པའི་སྐྱེས་བུ་རྣམས་བྱམས་སྙིང་རྗེས་དབང་པོའི་རིམ་པ་དང་
བསྟུན་པའི་ཆོས་སྟོན་པ་ལ་མཁས་པའོ། །དེ་ཉིད་ཀྱི་འཛད་ཀྱི་ས་ཕྱོགས་སུ་དམ་
པའི་ཆོས་དར་བའི་རྟེན་འབྲེལ་སྒྲིག་པའི་ཕྱིར། གསུང་རབ་ཀྱི་པོ་ཏི་བརྒྱ་རྩ་
བཞེངས། ས་ཕྱོགས་བཀྲ་ཤིས་ཤིང་གཟི་བྱིན་ཆགས་པར་བྱ་བའི་ཕྱིར། མཆོད་
རྟེན་བརྒྱ་རྩ་ཡང་བཞེངས་ཏེ། དེ་ནས་དཔོན་པོ་གདན་སར་བཞུགས། །སྐུ་ཚེ་
ཡང་མཐར་ཕྱིན་ནས་སྐུ་གཤེགས་ཁར། བུ་སློབ་རྣམས་ཀྱིས་ཞུ་བ་ཕུལ་བ། བླ་
མ་གཤེགས་རྗེས་སུ་བདག་རྣམས་ཇི་ལྟར་བགྱིད་ཞུས་པས། ངའི་ཉུས་པ་འདི་
ཞུགས་ལ་ཕུལ། ཉུས་པ་དང་ཐལ་བ་ལ་སྐུ་གདུང་གྱིས་ལ་བསྙེན་བཀུར་གྱིས་ན་
སེམས་ཅན་ལ་གནོད་འཚེ་དང་བར་ཆད་བཟློག་སོ། །ཁྱེད་རང་རྣམས་ཀྱང་
ཆོས་དང་སྒྲུབ་པ་ལ་ནན་ཏན་གྱིས། མི་ལུས་ཐོབ་པ་དོན་ལྡན་བྱེད་པ་ལ། རབ་
ཚེ་བློས་བཏང་གི་བློ་སྟོབས། འབྲིང་གི་ཆོས་ཕྱིར་དུ་དཀའ་སྤྱད་སྡུག་སྲན་གཞན་
ཕན་གྱི་བློ་མི་ཆུང་བ། ཐ་མས་ཀྱང་སྒོ་གསུམ་དགེ་བ་ལ་ཅི་འབྲེལ་བྱེད་དགོས།
དེ་ལྟར་མ་བྱས་ན་སྔར་བསགས་ཀྱི་ལས་ངན་མི་འདག །གཏན་གྱི་བདེ་བ་མི་

འབྱུང་། དོན་དུ་ཐོས་བསམ་སྒོམ་གསུམ་ལ་འབད་ནས་མཁས་པར་གྲགས་ཀྱང་། ཚེ་འདིའི་སྣང་ཞེན་སུ་ཤོར། རང་གི་རྒྱུད་ཐོག་ཏུ་མ་ཁེལ་ན། ཆོས་བྱས་པའི་དོན་གོ་སྟོར། ཕྱི་མའི་ལམ་སྣ་མི་ཟིན་ནོ་གསུངས་ནས། དུས་ཆོས་བཟང་པོ་ལ་ཡ་མཚན་གྱི་ལྟས་དུ་མ་བསྟན་ནས་གདུལ་བྱ་གཞན་ན་ཆེ་བ་ལ་དགོངས་ནས་ཞི་བར་གཤེགས་སོ། །

བླ་མ་དེ་ཉིད་ཀྱི་གཙུང་པོ་ཡེ་ཤེས་སེང་གེའི་རྣམ་པར་ཐར་པ་ནི། འབྲུངས་ཡུལ་སོགས་གོང་དུ་བསྟན་ལ། མདོན་པ་དང་། ཕར་ཕྱིན་ལ་ཐུགས་གཉེར་མཛད་ནས་མཁས་པར་གྱུར་ཀྱང་། སྔོན་གྱི་བག་ཆགས་སད་པས། གསང་སྔགས་རྡོ་རྗེ་ཐེག་པ་ལ་མོས་པར་གྱུར་ཏེ། མར་སྟོན་སེང་གེ་རྒྱལ་མཚན་ལ། དཔལ་གསང་བ་འདུས་པའི་ཆོས་རྣམས་ཞུས། མཁྱེན་པ་དང་ལྡན་པར་གྱུར་ནས། མར་སྟོན་ལ་སློབ་མ་རྒྱ་སྐར་ལྟར་ཡོད་པའི་ནང་ན་མཆོག་ཏུ་གྱུར་པ་ཉི་ཟླ་ཟུང་གཅིག་བྱ་བ། རྔོག་ཉི་མ་དང་། ཤོལ་ཟླ་བ་དང་འདྲ་བར་གྲགས་པ་ཡིན། རྗེ་བཙུན་འགོས་གསང་འདུས་སྤྱི་འགྱུར་གསུང་བའི་དུས། སློབ་མ་རྣམས་ཀྱི་ནང་ནས་མཆོག་ཏུ་གྱུར་པ་མང་ར་བ་ཡིན། འགོས་ཀྱི་གདམས་ངག་དུ་མ་སྙེལ་ཀྱང་ཟེར། མང་ར་བས་ཚུལ་མིན་བྱས་ཀྱང་ཟེར་ནས། སླར་ཡང་རྒྱ་གར་ལ་ཕྱིན། གྲུབ་ཐོབ་ཀྱི་བླ་མ་བདུན་ཙུ་ཙ་གཉིས་ལ་གསང་འདུས་ལ་སོགས་པའི་ཆོས་མང་པོ་ཞུས་ནས་བོད་དུ་བསྒྱུར། མོ་ཙྪ་བ་རིན་ཆེན་བཟང་པོ་ལ་སོགས་པས་རྒྱུད་འགྲེལ་གྱི་འགྱུར་བཅོས་སྔར་མ་གསལ་བ་རྣམས་གསལ་བར་མཛད་ནས་ཧ་ནག་ཏུ་ཕེབས། རྔོག་ཆེན་པོས་ཀྱང་དཔལ་གསང་བ་འདུས་པའི་ཆོས་རྣམས་ལྷག་མ་མ་ལུས་པར་ཞུས། བསྙེན་བཀུར་དང་འབུལ་བས་རྗེ་བཙུན་མཉེས་པར་བྱས། གདམས་ངག་ཐམས་ཅད་ཀྱང་བུམ་པ་གང་བྱོའི་ཚུལ་དུ་

གནང་། ཕྱིས་འགྱུར་གྱི་དུས་སུ་མན་ངག་གི་གདུང་མ་ཁྲིམས་པའི་མི་བཞི་བྱ་བའི་ནང་ནས། རྫོག་ཡེ་ཤེས་སེང་གེ་མཁས་པའི་གྲགས་པ་ཤིན་ཏུ་ཆེ་བས། གསང་འདུས་རྫོག་ལ་ཕྱག་ཟིན་པ་ཡིན་ནོ། །གཞན་ཡང་རྔ་ལོ་རྡོ་རྗེ་གྲགས་པ་ལ་གཤིན་རྗེའི་ཆོས་སྐོར་རྣམས་ཞུས་ནས་ཡིག་ཆ་ཡང་འགའ་རེ་མཛད། སྒྲུབ་པ་མཛད་པས་ནུས་པ་ཆེར་བརྙེས། རྡོ་རྗེ་འཇིགས་བྱེད་དང་གསུང་འདྲེས་ཞེས་སྐད་དོ། །བཞུགས་གནས་སུ་འཛད་དྲག་རྟག་དགའ་ལྡན་གྱི་དབེན་གནས་བཏབ་ནས་སྒྲུབ་པ་གཙོ་བོར་མཛད། མར་སྟོན་སྐྱ་གཤེགས་ནས་རམ་སྡིངས་ཀྱི་གདན་ས་མཛད་དེ། གདུལ་བྱ་རྣམས་ཆོས་ཀྱི་སྨིན་པར་མཛད་དོ། །དེ་ནས་ཁམས་སུ་གཤེགས་པར་དགོངས་པ་ལ་བུ་སློབ་རྣམས་ཀྱིས་ཞོལ་བཏབ་པས་ཐེབས་ནས་འཛད་དུ་ཐུགས་ཕབ། གསང་འདུས་དུས་བཞིར་གསུངས། བུ་སློབ་ཚན་ཆེར་འདུས། ཀུན་གྱིས་ཞྭའི་ཅོད་པན་གྱི་ཚུལ་དུ་འཛིན་ཅིང་། སྐུ་ན་མཐར་སོན་ནས་ཐུགས་དམ་རྩེ་གཅིག་གི་ངང་ནས་དག་པའི་ཞིང་དུ་གཟུགས་སྐུ་ཆོས་སྐུའི་ངང་དུ་ཐིམ་མོ། །ནང་རྟེན་གྱི་ནང་ནས་གདུང་རིང་སྲེལ་རྣམས་བཞུགས་སུ་གསོལ་ལོ། །

རྗེ་དེ་ཉིད་ཀྱི་སྐུའི་སྲས་མཆོག་དམ་པར་གྱུར་པ་རྫོག་ཉི་མ་སེང་གེའི་རྣམ་པར་ཐར་པ་ནི། ཆུང་ངུ་ནས་བྲིས་ཀློག་བསླབས་པས་ཐོགས་མེད་དུ་མཁྱེན་པས་བ་རི་ལོ་ཙྪའི་དྲུང་དུ་རབ་བྱུང་མཛད། སྒྲ་ཚད་ལ་མཁས་པར་སྦྱངས། གཏོར་ཆེན། རྣམ་རྒྱལ། རྣམ་འཇོམས་སོགས་མན་ངག་སྐོར་མང་དུ་ཞུས། རང་གི་ཡབ་ལ་གསང་འདུས་ཀྱི་རྒྱུད་འགྲེལ་མན་ངག་རྣམས་མ་ལུས་པར་ཞུས་ནས་ཉམས་ཁྲིད་བསྐྱངས་པས་གདམས་པའི་གནད་ཐམས་ཅད་ཐུགས་སུ་ཆུད་པར་མཛད་པས། ཡབ་ལས་ཀྱང་ལྷག་པ་ལྟ་བུར་གྱུར་ནས། རྒྱུད་ཀྱི་སྟེང་དུ་མཆན་

གྱིས་གསལ་བར་མཛད། ཟབ་མོའི་འགྲེལ་པ་རྫོག་གི་ཊཱི་ཀ་ཆེན་དུ་གྲགས་པ་དང་། འཁོར་བ་བསྡུས་པའི་བསྡུས་དོན། ཐེག་པའི་སྟོང་ཐུན་ཆེ་ཆུང་། རིམ་ལྔའི་གསལ་བྱེད། ཐིམ་པ་བཞི་པ། རྣམ་གཞག་རིམ་པའི་གསལ་བྱེད། བསླབ་པ་རིམ་པ་དགུའི་གསལ་བྱེད་ཀྱི་མན་ངག་ལ་སོགས་པ་མང་པོ་སྐྱེ་བོའི་མིག་རྒྱན་དུ་མཛད། གཞན་ཡང་ནག་པོ་སྐོར་གསུམ། འཇིགས་བྱེད། གདོང་དྲུག་ལ་སོགས་པ་རྒྱུད་ཀྱི་སྐོར། རྡོ་རྗེ་གདན་བཞི། འགོས་ཀྱི་བསྒྱུར་བའི་ལུགས་རྣམས་དང་། རྡོ་རྗེ་རྣལ་འབྱོར་མ་ལ་སོགས་པ་མ་རྒྱུད་ཀྱི་སྐོར་དང་། སང་ཧ་ཏ་ལ་སོགས་ཡོ་གའི་སྐོར་སོགས་མང་དུ་གསན་ཅིང་ལེགས་པར་མཁྱེན་པའི་སྟོབས་ཀྱིས། བྱང་ཕྱོགས་ཀྱི་རྒྱུད་ཀྱི་པཎྜི་ཏ་ཡིན་ཞེས་པ་དང་། ཤཱཀྱ་ཐུབ་པ་དང་མཚུངས་ཟེར་ནས། རྫོག་ཤཱཀྱ་མུ་ནེར་གྲགས་སོ། །དེས་སེམས་ཅན་རྣམས་མཐར་ཐུག་གི་བདེ་བ་ལ་དགོད་པ་ལ། ཐོག་མར་སྦྱིན་པས་བསྡུད་དགོས་པར་དགོངས་ནས། འཇད་ཀྱི་ཞུ་རིར་ཛམྦྷ་ལ་སེར་པོ་སྒྲུབས་པས་ཡུན་རིང་མ་གྲུབ་པས། ཐུགས་སྐྱོ་ནས་ཛམ་སྒྲུ་འཕང་བར་རྩམས་པས། ནམ་མཁའ་ནས་དེ་ལྟར་མ་བྱེད་པར་ད་དུང་ཞག་གསུམ་སྒྲུབས་ཟེར་བའི་སྒྲ་ཅིག་བྱུང་པ། ཞག་གསུམ་སྒྲུབས་པས་སྤྱ་དྲོ་ཅིག་ཛམ་སྒྲུ་ག་དོ་རར་བཙུག །ཕྱག་གཡས་པས་ཆུ་སྦྱིན། གཡོན་པས་སྙིང་པོ་བརྒྱ་རྩ་བགྲང་ཞིང་། སྤྱན་བསྟུམ་པ་ལས་ཕྱག་ལྷེ་ཞིང་མི་ཐེགས་པ་སྙམ་བྱེད་ཅི་ཡིན་ནམ་བསམ་བལྟས་པས་སྣང་བ་ཐམས་ཅད་གསེར་དུ་སོང་། མདུན་གྱི་ག་དོ་ར་གསེར་གྱི་ཁེངས་པའི་སྟེང་དུ་འཛམ་སྒྲུ་བསྐོར་བ་བྱེད་པ་དངོས་སུ་གཟིགས། ང་འཁྲུལ་བ་ཡིན་ནམ་སྙམ་གཟིགས་པས་ཀྱང་དེ་བཞིན་དུ་འདུག །ཆོས་སྒོའི་རྒྱབ་རི་ན་འོད་འདོམ་གང་ཙམ་གཞན་ལས་བཀྲག་པ་ཞིག་འདུག་པ་གཟིགས་སུ་ཕྱིན་པས། གསེར་གྱི་ཐེག་པོ་མཐོ་གང་དང་སོར་གསུམ་

པ། དཔྱིབས་རྫོ་རྗེའི་རྣམ་པ་ཅན་ཅིག་འདུག་པ་དེ་དགོས་པས་ཁྱེར་ནས་ཕྱིན་པས་མཐུ་སེར་ཐུབ་པའི་བྱིན་བརླབ་ཅན་ཅིག་བྱུང་། དེ་ནས་སྐུ་མ་གཤེགས་པའི་རྟེན་འབྲེལ་ལ་གར་བཞུགས་ཀྱི་འདོམ་གང་ཚུན་ཆད་གསེར་དུ་ལོངས་སྤྱོད་པས་ཚོགས་པ་བྱུང་གསུང་ངོ་། །དེ་སྐབས་ཀྱིས་ཉིན་རེ་བཞིན་སྤྱིན་གཏོང་རྒྱ་ཆེན་མཛད། དྲག་སྔགས །རྫོག་གྲོང་། ཞུ་རི། འཕེབ་རི། ཁྱིལ། ཁྱུང་དཀར། ངོལ། བ་ཚ་ལྷས། གྲོ་སྐོར། དགེ་ལུང་། ཆོས་ལུང་གི་མགོ་བྱས་པའི་གཙུག་ལག་ཁང་བཅུ་གསུམ། རྟེན་རྒྱབ་ཆ་དང་བཅས་པ་བཞེངས། བཞུགས་གནས་ངེས་པ་ཅན་ནི། དཔྱར་ཚད་པའི་དུས་བསིལ་བའི་གནས་དོལ་གྱི་མེ་ཏོག་མཛེས་ལྡན། སྟོན་དཔལ་འབྱོར་འདུ་བའི་གནས་རྫོག་གྲོང་དང་། རམ་སྡིངས། དགུན་ལྷག་པ་སྐྱིབ་པའི་གནས་དགེ་སྦྱོར་འཕེལ་བ་དཔལ་གྱི་དྲག་རྟག །དཔྱིད་ཁམས་སློམས་ཤིང་ཉམས་དགའ་བ་དགེ་ལུང་རྣམས་ཡིན། དེ་ལ་སོགས་པ་གར་བཞུགས་ཀྱང་ཆོས་ཀྱི་བྱ་བའི་དུས་འདའ་ཞིང་། ཁྱད་པར་གསང་འདུས་དུས་བཞིར་གསུངས། ཡི་དམ་གྱི་ལྷས་བྱིན་གྱིས་བརླབས་པས་ཆོས་སྐྱོང་གྲི་གུག་མ་དམར་མོ་ཐན་དུ་འཁོལ། རྩ་རླུང་ལ་དབང་ཐོབ། རོ་རྐྱང་གི་རླུང་ཕྱག་སོར་ནས་འདོན་ནུས། མཐུ་སེར་གནན་གཏད་སོགས་ལ་བྱིན་གྱིས་བརླབས་པ་ཙམ་གྱིས་ཟློག་ནུས་པ་སོགས་ཀྱི་གཏམ་རྒྱུད་མང་པོ་སྣང་སྟེ་མ་བྲིས་སོ། །བུ་ཆེན་རགས་པ་ངོ་མཚར་བ་རྣམས་ནི། རྒྱལ་ཚབ་ཉི་མ་ལྷུམ་སྐུ་མཆེད། མི་ཉག་དར་མ་ཙནྡྲ། དམ་པ་དམར་པོ། ཁམས་པ་རྫོར་རྒྱལ། འབྲིང་འཚམས་ནས་ཞང་། ཡར་ལུང་ནས་ཁྲུ། ཁ་རག་ནས་སློས། སྣན་ལུང་ནས་དཔྱལ། རོང་ནས་སྟོན་ཆེན་འབུམ་སྐྱབས་སོགས་བོད་ན་ཆེ་བའི་མི་བཞི་ལ་སོགས་པའི་དབུས་གཙང་ཁམས་གསུམ་གྱི་གྲྭ་པ་མང་དུ་འདུས་སོ། །བུ་ཆེན་རགས་པ་རྣམས་ཀྱིས་འགྲན་

ནས་འབུམ་ཆ་རེ་གསར་དུ་བཞེངས་ནས་གཙུག་ལག་ཁང་དུ་སྦུལ་ལོ། །གཞན་ཡང་གསུང་རབ་སྤོབས་ཅན་ཡོད་ཀྱང་དུས་ཟིངས་དུས་དབུར་རྩེ་ལ་མི་བརྒྱབ་པའི་དུ་བ་ཡུན་རིང་དུ་མ་ཆད། རྗེས་སུ་ས་གསེལ་བྱས་པས་རྟེན་མཆོད་ཆ་མང་པོ་དང་། འབུམ་ཆ་གཅིག་ས་མཚམས་ནས་ཐོན་ནོ། །དེ་ནས་སྐབས་ཅིག་ནས་རམ་སྟིངས་〈སྡིངས་〉ཀྱི་གནས་སྟོངས་ནས། གནས་གསར་པས་རྟེན་འགའ་ཡར་གདན་དྲངས་པས། རམ་སྟིངས་ཀྱི་རྒྱལ་པོ་མ་དགའ་བས་མི་འགའ་ཤི་བས་བྲིད་ནས་རྟེན་རྣམས་ཕྱིར་བསྐྱལ་བ་ལ། རྟེན་ལ་ཞབས་ཏོག་མེད་པས་འོ་རྒྱལ་བ་འདུག་བསམ་ནས། སྐུའི་རྡོ་རྗེའི་བུམ་སྐུ་གཅིག །གདུང་རྟེན་གསུམ། དུང་གཅིག །བདུན་ཆ་ཆེན་མོ་གཅིག །འཁར་བའི་གཏོར་གཞོང་ལྷ་རྣམས་དྲག་རྟག་དུ་གདན་དྲངས་པས། རྟེན་གྱི་ཕྱིར་རམ་སྟིངས་ཀྱི་རྒྱལ་པོ་འབྲིངས་ཏེ་འཁོར་ལ་ནད་ཚ་དང་ཆོ་འཕྲུལ་མང་དུ་བྱུང་པ་བླམ་ལ་ཞུས་ནས། འདི་རྣམས་མི་དགེ་བས་ཕྱིར་ལ་སྐྱེལ་བར་ཞུ་བྱས་པས། བླ་མའི་ཞལ་ནས། ང་ནོར་དད་ཆེས་ནས་བླངས་པ་མིན། བླ་མའི་རྟེན་མཆོད་རྣམས་འོ་རྒྱལ་བ་འདུག་པས་གདན་དྲངས་པ་ཡིན། རྒྱལ་པོ་ཁོ་ལ་ང་མི་འཇིགས། ཁོས་གནོད་པ་བྱེད་ན་སྒྲིན་བསྒྲིག་བྱས་པས་ཚིག་གསུངས། དྲག་པོའི་སྒྲིན་བསྒྲིག་བྱེད་པའི་གྲབས་བྱས་པས། ཁོས་ཀྱང་ཕུའི་ལུག་རྫི་གཅིག་ལ་ནླ་〈བླ་〉རྡོ་ཤེལ་དཀར་པོ་ཁྲུ་གང་པ་གཅིག་གཏད་ནས། འདི་ཆུ་ཁར་ཁྱེར་ལ་རེམ་ལས་ཆུ་དྲོན། ངས་ཀྱང་ཟན་པ་སྤེར་ཟེར་ནས་ཆུ་དྲན་པས་རྡོ་ཚིག་ཡོང་གིན་འདུག་ཟེར། དེར་རྒྱལ་པོས་ལུས་དངོས་སུ་བསྟན་ནས་ང་མ་བསྒྲིག །ངས་ཀྱང་གནོད་པ་མི་བྱེད། ཁྱེད་ཀྱིས་ཀྱང་ང་ལ་གཏོར་མ་རེ་བླང་། མི་རབས་བདུན་གྱི་བར་ལ་ལྷ་ཁང་འདིའི་བསྐྱུངས་མ་བྱེད། དེ་ནས་ཡུལ་འདིར་དམག་བྱུང་ནས་རྟེན་མཆོད་རྣམས་ཀྱང་

གཞན་དུ་འཕྱིར་བར་འདུག་པས་ང་ཡང་རྗེས་ལ་འགྲོ། ཕྱིད་ཀྱི་མི་རབས་ཀྱང་ཡུལ་དུ་མི་ཆགས་པར་འདུག་ཟེར་རོ། །དེ་ནས་བླ་མས་ལོ་མང་པོར་བསྟན་པ་དང་སེམས་ཅན་གྱི་དོན་མཛད། དབྱར་དགུན་ཆོས་རེ་བཤད། སྟོན་དཔྱིད་ཐུགས་དམ་འབའ་ཞིག་མཛད། དགུང་ལོ་དྲུག་བཅུ་བཞེས་པའི་ནམ་ཟླ་དཔྱིད་ཀྱི་དུས། སྦྲ་འོད་མེ་ཏོག་གི་ཆར་འབབ་པ་སོགས་ངོ་མཚར་བའི་ལྟས་དུ་མ་དང་བཅས་ནས་ཆོས་ཀྱི་དབྱིངས་སུ་གཤེགས་སོ། །

བླ་མ་དེ་ཉིད་ཀྱི་སྐུའི་སྲས་དམ་པ་རྗོག་ཨཙྪ་དེ་ཕའི་རྣམ་པར་ཐར་པ་ནི། ཡུམ་བྲི་ཁ་མན་ཁང་གི་ཇོ་མོ་ཟེར། རེས་འགའ་དུར་ཁྲོད་རི་སུལ་འགྲིམ། རེས་འགའ་གྲོང་ཁྱེར་དང་ཆུ་ངོགས་རྒྱུ་བའི་རྣལ་འབྱོར་མ་ཅི་བྱེད་ཧིག་དུ་མི་ཕྱུར་བ། ཡེ་ཤེས་ཀྱི་མཁའ་འགྲོ་མ་བྱ་བྲལ་མའི་ཚུལ་བཟུང་ནས་འགྲོ་བའི་དོན་ལ་བྱོན་པ་ལགས་པར་གདའ། མཁའ་འགྲོ་དེ་ཉིད་ཀྱི་དགོངས་པ་ལ། ཕུའི་བླ་མ་བཟང་པོ་ཡ་གེའི་རིགས་བརྒྱུད་ཆད་ནས་སེམས་ཅན་རྣམས་བསོད་ནམས་ཆུང་སྙམ། བླ་མ་ཐུགས་དམ་བསྐྱུབ་པ་ལ་བཞུགས་པའི་སར་བྱོན་ནས་ཆོས་བཀའ་འདྲ་ཞུ་བ་ལ་ཕྱིན། མཁའ་འགྲོ་མའི་སྐུ་དངོས་སུ་བསྟན་ནས་གསང་ཡུམ་མཛད། དུས་རེ་ཤིག་ཙ་ན་ཉེ་གནས་ལ་ཕྲད་ཀ་དགོས་ཟེར། ཉེ་གནས་དང་ཕྲད་པས་ཕ་ཚད་འགྲོ་ཟེར་ནས་ཕྱིན་པས། བུ་ཆུང་བཀྲག་མདངས་དང་ལྡན་པ་ཞིག་འདུག་པས། འདི་ཕྱིད་ཀྱི་བླ་མའི་གདུང་འཛིན་ཡིན། སེམས་ཅན་ལ་ཕན་ཐོགས་པ་ཡོང་བར་ཡོད་པས་གཉེར་ཅག་ལེགས་པར་གྱིས། ང་སང་རྒྱ་གར་ལ་འགྲོ་ནམ་ཟླ་ལ་ཕྲད་དུ་ཡོང་ཟེར་ཞིང་འདུག་པ་ལ། བུ་ཆུང་གི་བཞིན་མདངས་མཐོང་བས་དགའ་འགུ་ལངས། ཐེ་ཚོམ་ཡང་ལངས་ནས། ཚ་མེད་པས་མི་ཐུབ་བམ་བྱས་པས། དེ་འདྲའི་དགོས་པ་མི་དགོས། ཚ་པོ་རང་ལ་ཡོང་ཟེར་ནས་མོ་སོང་པས། སྐྱེ་བོ་

ཕལ་པ་གཅིག་མིན་བསམ། མིས་མ་མཐོང་བར་བྱས་ཏེ་ནང་དུ་ཁྱེར་ཕྱིན་པས། ཁོང་རང་གི་མཐེ་བོང་འཛིབས་པས་འོ་མ་ཡོང་གིན་འདུག །ཤིན་ཏུ་ནས་ཉན་པར་བྱུང་ངོ་། །སང་ཉེ་གནས་ནམ་ལངས་ཁར་གཉིད་དུ་སོང་བ་དང་སྒོ་དཀྲིག་པ་སྐམ་བྱེད། གཉིད་སད་ནས་ཁ་སང་གི་དེ་དྲན་ནས་བལྟས་པས་སྒོ་ན་ཅང་ཡང་མི་འདུག །མིག་ཕར་རིག་ཚུར་རིག་བྱས་ལྟས་པས། ནུབ་རིའི་རྩེའི་ནམ་མཁའ་ལ་འཕུར་འགྲོ་ཡིན་འདུག་པ་བོས་པས། ཕྱི་མིག་གཅིག་བལྟས་ནས་ང་ལོ་གསུམ་ནས་ཕྲད་དུ་ཡོང་ཟེར་སོང་ངོ་། །དེ་ནས་བླ་མའི་བུ་ཆེན་རྒྱལ་ཚའི་འགྲམ་དུ་ལེགས་པར་གསོས། ཡོན་ཏན་བསླབས། ཡབ་ལ་གསང་བ་འདུས་པ་ཆ་ལག་ཚང་མར་གསན། འཇམ་དཔལ་སྙིང་མའི་སྐོར་རྣམས་ཀྱང་ལེགས་པར་མཁྱེན། གཞན་ཡང་གསང་སྔགས་གསར་སྙིང་གི་ཆོས་རྣམས་ལ་མཁྱེན་པ་དང་ལྡན་པར་གྱུར་ནས་རབ་ཏུ་བྱུང་བའི་གྲབས་བྱས། ཆས་རྣམས་ཚང་བ་དང་། ཡབ་ཀྱི་བུ་ཆེན་རྣམས་ཀྱིས་རིགས་བརྒྱུད་འཆད་མི་ཉན་པའི་ཞུ་བ་ཕུལ་བས། དགེ་བསྙེན་གྱི་བསླབ་པ་བཞེས་ནས་སྔགས་པའི་ཆ་ལུགས་མཛད། མཚན་ཡང་འཕགས་པ་སྐྱབས་སུ་བཏགས། ཡབ་བདེ་བར་གཤེགས་ནས་སྐུ་དྲུངས། གདན་སར་སྟོན་པས། མི་རྣམས་ལ་ཕྱར་རྒྱུས་མེད་པས་ངོ་མཚར་དུ་ཆེ་སྟེ། སྐྱེ་གཟུགས་ལེགས་ལ། མཁྱེན་པ་དང་ལྡན་པ་ཕྱར་མེད་པའི་རྫུས་སྐྱེས་ལྟ་བུར་བྱུང་བ། རྒྱ་གར་གྱི་འཕགས་པ་ལྷ་དང་འདྲའོ་ཟེར་ནས་ཨཱརྱ་དེ་ཝར་གྲགས། མི་ལ་ལ་དག་ན་རེ་མི་འབུམ་ཚོའི་གསེབ་ན་ལེགས་པས་ཇོག་འབུམ་ལེགས་ཞེས་ཀྱང་གྲགས་སོ། །དེ་ཉིད་ཀྱི་ཇོག་གྲོང་གི་གནས་སར་བཏབ། གཙུག་ལག་ཁང་ཆེན་པོ་གཅིག་བཞེངས། སྒྲོན་གསལ་གྱི་ཊཱི་ཀཱ་བདུད་རྩིས་ཚོམ་བྱེད་ཞེས་བྱ་བ་དང་། ཊཱི་ཀ་མོ་ཆེའི་ས་བཅད། རྒྱུད་ཀྱི་དཀའ་བའི་གནས་ལ་འགྲེལ་པ་ལ་སོགས་པའི་

འདུས་པའི་ཡིག་ཆ་མང་བར་མཛད། སློབ་མའི་མཆོག་ཏུ་གྱུར་པ་ཞང་སྟོན་རྡོ་རྗེ་གྲགས་པ་དང་། ཆག་ལོ་ཙཱ་བ་ལ་སོགས་པ་དབུས་གཙང་གི་དགེ་བའི་བཤེས་གཉེན་དུ་མ་འདུས་སོ། །རེ་ཞིག་ན་ཞང་སྟོན་གྱིས་མདོ་བྲག་ཏུ་སྤྱན་དྲངས་པའི་ལམ་ས་སྐྱ་ལ་བྱོན། སག་ཐང་ཆུ་མིག་ཏུ་བར་ཞག་མཛད་བྱ་ཐེར་དཀར་ནག་ཕེབ་ནས་བཞུགས་པ། ས་པཎ་གྱིས་གཟིགས་ནས། མ་གི་བ་སུ་ཡིན་པ་འདུག་གསུངས་པས། རྫོག་སྨུ་ནེའི་སྲས་ཡིན་པར་གདའ་ཞུས་པས། ནང་དུ་གདན་དྲངས་གསུངས་ནས་ཁྲི་གདན་མཐོན་པོ་དང་བཅས་བསྟེན་བཀུར་གཟབ་པར་མཛད། སྐད་ཅིག་གི་བར་དུ་ཆོས་ཀྱི་གསུང་གླེང་ཞིབ་ཏུ་བགྱིས་པས་པཎ་ཆེན་ཐུགས་དགྱེས། ད་ལན་ཐུགས་ཐྲེལ་བར་གདའ། རྗེང་དུ་འདིར་ཅིས་ཀྱང་བྱོན། ངེད་ཀྱི་བྱས་པའི་གསང་འདུས་ཀྱི་ཡིག་ཆ་འདྲ་ཡོད་པ་ཡང་གཟིགས། ཁྱེད་ཀྱིས་མཛད་པའི་ཊཱི་ཀ་〈ཊཱིཀྐ་〉སོགས་ལ་ངེད་ཀྱང་བལྟ་བ་ཡིན་གསུང་སྐྱེལ་ཐུང་མཛད་དོ། །དེ་ནས་མདོ་བྲག་ཏུ་བྱོན་དབང་དང་ཆོས་བཀའ་མང་དུ་གནང་། འབུལ་ནོད་ཀྱི་ནོམ་པ་མཛད། གསུང་སྒྲོས་ལ་ད་ལོ་ངས་ཁས་ཆད་འདྲ་ཤོར་ཡོད་གསུངས། རྟག་ཕྱིས་ཡེ་མི་མཛད། ཞལ་ལྟ་གསལ་ཁ་ཅན་མི་གནང་འདུག་ནའང་། ཚོད་ལ་དཔགས་ན་ཡུམ་དང་མཇལ་ནས་འདི་བས་རྒྱ་གར་ན་འགྲོ་དོན་ཆེ་བར་ཡོད་གཤེགས་དགོས་གསུངས་པ་ལ། འགྲོན་པའི་ཞལ་ཆད་ཤོར་བ་འདྲ་གསུངས། ཡུམ་དང་མཇལ་ཕྲད་བྱས་པའི་ཡིག་ཆ་གཅིག་ཟུར་ན་འདུག་གསུངས། བསྟན་པ་དང་སེམས་ཅན་ལ་ཕན་པ་རྒྱ་ཆེན་སྒྲུབས་ནས། དྲག་རྟག་དགའ་ལྡན་གྱི་གནས་སུ་དགུང་ལོ་སུམ་ཅུ་སོ་གཉིས་བཞེས་པའི་སྟེང་། ས་གའི་བཻཌཱུརྻ་ལྟར་སྔོ་བའི་ཕྲེ་ལོ་སྤྲེལ་ཟླའི་ཚེས་བཅུ་ལ་གདུལ་བྱ་གཞན་ན་ཆེ་གསུངས། འཇའ་དང་འོད་ཟེར་ལ་སོགས་པའི་ངོ་མཚར་བའི་ལྟས་དང་བཅས་ཏེ་གཤེགས་སོ། །

བླ་མ་གོང་མ་འདི་རྣམས་ཀྱི་རྣམ་ཐར་བུ་སྟོན་རིན་པོ་ཆེའི་གསང་འདུས་ཆོས་འབྱུང་དུ་ནི་འདི་ལྟར་སྣང་སྟེ། དེ་ལ་རྗོག་ནི། རྗོག་ཡེ་ཤེས་སེང་གེ། སྲས་པོ་ཉི་མ་སེང་གེ། དེའི་གཙུང་པོ་དབུ་དམར་བ། དེའི་དཔོན་པོ་རྗོར་སེང་བཞིས་ཁམས་ནས་འོངས་ནས་ཧ་ནག་སྤྲོ་མོན་ཅན་དུ་བབས། འགོས་ཀྱི་རྒྱ་གར་སྟོན་མ་འཁོར་བ་དང་མཇལ། གསང་བ་འདུས་པའི་དཀྱིལ་འཁོར་དུ་དབང་ཞུས་རྒྱུད་ཉན། མན་ངག་ཞུས། མན་ངག་ལ་ནན་ཏན་ཆེར་མཛད་དེ་མན་ངག་གི་གདུང་མ་ཐེགས་པར་གྲགས་སོ། །དེ་ནས་དབུ་དམར་བ་དང་། རྗོར་སེང་གིས་དབུས་ཀྱི་སྲིན་པོ་རིར་འདུལ་བ་བསླབས། དབུ་དམར་བས་འཛད་གར་ཕུར་བཟུང་། རྗོར་སེང་གིས་གདོང་ཁྲིད་བཟུང་། ཡེ་ཤེས་སེང་གེས་འཛད་དགའ་ལྡན་དང་། དོལ་དུ་མེ་ཏོག་མཛེས་ལྡན་གཉིས་བཏབ་པོ། དེ་ནས་ཕྱིས་མར་སྟོན་ལ་རྒྱུད་འགྲེལ་ཆེན་པོའི་ནན་ཏན་མཛད། འགོས་ཀྱི་ཕྱི་འགྱུར་གྱི་གསང་སྔགས་ཀྱི་ཆོས་རྣམས་ལ་མཁས་པར་སྦྱངས། མར་སྟོན་གྱི་དགོན་པ་གཏད་ནས་རམ་སྡིངས་ཀྱང་བཟུང་ངོ་། །དེའི་སྲས་པོ་ཉི་མ་སེང་གེས་རང་གི་ཡབ་ཀྱི་ཆོས་སྐོར་དང་། གཞན་ཡང་ཆོས་སྐོར་མང་པོ་གསན། དབུ་ཚད་ལ་སོགས་མཚན་ཉིད་ཐམས་ཅད་དང་། སྔགས་ཐམས་ཅད་ལ་སྦྱངས་པས་མཁས་པ་ཐུབ་པ་དང་འདྲ་བར་གྱུར་པས་རྗོག་སྨུ་ནི་རུ་གྲགས་སོ། །དེས་དགུང་ལོ་ཉི་ཤུ་རྩ་གཅིག་ལ་དྲག་རྟག་གི་དགོན་པ་བཏབ། ཉི་ཤུ་རྩ་གསུམ་ལ་ཛམྦྷ་ལའི་སྒྲུབ་པ་མཛད་པས་ཞག་དུས་སུ་རྟགས་ཅི་ཡང་མ་བྱུང་སྟེ། རྗེས་སྐུ་འཕང་བར་བརྩམས་པས་ཞལ་བསྟན་གསུང་བྱོན་ནས་བསོད་ནམས་ཆེན་པོར་གྱུར་ཏེ་ཆེ་བཙུན་དཔག་ཏུ་མེད་པ་འདུས། ཁྱད་པར་དབུས་གཙང་གི་ཇོ་སྲས་མི་བཞིར་གྲགས་པ་འབྲིང་འཚམས་ཀྱི་ཞང་། སྨན་ལུང་གི་དཔྱལ། ཁ་རག་གི་གཉོས།

ཡར་ལུང་གི་ཁུ་རྣམས་ཀྱི་བླ་མར་གྱུར་ཅིང་། གཞན་ཡང་ལོ་ཤཱཀྱ་སེང་གེ། སླན་བཙོད་ཚ་ཉི་མ་ལྷུམ་སྐུ་མཆེད་ལ་སོགས་པ་བུ་ཆེན་མང་དུ་ཚར། ཐམས་ཅད་ཀྱི་བཀུར་སྟེའི་གནས་སུ་གྱུར་ཅིང་སྐུ་ལ་རྣལ་མ་མི་འབྲི་བའི་གཏམ་རྒྱུད་ཡོད་དོ། །

དེའི་སྲས་ཇོག་ཨཱཙ་དེ་ཕ་སྟེ། ཆུང་བའི་དུས་སུ་སྲས་ནས་ཁམས་སུ་བཏང་། ཅུང་ཟད་ཆེར་སྐྱེས་པ་དང་ལྷ་པ་ཙན་སློབ་གཉེར་ལ་བཏང་པས། ཁྱེད་ལ་ཁྱེད་རང་གི་ཆོས་དགོས་གསུང་སྟེ། སླན་བཙོད་ཆེ་ཉི་མ་ལྷུམ་ལ་འདུས་པ་ཡན་ལག་དང་བཅས་པ་མཁས་པར་བསླབས་སོ། །ཞེས་བཤད་དོ། །

བླམ་འདི་ཉིད་ལ་སྲས་པོ་གསུམ་ཡོད་པའི་ཡུམ་དོ་ཆུ་བའི་སྲས་མོ་ཅིག་ཡིན་ལ། ཡབ་གྲོངས་པ་སྐྱེས། ཏོར་ཁྲིམས་ཡང་འཚོལ་བས། ཁང་གཞིས་མང་པོ་ཡོད་པ་གཞན་གྱི་སྣོར་མ་ཤོང་། ཁྱིད་གནམ་ཁྱེད་གོས་ས་ཁྱེད་གདན་བྱས་ཡུལ་པ་ལ་མི་ཕན་པ་འདིས་མི་ཡོང་ཟེར་འཛུགས་བྱས་པས། གནས་པོ་ཆེ། གནས་ཆུང་། བླ་གྲོང་ལ་སོགས་པའི་གཞིས་ཆུང་འགའ་རེ་མི་སྡེ་རྣམས་ལ་ཤོར། ས་གཡོས་མང་པས་ལྷ་ཁང་རྣམས་འགྱེལ། རྟེན་མཆོད་མང་པོ་ས་འོག་ཏུ་ཤོར། མཆོད་ཆ་དཔེ་ཆ་མང་པོ་འཕོར་ནས་ཉུས་པ་ཆུང་བའི་སྐབས་སུ་གྱུར་ཏེ། སྲས་པོ་རྣམས་ཀྱིས་ཀུང་གསང་འདུས་ལ་སློབ་གཉེར་རེ་མཛད། གཅེན་པོ་ནམ་མཁའ་གྲགས་ཀྱིས་དྲག་རྟག །ཇོག་གྲོང་། གྲོ་སྐོར་རྣམས་བཟུང་། བར་པས་ཕ་ཚ་ལྷས། རོང་སྐོར། གྲེམ་མཛེར་རྣམས་བཟུང་། ཆུང་པས་དགེ་ལུང་། སྨོན་མོ་ལུང་། ཤར་ཕྱོགས་གཞིས་རྣམས་བཟུང་ནས་སྲིབས་སེ་བས་ཡུལ་དགོན་རྣམས་མ་ཤོར་ཙམ་བྱུང་།

སློབ་དཔོན་ནམ་མཁའ་གྲགས་ཀྱི་སྲས་གཅིག་ཡོད་པ། ཇོག་ཆོས་ཀྱི་དབང་ཕྱུག་གི་རྣམ་པར་ཐར་པ་ནི། བྱིས་པའི་དུས་སུ་རང་བཞིན་གྱིས་ཉམས་

དགའ་བ་ཡོད་ཀྱང་། ཡབ་སྤྲ་མོར་གྲོངས། མགོན་སྐྱོར་བྱེད་མི་ཆེར་མི་འདུག་ཟེར་བ་མེས་པོའི་སློབ་མ་ཞང་སྟོན་རྣམ་རྒྱལ་གྲགས་པས་གསན་པས། ངའི་བླ་མའི་དཔོན་པོ་ཆུང་ངུ་གཅིག་ཡོད་པར་འདུག་སྟེ། ད་ལྟ་འཁོས་ཆུང་བའི་དུས་ལ་ཡོད་པ་འདུག་ལྟར་འགྲོ་གསུངས། འཁོར་དང་བཅས་ནས་དྲག་རྟག་ཏུ་ཕྱིན། བུ་ཆུང་དང་མཇལ་བས་དབྱིབས་དང་སྤྱོད་ཚུལ་ལ་མཉེས་ནས་རྒྱལ་བའི་སྲས་ཡབ་མེས་གོང་མའི་རྗེས་སླེགས་པ་ཞིག་ཡོང་བར་འདུག་གམ་གསུངས། ཐུགས་དགྱེས་ཆོར་ཆེན་པོས་དཔང་དུ་བླང་། རྟོག་གྲོང་དང་། གྲོ་སྐོར་གཞིས་ཀྱི་གནས་བརྟན་དང་། ཡོན་བདག་བླ་རོང་པ་མི་གཅིག་སྟེ། རལ་པ་ཅན་མི་གསུམ་བྱ་བས་སྤྱར་ཀྱང་གང་དགོས་ཀྱི་ཐབ་གཙོད་བྱེད་པ་ལ། ཁག་ཁྱེར་དོ་དམ་བཙོལ་ནས། བུ་ཆུང་མདོ་བྲག་ཏུ་སྤྱན་དྲངས་ཕྲིས་གློག་བསླབས། ཙུང་ཟད་ཚར་ནས་གསང་འདུས་འཕགས་ལུགས་ལ་རྟོག་ལུགས། ཡེ་ཤེས་ཞབས་ལུགས་རྣམས་དང་། གཤིན་རྗེ་དགྲ་ནག །གདོང་དྲུག་ལ་སོགས་མང་བར་བསླབས། རིང་པོར་མ་ཐོགས་པར་མཁས་པ་ཆེན་པོར་གྱུར། བླ་མ་དེ་ཉིད་ལ་རྡོ་རྗེ་གདན་བཞི། རྣལ་འབྱོར་སྐོར་གསུམ། ཡོ་གའི་སྐོར་སོགས་མང་དུ་ཞུས་ནས་ཉམས་སུ་བཞེས། དམྱལ་པ་ཉི་མ་ཤེས་རབ་ལ་ཡང་སྔགས་ཕྱིའི་སྐོར་མང་དུ་ཞུས། ལྷེས་སྒམ་ཞིག་པོ་ལ་ཕྱག་ཆེན་སྐོར་ཚང་མ་ཞུས་པས། རྟོགས་པ་ཁྱད་པར་ཅན་ཐུགས་ལ་འཁྲུངས། མཁས་བཙུན་ཆེན་པོར་གྱུར་ནས། དྲག་རྟག་ཏུ་བཞུགས་གནས་མཛད། བཤད་རྒྱུད་བཞིའི་བསྡུས་དོན། རྒྱུད་ཕྱི་མ། མདོར་བྱས། རིམ་ལྔ་སེམས་ཀྱི་སྒྲིབ་སྦྱོང་། ནག་པོའི་གཏོར་ཆོག །གསང་འདུས་བསྙེན་བསྒྲུབ་ཀྱི་ཡིག་ཆ་རིམ་ལྔ་སྦྱོར་དྲུག་ཏུ་བཤད་པ་སོགས། ཡིག་ཆ་འགའ་རེ་མཛད། ཁྱད་པར་གསང་འདུས་ལ་ཤིན་ཏུ་མཁས་པར་གྱུར་པས། རྟོག

འདུས་པའི་སྒྲོན་མེར་གྲགས་སོ། །གྲོ་སྐོར་གྱི་ལྷ་ཁང་ཞིག་ཤུལ་དུ་གཙུག་ལག་ཁང་ཆེན་པོ་གཅིག་བཞེངས། རྟེན་མཆོད་མང་དུ་འགྲིག །རྩང་པོ་གཞོན་ནུ་རིན་ཆེན་ལ་སོགས་པ་བུ་སློབ་མང་པོ་ལ་རྒྱུད། དབང་། མན་ངག་ལ་སོགས་པ་ཀྱི་〈ཀྱིས་〉སྨིན་པར་མཛད། ཐུགས་རྒྱུད་བཟང་ཞིང་བྱམས་སྙིང་རྗེ་དང་ལྡན་པས་སེམས་དཔའ་ཆེན་པོ་ཞེས་གྲགས་སོ། །གདུལ་བྱའི་འགྲོ་དོན་དེ་ཐམས་ཅད་ལ་མཛད་ནས་དགུང་ལོ་བཞི་བཅུའི་ཐོག་དུ་སྐུ་གཤེགས་ཏེ། ཞག་བདུན་གྱི་བོང་ས་སུ་སྦྱིས་ཀྱི་དྲི་ངད་རྒྱུན་མི་ཆད་པ་དང་། ཉ་མ་ཏུའི་སྒྲ་ནམ་མཁའ་ལ་སྒྲོག་པ་བྱུང་ངོ་། །

བླ་མ་འདི་ཉིད་ཀྱི་སྲས་གཟི་བརྗིད་རིན་ཆེན་གྱི་རྣམ་པར་ཐར་པ་ནི། ཡུམ་ཤས་ཀྱི་ལྷུང་ར་སྲས་མོ་ཡིན། གཞོན་ནུ་ལ་གསང་བ་འདུས་པ་ལ་སློབ་གཉེར་མཛད། བཤད་གསར་གྱི་སློབ་དཔོན་དུ་སྟོན། སྐུ་ཚེའི་སྟོད་ལ་དཔོན་མོ་ཆོས་འབུམ་བྱ་བ་ཁབ་ཏུ་བཞེས། སྲས་གསུམ་འཁྲུངས། ས་སྐྱ་པ་འགྲོ་མགོན་འཕགས་པའི་ཕྱི་ལ་ཕྱིན། ཐུགས་གཏུམ་ཞིང་ལུས་རྩལ་དང་ལྡན་པ་ཞིག་བྱུང་། རང་ལ་གནག་པ་འགའ་རེ་ལ་གནོད་པ་བསྐྱལ་བས་ཚུར་ལ་བཏུད་ཅིང་། ཤུགས་ཤིན་ཏུ་ཆེ་བ་གཅིག་བྱུང་ངོ་། །དེ་དུས་འཇད་ན་སྟེ་དགོན་ལ་འབྲི་ཚོང་གཉིས་བྱ་བ་ཡོད། འབྲི་ཚོ་ལ་ཡང་གསར་རྙིང་གཉིས་ཡོད་པའི་གསར་པ་འབྲི་ཁྲུང་པའི་འོག་དུ་བྱེད་པའི་ཁྲིའུ། བྲི་ཁ་བ། ཁྲུང་མཁར་སོགས་ཡིན། རྙིང་པོ་དྲག་རྟག །གཏོང་ཁྲིད། གད་ཕུར། ཆོས་ལུང་། མེ་ལུང་། ཞོ་རི། དགོན་པ་སྟོན་པོ་རྣམས་ཡིན། ཚོང་ཚོ་ནི་གནས་གསར་བའི་འོག་ཡིན། སློབ་དཔོན་གཟི་བརྗིད་རིན་ཆེན་གྱིས་འབྲི་ཚོ་རྩིལ་པོས་བདག་མཛད། དེ་ནས་བར་སྐབས་ཅིག་ལ་ཡབ་ཀྱི་སློབ་མ་རྩང་སོ་བ་མཁས་བཙུན་གཞོན་ནུ་རིན་ཆེན་གྱིས་སྤྱན་

དྲངས། ཡབ་བཟང་གི་སྲས་ཡིན་ཟེར། གདུགས་རྒྱལ་མཚན་རོལ་མོ་རྣམས་ཕྱིར་ནས་བསུ་བ་བྱས། ཆོས་འབྲེལ་ཡང་མཛད། ཞག་འགའི་བར་དུ་བསྙེན་བཀུར་གཟབ་པར་བྱས་ནས། གདུང་འཛིན་ཡོད་ན་ཆོས་བརྒྱུད་ཕྱེད་པར་ཅན་ལགས་པས་འཇིག་རྟེན་གྱི་བྱ་བ་མཛད་པ་ཕངས་ཟེར། རྒྱུད་དོན་མ་དགོངས་པ་རྣམས་ལ་བཛ་སྤྲོད་མཛད། དེ་ནས་འཇད་དུ་ཕེབས། ཇོ་མོ་ཉེ་གནས་ལ་གནང་། བསྙེན་པར་རྫོགས། མཁས་བཙུན་གཞོན་ནུ་རིན་ཆེན་གྱིས་གསང་འདུས་ཞིབ་ཆོགས་སུ་གཏན་ལ་ཕབ་པས། ཡབ་མེས་ཀྱི་ཆོས་རྣམས་ཐུགས་ལ་ཆུད། ཞང་ཚུང་རྒྱུད་ལ་སྦུགས་ནས་འཇིགས་བྱེད་དང་དགྲ་ནག་བསླབས། དབུས་ཀྱི་གྱེ་རེར་བྱོན་ནས་གསང་འདུས་ཡེ་ཤེས་ཞབས་ལུགས་བསླབས། ས་སྐྱར་བླམ་འཕགས་པའི་དྲུང་དུ་ས་སྐྱ་པའི་ཆོས་མང་དག་ཞུས་པས། ནང་ཆེན་པས་གྲྭ་པ་རྣམས་ལ་འཚོ་བ་གནང་། དེ་ནས་འཇད་དྲག་རྟག་ཏུ་ཕེབས་ནས་ཆོས་རྟག་ཏུ་གསུངས། དེ་ནས་བར་སྐབས་གཅིག་ཏུ། ཉན་པོ་ཁང་གསར་བའི་མི་འོག་གདོན་གྱི་ན་ཚས་ཤི་བའི་རོ་འགའ་ཞིག་དུས་ལ་བསྒྲིགས་པས། དཔོན་སློབ་གསུམ་ལ་གདོན་གྱི་གནོད་པ་དྲག་པོ་བྱུང་པས། ཕྱག་ན་རྡོ་རྗེའི་དབང་ཞུས་བསྙེན་སྒྲུབ་བྱས་ན་ཕན་པར་དགོངས་ནས། གྲོམ་ལུང་སྤང་རྩེའི་གྲུ་སྟོན་རྡོ་རྗེ་སེང་གེ་ལ་བརྟག་པ་ཞུས་པས། ནད་གདོན་དོན་སྙིང་ལ་ཤོར་འདུག་པས་ཟློགས་མི་ཐུབ། གང་ལྟར་རེ་ཞིག་ལ་དོན་ཞགས་དང་། བསྟུང་གནས་ལ་ཐུགས་དམ་མཛད་འཚལ་གསུང་ནའང་། ཕྱག་ན་རྡོ་རྗེ་མདོ་ལུགས་ཀྱི་དབང་བཀའ་གཅིག་གནང་དགོས་ཞུས་པས་གནང་ནས། ཉིན་མོ་སྤང་རྩ་མཚམས་ལ་བྱོན་པ་སྐད་མཛད། མཚན་མོ་དྲག་རྟག་ཏུ་ཡོག་ནས་གཟིམ་ཁང་དུ་སྐུ་མཚམས་དམ་པོ་བསྡམས་ནས་བསྙེན་པ་མཛད། ཉིན་རེ་ལ་ཉེ་གནས་ཀྱང་གསོལ་ཐེངས་

རེ་འདྲེན་པའི་བར་མ་གཏོགས་མཇལ་ཁ་མི་གཏོང་། ཞག་ཉེར་གཅིག་སོང་པའི་ཕོ་རངས་ཁ་ཤངས་འགགས་པ་ཕྱིར་ཤུགས་སྐྱེད་ནས་བུས་པས། འཁྲོད་ནོར་བ་ཞིག་འཕོན་བྱུང་། དེ་ནས་བསྐྱེད་རིམ་གྱི་ངང་ལ་དར་ཅིག་བཞུགས་པས། མདུན་གྱི་ནམ་མཁར་གསང་བའི་བདག་པོ་ཕྱག་ན་རྡོ་རྗེ་སྐུ་བལྟ་བས་ཚིག་མི་ཤེས་པ་གཅིག་ཞལ་གཟིགས་པས་སྣང་སྲིད་འཁོར་འདས་ཀྱི་ཆོས་ཐམས་ཅད་སྒྱུ་མ་ལྟ་བུར་རྟོགས། ཉེ་གནས་ཉལ་ཡོད་པའི་ཕོ་རངས་ཤུས་སྒྲ་ཆེན་པོ་ཞིག་འདུག་པ་ཅི་ཡོད་ལྟས་པས། གཟིམས་ཁང་ན་མེ་ཧུར་ཧུར་འབར་བའི་གསེབ་ན་བླམ་ཤངས་འབུད་གིན་འདུག་ནའང་། ཁ་རོག་པར་ཉལ་བསྡད། ནམ་ལངས་ནས་ཞལ་ཏ་གནང་པའི་སྒྲ་ཅིག་བྱུང་ནས་ཕྱིན་པས། ད་ནང་ངའི་སྔ་ནས་འདི་འདྲ་ཞིག་འཕོན་བྱུང་ཅི་ཡིན་སྙོམ། ན་ཟུག་ཀྱང་ཆག་འདུག །ལྟས་བཟང་པོ་ཞིག་ཡང་བྱུང་། གདོན་ལས་རང་གྲོལ་བ་འདྲ་གསུངས། ཉེ་གནས་ཀྱི་ལྟས་པས་རྐུབ་ལ་མ་དམར་ཁྲ་ཤིག་གེ་བ་འཛུབ་གང་ཙམ་ཤི་བའི་རོ་ཅིག་འདུག །དེ་ནས་དཔོན་སློབ་གསུམ་ཀ་བསྟུང་གཞི་ལས་གྲོལ། ཉན་པོ་ཁང་གསར་བའི་མཛེ་རྒྱུད་ཡང་ཆད། དེ་ཕྱིན་ཆད་རྟོག་དྲག་རྟག་པའི་མི་བརྒྱུད་ལ་འོག་གདོན་གྱི་གནོད་པས་མི་ཚུགས། ད་དུང་རང་རེའི་བརྒྱུད་འདི་ལ་འཇིགས་བྱེད་ཀྱི་གྲུབ་ཐོབ་ཀྱང་ཡོང་བ་འདུག་གསུང་ངོ་། །དེ་ནས་མཚམས་སེང་། བུ་སློབ་ཡོན་བདག་དང་བཅས་པའི་དཀར་ཆོལ་ཞུས། དགའ་སྟོན་རྒྱ་ཆེན་པོ་སྒྲུབས་ནས་སྤང་རྩར་གཏང་རག་གི་འབུལ་བ་སྐྱེལ་དུ་ཕྱིན་ནས། གྲུ་སྟོན་ལ་མོ་རྒྱུས་ཞིབ་པར་ཞུས་པས། ངོ་མཚར་སྐྱེས་ཏེ་བརྟག་པ་བྱས་པས་ཅིས་ཀྱང་ཉོགས་བསམ་པ་མ་བྱུང་། ཁྱེད་ཀྱིས་གྲུབ་པ་ཐོབ་འདུག །ངས་མི་ཚེ་སྒྲུབས་པ་བས་ཁྱེད་ཀྱིས་ཞག་སྟོབས་ཆེ་བར་འདུག །བརྒྱུད་པ་ཁྱད་པར་ཅན་དང་སྟོན་གྱི་ལས་འཕྲོ་དང་

ལྡན་པར་གདའ་བས། བདག་ལ་ཡང་ཆོས་ལུང་འདྲ་གནང་དགོས་གསུངས་ནས། རྗོག་གིས་སླར་གྲུ་སྟོན་ལ་ཕྱག་རྗོར་གྱི་ལུང་དང་གསང་འདུས་ཀྱི་དབང་སོགས་གནང་། འབུལ་བ་ཕུལ་བ་རྣམས་བཞེས་ནས་ཡར་ལ་ཐེབས། དུས་དེ་ནས་གྲུབ་ཐོབ་ཆེན་པོར་གྲགས་སོ། །སློབ་མ་ཡང་ཁྱད་པར་དུ་གྱུར་པ་རིན་པོ་ཆེ་སངས་རྒྱས་འབུམ་པ། དམ་པ་རི་ཁྲོད་པ་ལ་སོགས་པ་མངའ་རིས་དབུས་གཙང་གི་དགེ་བཤེས་ཆར་སྤྲིན་ལྟར་འདུས་ཏེ། ཆོས་ལུང་མན་ངག་གིས་ཚིམ་པར་མཛད་པའི་འགྲོ་ལ། ཆོས་ཞུ་དགོས་ཡོད་པ་རྣམས་ད་ལོ་རྫོགས་པར་ཞུས་ཅིག །སང་ཕོད་ཡོང་མེད་གསུང་ནས་ཆོས་མང་བར་གསུངས་སོ། །སང་ཕོད་དགུང་ལོ་བཞི་བཅུ་ཞེ་གསུམ་པའི་སྟེང་དུ་གཤེགས་ཏེ། དད་པ་ཆེར་སྐྱེ་བའི་ལྟས་བསྟན་ཏོ། །

བླ་མ་དེ་ཉིད་ཀྱི་སྐུ་ཚེའི་སྟོད་ལ་སྲས་གསུམ་ཡོད་པའི་ཆེ་བ་སློབ་དཔོན་རིན་ཚུལ། བར་པ་རིན་ཆེན་བཟང་པོ། ཆུང་བ་ནམ་མཁའ་བློ་གྲོས་རྣམས་ཡིན་པའི་ཆེ་ཆུང་གཉིས་ཀྱིས་གསང་འདུས་ཀྱི་བཤད་གསར་རེ་མཛད། གཞིས་ཀྱི་ཞལ་བཀོད་མཛད། བར་པ་རྗོག་རིན་ཆེན་བཟང་པོའི་རྣམ་ཐར་ནི། ཡུམ་ལྷ་སྲས་ཆོས་འབུམ་བྱ་བ་དང་རྒྱུད་བཟང་བ། སྐྱེ་མཆེད་གཙང་བ། རྣམ་དཔྱོད་དང་ལྡན་པ། ཆོས་ལ་དད་པ་ཞིག་ཡོད་དོ། །སྲས་འདི་ཉིད་བྱིས་པ་རྣམས་ལ་ཅི་ཕན་དང་། མགོན་སྐྱབས། སྙིང་རྗེ་ཆེ་བ་གཅིག་ཡོད་པ། དགུང་ལོ་བཅུ་པ་ལ། འཇམ་དབྱངས་འཁོན་སྟོན་ལ་རབ་ཏུ་བྱུང་། རང་གི་ཡབ་ལ་གསང་འདུས་ཀྱི་དབང་ལུང་། མན་ངག །ཁྲིད་རྣམས་ཞུས། མངོན་པ་མཛོད་ལ་གྲྭ་སྐོར་མཛད། ས་སྐྱ་ཤར་པའི་བརྒྱ་ཚོ་གཅིག་བཟུང་། གསང་འདུས། དགྲ་ནག །སམ་བཏག་གུར་གསུམ། བདེ་ཀྱི་ཡོག་གསུམ་སོགས་ས་སྐྱ་པའི་ཆོས

སྐོར་ཕྱུག་ལེན་དང་བཅས་པ་ལ་མཁས་པར་མཛད། སྐབས་ཅིག་ཛམ་ལྷ་ལ་བསྐྱབས་པས་གྲུབ། ཞལ་གཟིགས་ཏེ། དབུས་ཀྱི་རི་བོ་མཆོག་རབ་ལ་འཛུག་གུ་བཙུགས་ཏེ་ནོར་འདོད་ན་འདི་ཁྱེར་ཟེར་བས། ང་ལ་འདིའི་དགོས་པ་མེད་སྤྱད་དུ་རུང་བའི་ནོར་ཞིག་དགོས་པ་ཡིན་བྱས་པས། འོ་ན་ཤར་གྱི་ཕྱོགས་ནས་འབོད་མཁན་ཡོང་བ་ཡོད་པས་རྒྱུག་གི་གསུང་པས། གུག་ཤྲཱི་རིན་ཆེན་སེང་གེ་ལ་གོང་ནས་གདན་འདྲེན་བྱུང་པ་ལ། རྗེང་མ་མ་ཕྱིན་པར། རྫོག་རིན་ཆེན་བཟང་པོ་ལ་ཞལ་ཏ་གནང་ནས་རྒྱ་ཡུལ་ལ་ཕྱིན། རྒྱལ་པོའི་སྲས་ཚ་མ་གསོས་པའི་སྤྲེའུ་ཅིག་ཡོད་པ་ཐུགས་དམ་ལ་བཏགས་པས་ཕན་ཐོགས་ཆེ་བར་བྱུང་ནས་འབུལ་བ་རྣམ་བཞག་རྒྱ་ཆེར་བྱས། དེ་ནས་རྒྱལ་མོ་ཡུམ་སྲས་ཀྱི་སྲུས་བསྲུང་དང་། བླ་མ་མཛད་པས་ཐུགས་དམ་དང་མཛད་སྤྱོད་ལ་རྒྱལ་པོ་ཐུགས་དགྱེས། ཏེ་ཤྲཱི་ཆེན་པོར་གྱུར་ནས་སྐུ་བསོད་ཆེ་བར་བྱུང་། རྟེན་མཆོད་ཁྱད་པར་མང་པོ་དང་། གསེར་དངུལ་གོས་དར་སོགས་ཀྱི་དངོས་སྤྱད་ལ་ཀག་ཐོ་བྱས་བོད་ལ་བཙྫངས། སྤྱིར་དབུས་གཙང་དང་། དགོས་〈སྐོས་〉འཛད་སྟོང་བསྐོར་ལ་ཕན་པའི་བཀའ་ལུང་མང་དུ་ཞུས། རྒྱ་ནག་དུ་འང་སེམས་ཅན་ནག་ཅན་མང་པོ་སྐྱབས། འགྲོ་དོན་དཔག་མེད་གྲུབ་ཀྱང་། དེར་བསྡད་ཡུན་རིང་གདུལ་བྱ་ཆེས་པས་ཐུགས་དམ་གྱི་གཡེངས་རྐྱེན་དུ་སོང་། ལུས་སྲོག་གི་བར་ཆད་བྱུང་དོགས། བོད་ལ་ལོག་འབྱོན་པའི་འདུན་པ་སྐྱེས། དེ་བཞིན་རྒྱལ་པོ་ལ་ཞུས་པས། རྒྱལ་པོའི་ཞལ་ནས། སྤྱིར་ཡངས་པའི་རྒྱལ་ཁམས་རྣམས་སུ་ཡང་དག་པའི་དགེ་བའི་བཤེས་གཉེན་ཕྱིན་པ་སེམས་ཅན་རྣམས་ཀྱི་བསོད་ནམས་སུ་འདུག །དགོས་〈སྐོས་〉རྒྱ་ཧོར་གྱི་ཡུལ་འདི་རྣམས་སུ་ཡང་བླ་མ་བཟང་པོ་རེ་གལ་ཆེ་བར་འདུག །དགོས་〈སྐོས་〉ངེད་ལ་ཡང་མཆོད་གནས་བཟང་པོ་རེ་མེད་ཐབས་མི་འདུག་

ནའང་། ཁྱེད་ངེད་ཀྱི་བུ་ཚ་ལ་ཕན་ཐོགས་པར་བྱུང་བས། ཅི་ནས་བོད་ལ་འགྲོན་པར་ཐག་ཆོད་ན་བཀའ་ཤོལ་དུ་ཕང་གསུངས། དོར་དཔག་ཏུ་མེད་པའི་འབུལ་ནོད་ཀྱི་བླ་མ་མཉེས་པར་བྱས། འཁོར་སྐྱེལ་མ་དང་བཅས་ལམ་ལ་བར་ཆད་མེད་པར་ཕེབས། དེ་ནས་འབུལ་བ་དང་། མི་ནག་རྣམས་ལ་འགྱེད་གོས་དར་རང་དུ་མཛད། བོ་དོང་ཨེ་དང་། བསམ་གླིང་གཉིས་སུ་གསེར་དངུལ་གྱི་འགྱེད། འཇད་རྩང་པོ་བྱང་ཕྱོགས་སུའང་འགྱེད་དང་། ཁྱད་པར་རང་གི་དགོན་པ་དྲག་རྟག་སོགས་སུ་འགྱེད་སྟོབས་ཅན་མཛད་པ་དང་། འདི་སྐོར་གྱི་འཇའ་ས་དང་། ཡིག་རིགས་རྣམས་ད་ལྟ་ཡང་ཡོད་དོ། །དེ་ནས་འགོལ་ས་གཅིག་ཏུ་ཐུགས་དམ་ལ་བཞུགས་དགོངས་ནས། ཆོས་སྐོར་ཐུགས་དམ་འབབ་ཞིག་ལ་རྩེ་གཅིག་ཏུ་བཞུགས་པའི་ངང་། མེ་ཕོ་འབྲུག་གི་ལོ་དགུང་ལོ་དྲུག་བཅུ་བཞེས་པའི་དུས་ངོ་མཚར་བའི་ལྟས་དང་བཅས་ཏེ་གཤེགས་པའི་ཚེ་ན་ཡང་། ནམ་མཁའ་ཆུ་འཛིན་དང་བྲལ་བ་དངས་པ། འཇམ་པ། རྡུལ་དང་། ཚུབ་མ་མེད་ཅིང་། ཕུར་བཞུ་བས་གདུང་རིང་བསྲེལ་གངས་རི་ལྟར་དཀར་བ་མང་དུ་བྱོན་ནོ། །

གོང་མ་དེ་ཉིད་ཀྱི་གཅེན་པོ་སློབ་དཔོན་རིན་ཚུལ་གྱི་སྲས་པོ་ཀུན་དགའ་རིན་ཆེན་གྱི་རྣམ་ཐར་ནི། བླ་མ་དེ་ཉིད་ཆོས་ཉིད་དཔེ་རུ་བསྟན་པའི་ཕྱིར། གཅིག་པུར་ཡབ་ཡུམ་གཉིས་ཀྱི་ལེགས་པར་གསོས་པས་སྐྱེས་སྟོབས་ཆེ་བ། རིག་རྩལ་དང་མཁྱེན་པ་ཆེ་བ། དད་པ་དང་སྙིང་རྗེར་ལྡན་པ་ཞིག་བྱུང་བས། ཆོས་རྒྱུད་ཟིན་པ་ཞིག་ཡོང་བར་འདུག་ཟེར་ནའང་། མཆེད་ཟླ་གཞན་མེད་པས་རབ་ཏུ་བྱུང་ན་བརྒྱུད་ཆད་དོགས། དགེ་བསྙེན་གྱི་བསླབ་པ་བཞེས། ཞུ་བོ་རིན་ཆེན་བཟང་པོ་ལ་གསང་འདུས་ཀྱི་དབང་རྒྱུད་མན་ངག་དང་བཅས་པ། ཀ་

〈བཀའ་〉གདམས་རྣམས་ཞུས་ནས་སློབ་གཉེར་མཛད། བཤད་གསར་གྱིས
སློབ་དཔོན་དུ་སྟོན། མཚན་ཡང་ཨཱནྡ་རིན་ཆེན་དུ་བཏགས། མི་ཁྲིད་རྣམས
ཀྱིས་མཐུན་སྣང་དུ་གྲུབ་ལ་འཁུར་ཆེ་བ། འབངས་འཁོར་གཡོག་གི་སྐྱོང་དར
མཁས་ཤིང་དར་རྒྱས་སུ་འཛོམ་པ་ཞིག་བྱུང་ངོ་། །ཇོ་མོ་དར་སྡིངས་པ་གཤེན
པའི་སྲས་མོ་ཅིག་བཞེས་པས་སྲས་གཅིག་འཁྲུངས་པ་རྟོག་ནམ་མཁའ་དཔལ་བ
ཡིན། སྐུ་རི་བོ་ལྟར་བརྗིད་བག་དང་ལྡན་པ། ཐུགས་རྩལ་དང་ཤེས་རབ་ཤིན
ཏུ་ཆེ་བ། ལོངས་སྤྱོད་ཆེ་བས་སྟོན་འགྲོ་ལ་དམིགས་ནས་འཇང་གཙང་པོ་སྟོ
བྱང་དགོན་པ་རྣམས་སུ་ཚ་འདྲེན་འབུལ་བ་བཟང་པོ་དང་། གཙང་པོ་སྟོ་བྱང
མི་ནག་པ་རྣམས་ལ་འགྱེད་བཟང་པོ་མཛད། བཀའ་རྒྱས་འབྲིང་བསྡུས་གསུམ
ལ་སྟོང་ཚར་བཅུག །ཕྱག་རྫས་གཏོང་ཕོད་ཆེ་ཞིང་ཛམ་བྷ་ལའི་སྤྲུལ་པར་གྲགས
སོ། །ཇོ་མོ་ཡང་ཟས་བཅུད་ཆེ་ལ། སྦྱིན་པ་ལ་དགའ་བས་ནོར་རྒྱུན་མའི་སྤྲུལ
པར་གྲགས། རིང་ཞིག་མ་ལོན་པར་ཇོ་མོ་རྡོ་རྗེ་ཁྲི་འདྲེན་དེ་ཉིད་གྲོངས། སྲས
ཀྱང་ཆུང་པས། གྲོང་གི་བྱ་བ་ལ་ཇོ་ནང་ཀུན་སྤངས་ཐུགས་རྗེ་བརྩོན་འགྲུས་ཀྱི
དཔོན་མོ་ལྷ་མོ་བྱ་བ་བསུས། སྲས་འགའ་རེ་བྱུང་། ཕྱིས་ཐུགས་དམ་ཉག་སྐྱོང
བའི་ཕྱིར་རབ་ཏུ་བྱུང་། མཚན་ཀུན་དགའ་རིན་ཆེན་དུ་གསོལ། ཀུན་སྤང
ནམ་མཁའ་གྲགས་ལ་སྦྱོར་དྲུག་ཞུས་ནས་ཉམས་ཁྲིད་དུ་བསྐྱངས་པས་རྟོགས་པ
ཁྱད་པར་ཅན་འཁྲུངས། འཇམ་དབྱངས་འབོན་སྟོན་ལ་ཕྱག་ན་རྡོ་རྗེ་འཁོར་ལོ
ཆེན་པོའི་དབང་བཀའ་རྣམས་ཞུས། བླ་མ་དཀོན་མཆོག་རྒྱལ་མཚན་པ་ལ་ལམ
འབྲས་བུ་དང་བཅས་པའི་གདམས་ངག་ཞུས་ནས། ཐུགས་ཉམས་སུ་ཆུགས
པར་མཛད། གཞན་ཡང་ཏྲ་མགྲིན་རོལ་པའི་སྐོར་ཡང་ལེགས་པར་མཁྱེན།
བསྙེན་བསྒྲུབ་ཚད་དུ་འཁྱོལ། ཞལ་དངོས་སུ་གཟིགས། ནུས་མཐུ་དཔག་ཏུ

མེད་པ་མངའ། ཐུགས་དམ་ལ་རྗེ་གཅིག་ཏུ་བཞུགས་པའི་ངང་རྟུང་ལྟས་བརྟགས་པས། སང་ཕོད་འགྲོངས་པའི་ལྟས་མཁྱེན། ཞལ་ཆེམས་དང་གྲབས་ཡུལ་རྣམས་མཛད། དགུང་ལོ་དྲུག་བཅུ་རེ་ལྔའི་ཕོག་སྤྲེའུའི་ལོ་ཧོར་ཟླ་ལྔ་པའི་ཉེར་དྲུག་ལ་ལྟས་མཚན་མ་དང་བཅས་ནས་གཤེགས་སོ། །བླ་མ་དེ་ཉིད་ལ་གདུང་འཛིན་གྱི་སྲས་གཤེན་དཔོན་པོ་རྡོག་ནམ་མཁའ་དཔལ་བཟང་པ། རྗོ་ནང་ཀུན་སྤྱངས་དཔོན་པོ་ནམ་མཁའ་བྱང་ཆུབ། ནམ་མཁའ་སེང་གེ། བླ་མ་གྲགས་པ་རྒྱལ་མཚན་དང་བཞི་བྱུང་པའི་ཆེ་ཆུང་གཉིས་ཀྱི་ཆོས་བརྒྱུད་བཟུང་། བར་པ་གཉིས་ལ་གཞིས་དང་རྫས་སོ་སོར་ཕོག་ནས་འཇིག་རྟེན་གྱི་བྱ་བ་མཛད་ཀྱང་། གསང་འདུས་ལ་སློབ་གཉེར་དང་བཤད་སར་བྱས། སློབ་དཔོན་ཏུ་འདོན་པ་ནི་ཕྱག་སྲོལ་ཡིན་ནོ། །

དེ་ལ་རྡོག་ནམ་མཁའ་དཔལ་བཟང་པོའི་རྣམ་ཐར་ནི། ཡུམ་རྡོ་རྗེ་ཁྲི་འདྲེན་དེ་ཉིད་ཡིན་ལ། ཡུམ་གྲོངས་པའི་དུས་རོལ་མོའི་སྒྲ་དང་། ཚངས་ཐུག་འཕར་བ་ལ་སོགས་པའི་ལྟས་བཟང་པོ་བྱུང་པས། མཁའ་འགྲོ་མ་ཡིན་པར་ངེས་སོ། །དེ་ཉིད་ལ་ཤིང་མོ་ཡོས་ཀྱི་ལོ་ལ་སྐུ་འཁྲུངས་པས། དེ་མ་ཐག་ཏུ་ཡང་བཞིན་མདངས་མཛེས་པ། མཚན་བཟང་པོ་དང་ལྡན་པ། གསོ་སླ་བ་ཞིག་བྱུང་། སྤྲེའུ་ཡིན་པ་དང་། སྲས་ཚ་གཞན་མེད་པས་གཅེས་གྲགས། བླ་མ་ཆོས་སྡིངས་པ་ལ་འབུལ་བ་བཟང་པོ་ཕུལ་ནས་སྐྱབས་འོག་ཏུ་བཅུག །ཆོས་སྐྱོང་ཕྱག་བཞི་པའི་རྗེས་གནང་མཛད། ལས་མཁན་བྱ་རོག་གདོང་ཅན་ལ་གཉེར་བཅོལ། མཚན་ཡང་མགོན་པོ་རྡོ་རྗེར་བཏགས། སྤྱི་ཐར་ལོ་བཞིའི་བར་ལ་བླ་མའི་དྲུང་དུ་ཟླ་རེ་ལ་གསེར་ཞོ་རེའི་གཏོར་གསོས་ཕུལ། ལོ་བཞི་སོང་ནས་གཏང་རག་རྒྱས་པ་དང་འབུལ་བ་བཟང་པོ་ཕུལ་ལོ། །དུས་ཕྱིས་ཡབ་ཀྱི་ཞལ་ནས། བུ་ཆེ

པ་འདིའི་སྲིང་མོ་གསོ་བའི་ཕྱིར་དུའང་རྒྱ་དངོས་སྤོབས་ཆེ་བར་སོང་སྟེ། ཕྱིད་རིན་ཡང་ཆོག་པ་བྱུང་གསུང་ངོ་། །དེ་ནས་དགུང་ལོ་བཅུ་གསུམ་བཞེས་ཀྱི་བར་ལའང་ཐུགས་རབ་ཤིན་ཏུ་ཆེ་བས། ཀློག་ཡིག །རྩིས། ལྷ་རིས། ལྷེར་བཟོ། རྐོས། ལན་ཚྭ། འབའ་བྲུ་ལ་སོགས་རིག་པའི་གནས་རྣམས་མ་སྦྱངས་ཀྱང་རང་བཞིན་གྱིས་མཁས་པར་གྱུར་ཏོ། །ལོ་བཅུ་བཞི་ལོན་ནས་འཇམ་དབྱངས་དོན་ཡོད་རྒྱལ་མཚན་ལ་དགེ་བསྙེན་ཞུས། རང་གི་ཡབ་ལ་གསང་བ་འདུས་པའི་དབང་རྒྱུད་མན་ངག་རྣམས་ཞུས་ནས་སློབ་གཉེར་མཛད། གྲངས་བསྙེན་བསྐྱལ། ལྟས་བཟང་པོ་ཡང་བྱུང་། དེ་ནས་བུའི་ཆེ་ཤོས་ཡིན་པས་ཁྱིམ་སོའི་འཛོག་རྩིས་བྱས་པས། མ་གསན་པར་རང་ཚམ་གྱིས་ས་སྐྱར་ཕྱིན་ནས་དགུང་ལོ་བཅོ་བརྒྱད་པ་ལ་རབ་བྱུང་མཛད་པའི་མཁན་པོ་འཇམ་དབྱངས་དོན་ཡོད་པ། བླ་མ་དམ་པ་བསོད་ནམས་རྒྱལ་མཚན་པས་སློབ་དཔོན་བླ་མ་དོན་ཡོད་པས་གསང་སྟོན། དད་པས་དགེ་འདུན་མང་བ་ལ་རབ་བྱུང་དང་བསྙེན་རྫོགས་དུས་གཅིག་ལ་མཛད་དེ། མཚན་ཡང་ནམ་མཁའ་དཔལ་བཟང་པོར་གསོལ། དེ་ནས་ཡུལ་དུ་མ་ཕྱིན་པར་རང་གི་བྲང་ཁང་སྐྱི་འཕྲང་དུ་བཞུགས་ནས། ཚད་མ་དང་བརྟག་གཉིས་ལ་སློབ་གཉེར་མཛད། ས་སྐྱ་པའི་ཕྱག་ལེན་སྐོར་མང་བར་བསླབས། བླ་མ་རྒྱང་རོ་པ་ལ་མན་ངག་མི་ལོང་ལ་སོགས་ཞུས། བླ་མ་གཞོན་ནུ་སེང་གེ་བ་ལ་བླ་མེད་ཀྱི་སྐོར་གྱི་དབང་དང་ཆོས་མང་དུ་ཞུས། དེ་ནས་ཡབ་ཀྱིས་ཡུལ་དུ་ནན་གྱིས་གདན་དྲངས་ནས་ཆོས་སྒོར་བཞུགས། མཁན་པོ་བསོད་ནམས་དར་བྱ་བ་ཡང་དག་པའི་བཤེས་གཉེན་ཡོད་པས། དེ་ལ་འདུལ་བ་མདོ་རྩ། ཀ་རི་ཀ དགྲ་ནག །འཇིགས་བྱེད་རྭ་ལུགས། ལམ་འབྲས་སྐོར་གསུམ་སོགས་མང་དུ་གསན། བུ་སྟོན་རིན་པོ་ཆེའི་དྲུང་དུ་གསང་འདུས་ཀྱི་དབང་།

རྒྱུད་རྒྱ་གཞུང་། འགྲེལ་པ། མན་ངག །དཔལ་མཆོག །རྩེ་མོ། རྡོར་དབྱིངས། ཁམས་གསུམ་རྣམ་རྒྱལ། ཀུན་རིག །ཕྱག་རྡོར་འཆི་འཇོམས། ཆོས་དབྱིངས་གསུང་དབང་། ཡོན་ཏན་ཀུན་འབྱུང་། ནམ་མཁའ་དྲི་མེད། འཇམ་དཔལ་གསང་ལྡན། རྡོར་སེམས་སོགས་རྣལ་འབྱོར་རྒྱུད་ཀྱི་དབང་ལུང་རྣམས་དང་། བྱ་སྤྱོད་ཀྱི་སྐོར་མང་པོ་དང་། བླ་མེད་ཀྱི་སྐོར་ཡང་མང་དུ་གསན་ནོ། །ཞང་གི་ཆོས་བརྒྱུད་བླ་མ་བསོད་ནམས་ཚུལ་ཁྲིམས་ལ། དགྲ་ནག་གི་དབང་རྒྱུད་མན་ངག་རྫོགས་པར་ཞུས། གཞན་ཡང་ཨ་ཕྱི་མའི་རྗེས་གནང་སྒྲུབ་ཐབས། ཕྱག་རྒྱ་ཆེན་པོ་ལྷ་ལྡན་སོགས་མང་དུ་ཞུས། སྣར་ཆོས་འཕགས་ལ་ཡོ་ག་སྟོད་ལུགས། སྔགས་ཕྱི་ནང་གི་རྒྱུད་དང་གཞུང་མང་དུ་ཞུས། བླ་མ་ལྷ་ཁང་པ་ལ་སྒྱུ་འཕྲུལ་གྱི་སྐོར་མང་དུ་ཞུས། ཀུན་མཁྱེན་སེང་གེ་འབུམ་ལ་ཡང་གསང་སྐོར་ཚང་བར་ཞུས། བླ་མ་གཡུང་སྟོན་པ་ལ་ཆེ་བདག །རྗེ་ན་རོ་མི་ཏྲིའི་ཐུགས་ཀྱི་བཅུད་ཕྱུང་བ་མར་པས་མི་ལ་རས་པ་ལ་བརྒྱུད་པའི་ཉོག་རིལ་བཞི་པ་དང་། བསྲེ་བ་གསུམ་པའི་མན་ངག་ཟབ་མོ་དང་། གཞན་ཡང་མན་ངག་ཟབ་བསྡུས་ཟླ་བ་མང་པོའི་བར་དུ་གསན་ཅིང་རྒྱུད་ལ་འཁེལ་བར་མཛད། བླ་མ་སེང་གེ་རྒྱལ་མཚན་ལ་ལྷ་སྒྲུབ་ཀྱི་སྐོར་རྣམས་ཡོངས་སུ་རྫོགས་པར་གསན། ཀུན་མཁྱེན་ཆེན་པོ་དོལ་པོ་བ་ལ་སྦྱོར་དྲུག་སོགས་གསན། རྒྱལ་སྲས་ཐོགས་མེད་ལ། བློ་སྦྱོང་། སྤྱོད་འཇུག་གི་ཊཱི་ཀཱ། བཀའ་འབུམ་གྱི་ལུང་རྣམས་ཞུས། སོ་ཙྪ་བ་བྱང་ཆུབ་རྩེ་མོ་ལ་ཤིན་ཏུ་སྤྲོས་མེད་ལ་སོགས་པ་ཆོས་འགའ་གསན། མཁན་ཆེན་ཆོས་རྒྱལ་དཔལ་བཟང་ལ་ཧ་མགྲིན་ཡང་གསང་སོགས་མང་དུ་གསན། སོ་ཙྪ་བ་བློ་གྲོས་བརྟན་པ་ལ་ཆོས་ལུང་འགའ་རེ་ཞུས། བླ་མ་ཕྱུགས་མོ་ཆེ་བ་ལ་རྣམ་འཇོམས་དཀར་པོ་སོགས་གསན། མདོར་ན་གསན་རྒྱ་ཤིན་ཏུ་ནས་ཆེ་སྟེ། ཐོབ་

ཡིག་ཏུ་ཐེབས་པས་ཞིབ་པར་འདིར་མ་བྲིས་སོ། །རང་ལ་ཆོས་འབྲེལ་ཡོད་པའི་བླ་མ་སུ་གྲོངས་དུས་གསན་མ་ཐག་ནས་གསོལ་འདེབས་ཞིག་བདུན་རེ་མཛད་པ་དང་། དགོན་པ་དེར་ཚ་འདྲེན་རེ་མཛད་དོ། །ཐོས་བསམ་གྱི་སྒྲོ་འདོགས་ཆོད་ནས་སྐུ་འཚམས་དམ་པོ་ཡུན་རིང་པོའི་བར་དུ་མཛད་དེ། ཡི་དམ་གྱི་དཀྱིལ་ཆོག་ཉི་ཤུ་རྩ་བརྒྱད་ཀྱི་བསྙེན་པ་མཛད། སྐབས་ཤིག་འཚམས་དམ་པར་བསྡོམས་ནས་ཚེ་བདག་གཙོ་བོར་བརྟེན་ནས། རིམ་པ་གཉིས་ཀྱི་རྣལ་འབྱོར་ལ་འབད་པས། རྟགས་དང་མཚན་མ་ངོ་མཚར་བ་དཔག་ཏུ་མེད་པ་བྱུང་སྟེ་སྒྲར་མི་བཏུབ་གསུངས། ཡི་དམ་གྱི་ཞབས་མཐོང་བ་དང་གནང་བ་ཐོབ་པར་གདའ། དེ་ཕྱིན་ཆད་གདོན་ཆེན་པོས་གནོད་པ་དང་། ལྷ་འདྲེ་དྲག་པོས་གཙོས་པ་རྣམས་ལ། ན་བཟའ། ཕྲེང་བ། ཡི་གེ། བསྲུང་སྐུད། དམིགས་པ་གནང་བ་སོགས་གང་རུང་རེ་ཙམ་གྱིས་གསོས་པ་དང་། བྱིན་བརླབས་བྱས་པ་ཙམ་གྱིས་ཕན་པ་བྱུང་ངོ་། །གཤིན་དོན་མཛད་པས་གཤིན་པོ་འཁོར་བར་མི་འཁྱམ་པར་ངེས་སོ། །བླ་མ་དཔོན་པོ་བ་ལམ་གཅིག་གི་ཆོས་སྐོར་ཞུས་ནས་གཉན་ཁྲིད་བརྒྱ་རྩ་འགྲིམས་པས། དེ་དག་གི་ལྷ་འདྲེ་རྣམས་དམ་ལ་ཐོགས་སོ། །ཕག་ལོ་ཡུལ་ཕྱོགས་སུ་རྒྱ་ནད་མིག་སེར་བྱུང་ནས་མི་མང་པོ་ཤི རིམ་གྲོ་ཅི་བྱས་ཀྱང་མ་ཕན་པ་ལ་ཡི་དམ་ལ་གསོལ་བ་བཏབ་པས། རྒྱལ་ལམ་དུ་ལུང་པའི་དགེ་ཚ་བྱས་ན་ཕན་པའི་ལུང་བསྟན་བྱུང་ནས། དགེ་བསྐྱུལ་དང་རྐང་ལེན་མཛད་ནས་དགེ་ཚ་བཏབ། རབ་གནས་གསོལ་བས། ཚ་ཚ་ཐམས་ཅད་ཀྱི་པད་གདན་ཡན་ལ་རང་བྱོན་གྱི་རྩི་རྒྱུང་ནས་བལྟས་པས་དཀར་ལ་དྭངས་པ་ཤེལ་ལྟ་བུ། གམ་དུ་བལྟས་པས་ཞུ་ཡང་ཆོག་པ་ལྟ་བུ་སྔོ་སེང་ངེ་བ་འདུག་པས། སྐྱེ་བོའི་ཚོགས་རྣམས་ཡ་མཚན་པར་གྱུར་ཏེ་མཁའ་འགྲོས་གསོལ་བར་འདུག་གོ། །མཆོད་རྟེན་གྱི་འཕྲིས

ན་སྐོར་བ་བྱས་པའི་རྗེས་ཀྱང་འདུག །ནད་རིམས་དེ་མ་ཐག་ཆད་དོ། །སྤར་ན་བ་ཡང་མ་ཤི། ཀྱུ་དེ་ལ་བརྟེན་པས་མཆོད་རྟེན་ལ་བཀྲ་ཤིས་ཁ་གྲོར་མིང་བཏགས་པ་དྲག་རྟག་གི་བྱང་ན་ཡོད་དོ། །དེའི་ཕྱི་ལོ་འཛད་དུ། དུ་ཨེན་ཤའི་མགོ་བྱས་པའི་ཧོར་དམག་སྟོང་ལྷག་པས་ཡུན་རིང་བསྡད། ཡུལ་གྱི་ལྷ་སྲེ་མི་སྲེ་སུས་ཀྱང་སྡོད་མ་ནུས་པར་ཕྱོགས་མཐའ་དག་ལ་བྲོས། བླ་མ་འདིས་བདག་གཞན་བརྗེ་བའི་གོ་ཆ་གྱོན་ནས་ཧོར་གྱི་སྣ་ལེན་ལ་བྱོན། ཧོར་ལ་ལ་ན་རེ། གཞན་གྱི་དོན་དུ་ལུས་སྲོག་ལ་མི་ཕངས་པ་བཟང་པོ་ཡིན་ཟེར། ལ་ལ་ན་རེ་མི་འཁྲུམས་འདི་བརྡུང་གསོད་ཟེར་བ་རྣམས་ལ་མི་དགེ་བའི་ལྟས་འདྲ་བྱུང་པས་སྐྲག་སྟེ། ཧོར་དཔོན་གཡོག་རྣམས་ཀྱིས་ཆོས་ཞུས་ཅི་གསུང་སྒྲུབ་ཟེར། ཡུལ་པའི་དོན་ལེགས་པར་འགྲུབ་ནས་བདེ་བ་ལ་བཀོད་དོ། །རྟ་ལོ་དྲག་རྟག་ལྷག་གི་ཆོས་ཁྲི་ཧུ་གསང་འདུས་འཚད་ཀྱིན་ཡོད་པའི་ཚེ། ཆོས་ཉན་རྣམས་ཀྱིས་མཐོང་སར། བར་སྣང་ལ་འཇའ་ལེགས་པོ་དཀྱིབས་རག་དུང་ལྷ་བུ་ཁ་དོག་ལྔ་ཧུ་གསལ་བ་འདོམ་གང་ཙམ། སྒྲོམ་པ་ནམ་མཁའ་ལ། ཕྲ་བ་བླ་མའི་ཐུགས་ཁར་ཟུག་བྱུང་བས་ཆོས་ཉན་རྣམས་གཅིག་ལ་གཅིག་གིས་གླེང་མོ་དང་། བཛྲ་བཅོས་བྱས་པས། བླ་མས་དངོས་གྲུབ་བསྒྱུད་མི་ཤེས་ཅི་གསུང་བཀའ་སྐྱོན། གཟོད་མི་སྣང་བར་གྱུར་ཏོ། །སྐབས་གཅིག་པོ་དོང་ཨེར་དྲག་སྟག་བྲང་ཁང་གི་འགྲམ་འདིང་བའི་ཞལ་བཀོད་ལ་བྱོན་པས། གཞན་ན་མི་འབབ་པའི་བྲང་ཁང་གི་ལོགས་ལ་མེ་ཏོག་གི་ཆར་བབས་པ་ཀུན་གྱིས་མཐོང་། དེ་ནས་བྱང་ཧྭ་ཨེན་ནམ་མཁའ་བརྟན་པས་ས་སྐྱར་གདན་དྲངས་ནས། ཧྭ་ཨེན་ཆོས་ཀྱི་རྒྱལ་མཚན་པ་བསྙེན་རྫོགས་མཛད་པ་ལ། ད་ཕྱིན་ལྷ་ཁང་བླ་བྲང་དུ་རྟག་ཏུ་བཞུགས་དགོས་གསུངས་ནའང་མི་བཞུགས་པའི་ཞུ་བ་ནན་ཆེར་ཕུལ་ཀྱང་། དཔོན་པོ་ཆེན་པ་དང་། དཔོན་

གཡོག་གཉིས་ཀ་མ་གསན་པར་ཡུན་རིང་དུ་བཞུགས་དགོས་བྱུང་ནས། དྲུང་ནས་ཆོས་རྒྱལ་བ་ལ་གསང་སྔགས་ཀྱི་ཕྱག་ལེན་མན་ངག །དབྱངས་དང་ཕྱག་རྒྱ་ལ་སོགས་པའི་བསླབ་བྱ་མཛད། རྗེས་སུ་དབང་ཡང་ཞུས་ནས་བླ་མར་གྱུར་ཏོ། །ཡང་དཔོན་ཆེན་ནམ་མཁའ་བརྟན་པ་ལ་ས་སྐྱ་ཏུ་ཚེ་སྒྲུབ་གནང་བས། དགུན་གྱི་གྲང་སྐང་ལ་ལྷ་ཁང་ཆེན་མོའི་སྟེང་དུ་ཚེ་ཆང་སྟོད་དུ་ཕོལ་ནས་ལུད་བྱུང་བས་དཔོན་ཆེན་ཡང་ཐུགས་དགྱེས་ནས། དྲུང་ནས་ཆོས་རྒྱལ་བ་ལ་ཞུས་པས། ཉིད་ཀྱིས་ངའི་ཚེ་སྒྲུབ་ཡང་གྱིས་ཞིག་གསུངས་ནས་བྱས་སོ། །གཞན་ཡང་བསྐྱུང་བ་བག་རེ་བྱུང་བ་ལའང་ཉིད་ཀྱིས་ང་ལ་བྱིན་བརླབས་ཅིག་མཛོད་གསུངས། མི་ཡོང་ལགས་ཞུས་པས་ཡོང་ནས་འཚོལ་〈བཙོལ་〉བ་ཡིན་གསུངས། བྱ་ལོ་དྲུང་ནས་ཆོས་རྒྱལ་བ་གོང་ནས་གདན་འདྲེན་ཡོང་བ་འདུག་ཟེར་བ་དང་། ངེས་པར་ང་ལའང་རྒྱ་ཡུལ་ལ་འགྲོ་གསུང་དུ་ཡོང་། དགེ་སྐྱོར་དང་ལུས་སྲོག་གི་བར་ཆད་དུ་སོང་གི་དོགས་ནས། དན་དུ་འཚམས་དམ་པོ་བཅད་ནས་ཡིབ་ནས་བཞུགས་པས་རྐྱེད་ནས་ཅིས་ཀྱང་འགྲོ་དགོས་སྡུག་པོ་མི་ཡོང་བ་བྱེད་གསུང་བའི་ཞལ་ཏ་མང་པོ་གནང་ནའང་། གཟུགས་གཞི་ངན་པ་དང་། བཙུན་ཁན་ལམ་དུ་གྲུག་ན་ཞབས་ཧོག་དུ་མི་འགྲོ་ཟེར་བ་སོགས་ཞུ་བ་ཡང་ཡང་དུ་བསྐྱུབས་པས་གྲུབ། དེ་ནས་ཉིན་གཅིག་མཇལ། ཉིད་ཀྱི་བློ་དང་མ་འགལ་བ་བྱེད། ང་ལ་ཤ་ཚ་བ་དང་སྙིང་ལ་འཁྲོད་པ་ཉིད་ཡིན་གསུངས་ནས། གནང་སྦྱིན་ཡང་མང་བར་མཛད། དཀོན་མཆོག་ལ་གསོལ་བ་ཐོབ་ལས་ངེད་ཀྱི་རིམ་གྲོ་〈འགྲོ་〉གྱིས། ཁྱེད་འདིར་ལུས། ང་ས་མཐའ་རུ་འགྲོ་དགོས་པ་འདི་ལ་ཉིད་དྲན་པོ་གཅིག་ཡོང་པ་འདུག་གསུངས་སྤྱན་ཆབ་ཞལ་བྱུང་། དྲུང་ནས་ཡང་ཐུགས་ལ་འཁྲུང་པོ་རང་འདུག་པ་འདི་ལ་ཞུ་བ་གྲུབ་པ་དཀའ་མོ་ཡིན།

འཁོར་གྱི་གང་བཙོམས་ཀྱི་འབུལ་བ་ད་ལྷ་བྱས་པ་གྲུག་〈དྲུག་〉སྐམ་ནས་ནོར་
ཐོད་ཁྲིད་འཕགས་ཅིག་〈གཅིག་〉། དཀར་ཡོལ་མདོ་ཞིང་གཅིག །དངུལ་གྱི་
ཕྱོན་ལྷུན་འདོགས་དང་བཅས་པ། དངུལ་གྱི་ཕུད་ཕོར་གསུམ། ཛ་མ་དཀར་པོ་
ཀུ་རི་གཅིག་ལ་སྲང་བཅུ་ཟེ་བ། མཛོ་བཟང་པོ་གསུམ་རྣམས་ཕུལ་བས། དྲུང་
ནས་ཀྱང་དགྱེས། ཕྱོན་རྗེས་སྐུ་རིམ་ཀྱང་རེམ་པར་བསྒྲུབས། ཤར་ནས་ཀྱང་
གནང་སྦྱིན་དང་བཀའ་ཤོག་རིམ་པར་གནང་བྱུང་ངོ་། །ཕྲེལ་མོ་ཡབ་འཁྲོངས་
ཁར་སྔོན་འགྲོ་ལ་འཇུད་ཀྱི་བོད་འབྲོག་ཀུན་བསགས་ནས་ཁལ་ཕྱེད་རེ། ཟན་
མར་དང་བཅས་པ་བཀྱི། ཁྲོངས་ནས་ཞག་བདུན་གྱི་བར་དུ་མཆོད་གྲྭ་བཅུ་
གསུམ་གྱི་བསྒྲུབ་མཆོད་བཙུགས། ཡང་འཇུད་པ་ལ་འགྱེད་དང་། ཨེ་སྤྲེ་བོ་
ལྷས་བྲག་རམ། ཛོ་ནང་རྣམས་སུ་ཚ་འདྲེན། འབུལ་བ་བཟང་པོ་དང་བཅས་
པ་སྒྲུབས། ནང་རྟེན་ཤཱཀྱ་ཐུབ་པའི་གསེར་སྐུ་ཁྲུ་གང་པ་གཅིག་གི་ནང་ན་སྒྲོལ་
མ་རང་བྱོན་སོགས་བྱིན་བརླབས་ཀྱི་རྟེན་མང་དུ་བཞུགས་པ་དང་། ཕྱི་རྟེན་
གསེར་འབུམ་ཆེན་པོ་གཅིག་བཞེངས་སོ། །བླ་མ་དེ་ཉིད་འཇིག་རྟེན་གྱི་བྱ་བ་ལ་
ཐུགས་མི་གཏད་དོ། །འདོད་ཡོན་དང་འདུ་འཛི་ལ་མི་དགྱེས། སེམས་ཅན་ལ་
ཕན་ན་ལུས་སྲོག་གཏོང་བ་ལ་མི་ཕོད་པ་མེད་པས་ལོངས་སྤྱོད་ལྷ་ཅི་སྨོས།
མཁས་བཙུན་བཟང་གསུམ་དུ་འཛོམ་པར་གྲགས་པའི་བླ་མ་དེ་ལ། སློབ་མ་ཡང་
གཟུབས་སེང་གེ། ཨེ་པ་འཇམ་དབྱངས་དཀར་པོ། གད་ཕུར་མཁན་པོ་གོང་
འོག་གཉིས། འཐའ་〈མཐའ་〉པོ་ཆེ་པ། བྲག་ལུང་པ། དངུལ་ཆུ་བ།
བྱམས་གླིང་དཔེན་ཚང་པ་རྣམས་ཀྱི་བླ་མར་གྱུར་ཏོ། །དེ་རྣམས་ཀྱིས་ཀྱང་ཡོན་
ཏན་སྣ་རེ་ཙམ་སྤྱོད་པ་མ་རྟོགས། འཐའ་〈མཐའ་〉དག་རྫོགས་པ་ནི་མ་བྱུང་།
གཞན་ཡང་ས་སྐྱ་ལ་སོགས་སྟོད་སྨད་ཀྱི་སློབ་མ་མང་བར་བྱུང་། དེ་ཉིད་ཀྱི་

མཛད་པའི་ཡིག་ཆ་ནི། གསང་འདུས་ཀྱི་སྒྲུབ་ཐབས། དཀྱིལ་ཆོག །ཆོས་དབང་མའི་ཟུར་འདེབས། ཐིག་རྩ། ལྷན་སྐྱེས་ཀྱི་མངོན་རྟོགས། དགྲ་ནག་གི་མངོན་རྟོགས། མཆོད་བསྟོད་དང་ཕྱོགས་གཅིག་ཏུ་སྒྲིགས་པ། ཨ་ཕྱི་མའི་མཆོད་གཏོར། དགྲ་ནག་གི་ལྷན་སྐྱེས། ཡང་གསང་གི་ཕྲིན་གཞུང་དབང་ཆོག་བསྟོད་པ། ལྷས་སྒྲུབས་ཀྱི་ཧོག་ཐུབས། རྩ་བའི་འགྲེལ་པ། རྫོགས་རིམས་ཀྱི་ཁྲིད་ཡིག །ཞི་ཁྲོའི་ཕྲིན་གཞུང་། ཡབ་ཡུམ་རྒྱུད་སྒྲུབ། རྟོག་རབས་བདུད་རྩེའི་ཐིགས་པ། སྙན་ངག་འཕྲན་འགའ་རེ། བླ་མ་བརྒྱུད་པའི་གསོལ་འདེབས་ཡང་དག །མགུར་མ་འགའ་རེ་དང་བཅས་པ་ཡོད་དོ། །ཉིན་གཅིག་གི་ཚེ། ད་ལོ་གསུམ་ཚུན་ཆད་ལ་འཆི་བར་འདུག །སང་ཕོད་ད་ཙམ་དུ་ཡང་བདེ་མོ་མོང་པ་〈མེད་པ་〉འདྲ་བས། ད་ལོ་སྟོན་འགྲོ་གཅིག་བྱེད་གསུངས། དགེ་རྩ་སྟོབས་ཆེན་མཛད། རྡོ་རྗེ་སེམས་དཔའི་སྐུ་ཁྲུ་གང་པ་གཅིག་བཞེངས་པའི་ནང་ན་བླ་མ་གོང་མའི་གདུང་དང་རིང་བསྲེལ་སོགས་བྱིན་བརླབས་ཀྱི་རྟེན་མང་བར་བཞུགས་པ་བཞེངས། ཕྱི་ལོ་ཡར་ལུང་པ་དང་། བྱང་པ་གཉིས་དུས་འཁྲུགས་ཆེན་ལངས་ནས་བོ་དོང་དུ་བཞུགས་པ་མཛད། བསྐྱུང་བའི་རྣམ་པ་ཡེ་མེད་ནའང་ཞལ་ཆེམས་ཀྱི་ཡི་གེ་ཞིབ་པར་མཛད་ནས། ང་ཤི་དུས་འདི་ནང་བཞིན་གྱིས་ང་བར་ཆད་མི་འོང་གི་གསུངས། དེ་ནས་གཙུང་པོས་སྐུ་རིམ་དང་། སྟོན་འགྲོ་སྟོབས་ཅན་མཛད། ངམ་རིང་བསྐོར་ཕྱིན་པ་དང་། ཐུ་མོ་བསྐྱུང་གེན་འདུག་ནས། སྨྲན་ཆབ་མང་པོ་ཤོར་བས་ཞལ་འཛུམ་མཛད་ནས་ཁྱོད་ཀྱི་ཚུགས་ག་དེ་ལས་མི་ཡོང་། ཆོས་མང་པོ་ཐོས་པ་ཡིན་མོད། ང་འཆི་ཡང་དེ་མི་སྲིད་པ་གཅིག་བྱུང་བ་ཨེ་ཡིན། ཀུན་གྱི་ཆོས་ཉིད་ཡིན་མོད། ངའི་ཕྱོགས་ནས་སྣར་ཡང་ཟང་ཟིང་གི་མཆོད་སྦྱིན་དང་། ཡི་དམ་ལྷའི་བསྒོམ་བཟླས་དང་། མཚན་

བཅས་མཚན་མེད་ཀྱི་རྣལ་འབྱོར་ལ་བརྩོན་པར་བྱས། མདོར་ན་སྒོ་གསུམ་ཆོས་ལ་མི་འགྲོད་པ་འབྱུངས་ཡོད། ད་འགྲོད་རྒྱུ་དང་ཡང་བ་ཡང་མི་འདུག །རྗེས་ཀྱི་བྱ་བ་རྣམས་མ་གྲུབ་ཀྱང་བཟོད་ནའང་། ཁྱེད་རང་རྣམས་ཚོགས་རྫོགས་ཕྱིར་གང་འགྲུབ་གྱིས་གསུངས། དེ་ནས་ཡང་སྐུ་རིམས་མང་དག་སྒྲུབས་པས། ང་ལ་ཁྱད་མེད་ཁྱེད་རང་རྣམས་ཚོགས་རྫོགས་ཡོང་། ད་དུང་ཞག་འགའ་མི་འགྲོ་གསུང་ནས། ཆོས་ཟབ་འགའ་རེ་གནང་ནས་མཚན་མོ་རྫོགས་རིམས་ཀྱི་ངང་ལ་བཞུགས་ནས་སྐུ་ལ་གཡོ་འགྱུལ་མེད། རླུང་ཕྱི་ནང་དུ་རྒྱུ་བ་ཡང་མ་ཤེས་པས། གྲོངས་ཚར་འདུག་སྙམ་པོས་པས། པོས་ནས་ཅི་བྱེད་ཁ་རོག་སྡོད་གསུངས། ཉིན་གཅིག་གི་ཚེ་སྒྲོལ་མཆོད་ཅིག་མཛད་ཅིང་འདུག་པས། གཙུང་པོས་མཚན་བཅས་ཀྱི་ཐུགས་དམ་འདི་སྐུ་ཁམས་ཀྱི་མི་ལྗོགས་མཚན་མེད་འབའ་ཞིག་ལ་བཞུགས་པར་ཞུ་ཞུས་པས། དེ་བཞིན་གྱི་རྗེས་ཡིན་ནའང་། སྒྲོལ་མཆོད་འདི་བྱེད་དགོས་པར་འདུག །སྒྲོལ་མ་འདི་ཐུགས་ཆུང་བས་ཡང་ཡང་དུ་སྐོར་དུ་འབྱོན་གྱིན་འདུག་གསུངས། དེ་ནས་བར་སྐབས་གཅིག་སྐུ་ཁམས་དངས་པོ་རང་བྱུང་། ཉིན་གཅིག་ཧེན་གསུམ་རྣམས་བཀྲམ། མཆོད་པ་རྒྱ་ཆེན་པོ་བཤམས། འཁོར་བ་ཀུན་ཡང་གསོལ་བ་འདེབས་སུ་བཙུག་ནས་བརྩུན་པའི་འཆི་ས་ལྷ་ཁང་བྱ་བ་ན་བདོག །བསུན་མ་འདྲ་ཞུ་དགོས་པའི་ཆེད་ལགས་སོ་གསུངས། ལྷ་རྗེ་ན་རེ་སྐུ་སྐྱིད་རེ་ཆེ་གདའ་བས་ཨང་ཐོ་ཡོད་པ་འདྲ་ལགས་ཞུས་པས། ལུས་བདེ་བས་གྲུལ་མི་ཐུབ། འཆི་ཁའི་འཇུམ་ཟེར་བ་ལགས་གསུངས། དེ་ནས་ཉེ་མ་བགྲེས་གཞན་རྣམས་ཀྱིས་ཙམ་ན་གཙུང་པོ་ལ་ཚུར་ཤོག་གསུང་ཤིག་མཛད་ནས་སང་ཉི་དྲོས་ཙམ་ལ་ང་འགྲོ། སྤྱ་དྲོ་ནས་མཆོད་པ་འདབ་〈ལྷབ་〉དུ་སྔོན་ལ་ཕུལ། ང་འགྲོ་དུས་དུ་སྐད་དུ་སྐད་མ་བྱེད། གསོལ་འདེབས་གྱིས་

ཞིག་གསུངས། དེ་ནས་སྤྲོད་ཡོལ་ལ་ཕོ་དེ་ཙོ་〈ཚོ་〉གསུང་བའི་ཞལ་ཏ་སྟང་གིན་འདུག་པ་ལགས་ཞུས་པས། ཁྱེད་མི་འདི་ཙམ་བསགས་ནས་ཅི་བྱེད། བུད་མེད་འདི་ཙོ་〈ཚོ་〉ཕྱིར་ཐོང་། རོལ་མོའི་སྒྲ་འདི་སོ་མ་སོད་ཞོག་གསུང་པ་ལ། སུ་ཡང་མི་བཟོག །བདག་རྣམས་ཀྱིས་གང་ཡང་བྱས་པ་མེད་ལགས་ཞུས་པས། འོ་ན་གོ་གསུངས། དེའི་སང་མཆོད་པ་གསུང་བཞིན་སྒྲུབས། ཉེ་དྲུས་ལ་ངའི་རྒྱབ་དུ་སློས་འཐོལ་ཚུག་སློ་ས་གྱིས་གསུང་བྱས་པས། སྐུ་རྒྱབ་ཙུང་ཟད་རྟེན། ཞབས་དཀྱིལ་དཀྲུང་། ཕྱག་མཉམ་བཞག །སྐལ་ཚོགས་དྲང་པོར་སྲུང་ནས་བཞུགས་པ་ལ། སློབ་དཔོན་དགེ་སློང་གི་ཛ་ཧི་ཆང་སྦྱར་གཅིག་ཞུ་ཡིན་འདུག་པས། སྤྱན་ཅེ་རེ་མཛད་ནས་ཅི་བྱེད་པ་ཡིན་གསུངས། སེར་མ་ཡོང་བར་གདའ་ཞུས་པས། ཁྱེད་རང་རྣམས་ཕྱིར་ཁྱེད་〈ཁྱེར་〉གསུང་ཀླུང་བུས་ནས་དེ་ཉིད་ཀྱི་ངང་ལ། བྱེ་ལོ་རྟོར་ཟླ་བརྒྱད་པའི་ཚེས་བརྒྱད་ཀྱི་ཉིན། ནམ་མཁའ་གཡའ་དག་པ་ལ་འཇའ་དང་སྤོས་དྲི་སོགས་ལྟས་བཟང་པོ་དང་བཅས་ནས་བདེ་བར་གཤེགས་སོ། །མཆོད་པའི་ཡུལ་དུ་ཟླ་བའི་བར་དུ་བཞུགས་སུ་གསོལ། དེ་ནས་ཙན་དན་ལ་སོགས་པའི་ཞུགས་བཟང་པོས་བཞུ་བས། རིང་བསྲེལ་མང་པོ་དང་། གྲི་གུག་རྡོ་རྗེ་རྩེ་ལྔ་པ་ལ་སོགས་པ་བྱོན། རྟེང་དུ་རང་རང་ལ་འཕེལ་གདུང་ཡང་བྱུང་སྐད། དེ་ནས་རྗེས་ཀྱི་བྱ་བ་རྣམས་ཡང་དག་པར་སྒྲུབས། ནང་རྟེན་ཐུབ་པ་ཡོངས་སྐུ་ཁྲུ་ཚད་མ་རིང་བསྲེལ་དང་བཅས་པ། རྒྱབ་ཡོལ་ལ་ལྷ་བརྒྱ་དང་ལྔ་བཅུ་ཡོད་པ་དང་། ཕྱི་རྟེན་ཆོས་སྐྱོའི་ལྷག་གི་བུམ་པ་རྣམས་བཞེངས་སོ། །

གོང་མ་དེ་ཉིད་ཀྱི་གཙུང་པོ་རྟོག་གྲགས་པ་རྒྱལ་མཚན་གྱི་རྣམ་ཐར་ནི། བླམ་འདི་ཉིད་སྲིད་པའི་འཆིང་བ་དག་ལས་རྣམ་པར་གྲོལ། ས་ལ་གནས་པའི་

བྱང་སེམས་ཆེན་པོ། དོན་གཉིས་མཐར་ཕྱིན་པའི་སྐྱེས་བུ། ལས་དབང་གི་སྐྱེ་བ་མི་ལེན་པར་ངེས་ནའང་། སེམས་ཅན་མང་པོའི་དོན་རྒྱ་ཆེ་བ་ལ་དགོངས་ནས། སྐྱེ་བ་བཞེས་ཚུལ་ནི། གོང་གི་ཡབ་ཀུན་དགའ་རིན་ཆེན། ཡུམ་ལྷ་མོ་ཞེས་པ་རིགས་གཙང་བ། དད་པ་ཆེ་ཞིང་དགེ་བའི་བཤེས་གཉེན་ལ་མོས་པ། སྦྱིན་གཏོང་སོགས་དགེ་བའི་ཕྱོགས་ལ་བརྩོན་པ་དེའི་ལྷུམས་སུ་ཞུགས་པའི་རྣལ་ལམ་ན། ཤེལ་གྱི་མཆོད་རྟེན་དྲི་མས་མ་གོས་པ་གཅིག་རྙེད་པ་ལས་འོད་འཕྲོ་བ་དང་། དུང་གི་ཆུས་གང་བ་ལ་ཞལ་གདད་ནས་འཐུངས་པ་དང་། ཤོང་པ་འོད་ཀྱིས་གང་བ་རྨིས་ཤིང་། སྐུ་འཁྲུངས་ཀྱི་བར་ལ་ལུས་ལ་ནད་མེད་ཅིང་འོད་འཁོར་བ་དང་། ཉི་མ་ཡང་ཡང་ཤར་བ་སོགས་རྨི་ལྟས་བཟང་པོ་བྱུང་གསུངས། དེ་ནས་ལྕགས་ཕོ་འབྲུག་གི་ལོ་ཟླ་བ་བཅུ་པའི་ཚེས་བཅུའི་ཉི་ཤར་ལ་སྐུ་བལྟམས་ཤིང་། མཚན་ལྟས་བཟང་པོ་འདུག་པས་རྒྱལ་མཚན་བཟང་པོ་བྱ་བར་གསོལ། སྐྱབས་པ་ཐུགས་དམ་བཟང་པོ་ཡོད་པ་ཞིག་ན་རེ། ཁྱེད་ཀྱི་སྲས་འདི་དགེ་བའི་བཤེས་གཉེན་ཚུལ་ཁྲིམས་དང་ལྡན་པ་ཞིག་ཡོང་བར་འདུག་པས། སྔོན་མ་གོས་དཀར་པོ་བགོན་གསོ་སླ་བའི་དགོས་པ་ཡོད་ཟེར། དེ་ནས་སྐྲ་ཤེས་ཙམ་ན། སྤྱིར་འཛད། དགོས་〈 སྔོས་ 〉ནང་པ་རང་གི་ཆང་ཉེས་ཡུན་རིང་པོའི་བར་དུ་བྱུང་པ་ལ་ཐབས་ཅིས་ཀྱང་མ་ཕན་པར་ཡོད་པ་ལ། ལན་ཅིག་ཆང་བཀྲམ་པའི་སྟེང་ན་བུ་ཆུང་བསྡད་ནས་མིག་བཙུམ། ཕྱག་གིས་ཆན་ནམ་མཁའ་ལ་འཕྱར་བ་དགེ་ཕོས་མཐོང་། ཕྱིགས་པས་མི་བྲེད་པར་འདུག་པ་ལ་ཡུམ་གྱིས་འཐབས་ཐེན〈 འཐེན་ 〉པས། ཡབ་ན་རེ་དེ་ག་ལ་ཞོག་གསུངས། དར་ཅིག་ནས་ཚུར་ལོག་བྱུང་། དེ་ཚུན་ཆང་ཉེས་སད་ཆད། གཞན་མས་བུ་ཆུང་ལ་བྱིན་བརླབས་ཞུས། འདི་ལ་གྲུབ་པ་ཐོབ་པའི་རྣལ་འབྱོར་པ་ཞིག་ཡོང་བར་འདུག་ཟེར། བུ་

ཚུང་གི་སྙན་པས་ཕྱོགས་བཅུར་ཁྱབ་སྐད། སློག་མཁན་གྱི་པང་དུ་འཛོགས་ནས་འདི་ལ་ཅི་ཟེར། འདི་ནས་འདིའི་བར་ལ་གང་སྐད་ཟེར་གསུང་བའི་འཛུག་〈མཛུབ་〉གུ་བཙུགས་ནས་འདྲི་བ་ལ། འདི་ལ་འདི་ཟེར་ཞུས་པས་བློ་ལ་ཟིན་ནས་ཆེར་སློབ་མ་དགོས་པར་མཁྱེན། དེ་ནས་ལོ་བརྒྱད་ལོན་དུས་གཅེན་པོ་ནམ་མཁའ་དཔལ་བཟང་པའི་〈པོའི་〉དྲུང་དུ་ཕྱིན་ནས་གསང་འདུས་ཀྱི་ཆོས་སྐོར་ཚང་མ་ཞུས་ནས་རྒྱུད་འགྲེལ་ལ་སློབ་གཉེར་མཛད་ནས་མཁས་པར་གྱུར་ཏེ། དགེ་བཤེས་མང་དག་ལ་ཆོས་གསུངས། བསྙེན་བཀུར་ཡང་རྒྱ་ཆེན་མཛད་དོ། །དེ་ནས་ལོ་གཅིག་འདག་སྒོ་ཞུས་ནས་རིམ་ལྔའི་དམར་ཁྲིད་བསྐྱངས་པས་ཉམས་རྟོགས་ཕུན་སུམ་ཚོགས་པ་འཁྲུངས། ཉམས་དབྱངས་ཀྱི་མགུར་མ་འགའ་རེ་ཡང་མཛད་དོ། །གཞན་ཡང་གཅེན་ལ་མངའ་བའི་དབང་། ཁྲིད། བསྒྲུབ་བཀའ། སྔགས་ཕྱི་ནང་། གསར་རྙིང་གི་ཆོས་མ་ལུས་པ་གསན་པས་ཐྲུས་པ་ཚད་པར་མཛད་དོ། །དགུང་ལོ་བཅུ་བདུན་པ་ལ་པོ་དོང་ཨེར། ལོ་ཆེན་བྱང་རྩེ། ཆོས་རྗེ་བསོད་ནམས་རྒྱལ་མཚན་པ། འཇམ་དབྱངས་དཀར་པོ་ལ་སོགས་པའི་དགེ་འདུན་རྒྱ་མཚོའི་དབུས་སུ་ངེས་འབྱུང་གི་སྒོ་ནས་རབ་ཏུ་བྱུང་། མཚན་ཡང་གྲགས་པ་རྒྱལ་མཚན་བྱ་བར་གསོལ། ཆོས་གྲྭ་དེར་ཕར་ཚད། འདུལ་བ། མངོན་པ་གོང་འོག །བྱམས་ཆོས། སྤྱོད་འཇུག་ལ་སོགས་པའི་མཚན་ཉིད་ཀྱི་ཕྱོགས་དང་། རྒྱུད་གསུམ་ལ་སོགས་པའི་གསང་སྔགས་ལ་སྦྱངས་པས། ཐུགས་རབ་ལ་ཐོགས་པ་མེད་པའི་སྟོབས་ཀྱིས་དེ་དག་རིང་པོར་མ་ཐོགས་པར་མཁྱེན། ཆོས་མཁས་པ། བཤད་སྟོན་བཟང་བའི་ཐོག་ཆོད་པ་བྱུང་སྐད། དེ་རྗེས་གྲྭ་པ་མང་པོ་བསྡུས་ནས་ཐུག་ཚུལ་རྒྱུན་པ་དང་། ཆ་རྐྱེན་ཞན་པ་རྣམས་ལ་འཚོ་ཆས་དང་། གོན་རྒྱུ་ནར་མར་གནང་། གཞུང་འཛིན་མི་སུ་བྱུང་ལ་

གནང་སྨིན་རྟག་པར་མཛད་པས་གྲྭ་བུངས་ཤིན་ཏུ་ཆེ་བ་བྱུང་། སྟོན་བཟང་གི་གྲགས་པ་ཐོབ། ཉིན་མོ་འཆད་རྩོད་རྩོམ་གསུམ་ལ་གཡེལ་བ་མེད་ཅིང་། མཚན་མོ་བསྒོམ་ཁྲིད་ཀྱི་ཉམས་ལེན་མཛད་པས་ཉམས་རྟོགས་ལ་ཡང་ཞིག་བསྐྱེད་བྱུང་གསུངས། དེ་ནས་དགུང་ལོ་ཉེར་བརྒྱད་པ་ལ། རྒྱལ་སྲས་ཐོགས་མེད། ལོ་ཆེན་བྱང་རྩེ། གཙེན་པོ་ནམ་མཁའ་དཔལ་བཟང་པོ། འཇམ་དཀར། དད་དགེ་དང་བཅས་པ་ལ་བསྙེན་པར་རྫོགས། བསྙེན་བཀུར་འབུལ་བ་ཕུན་སུམ་ཚོགས་པ་སྩལ་བས་སོ། །དེ་ལྟར་ཡང་། གཞོན་ནུ་ནོར་བཟང་ལྟར་བཤེས་གཉེན་འཚོལ་བ་ལ་བརྩོན་ཏོ། །བུ་སྟོན་རིན་པོ་ཆེ་ལ་གསང་འདུས། བདེ་ཀྱི་ཡོག་གསུམ་སོགས་སྔགས་ཕྱི་ནང་མང་དུ་ཞུས། ཆོས་རྗེ་དཀོན་མཆོག་རྒྱལ་མཚན་པ་ལ། ལམ་འབྲས་བུ་དང་བཅས་པའི་དབང་བཀའ་བཤད་བཀའ་མན་ངག་གི་བཀའ་དང་བཅས་པ་རྣམས་ཞུས། བླ་མ་དམ་པ་བསོད་ནམས་རྒྱལ་མཚན་པ་ལ་ས་སྐྱ་བཀའ་འབུམ། གཞན་ཡང་ལུང་དང་མན་ངག་མང་དུ་ཞུས། རྒྱལ་སྲས་ཐོགས་མེད་ལ་བློ་སྦྱོང་། སྔགས་ཀྱི་སྐོར་ཡང་འགའ་རེ་ཞུས། བླ་མ་བསོད་ནམས་ཡོན་ཏན་པ་ལ་འཇིགས་བྱེད་ནཱ་ལུགས་ཀྱི་སྐོར་ཞུས། ཆོས་རྗེ་ཕྱོགས་ལས་རྣམ་རྒྱལ་བ་ལ་དུས་འཁོར་སྦྱོར་དྲུག་རྣམས་ཚང་བར་གསན། མཁས་གྲུབ་འཕགས་པ་དང་། འདུལ་འཛིན་སངས་རྒྱས་དཔལ་བ་ལ་ནི་གྲུ་ཆོས་དྲུག །ཕྱག་ཆེན་སྐོར། ཨུ་རྒྱན་བསྙེན་བསྒྲུབ་སོགས་མང་དུ་བསན་〈གསན〉། མུས་སྲད་པ་དཔལ་ལྡན་སེང་གེ་གདབ་ལ་རྟ་མགྲིན་ཡང་གསང་སྐོར་ཚང་བར་ཞུས། དེ་ལྟར་བླ་མ་བཟང་པོ་རྣམས་ཀྱི་དྲུང་དུ་ཆོས་ཟབ་ལ་རྒྱ་ཆེ་བ་མང་དུ་ཞུས་ནས། གསེར་དངུལ་གཡུ་གོས་དར་སོགས་ཀྱི་འབུལ་ནོད་བཟང་པོས་བླ་མ་རྣམས་མཉེས་པར་མཛད་དོ། །རྒྱས་པར་ཐོབ་ཡིག་དང་རྣམ་ཐར་རྒྱས་པར་

ཤེས་པར་བྱའོ། །

མདོར་ན་སྐྱེས་བུ་དེ་ལྟ་བུ་ནི། མཁྱེན་རབ་འཇམ་དབྱངས་དང་ཚུལ་མཚུངས་ཤིང་། མང་དུ་ཐོས་པའི་དགེ་སློང་། སྟོམ་བརྩོན་དམ་པ་ཆོས་ཀྱི་སྤྱན་ལྡན། གདུལ་བྱ་མང་པོའི་འདྲེན་པ་ཆེན་པོ་དེ་ཞིག་ནས་ད་ང་འདིར་མི་སྡོད་འཆི་ས་ཞིག་ཡོད་པ་དེར་འགྲོ་གསུང་ནས། འཇད་སྐོར་དུ་འབུལ་བ་གནང་སྦྱིན་སོགས་གང་ལ་གང་དགོས་རྣམས་མཛད། གཙང་པོ་ལྷོ་བྱང་གི་དགེ་འདུན་དང་སྐྱེ་བོའི་ཚོགས་ལ་ཟན་མར། དངོས་སྤྱད་དམར་ཁལ་ཕྱེད་མའི་འགྱེད་བཅས། ཨེར་ཚ་འདྲེན་དང་ཚོགས་ཟངས་ཆེན་མོ་གཅིག་ཕུལ། ལྷ་སས་ཐོག་དྲངས་རྟེན་གསུམ་ངོ་མཚར་བ་རྣམས་སུའང་དཀར་མེའི་ཆས་མང་དུ་ཕུལ། སྟོན་གྱི་སྨོན་ལམ་གྱི་འབྲེལ་བས། ལྷ་གཉན་བུ་ལེའི་གཡོན། རོང་གི་འདབས། ཆུ་བོ་སི་ཏ 〈ཏ་〉འབབ་པའི་འགྲམ། སྟ་ཟུར་ཟེ་དགོན་དུ་བྱོན་ཏེ་སྐུ་འཚམས་དམ་པོ་ལ་བཞུགས། ཐུགས་དམ་ཁོ་ན་ལ་ཆོག་འགྲེལ་མཛད། ཕྱག་རྒྱ་ཆེན་པོའི་ངང་དུ་བཞུགས་པའི་ལྟས་ལ། གཅེན་པོ་ནམ་མཁའ་སེང་གེ་བ་དེ། དཔོན་ཆེན་ཏ་དབེན་པའི་ཕྱག་ཕྱིར་ལྷོ་ལ་བྱོན་པ་འབྲུག་གྲལ་དུ་མིས་བསད་པ་དེ་གཟིགས་ངན་སོང་དུ་འཆོར་སླམ་རྒྱུ་དངོས་སྟོབས་ཆེ་བས་དོན་ཞགས་ཀྱི་སྒྲུབ་མོ་ཆེ་བཙུགས་ཡང་དག་གྲུབ། གྲོལ་བའི་ནུབ་རྒྱལ་ལམ་དུ་འདས་པ་དེ་ཁྱེའུ་དཀར་པོ་རྒྱན་གྱིས་སྤྲས་པ་གཅིག་དུ་གྱུར་ནས། ང་འཕགས་པའི་སར་འགྲོ་ཞེས་ཟེར་བ་གཅིག་བྱུང་གསུངས། སྤྲུལ་སྐུ་ཟླ་བ་བདུན་པའི་ཚེས་བཅུ་བདུན་གྱི་ཐོ་རངས་རྣལ་ལམ་ན། མགོན་པོ་བྱམས་པའི་སྐུ་བལྟ་བས་ཚིག་མི་ཤེས་པ་གཅིག་མདུན་གྱི་ནམ་མཁའ་ལ་བྱོན་པ་ལ་དད་མོས་ཚད་མེད་པ་སྐྱེས། འཕགས་པ་བདག་ལ་ཐུགས་རྗེས་བཟུང་དུ་གསོལ་ཞེས་ཞུས་པས། འཕགས་པའི་ཞལ་ནས་འགྲོ་

འདོད་ན་ང་ལ་འཇུས་གསུངས། འཇུས་སྐམ་པས་མཁའ་ལ་འཕུར་ནས་དགའ་ལྡན་དུ་སླེབས། ཕྱག་རྒྱ་ཆེན་པོ་ལ་ངོ་སྤྲོད་པ་མཛིས། དེ་ནས་བཟུང་སྟེ་ལོ་བདུན་གྱི་བར། བྱམས་པ་ལ་ཆོས་ཉན་པ་དང་། ལྟས་བཟང་པོ་ཡང་ཡང་བྱུང་གསུངས། བར་སྐབས་སུ་གསང་བ་འདུས་པའི་ལེ་དང་གི་འགྲེལ་པ་སོགས་ཡིག་ཆ་འགའ་རེ་མཛད། ཐུགས་དམ་གྱི་མཐིལ་གསང་འདུས། འཇིགས་བྱེད་ལ་སོགས་ལ་མང་དུ་མཛད། བསྐྱེད་རྫོགས་བསྟེན་བཟླས་ཀྱི་སྐབས་སུའང་ཡི་དམ་གྱི་ལྷ་མང་པོའི་ཞལ་གཟིགས། བྱིན་གྱིས་བརླབས་པའི་རྟགས་འགའ་རེ་ཡོད་དེ་བཤད་དུ་མི་རུང་གསུངས། ཁྱད་པར་རྡོ་རྗེ་འཇིགས་བྱེད་ཀྱི་ཞལ་གཟིགས། ཁྲིས་སྐུ་ཞལ་གཟིགས་ཀྱི་འགྲོ་དོན་དཔག་མེད་གྲུབ་པའི་གཏམ་རྒྱུད་ཡང་ཡོད་དོ། །

དེ་ལྟར་བསྐྱེད་རིམ་ལྷའི་ཏིང་ངེ་འཛིན་ལ་བརྟན་པ་ཐོབ། བཟླས་པས་ངག་གི་ནུས་པ་མཐར་ཕྱིན། གཞན་སྣང་ཟིལ་གྱི་གནོན་པའི་ནུས་པ་ལ་སོགས་པའི་ཡོན་ཏན་དུ་མ་མངའ་ཡང་། དིང་སང་སྐྱེ་བོ་ལོག་རྟོག་ཆེ་བས་ངོ་མཚར་དུ་མི་འཛིན། རྫུན་དུ་ཁོ་ནས་ལས་སོག་པས་སྤྲས་པའི་རྣལ་འབྱོར་དུ་བཞུགས་པ་ཡིན་ནོ། །ཁྲི་ལོ་ཨ་ཙེ་བཙུན་མ་བས། ད་ལོ་ན་བཟའ་ཚབས་ཅིག་འཚེམ་པར་ཞུས་པས། ད་ལོ་སང་ཕོད་ཀྱི་ཁོ་ལག་གི་སྲོ་བསྟུ་མི་དགོས་གསུངས། ཕག་ལོ་ཟླ་བ་ལྔ་པའི་དུས་བད་ཀན་སྨུག་པོའི་ནད་གཞི་གཅིག་ཡོད་པ་དེ་རྗེ་མཐུ་ལ་སོང་ནས། སྐུ་རིམ་དང་སྨན་སྤྱོད་ཅི་བྱས་པས་གདངས་བསྐྱེད་ཡེ་མ་བྱུང་། ཆོས་བཅུ་བཞིའི་ཉིན་བླ་མ་རིན་གྲུབ། དཔོན་པོ་སློབ་དཔོན་དགེ་མ། ཨ་ཙེ་དང་། ཉེ་གནས་རྣམས་ལ་ཞལ་ཏ་གནང་ནས། ང་ཆོས་བཅུ་བདུན་ལ་འགྲོ་སྐམ། རུས་པ་ཞག་བདུན་དེ་ཀ་ལ་ཞོག །གོན་པ་ཡང་མ་ཤུ སེམས་ཅན་བསྲུང་མི་དགོས། ཕྱག་དང་མཆོད་པ་ཅི་འབྱོར་ཕུལ། བདུན་སོང་བའི་ཐོ་རངས་སྐུ་

རེངས་ཤར་བ་ལ་མི་ལྷ་ལ་ཕྱུལ་གསུངས། དེ་ནས་ཚེས་བཅུ་དྲུག་གི་དགོང་མོ་དཔོན་པོ་ལ། ངས་བླ་མ་འདུལ་འཛིན་སངས་རྒྱས་དཔལ་བཟང་པོའི་ཕྱུགས་དགོངས་རྫོགས་ཐབས་ལ་ཆོས་སྟེར་བཞུགས་ཚད་ལ་ཕྱི་མར་ཕོར་རེ་ཕྱིར་གསུངས། ཨ་ཅེ་ན་རེ། སྐུ་ཁམས་བདེ་རུ་སོང་བ་འདིས་མ་གྲོངས་ཙམ་ཨེ་ཡོང་གསུངས་པ་ལ། ཞལ་འཛུམ་མཛད་ནས། ཟུག་ཆག་པས་ཅི་ལ་ཕན། འོན་ཀྱང་བདེ་འགྲོར་འགྲོ་བའི་དགོས་པ་ཡོད། ང་ལ་ན་ཟུག་ཡེ་མེད་གཉིད་བདེ་བར་ལོག་གསུངས། སང་ཕྱི་མར་བཀྱི་ཚར་བ་དང་། འོ་ལེགས་སོ་ད་ང་ལ་མར་ཞོ་གང་བསྔོ་རྟེན་ལ་ཕུལ་ཅིག །ངས་རྒྱུ་དངོས་རྣམས་བླ་མ་དཀོན་མཆོག་དགེ་འདུན་རྣམས་ཀྱི་ཕྱག་ཏུ་འགྲོ་བས། སེམས་ཅན་ལ་ཕན་ཐོགས་བསྔོ་བ་བྱེད་གསུང་ནས། བསྔོ་བ་རྒྱས་པ་རང་ཅིག་མཛད་ཚར་བ་དང་། ད་མར་དེ་བཞུ་ལ་དཀོན་མཆོག་ལ་ཕུལ། མཆོད་པ་རྣམ་ལྔ་ཞིག་ཚོམས། མི་ཁོ་བོས་དངོས་ཀྱི་མཆོད་པའི་གཞུག་དེ་ཙམ་ལ་གྱིས་གསུངས། ཞལ་ལྷོ་ལ་གཟིགས། སྐུ་དྲང་པོར་སྲང་། ལུས་གནད་བཅས། རླུང་རོ་ཕྱིར་བུས་མཛད་པ་དང་། ནམ་མཁའ་དངས་པོ་ལ་མཐོང་ཁ་མར་མེ་ཏོག་གི་ཆར་བབས། བར་སྣང་འཇའ་ཟུར་གསུམ་དང་གྲུ་བཞི། ཟླ་གམ། ཟླུམ་པོ་རྣམས་ཟུག་པ་མང་པོས་མཐོང་། འཁོར་པ་བླ་མ་རིན་གྲུབ་ཀྱི་〈ཀྱིས་〉གཙོ་མཛད་བརྒྱུད་ཙམ་གསོལ་བ་འདེབས་གྱིན་ཡོད་པས་རང་སར་གླེང་པས་ཅི་འདུག་གསུངས། འདི་བཞིན་གདའ་ཞུས་པས། ངས་བཤད་ཀྱིས་རྣ་བ་གཏོད་ཉོན་ཅིག །ཕྱག་རྒྱ་ཆེན་པོའི་ཉམས་རྟོགས་ཡོད་ན། ནམ་མཁའ་སྤྱོ་སངས་ལ་འགྲོ། ལྷ་དང་མཁའ་འགྲོའི་བསུ་བ་ཡོད་ན་མེ་ཏོག་གི་ཆར་འབབ། འོད་ཀྱི་འཕྲོ་འདུས་འཇའ་ཚོན། བསྐྱེད་རིམ་གསལ་བ་ལ་སྐུ་རྫོགས་རིམ་གསལ་བ་ལ་རིང་བསྲེལ་འབྱོན་ཟེར། རྣལ་འབྱོར་པ་རྟགས་མི་

འདོད་དེ་རྟགས་ཀྱི་རྣལ་འབྱོར་པ་མི་སྣ་གསུངས། དེ་ནས་ཐུགས་དམ་མཉམ་བཞག་གི་ངང་། ཕག་མོ་ཟླ་བ་བདུན་པའི་ཚེས་བཅུ་བདུན་གྱི་ཉིན། ཉི་མ་སྟ་ཕྱེད་ལ་གཞན་དོན་ལ་གཤེགས་སོ། །གདུང་བཞུ་དུས་མཁའ་འགྲོ་ཧུས་པའི་རྒྱན་ཅན་ལྷས་མཆོད་པ་འབུལ་བ་འགའ་རེས་མཐོང་། སྤོས་ཀྱི་དྲི་ངད་དང་། གདུང་ལ་དབུ་སྐྱོན། རིང་བསྲེལ་མུ་ཏིག་ལྟར་དངས་པའང་མང་དུ་བྱུང་ངོ་། །བླ་མ་དེ་ཉིད་ཀྱི་གཤེགས་རྫོང་རྒྱ་ཆེན་ལེགས་པར་གྲུབ། ནང་རྟེན་རྣམ་རྒྱལ་མཆོད་རྟེན་ཅིག་བཞེངས་པའི་ནང་ན་གདུང་ལ་སོགས་བྱིན་བརླབས་ཅན་མང་པོ་བཞུགས་སོ། །སྐུ་འདའ་ཀར་〈ཁར་〉ཉེ་གནས་ལ་བླ་མའི་རྣལ་འབྱོར་ཕོག་ནས། ཁྱོད་རང་སྨུག་པོ་བྱུང་བའི་དུས་སམ། བཟའ་བཏུང་འདོད་དུས་འདི་བཞིན་གྱིས་གསུང་བྱས་པས། ཉེ་གནས་རང་མ་ཤིའི་བར་བྱེས་ཡུལ་གང་དུའང་བཟའ་བཏུང་མོད་པ་དང་། གསོལ་བ་བཏབ་པས་མངོན་པ་བཞིན་བྱུང་ཟེར། བླ་མ་གྲོངས་འཕྲལ། བདག་པོ་འཛམ་དབྱངས་ཆེན་པོས་ང་ལ་བློ་གཏད་པ་ཡིན་གསུངས། ཕྱག་རྫས་གྲག་པ་འདྲ་ནང་སོར་བཞེས་ཟེར། ས་སྐྱར་འགྲོ་འདྲེན། སྤྲ་ཟུར་ཆོས་སྡེར་གཏོད་རྫས་དང་གཞི་རྟེན་མང་པོ་སྦྱར་རོ། །

བླ་མ་དེ་ཉིད་ཀྱི་གཅེན་པོ་ནམ་མཁའ་བྱང་ཆུབ་པ་ལ་བྲག་རྟག་སོགས་ཕོག །སྲས་པོ་གཅིག །སྲས་མོ་བཞི་བྱུང་པའི་སྲས་པོ་དགེ་བཤེས་དཔལ་ལྡན་རྒྱལ་མཚན་ཟེར། བཤད་གསར་མཛད། དགའ་སྟོན་རྒྱ་ཆེན་སྐྱུབས། བྱང་པ་ཏ་ཨེན་〈ཏ་དབེན་〉པའི་བན་ཚང་མཛད། དེ་ནས་བདག་པོ་འཛམ་དབྱངས་པའི་ཞལ་ཏ་བྱུང་བཟང་ལྡན་མཛོད་པ་མཛད། རྟེང་དུ་མང་དཀར་གྱི་མི་དཔོན་ལོ་སུམ་ཅུ་སོ་བརྒྱད་བྱས། ཤིན་ཏུ་ནས་ཕེར་བ་དཔོན་པོ་ཡང་ཐུགས་དགྱེས་སོ། །དེ་ཉིད་ལ་སྲས་པོ་ལྔ། སྲས་མོ་གཉིས་བྱུང་། སྲས་ཆེ་བ་མཁན་པོ་སངས་

རྒྱས་བཟང་པོ། དེ་ཉིད་ཀྱི་རྣམ་ཐར་འོག་ཏུ་འབྱུང་།

དེ་འོག་རྩུལ་རྒྱལ། དེ་འོག་རྗེར་རས་བདག་པོ་འཛམ་དབྱངས་པའི་དྲུང་སྐོར་དང་མཇོད་པ་ཡང་མཛད། དེ་འོག་རྒྱལ་ལས་ལྷོ་པ་སི་ཏུའི་དྲུང་སྐོར་དང་། སྐྱུར་སྐྱུའི་མི་དཔོན་མཛད། དེ་འོག་གཞོན་ནུ་པས་དྲུང་སྐོར་དང་། ཁྲིས་སུ་སྦྱི་ཏུ་རྣམ་རྒྱལ་གྲགས་པའི་གསོལ་གཟིམ་གཡོག་མཛད། སྐུ་མཆེད་འདི་རྣམས་ཀྱི་གོང་མ་མ་གཏོགས་པའི་འཇིག་རྟེན་པ་རེ་མཛད་པས་སྲས་ཚ་འདྲ་བྱུང་ནའང་ཕན་མ་ཐོགས། ཕ་ཚན་བརྒྱུད་གཅིག་གི་མི་རབས་དེ་ཙམ་གྱིས་རྫོགས་སོ། ། ནམ་མཁའ་སེང་གེ་བས་ཏ་ཨེན་〈དཔེན་〉རིན་པོ་ཆེའི་གསོལ་བྱ་བ་མཛད། དར་ཚོ་སོགས་ཀྱི་བདག་མཛད། རྟེང་སོར་ལྷོ་པ་དམག་ལ་ཕྱིན་པས་གྲོངས། ནོར་རྫས་མང་པོ་ཡང་ཀྱུག །གསུམ་པ་ལྷོ་ནང་སོས་སྲིད་ཟེར། དེ་ཉིད་ལ་སྲས་གཅིག་ཡོད་པ་དགེ་བསྙེན་སེང་གེ་རྒྱན་ཟེར། གསང་འདུས་ལ་བཤད་གསར་མཛད་ནས་སློབ་དཔོན་དུ་སྟོན་པས་སློབ་དཔོན་དགེ་མར་གྲགས། ཆོས་ཉམས་ཆེ་ཞིང་འཐབ་འཁྲུག་ཀྱང་ཤིན་ཏུ་ཆོད་པ་ཞིག་བྱུང་། སྐུ་བགྲེས་ནས་རབ་བྱུང་མཛད། ནམ་མཁའ་སངས་རྒྱས་ཟེར། སྟ་ཟུར་དུ་ཐུགས་དམ་འབའ་ཞིག་མཛད། མི་འགྲོངས་པའི་སྤྱ་ལོ་བསྟུང་པོ་རང་ཅིག་བྱུང་། ལྷ་རྗེས་ཀྱང་འགྲོངས་པ་ལས་མི་ཡོངས་ཟེར། གྲབས་བྱས་པས། ད་ལོ་དང་བཞི་མི་འཆི་སྟེ་སང་ཕོད་རང་འཆིའམ་གསུངས་ནས། དགུང་ལོ་དགུ་བཅུ་གོ་ལྔ་པ་ཅོ་འཕྲུལ་བསྟན་པའི་ཆོས་བརྒྱད་ལ། ཐུགས་དམ་གྱི་ངང་ལ་འཁྱིར་བཟང་པོ་དང་བཅས་ནས་གཤེགས་པའི་ཞག་ཉེར་བརྒྱད་ཀྱི་བར་དུ་རྟགས་མ་བྱུང་པས་ཡང་དག་པ་ཡིན་ནོ། །

དེ་ཉིད་སྲས་པོ་གསུམ། སྲས་མོ་གཅིག་ཡོད་དོ། །སྲས་པོ་ཆེ་བ་སྟ་ཟུར་

མཁན་པོ་འཇམ་དཔལ་བཤེས་གཉེན་པ། བར་པ་སྟེར་རྒྱུས་མཁན་པོ་རིན་ཆེན་བཤེས་གཉེན་པ། ཆུང་པ་གསོལ་དཔོན་ཤཱཀྱ་རྒྱལ་མཚན་པ། སྲས་མོ་ལ་དབུས་ནས་གོང་མའི་ཕྱག་རྟགས་ཕབ་ནས་རྟ་དཔོན་དཔོན་དར་ལ། ཁྲིམ་གྱི་གཞིས་དང་སྤྲགས་པ་སྦྱིན་ནོ། །

དེ་ལ་རྗོག་འཇམ་དཔལ་བཤེས་གཉེན་གྱི་རྣམ་པར་ཐར་པ་ནི། ཡབ་ནི་དགེ་བསྙེན་སེང་གེ་རྒྱལ་མཚན། ཡུམ་མི་ཕྱུག་བསོད་ནམས་གྲགས་བྱ་བའི་དཔོན་མོ། དཔོན་མོ་རྡོ་རྗེ་སྒྲི་འཛོམས་བྱ་བ་རང་བཞིན་གྱིས་ཟས་ནོར་འདུ་བ། དགེ་སེམས་དང་ལྡན་པ། སྲས་ཚ་རྣམས་སོ་ཟིན་ནས་རབ་བྱུང་མཛད། ཐུགས་དམ་ཡོ་ན་ལ་དྲིལ་ནས་འགྲོངས་དུས་སུ་བྲང་ཁང་གི་ངོས་ལ་མེ་ཏོག་གི་ཆར་བབས། ཉམ་ཉུ་དང་རོལ་མོའི་སྒྲ་སྒྲོགས་པ་བྱུང་པས་ཡེ་ཤེས་ཀྱི་མཁའ་འགྲོ་མ་ཡིན་པར་ངེས་སོ། །དེ་ཉིད་ལ་འཇད་དར་ཚོར་ཁྲི་ལོ་སྐར་མ་རྒྱལ་ལ་འཁྲུངས། མཚན་འཇམ་དབྱངས་རྒྱལ་མཚན་བྱ་བར་བཏགས། བུ་ཆུང་ནས་ཆོས་ལ་འདུན་པ་ཆེ་བས་དགུང་ལོ་བཅུ་གཉིས་པ་ལ་སྟ་ཟུར་ཆོས་སྡེར་མཁན་པོ་སངས་རྒྱས་བཤེས་གཉེན་པ། སློབ་དཔོན་ཆོས་རྗེ་རིན་གྲུབ་པས་མཛད། མཚན་བདག་པོ་འཇམ་དབྱངས་ནམ་མཁའ་རིན་ཆེན་པས་བཏགས་ནས། ཆེ་བ་ལ་འཇམ་དཔལ་བཤེས་གཉེན། ཆུང་པ་ལ་རིན་ཆེན་བཤེས་གཉེན་བྱ་བར་ཐོགས་གསུང་ནས་སྐུ་མཆེད་གཉིས་རབ་བྱུང་དུས་གཅིག་ལ་མཛད་དོ། །ཡབ་ལ་གསང་བ་འདུས་པའི་དབང་ཞུས་རྒྱུད་འགྲེལ་ལ་སློབ་གཉེར་མཛད། བཤད་སྟོན་མཛད་དུས་ཚོགས་དཔོན་ལ་འཇམ་དབྱངས་ཆེན་པོ་གདན་དྲངས། ཁྲི་སྐོར་གྱི་དཔོན་རྣམ་པ་ཁྱིན་འཚོགས། བླ་མ་དང་དགེ་བའི་བཤེས་གཉེན་དཔག་ཏུ་མེད་པ་བསགས་ནས་སྟོན་མོ་དང་འབུལ་བ་ལ་སོགས་ཀྱི་རྣམ་གཞག་རྒྱས་པར་

མཛད། དེ་ནས་བོ་དོང་ཨེར་ཕྱིན་ནས་མཚན་ཉིད་ལ་སྦྱངས། འཛད་སྐོར་དུ་ཆོས་དབར་ལ་བཞུགས། བར་སྐབས་སུ་དབུས་པས་འཛད་བཟུང་ནས། གཞིས་འཁོར་དང་བཅས་པ་སྐྱུར་ནས་སྟ་ཟུར་ལ་ཕྱིན། བྲག་རྟག་བྲང་ཁང་དུ་བཞུགས་ནས་རྒྱུད་སྡེ་བཞིའི་ཕྱག་ལེན་ལ་སྦྱངས། རྒྱ་གར་གྱི་པཎ་ཆེན་ཤ་རི་བུ་ཏ། སེམས་དཔའ་ཆེན་པོ་བཀའ་ལྷ་དཔལ་འབྱོར་ཤེས་རབ་ལོ་ཚ་བ་ངག་དབང་གྲགས་པ། ཆོས་རྗེ་སངས་རྒྱས་བཤེས་གཉེན་པ། ཐམས་ཅད་མཁྱེན་པ་ཕྱོགས་ལས་རྣམ་རྒྱལ། སེམས་དཔའ་ཆེན་པོ་རྒྱལ་མཆོག་པ་སོགས་བླ་མ་བཟང་ལ་མང་བ་ལ་དབང་། ལུང་། མན་ངག་དཔག་ཏུ་མེད་པ་གསན་པས་བྱིན་བརླབས་ཀྱི་བཀའ་ཆགས། བསྙེན་བསྒྲུབ་ཚད་དུ་འཁྱོལ། བསྐྱེད་རྫོགས་ལ་བརྟན་པ་ཐོབ་པ་དང་ཐོགས་དབྱུང་བའི་ཕྱིར་དུ། ལོ་སྒྲུབ་ལ་རྩེ་གཅིག་ཏུ་བཞུགས་པའི་དུས་བལྟས་དང་མ་ཡང་དག་པར་བྱུང་བར་གདའ་སྟེ་གསལ་ཀ་མི་སྣང་ངོ་། །དེ་ནས་ཉུས་པ་ཆེར་བརྙེས་ཏེ་དབང་དང་ཆོས་ཞུ་མཁན་མང་དུ་བྱུང་། ནད་ངན་ལ་འཇོམ་མི་དགོས་ཅིང་བྱིན་བརླབས་མཛད་པ་ཙམ་གྱིས་ཕན་པ་དང་། ཕྱི་སྨྱོན་གྱི་ནད་ལ་ཕྱག་ཟན་ཐོངས་པ་ཙམ་གྱིས་མི་འགོས་ཅིང་གྲོལ་བར་འགྱུར། མི་དུག་ཅན་མང་པོ་གསོས། ཐུགས་དམ་གྱི་འོག་ཏུ་ཆུག་ཕྱིན་བདེ་བར་འཚོ་བ་དང་། མདོར་ན་བསྟན་པ་དང་སེམས་ཅན་ལ་གང་ཕན་མཛད་དོ། །སྟ་ཟུར་ཆོས་སྡེའི་མཁན་པོ་མཛད་ནས། ཆོས་སྡེའི་ཁུར་ཆེ་བ་དང་། དགེ་རྒྱུན་སྤྱི་རྫས་གསར་འཕེལ་མང་དུ་སྒྲིགས། ཚོག་ཤེས་ཀྱི་བློ་དགོས་པ་ཡིན་གསུང་ནས། ཕྱག་རྫས་རྣམས་དགེ་འདུན་དང་མི་ནག་པ་རྣམས་ལ་ཟན་མར་ནས་འགྱེད་དང་བཅས་པ་ལོ་གཉིས་སྒྲུབས། ཚུལ་དུས་མཆོད་དགོས་པ་རྣམས་ཀྱང་མ་ཆག་པར་མཛད་དོ། །དེ་ནས་མི་འགྲོངས་པའི་ཟླ་བ་གསུམ་ཙམ་ནས་གཙུང་པོ་མཁན་

ཆེན་པ་ངམ་རིངས་ནས་གདན་དྲངས། དེ་འཚམས་ཟུག་མེད་པའི་གསོལ་འགགས་ཙམ་གྱི་བསྟུང་བ་ཞིག་བྱུང་། སྨན་དཔྱད་རིམ་གྲོ་རེ་ལ་མ་ཉོལ་བར་བསྒྲུབས་ཀྱང་སྐུ་གཟུགས་ངན་དུ་སོང་བས། ང་ད་ལན་ནད་འདིས་མི་གཏོང་པར་འདུག །བཞུག་གི་གཡོག་དགོས་པར་འདུག་པས་བུལ་རིང་ནས་སྒྲུབ་པ་བ་དཔལ་བཟང་པོས་གསུང་ནས་སླེབས། དེ་ནས་བླ་མའི་ཞལ་ནས། ངས་མི་ཚེ་ཡང་མཐར་འཁྱོལ། བླ་མ་བཟང་ལ་མང་བ་ཡོད་ནའང་ད་གཅིག་ཀྱང་བཞུགས་པ་མི་འདུག །དགེ་སྦྱོར་གང་ནུས་བྱས། འགྱོད་རྒྱུ་ཡང་མི་འདུག །ངའི་ལུས་འདི་ལྷའི་རང་བཞིན་དུ་བསྒོམ་པ་ཡིན་པས། རུས་པ་བསྡུད་དུས་ཡེ་ཤེས་པ་གཤེགས་གསོལ་བྱིས་ལ་ཡུན་རིང་མ་འཇོག་པར་མེ་ལ་བསྲེགས་གསུངས། སྟག་ལོ་ཧོར་ཟླ་བདུན་པའི་ཚེས་གསུམ་གྱི་ཉིན་དགུང་ལོ་བདུན་བཅུ་དོན་བདུན་པ་ལ་སྐུ་གཤེགས་པའི་ཞག་བདུན་ཕྲག་གཉིས་འོད་གསལ་གྱི་ངང་དུ་བཞུགས། སྤུར་རྟགས་བྱུང་དུས་དྲི་བཟངས་ཀྱི་ངད་པ། འཇའ་དཀར་སྣམ་བུ་བརྒྱངས་པ་ལྟ་བུ་ཡུན་རིང་དུ་བྱུང་ངོ་། །གདུང་བཞུ་བས་ཐོད་རུས་ལ་རིང་བསྲེལ་མང་དུ་བྱོན། གཞན་རྣམས་ཞ་ཚྭ〈སྐུ་ཚྭ〉བཏབ་ནས་རྒྱབ་རི་རྗེ་མོ་སྒང་མོ་བྱ་བ་ཤིན་ཏུ་མཐོ་བའི་རྩེར་བཞུགས་སུ་གསོལ་ལོ། །

བླ་མ་དེ་ཉིད་ཀྱི་གཙུང་པོ་རིན་ཆེན་བཤེས་གཉེན་པའི་རྣམ་ཐར་ནི། ཡབ་ཡུམ་སོགས་སྔར་གཅེན་པོའི་རྣམ་ཐར་དུ་བསྟན་པ་བཞིན་ཡིན་ལ། ཡོས་ལོ་ལ་འཁྲུངས་པས་བསྟུང་གཞི་མང་ཞིང་གསོ་དཀའ་བ་ལ་བརྟེན་པས། བླ་མ་བཟང་ལ་མང་བ་ལ་དབང་དང་བྱིན་བརླབས་ཞུས་སྐྱབས་འོག་ཏུ་བཅུག །ཁྱད་པར་ལྷུགས་མོ་བྱ་ཁྲལ་བ་བསོད་ནམས་རིན་ཆེན་བྱ་བ་ལ་བླ་མ་བཅོལ་ནས་སྐྱབས་འོག་ཏུ་བཅུག་མན་ལ་བསྟུང་གཞི་དེ་ཕན་ནས་གསོ་སླ་བར་བྱུང་།

ཐུགས་རིག་བཀྲ་ཞིང་ཤེས་རབ་ཆེ་བས་སློབ་ཡིག་རྩིས་སོགས་དང་། སྒྱུ་རྩལ་དང་ལྡན་པ་ཞིག་བྱུང་ནས། རབ་བྱུང་མཛད་པ་སོགས་གཅེན་དང་འདྲ་བ་ལ། སྐུ་གཞོན་དུས་རིགས་ལྡན་རྣམ་རྒྱལ་གྲགས་པའི་བན་ཚང་པ་མཛད། གསང་སྔགས་གསར་རྙིང་དང་། དུས་འཁོར་སོགས་ལ་སྦྱངས་པ་མཛད། ཏ་སི་ཆེན་པོའི་ཐུགས་འདོགས་དང་ཞལ་ཤུགས་ཆེ་བར་ཡོད་ནའང་། ཆོས་སྣང་འབའ་ཞིག་གིས། རྒྱ་གར་པཎ་ཆེན་མ་ཧཱ་ཐ་ཕིར་ལ་སོགས་པའི་པཎ་ཆེན་གསུམ་གྱི་གཙོ་མཛད་མཁས་གྲུབ་དུ་མ་ལ་ཕྱི་ནང་གི་ཆོས་ཞུས། རྒྱ་མ་བ་ཡོན་ཏན་འོད་ལ་སོགས་པའི་བྱང་སེམས་ཅན་རྣམས་ལ་བློ་སྦྱོང་སོགས་ཞུས་ནས་ཐུགས་སྦྱོང་མཛད། ཐེག་ཆེན་ཆོས་རྗེ་སོགས་སྤྲུལ་པའི་སྐུ་རྣམས་ལ་བླ་མེད་ཀྱི་སྐོར་ཞུས། ཕྱོགས་ལས་རྣམ་རྒྱལ་སོགས་ལ་བསྐྱེད་རྫོགས་ཀྱི་རིམ་པ་ཞུས། ཨཱ་ནན་ད་མ་ཏི་སོགས་ལ་དྲག་པོའི་ཆོས་སྐོར་དང་ལས་ཚོགས་མང་དག་ཞུས། མདོར་ན་རྒྱ་བོད་ཀྱི་མཁས་གྲུབ་དུ་མའི་ཞབས་ལ་གཏུགས་ནས་སྐུ་ཡོན་དང་ལྡན་ཞིང་ཐུགས་དམ་ཁོ་ན་ལ་བཞུགས། སྤྲ〈ཕྲ〉མཁན་སོགས་ཀྱི་སྤྲ〈ཕྲ〉བརྟགས་པས་སྐུ་ལ་མོ་སྡུག་ཁྲོམ་ཁྲོམ་འདུག་ཟེར། སྐུ་ནས་ཡར་བྱོན་ནས། ཆོས་རྒྱལ་ཆེན་པོའི་བཀས་བསྐུལ་ནས། བཟང་ལྡན་སྟེར་རྒྱུས་ཀྱི་མཁན་པོ་མཛད་སྐུ་ན་མཐར་ཕྱིན་ནས་གཤེགས་སོ། །

བླ་མ་སྐུ་མཆེད་དེ་གཉིས་ཀྱི་ཡབ་ཚན། མང་མང་མཁར་མི་དཔོན་དཔལ་གྱི་སྲུས་གོང་དུ་བཤད་པའི་ཧོར་སྟོན་སངས་རྒྱས་བཟང་པོའི་རྣམ་ཐར་ནི། ཡུམ་ཁྲི་དཔོན་རྒྱལ་མཚན་འོད་ཟེར་གྱི་ཚ་མོ་དཔོན་མོ་བཙུན་ནེ་བྱ་བ་རྒྱལ་ཟས་དང་ལོངས་སྤྱོད་འདུ་བ། ཆང་འབའ་ཞིག་ལ་ཟས་ཀྱི་མཆོག་ཏུ་མཛད་པ། སྐྱེན་གཏན་ནས་མི་ཡོང་བར་དྲན་པ་གསལ་ལ་བློ་རྣོ་བ། རྩིས་ལ་མཁས་པ་ཞིག

ཡོད་པའི་སྐུ་ལ་རྗེ་འདི་ཉིད་འཁྲི་བའི་དུས་སྐུ་བདེ་ཉམས་དང་ལྡན་ཞིང་།
མཚན་སྤྲས་དང་ལྡན་པ་ཞིག་ས་མོ་སྦྲུལ་གྱི་ལོ་དཔལ་གྱི་དྲག་རྟག་ཏུ་བཙས་སོ། །
གསོ་སླ་ཞིང་སྐྱེས་སྟོབས་ཀྱི་ཤེས་རབ་ཆེ་བས་བྱིས་པའི་དུས་ཉིད་ནས་མཆོད་འོས་
ལ་བཀུར་སྟི་ཆེ་བ། ངན་སོང་ལ་བྱམས་སེམས་ཆེ་བ་གཅིག་བྱུང་། དགུང་ལོ་
བཅུ་པ་ལ། ས་སྐྱ་གུང་པ་གྲགས་པ་བཤེས་གཉེན་བྱ་བའི་གྲུབ་པ་བརྙེས་པ་དེ་
ཉིད་ཀྱིས་མཁན་པོ། དཀར་ཚོག་མཁན་པོ་སྟོན་མ་གྲགས་པ་རིན་ཆེན་བྱ་བ་དེ་
ཉིད་ཀྱི་སློབ་དཔོན་མཛད། དད་པའི་དགེ་འདུན་མང་བ་དང་བཅས་པས་རབ་
ཏུ་བྱུང་། རྣམ་པར་དག་པའི་ལྟས་ཡང་བྱུང་ནས། མཚན་ཡང་སངས་རྒྱས་
བཟང་པོ་བྱ་བར་གསོལ། དེ་དུས་ཡབ་མང་མཁར་ཤུགས་ཆེ་བས་དཀར་ཚོག་གི་
མཁན་པོར་མངའ་གསོལ་དགོན་པའི་རི་ཕྱོས་ཞུས། དཔལ་ལྡན་ས་སྐྱར་ཡང་
གདུང་བརྒྱུད་ཀྱི་དྲུང་དུ་ཡང་གདན་དམར་གནང་། ལོ་མང་པོའི་བར་དུ་གྲྭ་ས་
འཁྲིམ་ནས་མཚན་ཉིད་ཀྱི་ཕྱོགས་ལ་སྦྱངས་པ་མཛད་པས་མཁས་པར་གྱུར། དེ་
ནས་ཐེག་ཆེན་ཆོས་རྗེ་ཀུན་དགའ་བཀྲ་ཤིས་པའི་དྲུང་དུ་ལོ་མང་དུ་བཞུགས་ནས
གསང་སྔགས་ཀྱི་སྐོར་གྱི་དབང་རྒྱུད་མན་ངག་རྣམས་མ་ལུས་པར་ཞུས་ནས་སྨིན་
པར་མཛད། དེ་ནས་དགོན་གོག་འཛིན་པ་དང་འདུ་འཛི་ལ་ཐུགས་སུན་པ་
དང་། ས་སྐྱ་ནས་ཞལ་ཏས་རྒྱ་ཡུལ་ལ་འབྱོན་དགོས་གསུང་བ་ལ་ཐུགས་མ་སོང་
པར་གསང་ནས་དངུལ་ཆུ་ཆོས་རྫོང་དུ་ཐུགས་དམ་ལ་བྱོན་པ། ཆོས་སྒོ་དྲག་
རྟག་པའི་〈 པས་ 〉 ཚོར་ནས་ཆོས་སྒོར་ཕེབས་དགོས་རང་གི་དང་པོའི་ཡུལ་
དགོན་ལག་པས་བཟུང་ནས་བདག་རྣམས་ཀྱི་མགོན་སྐྱབས་མཛད་དགོས་ཟེར་
གདན་དྲངས། དབང་བཀའ་ཁྲིད་བཀའ་སོགས་གནང་། འགྲོ་བའི་དོན་
མཛད་པས། འཛད་ལུང་པའི་བོད་འབྲོག་རྣམས་ཀྱི་གསོན་གཤིན་གྱི་དོན་རྒྱ

ཆེར་གྲུབ། གངས་ཆེན་ཀུན་དགའ་བཟང་པོ་ལ་སྦྱོར་དྲུག་སོགས་ལམ་ཟབ་རྣམས་ཞུས་ཐུགས་ཉམས་སུ་བཞེས་པས་འཁོར་འདས་གཉིས་མེད་དུ་གཟིགས་ལས་དགེ་སྡིག་ཕྲ་མོ་ཡའང་སྤང་བླང་ཚུལ་བཞིན་དུ་མཛད། སྐྱེ་བ་མང་པོར་འཕགས་པ་སྤྱན་རས་གཟིགས་ཀྱིས་བྱིན་གྱིས་བརླབས་པས་བྱམས་སྙིང་རྗེ་རྒྱུན་ཆགས་སུ་འཁྲུངས། རྟ་མགྲིན་ལ་བསྙེན་པ་མཛད་དུས་ཕྱོ་རངས་གཟིམས་ཁང་དུ་རྟ་སྐད་ཕྲེང་ས་ཕྲེང་ས་འཚེར་བ་གསན། མང་མཁར་པོས་སྔོན་དུ་ཡང་གསང་གི་དབང་སྒྲུབ་བསྒྱུར་དུས་མར་མེའི་སྡོང་བུའི་རྩེ་ལ་རྟ་མགོ་རང་བྱོན་དུ་བྱུང་བ་ཀུན་གྱིས་མཐོང་། འདྲེད་ཆོས་སྒོར་བཞུགས་དུས། རྟོགས་ལྡན་ནམ་མཁའ་བློ་ལྡན་བྱ་བ་བོན་པོ་དང་བན་རྫེ་གཉིས་ཀ་ཡིན་པའི་གྲུབ་ཐོབ་དེ་དང་མཇལ་བས། རྟོགས་ལྡན་པའི་མཇལ་ལ་ཁེད་སྐུ་ཕྲག་ནས་ཤིང་མངར་རློན་པའི་ལས་གཏོགས་གཅིག་ཕུལ་ནས་འདི་རྒྱ་གར་ནས་ཡིན་གསུངས། རྗེ་ཡིག་གིས་ཀྱང་སྐུ་ཕྲག་ནས་དར་དཀར་དྲི་མ་མེད་པ་ཁ་གང་སྟོན་ནས་འདི་རྒྱ་ནག་ནས་ཡིན་གསུང་ནས་ཕུལ། རྗེང་དུ་སློབ་མ་རྣམས་ཀྱིས་གང་ནས་བྱུང་ལགས་པ་ཞུས་པས། ཡོང་ས་ནི་མེད་དེ་ཁོ་རང་བྱུང་གསུངས། གྲུབ་རྟགས་སྟོན་རེས་སུ་གདའོ། །ཡུལ་ཕྱོགས་སུ་མི་ནད་ཕྱུགས་ནད་བྱུང་དུས་གཏོར་ཆེན་རེ་མཛད་པས་རྒྱུན་ཆོད་པ་དང་། ནད་པའི་དོན་དུ་རི་ཁྲོད་ལ་ཕེབས་དུས་བྱམས་སྙིང་རྗེ་པོ་ནས་ནད་པ་དང་ལྷ་འདྲེ་བདེ་བ་ལ་བཀོད། གཤིན་དོན་མཛད་དུས་ཀྱང་དལ་བྲེལ་ཙམ་ཡོད་ནའང་གཤིན་པོ་སྙིང་རྗེ་གསུངས། ཆོ་ག་ལ་ཐང་སྟོད་མི་མཛད་ཅིང་ཉིང་འཛིན་དང་ལྡན་པས་གཤིན་པོ་འཁོར་བར་མི་འཁྱམ་ངེས་སོ། །རྟོགས་ལྡན་ནམ་མཁའ་བློ་ལྡན་ན་རེ། ནགས་གསེབ་ཕ་གིའི་བླམ་སྒྲུག་པོ་རྒྱ་དཀར་འདྲ་བ་ཕ་གིས་དྲངས་ཚད་ངན་སོང་དུ་མི་འགྲོ་བ་འདུག་གསུངས།

དེའི་སྟོབས་ཀྱིས་བོན་པོ་རྣམས་ཀྱང་ཤིན་ཏུ་མོས་པས་ཆོས་འབྲེལ་དང་བྱིན་རླབས་ཅི་ཐོབ་བྱེད་པས། བསྟན་དང་སེམས་ཅན་ལ་ཕན་ན་སྐུ་སྲོག་གཏོང་བའི་ཐུགས་དང་ལྡན་ན། དངོས་པོ་ལ་ལྟ་ཅི་སྨོས་སོ། །མཚན་ཀྱང་དུམ་རེ་མ་གཏོགས་དཔུས་ཐུས་ལ་མི་འཛོག་པར་བསྐྱེད་རིམ་བཟླས་བརྗོད་ལ་མི་གཡེལ་བར་མཛད་དོ། །འཇིག་རྟེན་གྱི་ཚེ་འདོད་སྣན་གྲགས་མེད་པས་གཞན་ལ་དག་སྣང་འབབ་ཞིག་སྐྱོངས། ཕྱི་མཚན་ཉིད་དང་ནང་གསང་སྔགས་ཀྱི་ཡོན་ཏན་དང་ཕྱག་རྒྱ་ཆེན་པོ་གདེང་དང་ལྡན་ཀྱང་ཡོན་ཏན་གང་ཡང་མི་མཁྱེན་པ་ལྟར་མཛད། འཁོར་བ་རྣམས་ཀྱིས་འདི་ལྟར་མི་མཛད་པ་ཞུ་ཞུས་ན། ཨུ་ལ་ནི་ཁྱད་མེད་ཁོང་རྣམས་ནི་དགའ་ཡོང་། སེམས་ཅན་མགུ་བྱ་མ་གཏོགས་པའི་རྒྱལ་བ་མཉེས་པའི་ཐབས་གཞན་མེད་གསུང་ནས། འདི་དགྲ་ཡིན། འདི་ཨུ་ལ་གནག་པའི་ཕྱོགས་ཡིན་གསུང་བ་མི་སྲིད། མདོར་ན་ཐུགས་བསྐྱེད་བཟང་པ་སྐུ་བཙུན་པ། བྱང་ཆུབ་སེམས་དཔའ་ཆེན་པོར་གྲགས་པ་དེ་ཉིད། དགུང་ལོ་དྲུག་བཅུ་རེ་བདུན་པའི་དུས་བད་ཀན་སྨུག་པོའི་སྙུང་གཞི་ལ་བརྟེན་པའི་བསྙུང་བ་ཟླ་བ་གསུམ་ཙམ་བྱུང་། གསོལ་འཇགས་པ་དང་། སྐྱོམ་དད་ཆེ་བ་ཙམ་མ་གཏོགས་ཟུག་གི་རྣམ་པ་མེད་པས། རིམ་གཉིས་ཀྱི་རྣལ་འབྱོར་སྒྲིགས་བཅུག་ཡོད་པ་མ་ཆག་པར་མཛད། བསྙུང་དུ་སོང་ནས་ཀྱང་སྐུའི་སྐལ་ཚོགས་དྲང་པོ་སྲོང་བ་ལས་དགྱེ་སྒྲུ་དང་རྟེན་པ་རྣམས་ཡེ་མི་མཛད། མི་འགྲོངས་པའི་ཟླ་བ་གཅིག་ཙམ་ནས་གསུང་སྒྲོས་ལ། ད་རང་ང་དུས་ཀྱིས་ཀྱང་སླེབས་པ་འདྲ། ཁ་སང་ཟ་ཟེ་གཅིག་ལ་ཤར་ཕྱོགས་མངོན་དགའི་ཞིང་དུ་འགྲོ་བ་ཡིན་ཟེར། སྤང་ཐེལ་ཉམས་དགའ་བ་གཅིག་ན་ཕར་ལམ་བྱས་འགྲོ་བའི་སྣང་བ་ཞིག་བྱུང་གསུངས། དེ་ནས་མི་གཡན་སོགས་ཀྱི་གཡེང་བ་མེད་དུས། ཆོས་གནང་བ་དང་། དབང་བསྐུར་

བ་སོགས་གཞན་དོན་མཛད་པའི་རྣམ་པ་མང་པོ་འདུག་པས། མི་མ་ཡིན་གྱི་ཆོས་དབང་ཞུ་བ་ཡིན་ནམ་བསམ། གཞན་ཡང་མི་མེད་དུས་ཕྱི་ནང་གི་མཆོད་པའི་ཕྱག་རྒྱ་མང་དུ་མཛད་གིན་འདུག་པས། ཡི་དམ་དང་མཇལ་བ་ཨེ་ཡིན་བསམ། དེ་ནས་སྐུ་ཡོལ་བར་ཤེས་ནས་འཁོར་རྣམས་ཀྱིས་དྲུང་ནས་མི་བཞུགས་པར་གདའ་ལགས་པས། ཞིང་ཁམས་གང་དུ་གཤེགས། བདག་རྣམས་གསོལ་བ་གང་དུ་འདེབས་ཞུས་པས། རེ་ས་དང་ལྟོས་ས་མེད་པའི་མི་རྣམས་སྙིང་རེ་རྗེ་སྟེ་ཐབས་ཟད། ཁྱེད་རང་རྣམས་སྒོ་གསུམ་དགེ་བ་ལ་འབུངས། གསོལ་བ་མངོན་དགའམ་བདེ་བ་ཅན་གང་མོས་སུ་ཐོབ། གསོལ་བ་ཞེ་ཐག་པས་བཏབ་ན་བྱིན་བརླབས་དང་ཐུགས་རྗེས་མི་བསླུ་གསུང་བ་དང་། ཆོས་ཀྱི་གསུང་འགའ་རེ་གནང་ནས། ཕག་ལོ་ཟླ་བ་བཅུ་གཉིས་པའི་ཉེར་བརྒྱད་ཀྱི་དགོངས་〈དགོང་〉། སྐུ་གཉེན། བསྙུང་གཡོག་དང་བཅས་པའི་འཁོར་བཅུ་ལ། རྟ་མགྲིན་དབང་གི་རྒྱལ་པོའི་གཏོར་དབང་ཞིག་གནང་ནས་སྐུ་ཚེ་འདིའི་ཕྲིན་ལས་ཀྱི་མཇུག་བསྡུད་པའི་ལྟས་སོ། །དེ་ནས་སྦྲིད་ཡོལ་ལ་སྐུ་སྦྲང་། ཕྱག་ཐལ་མོ་སྦྱར། དཀོན་མཆོག་ལ་གུས་པ་དང་བཅས་པའི་སྒོ་ནས་འོད་གསལ་ཆོས་ཀྱི་དབྱིངས་སུ་སྐུ་ཐིམ་སོ། །ཞག་ཉེར་གཅིག་ཏིང་ངེ་འཛིན་ལ་བཞུགས། དེའི་ཁོངས་སུ་གསོལ་འདེབས་དང་ཐུགས་དགོངས་རྫོགས་ཐབས་རྣམས་ལེགས་པར་གྲུབ། ལུང་པའི་བཅུད་ལ་ཕན་ཐོགས་ཕྱིར་ལོ་འགའ་མཆོད་རྟེན་དུ་བཞུགས་སུ་གསོལ། སྤོ་གོང་ཚེམས་བྱུད་པ་དབུ་སྤུས་སྐོར་ལ་ཡོད་པ་སློབ་དཔོན་མགོན་བྱ་བས་རྙེད་པ་དང་པས་གཉེར་ཅག་བྱས་པ་ཟླ་བ་གཉིས་ཙམ་སོང་དུས་རྩི་ལམ་ན་བླ་མ་བདེ་བར་གཤེགས་པ་དེ་ཉིད། ན་བཟའ་སྔོན་པོ་ཞིག་བསྣམས། རུས་པའི་རྒྱན་དྲུག་གིས་བརྒྱན། དབུ་རྒྱན་གསོལ། རྡོ་རྗེ་དྲིལ་བུ་ཕྱག་ཏུ་བསྣམས་ནས་ནམ་མཁའ་ལ་

འཕུར་བྱུང་བ་དང་མཇལ་བ་སྐམ། སྨོས་གསུམ་བྱས་པས་ཁྱོད་རང་ལ་སྨོས་པའི་རྟེན་ཅིག་ཡོད་པ་གསུང་བ་སྐྱི་〈སྐྱིས〉། དེ་ནས་ཞག་འགའ་ནས་ཚོམས་ལ་ལྟ་སྤྲོ་བར་བྱུང་ནས་བལྟས་པས། ཚོམས་ཀྱི་ལོགས་ལ་རིང་བསྲེལ་དུང་གི་རྣམ་པ་ཅན་ཆེ་ཆུང་སྲན་མ་ཙམ་མདོག་ཁ་དོག་ལྷར་གསལ་བ་ཞིག་འདུག་པས་དགའ་གྲགས་མི་རྣམས་ལ་བསྟན་པས་ཀུན་ཀྱང་དད་གུས་བརྟན་པར་གྱུར་རོ། ། ཚོམས་གདུང་དེ་འོར་མོ་ཆུ་སྟོད་ཀྱི་མི་དཔོན་རྡོ་རྗེ་འབར་བྱ་བའི་ཁར་བཅུག་པས་ཚོག་ཟེར་ཚོམས་གས་ཟེར་བས་ད་ལྟ་ཡང་ཚོམས་ལ་སེར་ཁ་ཡོད་དོ། ། ལོགས་ཀྱི་རིང་བསྲེལ་ཡང་སྔར་ལས་ཆེ་རུ་མ་སོང་ཟེར་བ་གཏམ་ལ་གྲགས། རྗེས་ཀྱི་གདན་ས་ལ་དཔོན་པོ་ནམ་མཁའ་དཔལ་འབྱོར་བ་བཀོད། སྤྱ་འགྲོགས་ལ་ཕྱི་ནང་གི་རྟེན་དུ་བྲིས་སྐུ་མཚར་བ་ཞིག་དང་། ཆོས་སྣོའི་ཕྱི་རུ་འབུམ་པ་ཁང་བརྩེགས་མ་གཅིག་སྒྱུར་བར་གྲུབ། དེ་ནས་ལོ་བཞི་ཙམ་སོང་ནས། དུས་ཁམས་དང་བསྟུན་པའི་གདུང་བཞུ་བ་ལེགས་པར་འདུག་དགོངས་ནས་ཆས་རྣམས་ཚང་བར་བསགས། ཡུལ་པའི་དགག་ཀྱི་དོགས་གསེང་བྱས་ནས་བཞུ། ཞག་འགའ་གསོལ་བ་བཏབ་ནས་ཞལ་འབྱེད་དུས་ནམ་མཁའ་འཇམ་པ་དང་གསལ་བ་ཞག་སྲིན་ལ་སོགས་པའི་ལྟས་ཁྱད་འཕགས་དང་། དབུ་ཐོད་ལ་འོད་དཔག་མེད་ཀྱི་རྣམ་པ་དང་། རིང་བསྲེལ་འགའ་རེ་བྱུང་། གདུང་ཐལ་བཀྱི་བ་རྣམས་ལ་ཕྱིས་སུ་རིང་བསྲེལ་འགའ་རེ་བྱུང་འདུག །དེ་ནས་སྐུ་ཚད་ཀྱི་འདོར་སྐུ་ཞལ་གསེར་བཏང་བ་གཅིག་བཞེངས་པའི་ནང་ཚངས་ལ་ཐུབ་པ་ཆེན་པོའི་ཚོམས་ཀྱི་དུམ་བུའི་མགོ་བྱས་མཁས་གྲུབ་མང་པོའི་གདུང་རིང་བསྲེལ། དབུ་སྐྲ་དང་ན་བཟའི་དུམ་བུ་སོགས་བྱིན་བརླབས་ཀྱི་རྟེན་མང་བ་དང་། རྗེ་དེ་ཉིད་རང་གི་གདུང་ལ་བྱོན་པའི་སྐུ་དང་རིང་བསྲེལ། ཚ་ཚ་〈སྩྪ〉སྒྲུབས་པ་རྣམས་ཞིབ་

པར་དཀར་ཆག་ཏུ་གསལ་བ་གཅིག་བཞེངས་ཡོད་པ་དེ། དབྱར་ཅིག་ཐན་པ་ཆེས་ཆར་ཡེ་མ་བབས་པ་ལ། སྐུ་འོད་ཟེར་འདོལ་ལེ་བྱས་རྟེན་སྐོར་ལ་ཕྱིན་ན་ཆར་པ་འབབ་བམ་ཟེར། ཕྱིར་གཏོན་མ་ཐག་ཆར་བབས། ད་ཆར་འབབ་པ་འདུག་ཟེར་ནང་དུ་གདན་དྲངས་ཆར་ཆད། ནམ་མཁའ་སྔོ་སངས་ལ་སོང་པ་དང་། ཡང་ཕྱིར་གདན་དྲངས་ནས་བསྐོར་བ་ལ་ཕྱིན་པས། སྤར་གྱི་སློབ་མ་ཡོན་བདག་ཐམས་ཅད་བླ་མ་དངོས་དང་མཇལ་བ་ལྷ་བུའི་མོས་གུས་དད་པས་ཧུ་བ་དང་འཕགས་པ་དང་སྐུ་ལ་འཇུ་བ་ལ་སོགས་པ་བྱས་ནས། ཕྱོགས་མཐའ་དག་ནས་དཀར་མེ་འབུལ་བ་དཔག་ཏུ་མེད་པ་བྱུང་། དེ་ནས་དགོང་མོ་རྗེ་གསེབ་ན་ཡར་སླེབས་སུ་ཆ་བ་ན་ལུང་པའི་ཕུ་ན་ཆར་ཆེན་པོ་གཡོས་ནས་རྟེན་གདན་འདྲེན་མི་དང་བཅས་པ་བྲོས་པས་མི་ཐར་བ་བྱུང་པས་དུས་དེ་ནས་བཟུང་སྐྱེ་ཆར་མ་བབས་ཙ་ན་སྐུ་འོད་ཟེར་གདན་དྲངས་ནས་ཆར་འབེབས་བྱེད་པས་རྟེན་བྱིན་བརླབས་ཅན་ཞིག་བྱུང་ངོ་། །གོང་དུ་བསྟན་པའི་རྟོག་ནམ་མཁའ་བྱང་ཆུབ་པའི་བརྒྱུད་པ་དེ་ཙམ་མོ། །

བླ་མ་དེ་ཉིད་ཀྱི་ཡབ་ཆེན་དཔོན་པོ་རྟོག་ཤེས་རབ་དབང་ཕྱུག་གི་རྣམ་ཐར་ནི། བླ་མ་འདི་ཉིད་ཀྱི་ཡབ་ནི་གོང་དུ་བརྗོད་པའི་ཏའི་སི་ཏུ་རྣམ་རྒྱལ་གྲགས་པའི་གསོལ་གཟིམ་གཡོག་སོགས་རྒྱུན་རིང་མཛད་པའི་གསོལ་དཔོན་ཤཱཀྱ་རྒྱལ་མཚན་བྱ་བ། ངང་རྒྱུད་རིང་བ། བློ་དྲང་བ། སྡིག་སེམས་ཆུང་བ། ཆོས་ལ་དཀར་བ། ཆོས་རྒྱུས་ཆེ་ཞིང་བཤད་པ་ཆེ་བ། རྩོམ་པ་དང་གསུང་ཚོ་བ་མདོར་ན་ཁྱིམ་པ་བྱང་ཆུབ་སེམས་དཔར་གྲགས་པ་དེ་ཡིན། ཡུམ་ནི་གཡས་རུ་བྱང་ཕྱོགས་ཀྱི་ཤན་གཅིག་མ་བྱ་བ་□□(གཉགས་) རྣོན་ཀུ་མ་རའི་བརྒྱུད་པ་སྤགས་སྙིང་མ་པ། གསང་བདག་ཕྱག་ན་རྡོ་རྗེ་ཞེས་བྱ་བའི་གྲུབ་ཐོབ་ཀྱི་སྲས་མོ་

མཚན་རྡོ་རྗེ་དབྱིངས་ཕྱུག་མ་བྱ་བ། ཐུགས་སྲུས་ལ་དགེ་སེམས་ཆེ་བ། ངན་སེམས་དང་གཡོ་སྒྱུ་ཆུང་བ། དད་པ་དང་བཀུར་བསྟི་ཆེ་བ། འཁོར་དང་ངན་སོང་ལ་བྱམས་པ། ཕྱོགས་རིས་མ་ཡིན་པའི་སེམས་ཅན་རྣམས་ལ་ཡང་བརྩེ་སེམས་དང་གཞན་ཕན་གྱི་ཐུགས་བསྐྱེད་བཟང་བ། ཕ་རོལ་དུ་དགོས་པ་བྱུང་ན་ཟས་ནོར་གང་ལའང་འགྲེང་བ་མེད་པར་སྦྲོད་ནུས་པའི་བདག་ཉིད་ཅན་དང་ལྡན་པའི་ཡབ་ཡུམ་གཉིས་འདོག་ལྷུན་སྡིངས་ཀྱི་རྫོང་འཛིན་པའི་སྤྲུལ་གྱི་ལོ་ལ་འཁྲུངས་ཤིང་། ཤིན་ཏུ་ནས་མཛེས་པ་བལྟ་ན་སྡུག་པ་གཅིག་བྱུང་སྐད། སྐུ་ནས་ཕྲ་མོ་ནས་སྔོན་ལས་ཀྱི་རྗེས་ནད་གཞི་ཆེ་ལ་བསྟུང་བ་གཅིག་བྱུང་ནས། ཁུ་བོ་འཇམ་དཔལ་བཤེས་གཉེན་གྱི་ཐུགས་དམ་སྐྱབས་འོག་ཏུ་བཅུག །རྟ་ཟུར་དུ་སྦྱིན་དབང་དང་བྱིན་བརླབས་སྨན་དཔྱད་རིམ་གྲོ་སོགས་གང་ཕན་མཛད། བཤེས་གཉེན་དམ་པའི་རྒྱུར་མཁྱེན་ནས་མིག་འབྲས་ལྷར་གཅེས་པར་བསྐྱངས། དེ་ཉིད་སྟོན་སྐྱོངས་ཀྱི་བག་ཆགས་སད་པས་བྱིས་པ་རྩེད་མོ་བྱེད་དུས་ཀྱང་ཆོས་ཉན་བཤད་དང་། ལྷ་ཁང་དང་སྐུ་གསུང་ཐུགས་ཀྱི་རྟེན་བཞེངས་པ། དཀྱིལ་འཁོར་བྲི་ཐིག་ལ་མཁས་པར་བྱུང་ངོ་། །ཀློག་ཡིག་རྩིས་སོགས་ལ་འབད་རྩོལ་མི་དགོས་པར་མཁྱེན། ཁུ་བོ་ལ་བདག་བཙུན་པ་བྱེད་ལུགས་ཟེར་བ་ཡང་ཡང་དུ་བཏུག་པར་བྱེད་ནའང་། ཡབ་ཡུམ་གཉིས་ཀྱི་བུའི་ཆེ་མགོ་ཡིན་པས་ཁྱིམ་དུ་འཛོག་གསུངས་པས། ཁྲིམས་ནས་སྒྲ་འབྱིད་པ་དང་མཆི་མ་གཏོང་པ་སོགས་བྱེད་པས། དགུང་ལོ་བདུན་པ་ལ་བཀའ་ལྷ་པ་དཔལ་འབྱོར་ཤེས་རབ་ལ་རབ་ཏུ་བྱུང་། རྗེ་དེ་ཉིད་ཀྱི་ཞལ་ནས། ངེད་ལ་ཡང་ལྷས་བཟང་པོ་བྱུང་། འཚམས་ཚོགས་ཡང་ཤིན་ཏུ་ལེགས་བྱུང་། ཤེར་ཆེན་ཤིག་ཡང་འདུག །ཆོས་བརྒྱུད་ཟིན་ངེས་གཅིག་ཡོང་བར་འདུག་གསུང་ནས། མཚན་ཡང་ཤེས་རབ་དབང་ཕྱུག་བྱ་

བར་བཏགས་སོ། །དེ་ནས་སྟ་ཟུར་དུ་ཁུ་བོའི་དྲུང་དུ་གསང་འདུས་ཀྱི་རྗོར་བླ
མེད་ཀྱི་སྐོར་དང་། སྨན་བླ་ཀུན་རིག་དོན་ཞགས་ལ་སོགས་པའི་སྐོར་ལག་ལེན་
བཅས་པ་བསླབས་པས་ཚོགས་མེད་དུ་མཁྱེན། སྟ་ཟུར་ཆོས་སྡེ་སྤྱི་བར་〈པར་〉
ཕྱུག་པ་རྣམས་ངམ་རིངས་བྱམས་སྐོར་བྱས་དུས་མགོ་མ་ལ་འགྲོན་དགོས་ཟེར་
གྲོན་པས་མི་མཐོང་ཡང་ཤིན་ཏུ་ནས་ཆེ་བ་བྱུང་ཅིང་། བདག་པོ་ཡང་དགྱེས་
པར་བྱུང་སྐད། དགུང་ལོ་བཅོ་བརྒྱད་པ་ལ་དཔལ་སྤྱིངས་གྲྭ་ཚང་དུ་གྲོན་ནས
མཚན་ཉིད་ཕྱོགས་ལ་སྦྱངས་པ་མཛད། ཐོག་མར་ཚད་མ་རྣམ་འགྲེལ་ལ་ས་སྐྱར་
གྲྭ་སྐོར་མཛད། དེ་ནས་ཕར་ཕྱིན་སོགས་ལ་རིམས་ཀྱིས་སྦྱངས། སྔགས་ཕྱོགས་
ལ་ཡང་ཁུ་བོ་ལ་མངའ་བའི་ཆོས་རྣམས་དགའ་མོ་ཐུགས་སུ་ཆུད་ནས། ངམ་
རིངས་སུ་གྲོན་ཇོ་ཨ་ནན་ད་པ་ལ་ཡུན་རིང་བཏུགས་ནས་དམར་ནག་འཇིག
གསུམ་ལ་མཁས་པར་སྦྱངས་པས་ང་ལ་སློབ་མ་མང་དུ་བྱུང་ཀྱང་བླ་མ་ཤེར་
དབང་ལས་ཡོན་ཏན་གྲགས་པ་མ་བྱུང་གསུང་དགྱེས་དགྱེས་མཛད། བདག་པོ་
ཆེན་པོའི་དྲུང་དུ་ཡང་འདི་ཚོ་རིང་ན་ཏི་ཤྲཱི་ཉན་པ་ཞིག་ཡོང་བར་གདའ
གསུངས་པས། བདག་ཆེན་ཡང་ཐུགས་ལ་འདོགས་ཤིང་ཐུགས་བརྩེའོ། །སྟ
ཟུར་མཁན་པོ་ཀུན་དགའ་བ་ཟེར་བའི་དྲུང་དུ་ཞག་ཤས་བཞུགས་པས་མཛད
སྤྱོད་ལ་དགྱེས་ནས། བདག་པོ་སློབ་དཔོན་ཆེན་པོ་དཔལ་ལྡན་ཆོས་སྐྱོང་ལ་ཞུས
ནས། བླ་མ་ཤེར་དབང་འདི་ན་སོ་སྐྱིད་ན་ཆོས་སྡེའི་མཁན་པོ་སྟ་ཟུར་རྫོང
འཛིན་ཀུན་འཆུན་པ་ཞིག་ཡོང་བར་གདའོ་ཞུས་པས་སློབ་དཔོན་ཆེན་པོ་ཡང་
ཐུགས་ཤིན་ཏུ་ནས་བརྩེའོ། །ཐམས་ཅད་མཁྱེན་པ་ཕྱོགས་ལས་རྣམ་རྒྱལ་ཆོས
འཁོར་གནང་དུས་སུ་ཡང་ཞབས་ལ་བཏུགས་ནས་དབང་རྒྱུད་མན་ངག་མང
བར་ཞུས། དཀྱིལ་འཁོར་བརྒྱ་ཐམ་པ་ལག་ལེན་དུ་ཁོལ་བའི་ཞལ་སླངས་དམ

བཅའ་མཛད་པས་མང་དུ་ཡང་མཁྱེན། སྤྱི་ཆ་ཡང་མང་བར་སྤྱུད། དུས་རེ་ཞིག་ན་ནམ་ཟླ་དགུན་སྨད་ཅིག་གི་ཚེས་བཅོ་ལྔའི་སྲོད་ཟླ་བ་ཉ་གང་བ་རྒྱུངས་བྱུང་བའི་དུས། བདག་ཕྱུག་ཕྱིར་འགའ་རེ་ཡོད་པའི་ཚེ། ཟླ་མའི་ཞལ་ནས་ཟླ་བའི་སྙིང་གི་ཡ་གི་གང་ཡིན་པ་འདུག །ཁྱེད་རྣམས་ཀྱིས་ཨེ་མཐོང་གསུངས། བདག་རྣམས་ཀྱིས་བལྟས་པས་གང་ཡང་མ་མཐོང་ཞུས་པས། ཡང་ཡང་ལྟོས་མི་མཐོང་ན་གསོལ་བ་ཐོབ་སྡིག་བཤགས་ཀྱིས་གསུངས། དེ་ནས་དཀོན་མཆོག་ལ་མཆོད་པ་གང་ཐོམས་མཛད་ནས། ཀུན་ཀྱང་ཡན་ལག་བདུན་པ་འབུལ་དུ་བཅུག །དྲུང་ནས་རང་ཡང་ཞེ་ཐག་པའི་གསོལ་བ་འདེབས་སོ། །རྗེས་སུ་དེ་བཞིན་མཛད་པ་གང་ལགས་ཞུས་པས། སྟོན་ལ་ཟླ་བའི་སྙིང་ནས་ལག་པ་དམར་པོ་ཞིག་བསྐྱངས་བྱུང་། ཅི་ཡིན་བསམ་ཁྱེད་ལ་ཡང་དྲིས་པས་མི་མཐོང་བ་འདུག །དེ་ནས་ཡི་དམ་གྱི་རྣམ་འཕྲུལ་གཅིག་ཨེ་ཡིན་བསམ་གསོལ་བ་བཏབ་པས་རྗེ་བཙུན་འཇམ་པའི་དབྱངས་སྐུ་མདོག་དམར་སེར་ཞལ་གཅིག་ཕྱག་གཉིས་པ། གཡས་རལ་གྲི་ནམ་མཁའ་ལ་འཆར་བ། གཡོན་པོ་ཏི་ཐུགས་ཁར་འཛིན་པ་གཅིག་མཐོང་། དེ་ལ་མཆོད་པ་བྱས་པ་ཡིན་གསུངས། ཡང་དུས་རེ་ཞིག་ན་སྔ་ཐུར་དུ་འཇིགས་བྱེད་ཀྱི་བསྙེན་པ་མཛད་པས་རྟགས་དང་མཚན་མ་ཡང་དག་པ་བྱུང་བར་གདའ། དཀྱིལ་ཆོག་གང་མཛད་པ་རྣམས་ཀྱང་དགས་སུ་ཐོན་པར་མཛད་པས་ཐེ་ཚོམ་གྱི་ཡུལ་དུ་མ་ལས་སོ། །ཆོས་སྐྱོང་རྣམས་ཀྱང་ཤིན་ཏུ་ནས་འགོ་སྟེ། མཆོད་གཏོར་འབུལ་བ་དང་བཟློག་པའི་ལས་རྣམས་ལ་ཤིན་ཏུ་མཁས་ཤིང་སྤྲོ་བ་དང་ལྡན་ནོ། །མདོར་ན་བླ་མ་དེ་ཉིད་གོང་མ་ལ་འཕུར་ཆ་ཆེ་ཞིང་། འོག་མ་རྣམས་ལ་བྱམས་བརྩེ་དང་ལྡན་པས་ཕ་མ་ལྟར་སྣང་ངོ་། །འདི་ཉིད་རང་གི་ཞལ་ནས་ང་འཇིག་རྟེན་འདིར་ཡུན་རིང་མི་སྡོད་པ་འདྲ་གསུངས་པ་དང་། མོ་རྩིས

སོགས་བྱས་པས་ཀྱང་སྐྱེས་བུ་ཁྱད་པར་ཅན་འདི་ཕྱིར་སེམས་ཅན་དང་། དགོས〈སློས〉ཉེ་འཁོར་རྣམས་ཀྱི་བསོད་ནམས་ཀྱིས་མི་འཚུབ་ཟེར་བས། སྐུ་རིམ་ཚེ་སྒྲུབ་སོགས་ལ་འབད་པ་བྱས་ཀྱང་། ཡོས་ལོ་སྟོན་བཞུག་ནས་བསྙུང་གཞི་དེ་ཇེ་མཐུ་ལ་སོང་ནས། ཁུ་བོ་སྟ་ཟུར་མཁན་ཆེན་པ་གདན་དྲངས། དབང་བསྐུར། དམིགས་པ་གསལ་བཏབ། ཟླ་བ་བཅུ་གཅིག་པ་ལ་སྐུ་གཤེགས། ཞག་བཞི་བཅུའི་བར་དུ་འོད་གསལ་ལ་བཞུགས། དེ་ཚེ་ངོས་སུ་ཐུགས་དགོངས་རྫོགས་ཐབས་བསྒྲུབས་པའི་གསོལ་འདེབས་དངོས་གཞིའི་དུས། ཚོགས་དཔོན་ལ་ངམ་རིངས་ཆོས་སྡེའི་མཁན་པོ་སྤྱན་དྲངས། གཞན་ཡང་མཆོད་མགོ་དང་མཆོད་གྲྭ་མང་དུ་བསགས་ནས་ཡང་དག་པ་གྲུབ། དགུང་དེ་བུམ་པ་བཙུགས་ནས་བཞུགས་སུ་གསོལ་བས། འཇའ་ཤེ་ནུའི་པེའུ〈སྤེའུ〉ལ་ཐེ་རེ་འཛུག་པ་དང་། དྲི་བཟང་པོའི་ངད་པ་རྒྱུན་དུ་འཕྱུར་བ་བྱུང་ངོ་། །གདུང་བཞུ་བས་གདུང་ཤོག་མང་པོ་བྱུང་། གདུང་རུས་ཕྱིན་རྣམས་ཚ་ཚར〈སྐུཚ〉བསྒྲུབས་ནས་སྟ་ཟུར་གྱི་ཇོ་མོ་སླང་མོའི་རྟེར་བཞུགས་སུ་གསོལ་ལོ། །

ཟླ་མ་དེ་ཉིད་ཀྱི་གཅུང་པོ་ཧོར་སོག་བསོད་ནམས་རྒྱལ་མཚན་བྱ་བས་སྐུ་ཚེའི་སྟོད་ལ་སེང་གེ་རྩེར་དྲུང་སྐོར་དང་གསོལ་བཟུང་། དེའི་གཅུང་པོ་ཆོས་སྐྱོ་གདན་ས་པ་ནམ་མཁའ་དཔལ་འབྱོར་བས་ཀྱང་སྐུ་ཚེའི་སྟོད་ལ་ཆོས་སྐྱོ་བཟུང་། དབང་བསྒྲུབ་བསྙུང་གནས་འཁྲིད་སོགས་བསྐྱངས་ནས་བུ་སློབ་དང་ཡོན་བདག་རྣམས་ཀྱི་འགྲོ་དོན་རྒྱ་ཆེན་མཛད། དེ་ནས་གཡས་རུ་བྱང་ན་ཡབ་ཡུམ་ཁུ་བོ་རྣམས་སྐུ་ན་བགྲེས་པའི་ཞབས་ཏོག་དགོས་པས་སྟོད་ཕྱོགས་ལ་ཕྱིན། ཞལ་བཞུགས་དུས་ཕྱག་ཕྱི་ཞབས་ཏོག་བཀུར་བསྟི་དང་བཅས་པ་མཛད། སྐུ་རྣམས་གཤེགས་ནས་གཤེགས་རྫོངས་སོགས་རྗེས་ཀྱི་བྱ་བ་ཐམས་ཅད་འགྲུབ་པ་དང་། ཐུགས་དམ་འབའ་ཞིག་གིས་དུས་འདའ་བར་མཛད་ནས་བདེ་བར་གཤེགས་སོ། །

བླ་མ་དེ་ཉིད་ཀྱི་གསུང་པོ་རིན་ཆེན་དཔལ་བཟང་པ་བྱ་བ། སྡེ་པའི་བྱ་བ་དང་ཡོང་ཡེར་ཤིན་ཏུ་ཆེ་བས་ངམ་རིངས་མཛོད་པ་མཛད། དེ་རྗེས་རྗེ་ལྷུར་བཞུགས་ནས་བཟང་ལྡན་གཉེར་པ་མཛད། ཆོས་སྡེ་ཆེན་པོའི་ཞབས་ཏོག་ཡང་དག་པ་འགྲུབ། ཡང་བསྐྱར་ནས་ངམ་རིངས་ཀྱི་མཛོད་པ་མཛད་དོ། །

བླ་མ་ཤེར་དབང་པའི་དཔོན་པོ་ཆོས་སྒྲོ་རབ་འབྱམས་པ་དཀོན་མཆོག་དཔལ་བཟང་པོའི་རྣམ་པར་ཐར་པ་ནི། ཡབ་ཏོར་སོག་བསོད་ནམས་རྒྱལ་མཚན་ཞེས་བྱ་བ། གཟུགས་དང་ལང་ཚོར་ལྡན་པ། དབང་པོ་རྣོ་བ། དགེ་བའི་ཕྱོགས་ལ་དགའ་བ། ངན་སོང་དང་ཕོངས་པ་ལ་བྱམས་པ། སྦྱིན་པ་གཏོང་བ་ལ་སྤོབས་ཆེ་བ་ཞིག་སྟེ་ཁྱིམ་པའི་བྱང་ཆུབ་སེམས་དཔའ་ཞིག་གོ །ཡུམ་ནི་སྤྲུལ་པའི་རྒྱལ་པོ་སྲོང་བཙན་སྒམ་པོའི་ཞང་བརྒྱུད། ཞང་ལྷ་བཟང་ཀླུ་དཔལ་གྱི་བརྒྱུད་པ་ས་ལུང་པག་ཤིའི་དཔོན་མོ་སྒྲོལ་མ་སྐྱབས་ཞེས་པ་འཇིག་རྟེན་གྱི་ཐུ་གྲུང་དང་ལྡན་པ། ལྷ་མོ་ནོར་རྒྱུན་མའི་དཔལ་ལ་འགྲན་པ་དེ་ཉིད་ལ་སྲས་སྐུ་མཆེད་གསུམ་འཁྲུངས་པའི་ཆེ་བ་ལ་ནམ་མཁའ་རིན་ཆེན། བར་པ་ལ་ནམ་མཁའ་དཔལ་འབྱོར། ཆུང་བ་ལྷ་བས་ཚོག་མི་ཤེས་པ་མཚར་སྡུག་ལྷའི་བུ་དང་འདྲ་བ་ཞིག་བྱུང་པར་མཚན་མཁན་ལ་བསྟན་པས། འདི་ནི་སྐྱེས་བུ་ཁྱད་པར་ཅན་ཞིག་གི་སྤྲུལ་པ་སྟེ། དུད་འགྲོའི་མིང་ལ་དྲས་པའི་མཚན་བཏགས་ན་སྐུ་ཚེ་རིང་བ་ཞིག་འོང་ཟེར་ནས། ར་ཁྱི་ཕག་ཏུ་བཏགས། ཡུམ་སྐྱུན་འབྱིད་པ་ལ་སེང་གེ་རྩེར་ཕྱིན་པས། བདག་མོ་རྗེ་རྗེ་ཚེ་རིང་མའི་ཞལ་ནས་དྲུང་འཁོར་རྣམས་ལ། བུ་ཆུང་འདི་འདྲའི་འཚར་བ་ལ་ལྟོས་དང་གསུང་བ་བྱུང་སྟེ་གཞོན་ནུ་མ་གཤེགས་སོ། །བར་པ་ནི་འཇིག་རྟེན་པའི་ཆོས་སྒྱུ་རྩལ་ཀུན་ལ་མཁས་པ་ཞིག་སྟེ། གཡས་རུ་བྱང་པ་ཏའི་སི་ཏུ་ནམ་མཁའ་ལེགས་པའི་གསོལ་དཔོན་གྱི་

ལས་ཀ་བཟུང་། ཡོང་ཕེར་ཤིན་ཏུ་ཆེ་བས་དབུས་ཕྱོགས། སྟོ་ཆུ་འདུས། མངའ་རིས་སྐྱོ་བོ་སོགས་དང་། ལྷག་པར་དཔོན་གྱི་ཕྱིར་དུ། སྟོབས་ཀྱི་རྒྱལ་པོ་གཞིས་ཁ་རིན་སྤུངས་པ་དོན་གྲུབ་རྡོ་རྗེ། དོན་ཡོད་རྡོ་རྗེ་སོགས་ཀྱི་དྲུང་དུ་གསེར་ཡིག་ལ་ཡུན་རིང་དུ་བྱོན་པས། སྤྱན་ལམ་དུ་བདེ་བར་བྱུང་། བྱུང་པའི་སྙིང་མི་ཡིན་གསུངས། དཔོན་གྱི་བཞེད་དོན་ཚད་མེད་པ་འགྲུབ། རང་ལུང་གནང་སྦྱིན་བསམ་ལས་འདས་པ་བྱུང་། གཞི་ཁ་བའི་སྐྱ་སེར་ཀུན་གྱིས་གཡས་རུ་བྱུང་པའི་མི་གཅིག་པོར་གྲགས་སོ། །

དེའི་གཅེན་ནམ་མཁའ་རིན་ཆེན་པ་དེ་ཉིད་རབ་བྱུང་ཅེས་པ་མེ་མོ་ཡོས་བུའི་ལོ་ལ་འཛད་དར་ཚོར་སྐུ་བལྟམས། དེ་ཡང་སྐྱེ་མཆེད་ལེགས་པ་ལྷའི་སྲས་འདྲ་བ་ཞིག་སྐྱེ་བྱིས་པ་ཆུང་དུའི་དུས་ཉིད་ནས། བྱིས་པ་མང་པོ་བསགས་ནས་ཚ་ཚ་〈 སྣཚོ 〉དང་ལྷ་སྐུ་ལ་མཆོད་པ་འབུལ་བ་དང་། ཆོས་འཆད་པ་སོགས་ཀྱི་རྩེད་མོ་མཛད་པ་ཞིག་ཡོད་ལ། དགུང་ལོ་དྲུག་བདུན་ཙམ་ན་ཡབ་ཡུམ་གྱི་ན་རྒྱུན་བཏགས་ནས་སེང་གེ་རྩེར་བདག་མོ་རྡོ་རྗེ་ཚེ་རིང་མའི་དྲུང་འཁར་ལ་འགྲོ་བ་ཡིན་ནོ་གསུངས་པས། ན་རྒྱུན་སྐྲས་རིང་ལ་སྐུར། ང་ནི་བུད་མེད་དྲུང་འཁོར་ལ་མི་འགྲོ་ཁྱེད་རང་རྣམས་བྱིས་〈 གྱིས 〉གསུང་ནས་སྤྱན་ཆབ་གཏོང་བ་ཞིག་ཡོད། དེ་ནས་རབ་བྱུང་མཛད། ཞང་པོའི་དགོན་པ་མདོག་〈 རྡོག 〉སྣད་ཙ་རི་ཞེས་པར་བཀའ་བཅུ་པ་དབྱིག་གཉེན་ལ་སློབ་དཔོན་བཅོལ་ནས་རྣམ་འགྲེལ་ལ་སློབ་གཉེར་མཛད། ས་སྐྱར་གྲྭ་སྐོར་བཏང་། སློབ་གཉེར་འཕྲོ་འཕྲུད་ནས་མཛད་པ་ལ། ཡབ་ཀྱི་ཞལ་ནས། ས་སྐྱ་པའི་འཆག་མེད་ལ་ཉམས་ལེན་བྱེད་པའི་ཆོས་པ་ཞིག་སྙིང་ལ་འདོད་པ་ཡིན་པས། ཁྱོད་ལུས་ཀྱི་ཏ་མོ་གླིང་ཁར་སེམས་དཔའ་ཆེན་པོ་དཀོན་མཆོག་རྒྱལ་མཚན་པའི་དྲུང་དུ་རྒྱུགས་གསུངས་

ནས། ཕྱག་ཕྱི་བ་སློབ་དཔོན་ནམ་མཁའ་སངས་རྒྱས་པ་དང་འགྲོགས་ནས་ཕྱོན་པས། ལམ་འབྲས་བུ་དང་བཅས་པས་ཐོག་དྲངས་པའི་ཆོས་བཀའ་མང་པོ་གསན། དགོས་ཀྱི་བླ་མ་རྗེ་དེ་ཉིད་ཀྱི་བུམ་འཛིན་པ་ཞེས་པའམ། དགེ་སློང་རྣམ་གཉིས་སུ་གྲགས་པའི་དགེ་སློང་བློ་གྲོས་རིན་ཆེན་པ་ལ་གསང་སྔགས་ཕྱི་ནང་གི་དབང་དང་། སྒྲུབ་ཐབས་བརྒྱ་རྩ་ལ་སོགས་མང་དུ་གསན། ཡང་མདོ་ཁམས་ཀྱི་མཁས་པ་ཆེན་པོ་གོ་བོ་རབ་འབྱམས་པ་བསོད་ནམས་སེང་གེ་ལ་ས་སྐྱ་བཀའ་འབུམ་གྱི་ལུང་དང་། དབང་བཀའ་དང་། ཆོས་བཀའ་མང་པོ་གསན། ཁྱད་པར་གསང་འདུས་ཀྱི་དབང་ཞུས་པས་ཁྱེད་ཀྱི་ཕ་ཆོས་འདི་ལ་ང་མཁས་པས་ངས་བཤད་ཀྱིས་ཕྱོན་ཅིག་གསུང་པས། ཕྱིས་རྟ་ནག་ཏུ་འབྱོན་རྩིས་ལ་མ་ཐོན་གསུངས། དེ་ནས་སེམས་དཔའ་ཆེན་པོ་དཀོན་མཆོག་རྒྱལ་མཚན་པས་མཁན་པོ། དགེ་སློང་བློ་རིན་པས་སློབ་དཔོན། གོ་བོ་རབ་འབྱམས་པའི་གསང་སྟོན། གཞན་དགེ་སློང་གི་དགེ་འདུན་རྒྱ་མཚོའི་དབུས་སུ་བསྙེན་པར་རྫོགས་ནས་མཁན་པོའི་མཚན་ལས་དཀོན་མཆོག་དཔལ་བཟང་དུ་བཏགས་སོ། །དེ་ནས་ཡུལ་དུ་ཕེབས། ཁུ་བོ་གདན་ས་པའི་ཕྱག་ཕྱི་མཛད་ནས་རྫོ་ནང་དུ་མཁན་པོ་དཀོན་མཆོག་རྒྱལ་མཚན་པའི་དྲུང་དུ་སྦྱོར་དྲུག་སོགས་མང་དུ་ཞུས། དེ་ནས་དམར་ཁམས་པ་མཁྱེན་རབ་དབང་ཕྱུག་གྲགས་པ་བཟང་པོ་མི་བཞུགས་ཀྱང་དེའི་གྲྭ་ཚང་འཇད་མཐོང་སྨོན་དང་། དབེན་ཚང་ན་བཞུགས་དུས། གདན་ས་པ་མངའ་རིས་ནམ་བསོད་པ་དང་། དགོས་ཀྱི་སློབ་དཔོན་ཤངས་པ་བློ་རིན་པ་ལ་ཞུས་ནས་མཚན་ཉིད་ལ་སློབ་གཉེར་མཛད། དེ་ནས་གྲྭ་ཚང་ཤངས་ལ་ཆོས་དབར་བརྟེག་པས་འདུ་འཛི་དང་གཡེང་བ་ཆེས། དགུན་ཆོས་གཉིས་ཀར་ལ་སྐྱིད་ཙམ་མ་བྱུང་པས་ཐུགས་མ་བདེ། ཕ་མས་ཆས་བསྐུར་ནས་ཡོན་ཏན་སློབ་

དུ་བཏང་བ་ལ་གློ་བསྐྱེད་ནི་ཡེ་མ་བྱུང་། སློབ་གཉེར་དམར་པོ་བྱས་པའི་གྲྭ་པ་དེ་འདྲ་གང་ན་ཡོད་དྲིས་པས། དགེ་བཤེས་ཅིག་ན་རེ། ཁྱེད་དེ་འདྲའི་སློབ་གཉེར་གྱི་འདུན་པ་དྲག་པོ་ཡོད་ན། ད་ལྟ་འབྲས་ཡུལ་རྫོང་མཁར་ན་འདི་འདྲའི་སྒྲིགས་དམ་ལ་གཉེར་དམར་བ་ཡོད་ཟེར་བའི་ཞིབ་རྒྱུས་ཐོས་པས། སྐམ་པས་གདུང་སས་པ་ལ་ཆུ་བསྟན་པ་ལྟར། དཔོན་གཡོག་གཉིས་ཀྱིས་འབྲས་ཡུལ་ལ་ཕྱིན་པས། དེ་ན་ཆུ་དབར་མ་ཟེ་ནང་པ་ཆོས་བཟང་པ་བྱ་བ་གྲྭ་ཚང་ཆེན་མོར་མིག་ངོ་དུམ་ཤེས་པ་ལ་གནས་བཅོལ་བས་ཁོང་གིས་མས་བུ་སྐྱོང་བ་ལྟ་བུའི་ཤ་ཚ་སྙིང་བརྩེའི་ཞབས་ཏོག་མཛད། བླ་མ་བྱམས་ཆེན་རབ་འབྱམས་པ་སངས་རྒྱས་འཕེལ་བ། གྲོགས་ལྡན་པ་འབུམ་ཕྲག་གསུམ་པ་ལ་བཅོལ་ནས། སྦྲིད་ཐོ་རངས་འཆག་མེད་རྣམས་མ་ཆག་པའི་ངང་ནས་སློབ་གཉེར་ལ་འབད་པས། འཁྲུགས་སྐྱོན་གྱི་བསླུང་གཞི་ཅིག་ཡོད་པ་དེ་ལངས་ནས་ཐུ་མོ་རང་བསྟུན་ནའང་། ཚ་མེད་འབབ་ཞིག་བཞེས་ནས་སློབ་གཉེར་ལ་འབུངས་པས། ཆོས་རྗེའི་གསུང་གིས་ཡོན་ཏན་སྦྱོད་པའི་སྙིང་རུས་ཟེར་ཅ་ན་འཇད་པ་ཆོས་མཛད་ཀྱི་འདི་འདྲ་དགོས་པ་ཡིན་གསུང་ནས་བསྔགས་པ་ཡང་ཡང་བརྗོད། དེ་དུས་རྗེ་དེ་ཉིད་ས་སྐྱ་གདུང་བརྒྱུད་ཆུ་མིག་པ་གློ་གྲོས་དབང་ཕྱུག་ལ་གུར་གྱི་རྗེས་གནང་སོགས་ཞུ་བའི་ཕྱུག་ཕྱི་ལ་ཁྲིད་ནས་ཐོབ་གསུངས། དགུང་ལོ་བཅོ་བརྒྱད་པ་ནས་ཉེ་ཤུ་རྩ་ལྔའི་བར་བཞུགས་ནས་ཕར་ཚད་གཉིས་ཀྱི་སྟོན་པ་བཟང་བར་མཐུན་གྲུབ། དེ་ནས་གྲོགས་མཆེད་གཉིས་ཀྱིས་འདུལ་བ། མངོན་པ་གོང་འོག་སོགས་པོ་ཧི་མང་པོ་སྦྲེལ་ནས་གྲོགས་མཆེད་གྲྭ་ཚང་ཞ་ལུ་བ་ཡིན་པའི་སྐབས་ཀྱིས། ཞ་ལུ་གསེར་བཀང་གི་ཆོས་གྲྭ་ཆེན་པོར་རབ་འབྱམས་ཀྱི་གྲྭ་སྐོར་མཛད་པས་ལེགས་པའི་ཐོག་ཚད། དེ་ནས་ཡར་ཕྱིན་ནས་ངམ་རིང་དུ་གྲྭ་སྐོར་མཛད་གསུང་བ་ལ། བདག་

གིས་རབ་འབྱམས་ཀྱི་གྲྭ་སྐོར་བསྐྱར་མཛད་དགོས་པ་མ་ལགས་སམ་ཞུས་པས། གྲྭ་སྐོར་གཏོང་བ་ངམ་རིང་ལས་ས་སྐྱ་ངོར་ལས་སླངས་ཏེ། དང་པོ་རྣམ་འགྲེལ་གྱི་གྲྭ་སྐོར་ཞིག་ནི་ས་སྐྱར་བཏང་། ད་རབ་འབྱམས་ཀྱི་གྲྭ་སྐོར་འདི་གྲགས་ཡང་ཆེ། ལམ་བར་ཀྱང་དགྲ་ཕྱོགས་པའི་གྱུང་གཤགས་དགོས་པ་དང་། ཞུ་ཅག་གཡས་ནུ་བྱུང་པའི་མི་ནུ་སོང་བ་འདིས་དེ་ན་ཕར་ལ་འགྲོ་བ་ཙུང་ཡང་གསུངས། ད་ནས་བདག་གི་སྤྱན་ལ་ཡོངས་ངམ་རིང་དུ་མང་ཇའི་རྒྱུ་དང་། གྲྭ་སྐོར་གྱི་ཆས་རྣམས་མ་འཛོགས་པར་བྱས་ནས་དབྱར་ཆོས་ཀྱི་སྟེང་དུ་གྲྭ་ཚང་སྤྱི་ལ་བབས་ནས་གྲྭ་སྐོར་མཛད་པས་ལེགས་པར་བྱུང་། སློབ་དཔོན་སོ་སོ་དང་བགྲོ་གླེང་མཛད་པས་སྐུ་མཆེད་གཉིས་པོ་སྐྱེ་མཆེད་ལེགས་པ་དང་། སྟོན་པ་བཟང་བ་དང་། ཇོ་བོ་བཟང་བའི་མཐོང་ཆེ་བར་བྱུང་བས། རིགས་ལྡན་རྣམ་རྒྱལ་གྲགས་པ་ཡབ་སྲས་ཀྱང་ཤིན་ཏུ་ནས་ཐུགས་དགྱེས་པར་བྱུང་ངོ་། །དེར་གྲྭ་ཚང་དགོས་〈སྐོས་〉ཆོས་འདྲ་བའི་སློབ་དཔོན་མཛད་དགོས་ཟེར་བའི་ཞུ་བ་བྱུང་ཡང་མ་མཛད་གསུངས། དེ་ནས་འཇད་དུ་ཕེབས་ཆོས་སྐོའི་གདན་ས་བཟུང་ནས་ལོ་གཅིག་ཙམ་སོང་བ་དང་། ལུས་ནས་ཆོས་རྗེ་གློ་རིན་པ། བྱམས་ཆེན་རབ་འབྱམས་པས་རྫོང་མཁར་དུ་སྤྱན་གྲངས་〈དྲངས་〉ནས་དབང་ལུང་མཐའ་དག་གསན། ཡར་ཕེབས་པས། རོག་ཚང་དུ་གདན་དྲངས་ནས་ཆོས་རྗེ་ཀུན་དགའ་རྒྱལ་མཚན་པ་སྐུ་མཆེད་སོགས་ལ་ཆོས་བཀའ་གནང་བ་ལ། དེར་དཔོན་སློབ་མང་པོ་ཕྱིན་ནས་གསུང་ངག་གི་ཐོག་དྲངས་པའི་ཆོས་བཀའ་མང་པོ་དང་། སྒྲུབ་ཐབས་རྒྱ་མཚོ་སོགས་མང་དུ་གསན། ཡང་ཕྱིས་སུ་རོག་ཚང་དུ་གདན་དྲངས་ནས་གསུང་ངག་སོགས་ཆོས་བཀའ་དཔག་མེད་གནང་དུས་ཀྱང་ཕེབས་ནས་ཆོས་ལུང་མང་དུ་ཞུས་སོ། །དེ་ལྟར་སེམས་དཔའ་ཆེན་པོ་དཀོན་མཆོག་

རྒྱལ་མཚན་ནས་བཟུང་སྟེ་བླ་མ་ལ་ཆོས་དབང་ཐོབ་པ་རྣམས་ཐོབ་ཡིག་ཏུ་གསལ་ལོ། །དེ་ནས་ཡང་མཚན་ཉིད་ཀྱི་ཕྱོགས་ཀྱི་བསྐྱར་ཙམ་མཛད་གསུངས་ནས་མེ་ལུང་དུ་ཆོས་རྗེ་བསོད་ནམས་ཡེ་ཤེས་པ་ལ་འདུལ་བ་སོགས་ཀྱི་གསན་སྦྱོང་མཛད། དེ་ནས་པོ་དོང་འགྲོ་སྨོན་ཙན་དུ། པཎ་ཆེན་ཆོས་རིན་དཔལ་ལ་སྦྱོར་དྲུག་སོགས་ཀྱི་ཆོས་མང་དུ་ཞུས། དེ་ནས་ཆོས་སྐོར་བླ་བྲང་སོགས་ལ་ཞིག་གསོས་མཛད་ནས། སྔར་ཡོད་ཀྱི་དགེ་རྒྱུན་རྣམས་སྤར་ཆ། བདེ་ཀྱཻ་གསང་གསུམ། དགུ་གཏོར་སོགས་ཀྱི་བསྒྲུབ་མཆོད་གསར་བཙུགས་གཞི་རྟེན་སྟོབས་ཆེ་བ་བཙུགས་པ་ནི་དེབ་ཐེར་ཆེན་མོར་གསལ་ལོ། །དེ་ལྟར་དགོན་པ་ལ་ཆོས་འཛིན་རྟེན་གྱི་དར་རྒྱས་ཕུན་སུམ་ཚོགས་པ་བྱུང་ནས། དེ་ནས་ཞུ་ཅག་ལ་ཆེས་འཛིན་རྟེན་གྱི་ངོས་ནས་ཁེངས་དྲེགས་མེད་ཀྱང་མི་རྣམས་ཀྱི་སེམས་ལ་གང་ཡོད་མི་ཤེས་པས། འཛད་ཀྱི་དགོན་པ་ཆེ་བ་རྣམས་ཀྱི་བླ་མ་ལ་ཕྱག་འབུལ། ཞུ་ཅག་ན་སོ་ཡང་གཞོན་པ་ཡིན་པས་ཚུལ་དང་མཐུན་གསུང་ནས། དངུལ་ཆུ་བ། རོག་ཚང་པ་རྣམས་ལ་ཕྱག་ཕུལ་བས་མི་རྣམས་ཀྱིས། མི་ཆེན་གྱི་སྲས་ཅིག་ལ་ཆོས་སྒོ་རབ་འབྱམས་པ་འདི་འདྲ་བའི་མཁས་བཙུན་བཟང་གསུམ་འཛོམས་པ་ཞེས་སྙན་པའི་གྲགས་པས་ཁྱབ་པ་དང་། ཀུན་གྱིས་བཀུར་བའི་གནས་སུ་གྱུར་ཏོ། །དེ་ནས་ཤངས་པའི་ཆོས་སྐོར་དང་། གཅོད་ཀྱི་གདམས་པ་ཟབ་དོན་སོགས་ཞུ་འདོད་པས། ཆོས་རྗེ་ཡོན་ཏན་དཔལ་འབྱུང་པ་ལ་ཞུ་སྙིང་འདོད་སྟེ། མི་རྣམས་ཀྱིས་གང་ཟེར་མི་ཤེས་པས། དེ་རྣམས་ཞུ་བ་ལ་ཤངས་ཕྱོགས་ལ་འགྲོ་བས་ཕྱག་ཕྱི་ལ་བདག་ལ་འགྲོ་དགོས་གསུང་ནས། གྲབས་རྣམས་ཚར་ནས་སང་སྔ་བར་འདེགས་རྩིས་ལ་སློབ་མ་རྣམས་ལ་དོ་ནུབ་རྨི་ལྟས་བཟང་པོ་མ་བྱུང་ཟེར་བ་མང་པོ་ཁ་མཐུན་པས་ཤོལ་བཏབ་པ་ལ། རྨི་ལམ་ངན་ན་བྱེད་ཡུལ་དུ་གང་

ཡོང་མི་ཤེས་གསུང་ནས་བཞུགས་འཚམས། སྨན་ཆུ་འཁྲུང་དུ་འགྲོན་གསུངས་ནས་རོང་ལ་བྱོན། སྨན་ཚབ་བཞེས་སར་གནམ་རི་ངན་པ་ཞིག་བྱུང་པས་སྐུ་ཤ་གཡོས་བྱུང་པ་ཆུ་སེར་གྱི་སྐྱོན་ཡིན་ཟེར་བ་ལ། ཞལ་རས་ལ་ཐྲོ་དུགས་དགོས་ཟེར་བྱས་པས་རྩ་རུ་སོང་ནས་བསྣུང་པོ་བྱུང་། དེ་ནས་རེ་ཞིག་སྐུ་ཁམས་བདེ་བར་བྱུང་ནའང་། ས་བདག་གི་ནད་དུ་དགོངས་ནས་མཚམས་གདམས་ནས་ཐུགས་དམ་ལ་རྩེ་གཅིག་དུ་བཞུགས་སོ། །དེ་ནས་ཡང་མི་ལུང་རྩེ་དབེན་པ་འདུག་གསུངས་ནས་ཟླ་བ་མང་པོའི་བར་དུ་བཞུགས། དེ་ནས་ཆོས་སྒར་ཕེབས་ནས་སྐུ་འཚམས་དམ་སེ་བའི་ངང་ནས་ཐུགས་དམ་ལ་བཞུགས་པའི་དུས། ཆོས་སྒར་ཁྲོད་དུ་གཟིམས་ཁང་གཅིག་བརྩིགས་ནས་དགེ་སྦྱོར་ལ་འབྱུངས་དགོས་པ་འདུག་གསུངས་ནས་གཟིམས་ཁང་བསྐྲུངས། དགོན་པའི་འཛིན་ལུགས་སོགས་ཀྱི་ཞབས་བཀོད་གནང་ནས་རྩེར་ཕེབས་ནས་བཞུགས་པས། ད་ནད་འདིའི་འོག་ནས་མི་གཏོང་པ་འདུག་པས་འཆི་ས་ལུས་སུ་བྱེད་གསུང་ནས། གླས་པ་ན་བསྟུང་གནས་པ་ཆེན་པོ་འཕགས་པ་བྱམས་པ་ཆོས་འོད་པའི་དྲུང་དུ་འགྲོ་གསུངས། བདག་ཕྱུག་ཕྱི་བ་འགའ་རེ་ཚས་སྟོབས་ཅན་དང་བཅས་པ་གླས་པར་བྱོན། བླ་མ་དང་མཇལ་བས་བླ་མའི་ཞལ་ནས། བསྣུང་བ་འདི་བབས་ཆེན་རང་དུ་སོང་འདུག་པས་མི་གྲོལ་གསུངས། ཆོས་རྗེ་ཨ་ནན་ཏ་པ་སོགས་མང་པོའི་དཔེ་དྲངས་བྱུང་། དེ་ནས་ཕྱུག་ཕྱི་བ་གཞན་རྣམས་དང་ཁལ་ལ་རྣམས་སློག །བདག་དཔོན་སློབ་ཀྱི་འཁྱུགས་ནས་ཐུགས་དམ་འབབ་ཞིག་མཛད། མི་ཉུང་བའི་སྐབས་ལ་ཆོས་རྗེའི་དྲུང་དུ་རེ་མཇལ་བ་མ་གཏོགས་མཚམས་དམ་པར་མཛད་ནས་ཡོད་ཙ་ན། ཕྱོགས་མཐའ་དག་ནས་ཀྱི་ཆོས་རྗེའི་དྲུང་དུ་མཇལ་མི་དང་། རང་གི་ཞང་པོ་བསྣུང་བ་ཡང་དེར་ཕེབས། ཁང་གསར་དྲུང་ཆེན།

བྱུང་པ་བདག་མོ་སོགས་ཐམས་ཅད་འདུས་པས་སོ་མ་སོད་ལ་ཐུགས་དམ་ལས་
སད་ཆེན་པོ་བྱུང་མཚམས། ཆོས་རྗེ་བྱམས་པ་བའི་གསུང་གིས། རང་ཡུལ་ངོས་
འོ་མི་རྒྱལ་ལོག་པ་གྲགས་གསུང་ནས་ཆོས་སྐོར་ཕེབས་རྗེར་བདག་སྨུག་ཕྱི་བ་བཞི་
མ་གཏོགས། ཡབ་ཡུམ་ལའང་མཇལ་ཁ་མེད་པའི་འཚམས་དམ་པོ་མཛད་ནས་
ཐུགས་དམ་འབའ་ཞིག་ལ་བཞུགས། དེ་ནས་སྐབས་ཅིག་ནས་སྨུག་ཕྱི་བ་གཅིག་
མ་གཏོགས་བདག་གསུམ་ལའང་བླ་རེ་ལ་ཐེངས་རེ་མཇལ་ཁ་བཏང་ནས་གཞན་
མི་གཏོང་པའི་དམ་ཆ་མཛད་དོ། །བསྟུང་བ་ཅི་མཐུ་ནའང་འདང་ཁམས་ནན་
ཏར་མ་བདེ། ཁྱོད་པོས་ན་བསམ་ཀྱང་། ཡང་ངའི་ན་བ་ལ་ནི་མི་ཕན་ཁྱོད་
གཉིད་ཐབས་འཆག་བསམ་མ་པོས་གསུངས་ཏེ། སྨུག་ཕྱི་སླ་བའི་མཆོག་ཡིན་
ནོ། །ཁུ་བོ་གདན་ས་པའི་ཞལ་ནས། བདག་རྣམས་ལ་བྲུང་ནས་ཀྱི་སྐུ་ཁམས་
འདི་མཐར་ཐོན་ཞིག་མི་ཡོང་བ་འདྲ་བས། ངེད་རྣམས་མེད་པའི་དུས་གྲོངས་པ་
བྱུང་ན། ཕྱོགས་མཐའ་དག་ལ་བང་ཆེན་འགྲོ་དགོས་པས། དུ་བ་དང་ཀུ་ཅོ་མ་
བྱེད་གསང་ས་〈གསང་〉དགོས་གསུང་བ་ཡོད་ཅིང་། མི་འགྲོངས་པའི་ཞག་
གཅིག་གཉིས་ཕོངས་སུ་ཡབ་ལ་མཇལ་ཁ་བཏང་ནས། དགུང་ལོ་བཞི་བཅུ་ཞེ་
བཞི་པ་ཁྲི་ལོ་དབྱར་ཟླ་ར་བ་སྟོན་གྱི་ཟླ་བའི་ཚེས་བཅོ་བརྒྱད་ཀྱི་ཐོ་རངས་ཞི་བར་
གཤེགས་ནས། བདག་རྣམས་ཀྱིས་གསང་ས་ཀྱང་མི་ཏོག་གི་ཆར་འབབ་
〈བབས་〉པ། འཇའ་ཚོན་ཟུག་པ། རོལ་མོའི་སྒྲ་ལ་སོགས་པ་བྱུང་པ་འགའ་
ཡི་མཐོང་ཐོས་བྱུང་བས་ཐེ་ཚོམ་དུ་གྱུར་ཏོ། །དེ་ནས་གདུང་མཆོད་རྟེན་གྱི་ནང་
དུ་བཞུགས་སུ་གསོལ་ནས། གཤེགས་རྫོངས་སོགས་རྗེས་ཀྱི་མཛད་པ་རྣམས་
ཐུལ་དུ་ཕྱིན་པ་གྲུབ། ཕྱི་རྟེན་བྱང་ཆུབ་ཆེན་པོའི་མཆོད་རྟེན་ཆེན་མོ་གཅིག་
བརྩིགས་པའི་གྲོགས། མ་ལུས་རབ་འབྱམས་པ་བྱམས་པ་ཐུགས་རྗེ་དཔལ་

བཟང་པའི་གྲྭ་ཚང་ཆོས་སྒྲོན་བཞུགས་པས་ཀྱང་མཛད་ནས་མྱུར་པོར་གྲུབ། རྗེ་རིན་པོ་ཆེ་དེ་ཉིད་དཔོན་སློབ་དང་བཅས་པ་དང་། གྲུབ་ཆེན་བུ་ལེ་བ་དཔལ་ལྡན་བཟང་པོ་ལ་སོགས་པས་རབ་གནས་དང་བཀྲ་ཤིས་ཀྱི་མངའ་དབུལ་ཕུན་སུམ་ཚོགས་པ་མཛད་དོ། །བསྐྱུང་གཞི་དེ་ཞལ་བཞུགས་རྣམས་ལ་འཆེད་ཀྱི་དོགས་ནས་ཞུགས་ལ་མ་ཕུལ་བར་བཞག་སྐབས་ཅིག་ནས་ཕྱུར་བཞུ་བའི་སྔ་གོན་བྱས་པས། མཁས་འདོད་ཀྱི་ངག་ལ་གསན་ནས་ཆོས་སྒོའི་རྒྱབ་རི་རྒྱལ་ཆེན་མོ་ཞེས་པའི་རྩེར་བཞུ་བ་དེ་མ་ཐག་མེ་གསེབ་ནས་གདུང་རུས་རྣམས་གཏོན་པས་རིང་བསྲེལ་འགའ་རེ་རྙེད། གདུང་རུས་ལྷག་མ་རྣམས་མེ་དང་བཅས་རྫ་ཤུར་གླུག་ནས་དུང་རོལ་ཆ་ལ་སོགས་པའི་བསུ་བ་བྱས་ནས་ཆོས་སྒོ་རྩེར་གདན་དྲངས་སོ། །རྩེ་དེ་ཉིད་དུ་བཞུ་ནས་ཞག་འགའ་གསོལ་བ་བཏབ་ན། སྐུ་གཟུགས་དང་རིང་བསྲེལ་དཔག་མེད་འབྱོན་པར་འདུག་ནའང་གདུལ་བྱ་རྣམས་ཀྱིས་སྐལ་བ་ལ་མ་དབང་ངོ། །འོན་ཀྱང་ཕྱིས་སུ་ཡང་རིང་བསྲེལ་འགའ་རེ་དང་། ལྷག་པར་གདུང་རུས་ལྷ་སྐུར་བཏབ་པ་ལ་གསེར་ཆབ་གསོལ་བས། གཙུག་ཏོར་རྣམ་རྒྱལ་གྱི་བུམ་པའི་སྙིང་ན་དུང་ཆོས་ལྷ་བུའི་རིང་བསྲེལ་ཡུངས་འབྲུ་འབྲིང་པོ་ཙམ་ཞིག་འབྲུངས་པ་ནི་ཁྱད་པར་དུ་འཕགས་པའི་གནས་སོ། །

ཡེ་ཤེས་འབྱུང་གནས་ནས་གཟུང་རྫོག་གི་བརྒྱུད་པའི་རྣམ་ཐར་རྒྱུ་སྐར་བདག་པོ་འདི་ས། །མ་རྟོགས་ལོག་རྟོགས་རྣམས་ཀྱིས་ཐེ་ཚོམ་སོམ་ཉི་ཡིད་གཉིས་མི་ཤེས་སྲིན་བྲལ་ནས། །དོན་གཉེར་བློ་གསལ་ཀུ་མུད་ཚལ་ཕྱེ་ཕྱོགས་འདིར་དད་མོས་ལྡན་པའི་སྐར་ཚོགས་རྣམས། །འཕྲལ་དང་ཡུན་དུ་ཕན་དང་བདེ་བའི་དགའ་སྟོན་མྱོང་ནས་རྩ་བརྒྱུད་བླ་མའི་རྗེས་འཛིན་ཤོག །

དེ་ལྟར་འཁོན་ཚོའི་སྡེ་པ་མང་དུ་ཡོད་ཀྱང་ས་སྐྱ་འཁོན་གྱི་བརྒྱུད་པ་ཞེས།

གྲགས་པའི་བླམ་རིགས་གསུམ་རྣམ་འཕྲུལ་ཇོ་བོའི་ལུང་བསྟན་འཛམ་དབྱངས་བདུན་བརྒྱུད་ལྟར། འདིར་ཡང་རྟོག་གེ་རིགས་ཚན་ཁྲིམ་མདའ་ཤེལ་གྲོང་ལུམ་པ་ལ་སོགས་པ་མཐའ་ཡས་ཀྱང་། གསང་བ་ཀུན་འདུས་རྒྱུད་རྒྱལ་གསལ་མཛད་གངས་རིའི་ཁྲོད་ན་དྲག་རྟག་རྟོག་ལས་གཞན་པ་སྲུ། རྟོག་རབས་རྒྱུས་པ་རྣམས་ནི་ཚིག་ཚོགས་མཐའ་ཡས་པས་བློ་ཆུང་རྣམས་ཀྱིས་མཐའ་རྟོགས་པར་དཀའ་ལ། བདུད་རྩིའི་ཐིགས་པ་སོགས་ནི་མིང་དང་མཐུན་པར་ཤིན་ཏུ་ཉུང་བས་མཐིལ་ཕྱིན་པ་མི་རྟོགས་ཤིང་། རྒྱུད་ཀྱི་ཚིག་ལྟ་བུར་མངོན་པས་ཡོང་མ་ཁྲིལ་བ་རྣམས་ཀྱིས་གོ་བར་མི་ནུས་ལ། ཐམས་ཅད་ཀྱིས་གོ་བར་ནུས་པའི་ཕྱིར་དུ་དཀྲོལ་བ་འདི་དང་། རྣམ་ཐར་ཕྱི་མ་འདི་ནི་རྗེ་རིན་པོ་ཆེའདི་ཉིད་ཀྱི་ཕྱག་ཕྱི་ཐོག་མཐའ་བར་གསུམ་དུ་བྱས་པས། སྣང་ཚུལ་དུ་གྱུར་པ་རྣམས་ལ་སྒྲོམ་བཏགས་པར་བླམའི་ཡོན་ཏན་དོན་ལ་གནས་པ་ལྟར་བདག་ནམ་མཁར་བསོད་ནམས་ཀྱིས་བགོད་པ་ལ། ཉོངས་པའི་ཆ་མཆིས་ན། དམ་པ་རྣམས་དང་། གཟུར་གནས་རྣམས་ཀྱིས་བཟོད་པ་མཛད་དུ་གསོལ། །མངྒ་ལཾ་བྷ་ཝནྟུ་ཤུབྷཾ། ། །

༄༅། །རྗེ་བཙུན་ཀ་ལོ་ཙྪའི་གཏུང་རབས་དང་། རྣམ་པར་ཐར་པའི་གསོལ་འདེབས། འགྲེལ་པ་དང་བཅས་པ་བཞུགས་སོ། །

༄༅། །རྗེ་དཀོན་མཆོག་གསུམ་ལ་ཕྱག་འཚལ་ནས། །
རྗེ་བླ་མ་རྣམས་ཀྱི་མཛད་པ་ལ། །
རྗེས་འཇུག་སློབ་མ་འཕྲང་བའི་སླད། །
རྗེ་བཙུན་ཀ་ལོའི་རྣམ་ཐར་བྲི། །

དེ་ཡང་བོད་ཀྱི་རྒྱལ་པོའི་དུས་སུ། བློན་པོ་ཧྲ་སཾ་ཤི་ཕོ་ཤར་བཏང་སྟེ། རྒྱ་ནག་ནས་ཏ་ཤང་སྤྱན་དྲངས་པས་འབྲེལ་བར། མི་ཉག་ཏ་ཤང་དུ་གྱུར་པ་སྤྱན་དྲངས་ཏེ། རྒྱལ་པོའི་མཆོད་གནས་སུ་གྱུར་པའི། ཐེག་པ་ཆེན་པོའི་གཞུང་ལུགས་མ་ཉམས་པར་སྐྱོང་བའི་ཐུགས་འཆང་ཤ་སྟག་ཏུ་གྱུར་པའི་རྒྱུད་ལས། ཡར་འབྲོག་སྣང་དུ་མི་ཉག་གཞོན་ནུ་རྡོ་རྗེ་སྙིང་པོ་ཞེས་བྱ་བ་བྱུང་། དེའི་སྲས་གཞོན་ནུ་སེང་གེ། དེའི་སྲས་རིག་འཛིན་སྙིང་པོ། དེ་རོང་གི་བརྒྱ〈རྒྱ〉མའི་ཡུལ་དུ་བབས། དེའི་སྲས་རྡོ་རྗེ་སེང་གེས་རོང་གི་འགར་ཕུག་བཟུང་། དེ་ལ་སྲས་བཞི་བྱུང་བའི་གཅེན་པོ་ཡེ་ཤེས་རྡོ་རྗེ་བྱ་བ་མཁས་ཤིང་གྲུབ་པ་མཉེས་〈བརྙེས་〉པ་ཞིག་བྱུང་། དེས་ཕྱག་རྒྱ་ཆེན་པོ་དབྱུག་ཆོས་ལ་གྲུབ་པ་ཐོབ་པའི་

དབང་ཕྱུག་རྒྱལ་པོ་ཞེས་བྱ་བའི་གདན་ས་དཔེན་དམར་བཟུང་། དེའི་སྲས་རྗེ་བཙུན་ཀ་ལོ་ནི། ཡབ་ཀྱི་མཚན་ལྟས་ལ་བརྟེན་ནས། སྔོན་གྱི་ཁམས་པ་ཀ་ལོ་རྔོའི་སྐྱེ་བར་དགོངས་ནས། མཚན་དུའང་དེ་ཉིད་བཏགས། དགུང་ལོ་གསུམ་ཙམ་བཞེས་པ་དང་། ཁ་ཆེ་པཎ་ཆེན་དུར་མིག་ཏུ་ཕྱིན་དུས། མ་ཅིག་གིས་བསྐམས་ནས་ཕྱིན་བརླབས་ཞུར་ཕྱིན། སམ་ཏྲི་〈སྐྲི་〉ཏའི་སྐད་ཀྱིས་སྐྱེས་བུ་དམ་པར་ལུང་བསྟན། ལུང་བསྟན་བཞིན་གཞོན་ནུ་ནས་འབྲི་གློག་དང་། མན་ངག་མང་པོ་ལ་ཡབ་ཀྱི་དྲུང་དུ་སྦྱངས་པ་མཛད། དེ་ནས་དཔྱལ་ཆོས་ཀྱི་བཟང་པོའི་དྲུང་དུ་ཕྱིན། བརྒྱ་〈རྒྱ་〉ཡིག་དང་། བརྒྱ་〈རྒྱ་〉གློག་དང་། སཾ་ཏྲི་ཏའི་སྐད་རྩེ་〈རྩིས་〉རིགས་པ་དང་། ཁྱད་པར་དཀྱིལ་ཕག་གཉིས་ལ་སྦྱངས་ནས། དགུང་ལོ་བཅུ་དྲུག་ལ་དུར་མིག་ཏུ་ལེགས་པར་གསུངས། བཤད་སྟོན་རྒྱ་ཆེན་མཛད། གཞན་ཡང་བདེ་མཆོག་ལ་སོགས་པ་མང་དུ་གསན། གཤེད་དམར་གྱི་དབང་ཞུས་〈ཞུ་〉དུས་བདུད་ཀྱི་བར་ཆད་ལས་གྲོལ། སས་〈ས་〉སྐྱ་པཎྜི་ཏ་ལ་བདེ་མཆོག་ནག་པོ་ལུགས་ཀྱི་ཆོས་སྐོར་མང་པོ་གསན། ཆོས་རྗེ་འཛམ་གསར་གྱི་དྲུང་དུ། ཕྱི་མཚན་ཉིད་ཀྱི་སྐོར་མང་པོ་དང་། དུས་འཁོར་འགྲོ་ལུགས་ཀྱི་བཀའ། བཤད་པ་མན་ངག་རྣམས་གསན། བླ་མ་ར་〈རྭ་〉འབུམ་སེང་གེའི་དྲུང་དུ། དུས་འཁོར་ལ་སོགས་པ་ར་〈རྭ་〉ལུགས་ཀྱི་བསྐོར་མང་པོ་གསན། ཀླེ་མདོ་སྡེ་སེང་གེ་ལ་གསང་འདུས་དང་ཡོ་གའི་བསྐོར་མང་པོ་གསན། པཎྜི་ཏ་ཤྲཱི་སྟུ་ཏ་ཙནྡྲ་དང་། ཁྲོ་ཕུ་ལོ་ཙྪ་བ་བྱམས་པའི་དཔལ་ལའང་མན་ངག་མང་པོ་གསན། འགྲོ་མགོན་ཆོས་རྒྱལ་བའི་དྲུང་དུ། དབང་དང་བཤད་པ་མང་པོ་གསན། གཞན་ཡང་དཔྱལ་ཨ་མོ་གྷ། མཁན་པོ་ཕག །མཁན་པོ་རྡོར་གཟུངས། འབུམ་པ་ལོ་ཤེ མཆོ་ཡངས་པ་སྟོན་དར་མ་རྒྱལ་མཚན། སྲིན་པོ་རི་པ་མཁན་

པོ་འཇམ་དཔྱངས། མཁན་པོ་སེང་གེ་ཟླ་ལ་གཙོས་ཏེ། ཡར་འབྲོག་པ་བསླབ་སྟོན་ལ་སོགས་པ་བསྟེན་ནས། ཆོས་བསྐོར་མང་པོ་གསན་ནས། རྒྱུད་སྡེའི་བང་མཛོད་དུ་གྱུར། རྒྱུད་སྡེ་དུ་མའི་བཤད་སྒྲུབ་ཡུན་རིངས་མཛད། ཁྱད་པར་དུས་འཁོར་གྱི་བཤད་པ་མཛད་པས། སློབ་མ་མཁས་པ་གྲུབ་རྣམས་དང་། གྲུབ་པའི་དབང་ཕྱུག་མན་ལུང་གུ་རུ། ཕྱོ་པ་གྲུབ་སེང་། ཐང་སྟོན་ལོ་ཙྪ་ལ་སོགས་པ་དུས་འཁོར་ལ་མཁས་པའི་སློབ་མ་མང་པོ་སྨིན་པར་མཛད། གཞན་ཡང་གྲུབ་པའི་མཚན་མ་ཡང་མང་པོ་མཛད་དོ། །

ཉིད་ཀྱི་སྲས་ཐུ་བོ་བརྒྱ་〈རྒྱ་〉གར་གྲགས་པ་དང་། སློབ་མ་གཞོན་ནུ་རྒྱལ་མཚན་གཉིས་ཧོར་དམག་གིས་ཁྱེར་བ་ལ། སྒྲོལ་མ་བརྟེན་〈བརྟེན་〉འདོན་གྱི་ཚིག་མཛད་པས། སྒྲོལ་མའི་སྐུ་ནམ་མཁའ་གང་པའི་ཁྲོན་ཙམ་ཞིག་གི་ལྟེ་བའི་ཁྱེར་ན་ཁྱིམས་པ་གཉིས་པོ་མགོ་ནུག་གི་འདུག་པ་གཟིགས་ནས། དོན་གྲུབ་པར་གཟིགས་པས། ཞག་གསུམ་ནས་སྲས་ཐུ་བོས་ཐར། ཟླ་བ་གཅིག་རྩམ་〈ཙམ་〉ནས་སློབ་མས་ཀྱང་འདུན་པ་བརྒྱུར་ནས་ཐར་པར་མཛད། སྣར་ཐུའི་དགོན་པ་མཛོ་སྣང་ན། གང་ཟག་བཟའ་མི་གཉིས་ལ་བུ་གཅིག་ལོ་དྲུག་ལོན་པ་ཡང་ལྐུགས་ནས་འགྲོ་བའང་མི་ཤེས་པ་ལྟ་བུ་ཡོད་པ་ལ། རྟེན་འབྲེལ་མཛད་པས་འགྲོ་འདུག་སྨྲ་བརྗོད་ཤེས་པར་བྱས། གཞན་ཡང་ལྐུགས་པ་མང་པོ་ལ་དེ་ལྟར་མཛད། ཐར་པར་སྟོན་པ་གཞོན་བརྟེན་ཞེས་པ་སྨྲ་འབྲས་ཀྱི་ཐེབས། སྣག་ཁྲག་ཟགས་ཕྱི་ནས་གློ་སྙིང་མཐོང་བ་ཞིག་ལ། རྟེན་འབྲེལ་མཛད་པས་ཕན་པ་དང་། དེ་བཞིན་དུ། སོ་ན་བ་ལ་ཐབ་ཀྱི་སེར་ཁ་བསུབ། གླང་བཟེར་ན་བ་ལ་སྔོའི་བཟེར་ཕྱུངས། སྐྱིད་པ་ན་བ་ལ་ཚ་དོད་པོས་ནས། དབྱུག་བསྡུངས་〈བརྡུངས་〉བྱས་པ་དང་། བུ་མ་ཐོན་པ་ལ་ཐད་ཀྱི་གྱེང་〈གྱང་〉འབུགས་

པས་ཕན་པ་དང་། སྒྲོ་བ་བརྟུལ་བ་དང་། ཡང་བསམ་ཡས་སྒོ་དཀར་ལ་ལ་བྱོན་པའི་ཚེ། ཚོམས་〈ཚོམ་〉རྐུན་མང་པོ་བྱུང་པ་ལ། ལྷ་ལྷངས་〈སྣངས་〉དང་། སྡིག་མཛུབ་མཛད་པས། སྐུ་ཁམས་ཀྱི་སྨན་བྲིས་ཤིང་བཞད་སྒད་〈བགད་〉བྱེད་ཅིང་ལོག་པ་ལ་སོགས། གྲུབ་པའི་མཚན་མ་བསམ་གྱིས་མི་ཁྱབ་པའི་རང་གཞན་གྱི་དོན་རྒྱ་ཆེན་པོ་མཛད་ནས། དགུང་ལོ་བརྒྱད་ཅུ་བཞེས་པ། ཆུ་ཕོ་རྟའི་ལོ་ཆོ་འཕྲུལ་ཆེན་པོའི་ཚེས་གསུམ་གྱི་སྔ་དྲོ་ཞི་བར་གཤེགས་སོ། །

ལེགས་བཤད་བླ་མའི་རྣམ་ཐར་རྣམས། །
ལེགས་སྟོན་བུ་སྟོན་ཆོས་རྗེ་དེས། །
ལེགས་ཉེས་མ་ནོར་ཤན་ཕྱེ་ནས། །
ལེགས་སྤེལ་བས་གསུང་བཞིན་བཀོད་པ་ལགས། །བཀྲ་ཤིས། །

༄༅། །དངོས་གྲུབ་རིན་ཆེན་ཀུན་གྱི་གཏེར། །སངས་རྒྱས་ཀུན་དངོས་བླ་མ་ཡི། །ཞབས་ཀྱི་པདྨོར་ཕྱག་འཚལ་ནས། །དེ་ཡི་རྣམ་ཐར་མདོ་ཙམ་བྲི། །དེ་ལ་བདག་གི་བླ་མ་ཆོས་ཀྱི་སྤྱན་དང་ལྡན་པ། །ལུང་དང་རིག་པའི་དབང་ཕྱུག །མངོན་པར་རྟོགས་པའི་ཡོན་ཏན་དུ་མ་དང་ལྡན་ཡང་། སྦས་པའི་རྣལ་འབྱོར་དུ་མཛད་དེ། ཡུལ་འཁོར་དང་བཅས་པ་ལྷ་བུར་སྟོན་ན་ཡང་། །སྐྱེ་བ་མང་པོར་བྱང་ཆུབ་སེམས་དཔའི་གཞུང་ལུགས་ཀྱི་དོན་རྣམ་པར་རོལ་པས། རང་དང་གཞན་གྱི་དོན་ལྟོས་པ་མེད་པར་གྲུབ་པའི་བདག་ཉིད་ཅན། རྗེ་བཙུན་ཀ་ལོ་ཙྪ་བ་དེ་ཉིད་ནི། བསྟན་པའི་གཙུག་ལག་དང་མཐུན་པར་བསྟོད་པར་བྱ་བའི་ཡུལ་ཡིན་ནོ། །

དེ་ཡང་། རིགས་པ་དང་། རུས་དང་། ལམ་དང་། ཚོ་ག་ཕུན་སུམ་ཚོགས་པའི་སྒོ་ནས་འབྱུང་བའི་སྐྱེས་བུ་དམ་པར་བསྟོད་པ་ནི། ལུང་རིག་མན་

ངག་དུ་མའི་གཏེར་གྱུར་ཅིང་། །ཟབ་མོའི་སྤྱོད་པས་རིགས་ལྡན་སྐུ་འཁྲུངས་ཏེ། །རྒྱུ་མཚན་དགོངས་ཤིང་དོན་ལྡན་མཚན་བརྟགས་པའི། །དཔལ་ལྡན་བླ་མ་ཁྱེད་ལ་ཕྱག་འཚལ་ལོ། །ཞེས་པའི་དོན་ནི། རིགས་དང་རུས་ནི་ཆོས་ཀྱི་རྒྱལ་པོ་ཁྲི་སྲོང་ལྡེ་བཙན་གྱི་སྐུ་རིམ་ལ། བོད་དུ་སངས་རྒྱས་ཀྱི་བསྟན་པ་དར་བར་བྱ་བའི་ཕྱིར། ཆོས་ཀྱི་བློན་པོ་ཧྭ་སཾ་ཤིང་〈ཤི〉ཕོ་ཉར་སྟགས་ཏེ་རྒྱ་ནག་ལས། ཧ་ཤང་ཐེག་པ་ཆེན་པོ་སྤྱན་དྲངས་པ་དང་འབྲེལ་བར། མི་ཉག་ཧ་ཤང་དུ་གྱུར་པ་སྤྱན་དྲངས་ཏེ། རྒྱལ་པོའི་མཆོད་གནས་སུ་བསྐུར་ཞིང་། ཐེག་པ་ཆེན་པོའི་གཞུང་ལུགས་མ་ཉམས་པར་སྤྱོད་པའི་སྟགས་འཚང་ཤ་སྟག་ཏུ་བརྒྱུད་པའི་རིགས་ལས་འཁྲུངས་པ། དགེ་བའི་བཤེས་གཉེན་ཡེ་ཤེས་རྡོ་རྗེ་ཞེས་བྱ་བའི་སྲས་སུ་གྱུར་པ་ཡིན། དེ་ནི་དོན་གྱི་གནས་ལུགས་ཕྱག་རྒྱ་ཆེན་པོ་ལ། དབྱུག་ཆོས་ཞེས་བྱ་བའི་མན་ངག་ལ་གོམས་པས། བག་ཆགས་བློང་བ་དང་། ནོར་བ་དང་། སྙིང་གཡོ་དང་། ཆ་སྙོམས་དང་། ཡེ་ཤེས་འབེབས་པ། ལྷ་སྲུང་དང་། འདྲེ་སྲུང་ལ་སོགས་པ། མངོན་སུམ་དུ་བྱིན་གྱིས་རློབས་ནུས་པའི་གྲུབ་ཐོབ་ཆེན་པོ་དབང་ཕྱུག་རྒྱལ་པོ་ཞེས་བྱ་བའི་སྲས་མོ། ཡེ་ཤེས་ཀྱི་མཁའ་འགྲོ་མ་བསམ་བསྟན་གྱི་རིལ་བ། མངོན་པར་བསྒྲུབ་པ་ཁོ་ན་ལ་མངོན་པར་གཞོལ་བས། མ་ཅིག་སྒྲུབ་པ་མོ་ཞེས་གྲགས་པའི་རྣལ་འབྱོར་མ་ཆེན་མོ་དེའི་སྲས་སུ། ཚོ་གའི་སྟོབས་ཀྱིས་བློ་གྲོས་དང་ལྡན་པར་འཁྲུངས་པ་ཡིན་ནོ། །

དེ་ཡང་གཞོན་ནུ་ལ་རབ་ཏུ་བྱུང་སྟེ། བཟང་〈ཟངས〉ཀྱི་སོག་པོ་རིར། ལྷང་ཐེར་མས་ཞེས་བྱ་བའི་དགེ་བའི་བཤེས་གཉེན་གྱི་དྲུང་དུ། དམ་པའི་ཆོས་མངོན་པ་ཀུན་ལས་བཏུས་པ་གསན་པ་དང་སྦྱངས་པ་མཛད་ནས། ལོ་བཅུ་དྲུག་ལ་མཁས་པ་མཐར་ཕྱིན་ཏེ་བཤད་པ་མཛད་དོ། །དེ་ནས་འཆིམས་〈མཆིམས〉

བརྟེན་འགྲུས་སེང་གེའི་དྲུང་དུ། མཁས་པ་ཡོན་ཏན་གྱི་དྲུང་དུ། མངོན་པ་མཛོད་དང་ས་སྡེ་ལྔ་ལ་སོགས་པ། ཐེག་པ་ཆེ་ཆུང་གི་གཞུང་ལུགས་བརྒྱ་〈 བརྒྱ་〉ཆེན་པོ་ལ་སྦྱངས་པ་མཛད་ཅིང་། རྨ་བྱ་བྱང་བརྟེན་ཞེས་གྲགས་པའི་དྲུང་དུ། དབུ་མ་རིག་པའི་ཚོགས་དང་། གཞུང་རྣམ་པར་ངེས་པ་ལ་སོགས་པ་རིག་པའི་ཚོས་རྣམས་ལ་མཁས་པར་སྦྱངས་སོ། །དེ་བཞིན་དུ་དན་འབགས་དར་མ་བགྲ་ཤིས་ཞེས་པའི་དྲུང་དུ། ཚད་མའི་གཞུང་ལུགས་དང་། སྤྱོད་འཇུག་ལ་སོགས་པ་གཙོར་ནན་ཏན་དུ་མཛད་དོ། །གཞན་ཡང་ཁོ་〈 ཁ་〉མོ་ཟླ་སྟོན་ཤེས་རབ་གྲགས་པའི་དྲུང་དུ། སྤྱོད་ཕྱོགས་དང་། བཀའ་སྡོམས་〈 གདམས་〉ཀྱི་བསྒོམ་ཁྲིད་ལ་སོགས་པ་སྦྱངས་པ་མཛད་ཅིང་། དབྱར་སྟུམ་ཞེས་གྲགས་པའི་དྲུང་དུ། དཀྱིས་པ་རྡོ་རྗེ་གཞུང་མན་ངག་དང་བཅས་པ་དང་། གཞན་ཡང་རྡོ་རྗེ་ཐེག་པའི་གཞུང་གདམས་ངག་མང་པོ་ལ་མཁས་པར་སྦྱངས་པ་མཛད་ཅིང་། ལུང་དང་རིག་པ་དུ་མའི་གཏེར་དུ་གྱུར་པ། བླ་མ་ཞང་ཚལ་པའི་དྲུང་དུ། ཚལ་པའི་ཆོས་བསྐོར་མ་ལུས་པ་ཐུགས་ཉམས་སུ་འགྱུར་ཞིང་། ཁམས་པ་དབུ་སེ། དུས་གསུམ་མཁྱེན་པ་སྐར་མ་པ་〈 ཀརྨ་པ་〉ར་གྲགས་པའི་དྲུང་དུ། སྟོད་ལུང་མཚུར་ཕུའི་གདམས་སྐོར་མ་ལུས་པ་ཐུགས་སུ་ཆུད་པར་མཛད་ལ། ཤངས་སྨོག་ལྕོག་པ་སངས་རྒྱས་རིན་ཆེན་བརྟེན་འགྲུས་ཞེས་པ་ལ། ཆོས་དྲུག་དང་། རྨི་ལམ་ལ་སོགས་པའི་གདམས་ངག་མང་དུ་གསན་ལ། མི་ཏྲ་ཛོ་ཀི་དང་། ཁ་ཆེན་པཎ་ཆེན་ཤཱཀྱ་ཤྲཱི་ལ་སོགས་པའི་དྲུང་དུ་གཏུགས་ཤིང་སྒྲོ་འདོགས་བཅད་པས། མན་ངག་དུ་མའི་གཏེར་དུ་གྱུར་པ་ཡིན་ནོ། །

དེ་ལྟར་མཛད་པ་དེ་ནི་གྲུབ་པའི་སྐྱེས་བུ་ཡིན་ཏེ། དང་པོར་གཞི་ཕུན་སུམ་ཚོགས་སྔེ་དད་པ་དང་སྙིང་རྗེ་ཤེས་རབ་མཆོག་ཏུ་གྱུར་ལ་མཆོ་〈 འཚོ་〉བ་

རྣམ་པར་དག་སྟེ། ཚུལ་འཆོས་ལ་སོགས་པ་དང་། ལོག་པར་མཚོ་〈འཚོ་〉བ་སྤངས་པ་ལ་བསྟེན་པ་ཡིན་ནོ། །བར་དུ་ཐོས་པ་དང་། བསམ་པ་དང་ཉན་པ་དང་བཤད་པ་ལ་སོགས་པ་ཆོས་ཀྱི་སྦྱིན་པ་དང་། བདོག་པ་བཏང་སྟེ། ཟང་ཟིང་མི་འཇིགས་ཆོས་དང་བྱམས་པ་བཞི། བསོད་ནམས་ཀྱི་ཚོགས་དང་། ཕྱི་རོལ་དུ་སོ་སོར་ཐར་པའི་གཞུང་དང་མཐུན་པའི་རྣམ་པར་ཐར་པ་དང་། ནང་དུ་རྡོ་རྗེ་ཐེག་པའི་གཞུང་ལྟར་བསྒོམ་པ་གོམས་པར་མཛད་པས། ཟག་པ་མེད་པའི་ཚུལ་ཁྲིམས་ཀྱི་ཚོགས་དང་། ཡེ་ཤེས་ཀྱི་ཚོགས་ལ་ནན་ཏན་དུ་མཛད་པ་ཡིན་ནོ། །ཐ་མར་མངོན་པར་རྟོགས་པའི་ཡོན་ཏན་མཉེས་ཏེ། མངོན་པར་ཤེས་པའི་དོན་ཅི་རིགས་པ་དང་ཡང་ལྡན་ལ། བྱིན་གྱིས་བརླབས་པའི་གནས་མཁྱེན་ཅིང་། མུ་ངན་ལས་འདས་པའི་ཚུལ་བསྟན་ཀྱང་སྐུ་གདུང་མངོན་པར་སྤྲུལ་ཏེ། ལག་གི་འདུ་བྱེད་ཀྱིས་གྲུབ་པར་མི་སྲིད་པའི་འཁར་ས་པ་ཎི་〈ཁ་སརྤ་ཎི་〉ཞེས་པའི་ཕྱིར་ཕྲ་བ་དང་། གསལ་བ་དང་། མཆེར་བ་དང་། རྣམ་པར་བཀྲུན་པའི་སྐུ་ལྟ་བས་ཆོག་མི་ཤེས་པའི་བདག་ཉིད་ཅན། བྱིན་གྱིས་བརླབས་པའི་བརྟེན་དུ་སྤྲུལ་པ་ལ་སོགས་པ་ནི། ད་ལྟ་ཡང་མངོན་དུ་གྱུར་པ་ཡིན་ནོ། །

དེ་ལྟར་མཁས་ཤིང་གྲུབ་པའི་རྣལ་འབྱོར་པ་དེས། བདེ་བར་གཤེགས་པའི་བསྟན་པ་བསྐྱངས་པའི་ཕྱིར། རིགས་རྡོ་རྗེ་ཐེག་པའི་ཚོ་ག་ཟབ་མོའི་སྦྱོད་པས་རིགས་ཀྱི་སྲས་སུ་བསྐྱེད་ཅིང་། གདུལ་བྱའི་སྐལ་བ་དང་། རིགས་སུ་སྐྱེས་དང་དམ་ཚིག་ཅན། །སྒྱུ་མེད་ཀྱིའི་རྡོ་རྗེ་སྟོན། །བླ་མ་ལ་གུས་སྙིང་རྗེར་ལྡན། །སྐྱེ་ཞིང་སྐྱེ་བར་འགྱུར་བར་ཤོག །ཅེས་པ་ལ་སོགས་པའི་མཐུ་དང་། རང་ཉིད་ཀྱི་སྨོན་ལམ་གྱི་མཐུས། ལེགས་པར་ལྷུམས་སུ་ཞུགས་ཤིང་། རིགས་

དང་ལྡན་པར་ལེགས་པར་འབྲུངས་པ་ཡིན་ནོ། །

དེའི་ཚེ་ཡབ་ཀྱི་རྒྱུ་མཚན་གྱི་ཁྱད་པར་ལ་བརྟེན་ནས། འཆི་འཕོ་བ་དང་སྐྱེ་བ་དགོངས་པས། སྐྱེ་བ་དང་། བཞི་〈གཞི་〉དང་དབང་པོ་ཡོངས་སུ་སྲུངས་པའི་ཕྱིར། གྲུབ་པའི་སྐྱེས་བུ་ཁམས་〈དམ་〉པ། དྲི་དབྱིབས་མང་པོ་སྤྱོད་པ། ལང་ཚོ་བཅུ་དྲུག་ལ་སོགས་པ་ལེགས་པར་བརྟགས་པའི་མཚན་ཉིད་དང་ལྡན་པའི་རིགས་ཀྱི་བཞིར་〈གཞིར〉། ཆུ་ཕོ་ཕག་ལ་ན་ལོ་ཙྪ་བ་ཞེས་གྲགས་པའི་རྣལ་འབྱོར་པ་ཆེན་པོ་དེའི་སྐྱེ་བར་དགོངས་ནས། མཚན་དུ་ཡང་རྟགས་པ་ཡིན་ནོ། །

དེ་ལྟར་རྒྱུ་མཚན་གཞན་ལས་ཀྱང་མངོན་ཏེ། བདག་ཉིད་ཆེན་པོ་དེ་ཉིད་ཀྱིས་གསུང་གིས་ཀྱང་ཁྱེད་ཀྱི་མཚན་གྱི་ཁྱད་པར། ཇི་སྐད་ཅེས་བདག་གི་ཞུས་པས། སྔོན་གྱི་ཁམས་པ་ན་ལོ་དེ་ཉིད་ཀྱིས་མིང་རྟགས་པ་ཡིན་གྱི། མིང་གཞན་དང་། རྒྱུ་མཚན་གཞན་ནི་མེད་ཅེས་གསུང་ཞིང་། བདག་ཉིད་ཆེན་པོ་འཕགས་པ་ཞེས་པའི་གསུང་གིས་ཀྱང་། གདག་གི་གདའ་ཞུས་པ་དང་། དེ་ཙམ་མ་ཡིན་པའི་རྒྱུ་མཚན་འདུག་པ་ངས་ཀྱང་ལེགས་པར་ཤེས། བདག་ལ་ཁྱེད་ཀྱི་བླ་མ་ན་ལོ་ལ། ན་ལོ་ཙྪ་ཞེས་ཟེར་བའི་རྒྱུ་མཚན་ལེགས་པར་ཤེས་སམ་ཞེས་གསུང་པ་ལ། བདག་གིས་རྒྱུ་མཚན་གཞན་ནི་མི་ཤེས། ཡབ་ཀྱི་བཏགས་པ་ཡིན་ཞེས་གསུང་གི་གདའ་ཞུས་པ་དང་། དེ་ཙམ་མ་ཡིན་པའི་རྒྱུ་མཚན་འདུག་པ་ངས་ཀྱང་ལེགས་པར་ཤེས་ཞེས་གསུངས་པའི་ཟུར་གྱིས་ཀྱང་ལེགས་པར་མངོན་པ་ཡིན་ནོ། །དེ་ལྟར་དོན་དང་ལྡན་པར་མཚན་རྟགས་པའི་བླ་མ་དེ་ནི། སྐྱེ་བ་མང་པོར་གྲུབ་པའི་རྣལ་འབྱོར་པ་ཡིན་པས། རང་གི་དོན་ལ་ལྟོས་པ་མེད་པའི་ཕྱིར། དཔལ་ལྡན་བླ་མ་འདི་ལྟ་བུ་གཞན་འགའ་ཡང་ཡོད་པ་མ་ཡིན་པས།

དེའི་ཕྱིར་ཁྱེད་ཉིད་དེ་ལ་ཕྱག་འཚལ་ལོ། །ཞེས་པའི་དོན་སྟེ། མ་བྱོན་སངས་རྒྱས་གསུམ་པས་འབྲུངས་མ་ཐག །ཕྱག་གི་〈གིས་〉དྲངས་ཤིང་ལུང་བསྟན་དབུགས་དབྱུང་མཛད། །དམ་པའི་སྐྱེས་བུར་ལེགས་རྟོགས་བསྟན་པའི་དོན། །མཐའ་ཡས་སྤྱོད་པ་ཁྱེད་ལ་ཕྱག་འཚལ་ལོ། །ཞེས་པའི་དོན་ནི། དེ་ལྟར་འབྲུངས་ནས་ལོ་གསུམ་ཙམ་བཞེས་པ་ལས། མ་བྱོན་པའི་སངས་རྒྱས་གསུམ་པ། དེ་བཞིན་གཤེགས་པ་སེང་གེ་ཡིན་ནོ། །ཞེས་གྲགས་པའི་སྟོན་བརྩོན་མཁས་གྲུབ་ཁ་ཆེའི་པཎ་ཆེན། ཤཱཀྱ་ཤྲཱི་ཞེས་པའི་རིགས་ལྡན་གྱི་སྐྱེས་བུ་ཆེན་པོ་དེས། ངར་སྒྲིག་ཞེས་པའི་གཙུག་ལག་ཁང་དུ་བྱོན་པའི་ཚེ། མ་ཅིག་རྗེ་གྲུས་མོ་སྐྱིད་མོ་ཞེས་པས་བཙམས་〈བསྒམས་〉ནས། བླ་མ་པཎ་ཆེན་ལ་ཆོས་ཞུ་བ་དང་། བྱིན་བརླབས་ཞུ་བར་བྱས་པས། གཞན་ལས་ཁྱད་པར་འཕགས་པ་ལེགས་པར་སྨྲ་བའི་སྐད་དུ་མས་ལུང་བསྟན། ཕྱག་གིས་དབུགས་དབྱུང་པས། འདུས་པ་ཕལ་པོ་ཆེས་དམ་པའི་སྐྱེས་བུར་ལེགས་པར་རྟོགས་ཤིང་། ཉིད་ཀྱི་གསུང་གིས་ཀྱང་། བྱིས་པའི་དུས་སུ་ཁ་ཆེ་ཡི། །བླ་མ་པཎ་ཆེན་ཉིད་དང་མཇལ། །ལེགས་སྦྱར་སྐད་ཀྱིས་དབུགས་དབྱུང་མཛད། །ཅེས་གསུངས་པ་ཡིན་ནོ། །རྒྱ་ཆེ་བའི་དོན་མཐའ་ཡས་པར་སྤྱོད་པ་ཁྱོད་ལ་ཕྱག་འཚལ་ལོ། །ཞེས་པའོ། །ལེགས་སྦྱངས་བསམ་བསྟན་དོན་གྱིས་གྲུབ་པའི་མཆོག །དཔལ་ལྡན་ཆོས་ཀྱི་བཟང་པོ་ལེགས་སྟོན་པ། །བྱིན་བརླབས་རྣམ་འཕྲུལ་གཟིགས་ཤིང་དྲི་མ་སྤངས། །བདུད་བགེགས་བཅོམ་པ་ཁྱོད་ལ་ཕྱག་འཚལ་ལོ། །ཞེས་པའི་དོན་ནི། དེ་ནས་གཞོན་ནུར་གྱུར་པའི་ཚེ། ཀློག་དང་། ཡི་གེ་དང་། འཇིག་རྟེན་བསྟན་པ་དང་། ཕུང་པོ་ལྔའི་རབ་ཏུ་བྱེད་པ་དང་། སྤྱོད་འཇུག་དང་། མཁས་པ་བསོད་ནམས་རྒྱལ་གྱི་མཛད་པའི་མདོ་སྡེ་ལས་ཀྱི་མེ་ལོང་དང་། དབུ་

མ་སྟེ་ཕྲན་དང་། དོན་ཡོད་ཞགས་པ་དང་། མངའ་རིས་པའི་བགས་བརྒྱ་དབུགས་འདེད་ལ་སོགས་པ་ཅི་རིགས་པ་ལ་ཡབ་ཀྱི་དྲུང་དུ་སྦྱངས་པ་མཛད་པའོ། །དེ་ནས་ལྷའི་རིགས་ལ་བོད་ཀྱི་མིར་ཚད་པར་གྱུར་པ། དཔྱལ་པ་ཞེས་གྲགས་པའི་རིགས་སུ་འཁྲུངས་པ། སློབ་དཔོན་ཛོ་སྲས་དགའ་བ་སུམ་འབར་ཞེས་བཏགས་པས། བོད་དུ་དཔལ་གསང་བ་འདུས་པ་ལ་སོགས་པ་ལེགས་པར་སྦྱངས་ཤིང་། རྒྱ་གར་དུ་ཕྱིན་ནས་ལོ་བཅུ་གཉིས་ཀྱི་བར་དུ། ནིས་ཀ་ལང་ག་ཛོ་ཛེ་གདན་པ་ལ་སོགས་པའི་མཁས་ཤིང་གྲུབ་པའི་སྐྱེས་བུ་ལ་བསྟེན་ནས། ཕྱི་དང་ནང་གི་གཞུང་ལུགས་མན་ངག་དང་བཅས་པ་དུ་མ་ལ་སོགས་པར་སྦྱངས་ཤིང་། སྡོམ་བརྩོན་མཁས་གྲུབ་ཁ་ཆེའི་པཎ་ཆེན་གྱི་དྲུང་དུ། ལེགས་པར་བསྙེན་པ་རྫོགས་པར་མཛད་དེ། བོད་དུ་ཕྱིན་ནས་དཔལ་ཐར་པ་གླིང་ཞེས་གྲགས་པའི་དགོན་པ་གཟུང་〈བཟུང་〉ནས་གཙུག་ལག་ཁང་དང་ཆོས་གྲྭ་གཙུག་སྟེ། བསྟན་པ་ལ་བྱ་བ་རྒྱ་ཆེར་མཛད་ཅིང་། ཁྱད་པར་དུའང་བསམ་གཏན་གྱི་དོན་ལ་མངོན་པར་དགྱེས་པས། ཐུགས་དམ་གྱི་ལྷ་འཁོར་ལོ་སྡོམ་པ་དང་། གཤིན་རྗེ་དམར་པོ་ལ་སོགས་པའི་ཞལ་མངོན་སུམ་དུའང་གཟིགས་ཤིང་། གྲུབ་པའི་མཆོག་ཏུ་གྱུར་པ། དཔལ་ལྡན་ཆོས་ཀྱི་བཟང་པོ་ཞེས་པ་ལེགས་པར་བརྟེན་ནས། ལོ་གསུམ་སྦྱངས་པ་མཛད་པ་ནས། རྒྱ་ཡིག་དང་། བརྒྱ་〈རྒྱ་〉སྐད་དང་། སཾ་སྐྲི་ཏའི་སྐད་ཀྱི་རྣམ་པ་ཅི་རིགས་པ་དང་། དཔྱལ་གྱི་དགེས་ཕག་ཅེས་གྲགས་པ་ལ་ལོ་གསུམ་དུ་སྦྱངས་པ་མཛད་ནས། བཅུ་དྲུག་པ་ལ་ཐུར་མིག་གི་གཙུག་ལག་ཁང་དུ་ལེགས་པར་གསུངས་ཤིང་། བཤད་སྟོན་ཡང་རྒྱ་ཆེར་མཛད་དོ། །དེ་ནས་གཞན་ཡང་ན་རོ་འགྲེལ་ཆེན་གདམས་ངག་དང་བཅས་པ་དང་། བདེ་མཆོག་གི་གཞུང་ཕྲན་གདམས་ངག་གི་གཙུག་ལག་ཁྱད་

པར་དང་བཅས་པ་གསན་ཅིང་། ཁྱད་པར་དུ་འང་བཅོམ་ལྡན་འདས་འཁོར་ལོ་སྡོམ་པའི་དབང་བསྐུར་ཞུས་པའི་ཚེ། ངལ་གྱི་དབུས་དང་འབྲེལ་བར་མཐའ་དབུས་མི་ཕྱེད་པར་སིལ་སྙན་སྒྲ་དབྱངས་སྒྲགས་པ་དང་། ཞན་པ་དང་། ཟབ་པ་དང་། གསལ་བ་དང་། གཡོ་བ་དང་མི་གཡོ་བ་ལ་སོགས་པ་ཞིག་དང་། དུ་མ་ཕུན་ཚོགས་པའི་ཚུལ་ཅན། གང་གིས་ཐོས་ན་སྣ་བའི་དཔལ་སྐྱེད་ཅིང་། ཡིད་ཚིམ་པར་བྱེད་ལ། སེམས་རབ་ཏུ་བསྟན་པར་བྱེད་པའི་སྒྲའི་ཁྱད་པར་བྱིན་རླབས་ཀྱི་རྣམ་འཕྲུལ་དུ་མ་གཟིགས་ཤིང་། ཤངས་ཁྲག་ཟག་པ་དང་། ཟག་པར་སྨི་བས་ནད་བྱུང་པ་དང་། ལུས་བདེ་བ་དང་། ཤེས་རབ་གསལ་བ་ལ་སོགས་པས། སྒྲིབ་པ་དང་དྲི་མ་སྤྱངས་པར་གྱུར་ཅིང་། བཅོམ་ལྡན་འདས་གཤིན་རྗེ་དམར་པོའི་དབང་བསྐུར་ཞུས་པའི་ཚེ། བདུད་བགེགས་ཀྱི་བར་ཆད་སྤྱངས་པ་ཡིན་ནོ། །

དེ་ཡང་སྟོན་འདུལ་ཆུང་ཞེས་བྱ་བའི་གཙུག་ལག་ཁང་དུ་བཞུགས་པའི་ཚེ། ཅུང་ཟད་སྙུང་དུ་བྱུང་པ་ནས་བར་དུ་གཅོད་པ་རྩོམ་པ་སྟེ། དེ་ཡང་འགྲོན་བརྩུན་〈བཙུན་〉རྒྱ་དཔེ་སྐྱོང་རྩེ་གང་ཁུར་བ་མདུན་དུ་འོང་སྟེ། སྤྲོ་སྟེ་〈པོ་ཏི་〉ཕྱུང་ནས་མིག་སྟར་བསྟན་ཏེ། ཁྱོད་མཁས་ན་འདི་དག་གི་དོན་སྒྲ་བར་གྱིས་ཤིག །སྒྲ་བ་ལང་ནི་ན་བས་ཁམས་ཟེ་བའི་ཕྱིར། རེ་ཞིག་སྡོད་ཅེས་བརྗོད་པ་ན། ཁྱད་པར་དུ་འང་མིག་སྟར་མི་རིགས་ཀྱི་ཡང་ཡུད། ཤད་ཤུད་བྱེད་ཅིང་། ཡི་གེ་ལ་ནི་མ་བརྟེན་པར། །དམ་པའི་དོན་ནི་རྟོགས་མི་འགྱུར། །ཞེས་གསོལ་བ་དང་། མཚན་མོ་ནི་གཅེར་བུའི་གཟུགས་སུ་བྱས་ཏེ། ལྷ་ཁང་གི་རྫའི་ཚལ་པ་མགོ་ལ་བཞག་ནས། ང་ནི་རྫ་ཁུང་མགོ་ཞེས་རྩོད་པ་ལ་སོགས་པ་བདུད་དུ་བྱེད་ཅིང་། དེ་ལྟ་བུའི་བར་དུ་གཅོད་པ་ན་བགེགས་ཀྱི་གཟུགས་ཀྱིས་ལོག་པར་

འདྲེན་པར་བྱེད་དོ། །དེའང་འདི་ལྟ་སྟེ། ངུར་མིག་ཞེས་པའི་གཙུག་ལག་ཁང་དུ་བྱོན་པའི་ཚེ། མངོན་སུམ་དུ་ལྟ་བུའི་སྐྱེ་ལམ་དུ། བྱམས་བྱམས་ལྟར་འདུག་པའི་བཙུན་ཆན་ལྷམ་མཐིལ་བརྗོལ་གྱི་ཁྲིས་པོ་ཁྱུར་བ་ཞིག་འོངས་ཏེ། འདི་རྩམ་〈ཙམ་〉ཟད་ཟད་རྩམ་〈ཙམ་〉བཙལ་ཡང་མ་རྙེད་པའི་གྲོགས་པོ་དེ། ང་སྟོང་〈གཏོང་〉བསླེད་པ་ཨ་རེ་དགའ་ཞེས་ཟེར་ཞིང་དགའ་དགའ། མགུ་མགུ་ལྟར་དུ་ནང་མཁོད་པ་ནས་བརྩམས་ཏེ་ཕྱིར་འབྲིངས་ཞིང་། ཕན་པ་སྒྲུབ་པ་ལྟར་ཚུལ་ཆོས་སོ། །དེ་ནས་རང་གི་དགོན་པར་བྱོན་པའི་ཚེ། ཡབ་ཀྱི་གསུང་གིས་མདང་ང་ནི་འབྱུང་པོའི་ཆོ་འཕྲུལ་ཆེ་ལ། དེ་རིང་དགེ་བཤེས་པ་བྱོན་བགེགས་ཀྱི་བར་ཆད་འོང་ཉེན་ཡོད་པས། འབྱུང་པོའི་ཕན་པ་ལ་ཐུགས་མ་བསྟང་〈བཏང་〉བར་ཐུགས་དམ་ལ་གཙོར་མཛོད་ཅིག་གསུངས་པ་དང་། ངེད་ཀྱི་ཐུགས་ཀྱིས་ཀྱང་འདི་ལྟ་བུའི་འབྱུང་པོ་ནི་ལེགས་པར་བྱེད་པ་ལྟ་བུར་བསྟོན་ཡང་། ལོག་པར་འདྲེན་པ་འདི་སྐམ་དུ། འཇིག་རྟེན་ལ་གཡོ་བ་མེད་པའི་ཐུགས་ཀྱི་དམ་པ་བསྐྱེད་དེ། ཟླས་པ་དང་། འཐབ་པ་དང་། བགྲངས་པ་ལྟ་བུར་བྱས་ཀྱང་། ཞུམ་པ་མེད་པར་རེས་འགའ་ནི་མཉེན་བཤེས་ཀྱི་ཚུལ་དུ་ལྟ་བུར་འགྱུར་སྟེ། སྐྱེ་བ་མང་པོ་ནས་གྲོགས་སུ་གྱུར་པ་ཡིན་ལ། སྐྱེ་བ་འདིར་ཡང་ལེགས་པ་འདི་ལྟ་བུ་བསྒྲུབ་པོ〈བོ〉། ཞེས་སྐྱེ་བ་སྣ་ཚོགས་ཀྱི་གླིང་གཞི་བསྟོན་པར་བྱེད་དོ། །

རེས་འགའ་ནི་གཙུག་ལག་ཁང་གི་བདག་པོ་བཙོལ་ཏེ། བདག་གི་གཙུག་ལག་ཁང་ནི་འདིའོ། །སྟོན་གྱི་རབ་ནི་འདི་འདྲའོ། །ཕྱིས་ཀྱི་རྒྱུད་ནི་འདི་འདྲའོ། །ཞེས་གཏམ་རྒྱུད་སྣ་ཚོགས་སྟོན་པར་བྱེད་ཅིང་། ཁྱེད་ཀྱིས་ཀྱང་བདག་དང་མཐུན་པར་བྱས་ཏེ། འདི་འདྲ་བའི་བདག་པོ་བྱ་བར་རིགས་སོ། །

ཞེས་སྨོན་པར་བྱེད་དོ། །རེས་འགའ་ནི་མཁས་པའི་གཟུགས་སུ་སྤྲུར་ཏེ། གཞུང་ལུགས་ནི་འདི་འདྲའོ། །སྨོན་ནི་འདི་ལྟར་གྱུར་ཏེ། ཕྱིས་ནི་འདི་ལྟར་འགྱུར་རོ། །ཁྱོད་ཀྱིས་ཀྱང་འདི་ལྟར་བྱ་བར་རིགས་སོ། །ཞེས་སྨོན་པར་བྱེད་དོ། །རེས་འགའ་ནི་གྲུབ་པ་ལྟར་བཅོས་ཏེ། རྫས་དང་། སྨན་དང་། སྔགས་ནི་འདིའོ། །འདི་ལྟ་བུ་ལ་བརྟེན་ན་འདི་ལྟར་འགྱུར་རོ། །ཞེས་འཆད་ཅིང་། རེས་འགའ་ནི་བྱའི་གཟུགས་སེ་བོ་ཆེན་པོའི་སྐད་ཀྱིས་སྨྲ་བར་འགྱུར་ཏེ། ཙེ་ཙེ་ལྟར་འཕྲམ་བུ་འདུག་ནས་ཐོ་རངས་ཀྱི་ཚེ། འདབ་གཤོག་སྤབས་པའི་སྒྲ་དང་བཅས་པས། ཟླ་འོད་གཞོན་ནུ། སེང་གེ་རྒྱལ་མཚན། འོད་ཀྱི་ཉི་མ་ཞེས་འབོད་ཅིང་། ཡར་ཤོངས་ཞིག །ཐུགས་དམ་མཛོད་ཅིག །བཞུང་〈གཞུང་〉བཤོར་ལ་ལྷ་རྟོག་མཛད་ཅིག །ཅེས་ཆོས་ལ་བསྐུལ་བ་ལྟར་མཆོས་〈མཆོད་〉པ་ལ། བཅོམ་ལྡན་འདས་གཤིན་རྗེ་གཤེད་དམར་པོའི་དབང་བསྐུར་ཞུ་བར་བརྩམས་པ་ནས། ང་ནི་ཡུལ་དུ་འགྲོ་བར་རིགས་སོ། །ཡབ་དང་ཡུམ་ལ་སོགས་པ་ནའོ། །བལྟ་བར་བྱ། འཕྲད་པར་བྱ། དབང་བསྐུར་ནི་ཕྱིས་ཞུ་བར་འཐད་དོ། །ཞེས་སྨྲའོ། །ཕྱིས་ཞུ་བར་གདའ་བས། དེས་ན་ད་ལྟ་ཞུ་འོ་ཞེས་སྨྲས་པ་ན། དེས་དེ་ཙམ་དུ་ཕྱིད་ལ་བསམ་ནས། ཁྱོད་འདི་ལྟར་བྱེད་པ་མ་རིགས་ད་ལྟའང་ང་ཞེས་སྨྲ་ཞིང་། འཕྲང་དང་ཁྲིས་པོ་ཡང་བདེག་པར་བྱེད་དོ། །དེ་ལྟར་ངེས་པར་ཞུས་པ་ན། འཕྲང་དང་ཁྲིས་པོ་ཡང་སྐྱུར། ཡུན་རིངས་འགྲོགས་པའི་གྲོགས་པོས་ཀྱང་སྨྱུས་སོ། །ཁྱོད་ཉིད་ཅི་བདེར་གྱིས་ཤིག །ངས་ནི་འགྲོ་བར་བྱེད་དོ། །ཁྱེད་ཀྱིས་སྐྱེལ་ཕྲུང་གྱིས་ཤིག་ཞེས་སྨྲ་ལ། ཐར་པ་གླིང་གི་མོ་དབེན་ཀད་ཁར་བསྐྱལ་བས། དེ་ན་འདུག་པའི་རྟ་ལ་བཞོན་ནས་ནམ་མཁའ་ལ་འཕགས་ཏེ། རྟ་དེ་སེང་གེའི་གཟུགས་སུ་སྤྲུལ་ནས། དཔོན་གྱུ་རུ་བ་ཞེས་བྱ་

བའི་གནས་སྣད་གྱི་སྣམ་〈རྣམ་〉པས། ལག་པས་འབྲམ་པ་སྐྱོར་ཏེ། སླུ་ལེན་ཅིང་མགོ་སེ་ཡེར་ཡེར་རེ་ལ་ཀན་བཀྱལ་ནས་སོང་ངོ་། །ཕྱིན་ཚད་བདུད་དང་། བགེགས་དང་། སོག་འདྲེན་གྱི་འཚེ་བ་རྣམ་པར་བཅོམ་ཞིང་། འཇིག་རྟེན་གྱི་ཆེ་ཐབས་ལ་ལྟོས་པ་མེད་པར་གྲུབ་པའི་བདག་ཉིད་ཁྱོད་ལ་ཕྱག་འཚལ་ལོ། །ཞེས་པའོ། །

བསྟན་པའི་གཙུག་ལག་དོན་ལ་ཕྱིར་རྒོལ་དང་། །རྣམ་འཕྲུལ་རྒོལ་བའི་སེང་གེ་སས་〈ས་〉སྒྲ་བ། །ལེགས་བསྟེན་ཀུན་མཁྱེན་ལྷ་བུར་ཞལ་བཞེས་པའི། །བློ་གྲོས་མཚུངས་མེད་ཁྱོད་ལ་ཕྱག་འཚལ་ལོ། །ཞེས་པའི་དོན་ནི། གཞན་ཡང་བདེ་བར་གཤེགས་པའི་བསྟན་པའི་གཙུག་ལག་གི་དོན་ལ། འཇམ་པའི་དབྱངས་ལྷ་བུར་ལྷུན་གྱིས་གྲུབ་པའི་མཁས་པའི་མཆོག །མཚུངས་པ་མི་མངའ་བའི་ཕྱིར་རྒོལ་བ་དང་། རྣམ་པར་བྲལ་བའི་རྒོལ་བ་སེང་གེ་སས་〈ས་〉སྒྲ་པཎྜི་ཏ་ཞེས་གྲགས་པ། གན་ཆེན་ཐང་ཞེས་པར་ཆོས་གྲྭ་ལ་བྱོན་པའི་ཚེ་མཇལ་བ་ནས་ལེགས་པར་བསྟེན་ཏེ། རྗེས་སུ་འཛིན་པར་གསོལ་བ་བཏབ་པས། རིགས་བཟང་ན་སོ་བཞོན་〈གཞོན་〉ཅིང་ཤེས་རབ་ཆེ་བས། ཀུན་མཁྱེན་ལྷ་བུ་ཞིག་བསླབ་པར་བྱའོ། །ཞེས་ཞལ་གྱིས་བཞེས་པས། བློ་གྲོས་མཚུངས་པ་མེད་པར་གྲུབ་ཅིང་། ཕྱིས་གཞུ་ཨུ་རྒྱན་ཞེས་པའི་དགོན་པར། འཁོར་ལོ་སྡོམ་པ་ནག་པོ་པའི་དལ་གྱི་ཚོ་ག་ལ་བསྟེན་པའི་དབང་དང་བསྒྲུབ་སྐོར་དང་། རྣམ་འཇོམས་དང་། ཨ་ར་པ་ཙ་ནའི་བསྒྲུབ་སྐོར་ཞུས་ཤིང་། རྗེས་སུ་བཟུང་བའི་ཞལ་གྱིས་བཞེས་པ་ལྟར་གྲུབ་པ་ཁྱོད་ལ་ཕྱག་འཚལ་ལོ། །ཞེས་པའོ། །

ལུང་རིག་དོན་ལ་འཁྲུག་པ་མ་མཆིས་ཤིང་། །ང་ཡི་དབང་པོར་གྲགས་པའི་སེམས་དཔའ་མཆོག །ལེགས་བསྟེན་ཕྱིར་རྒོལ་ཚོགས་ལ་མི་འཇིགས་

པའི། །རྒོལ་བའི་སེང་གེ་ཁྱོད་ལ་ཕྱག་འཚལ་ལོ། །ཞེས་པའི་དོན་ནི། གཞན་ཡང་བདེ་བར་གཤེགས་པའི་གསུང་རབ་ཀྱི་དོན་གཏན་ལ་འབེབས་པར་བྱེད་པ་ལ། ལུང་དང་རིག་པའི་དོན་ལ་འཁྲུགས་པ་མ་མཆིས་ཤིང་། ངག་གི་དབང་པོ་འཇམ་དབྱངས་གསར་མ་ཞེས་གྲགས་པའི། བྱང་ཆུབ་སེམས་དཔའ་ཆེན་པོ་འཇམ་པའི་དབྱངས་ཀྱི་སྤྲུལ་པའི་སྐུར་གྱུར་པ། ཞྭོས་པ་མེད་པར་གཞན་གྱི་དོན་ལ་བཞུགས་པའི་སྐྱེས་བུ་མཆོག་ལེགས་པར་བསྟེན་ནས། རྣམ་པར་ངེས་པ་ལ་སོགས་པ། ཚད་མའི་བསྟན་ཆོས་དང་། ཕ་རོལ་ཏུ་ཕྱིན་པ་ལ་སོགས་པ། མཚན་ཉིད་ཀྱི་ཐེག་པའི་མདོ་དང་། བསྟན་ཆོས་དང་། ངན་ཤི་ལ་བསྐྱུར་བའི་གཤིན་རྗེ་གཤེད་དམར་དང་། རྗེ་བཙུན་མ་སྒྲོལ་བའི་སྒྲུབ་བཀའ། དབང་བཀའ་དང་། དུས་ཀྱི་འཁོར་ལོ་འགྲོ་ལུགས་ཀྱི་དབང་བཀའ། བཤད་བཀའ། མན་ངག་གི་བཀའ། གལ་ཆེ་རིམས་ལ་སོགས། བཀའ་རྡོ་རྗེ་ཐེག་པའི་དོན་ལའང་། ཅི་རིགས་པའི་དོན་ཐོབ་པར་མཛད་པས། གྲུབ་མཐའི་གནས་རྣམ་པར་དག་པའི་དོན་བསྒྲུབ་པ་དང་། དམ་འཆའ་བ་ལ་ཕྱིར་རྒོལ་བའི་ཚོགས་ལ་འཇིགས་པ་མེད་པའི་ཕྱིར། རྒོལ་བའི་སེང་གེར་གྱུར་པ་ཁྱོད་ལ་ཕྱག་འཚལ་ལོ། །ཞེས་པའོ། །

རིགས་ལྡན་མ་ནོར་སྐྱེས་བུ་རྒྱུད་སྡེའི་བདག །དཔལ་ལྡན་རྗེ་བཙུན་འབུམ་སེང་ལེགས་བརྟེན་པས། །རིམས་པར་རྒྱུད་པའི་བྱིན་རླབས་ཡོངས་རྫོགས་པའི། །རྒྱུད་སྡེའི་བང་མཛོད་ཁྱོད་ལ་ཕྱག་འཚལ་ལོ། །ཞེས་པའི་དོན་ནི། གན་〈གཞན་〉ཡང་མཁས་པར་གྲུབ་པའི་སྐྱེས་བུ་རིམ་པར་རྒྱུད་པའི། ར་ལོ་ཙཱ་བ་ཞེས་གྲགས་པའི་རིགས་དང་ལྡན་ལ། ཚུལ་འཆོས་པ་ལ་སོགས་པ་གཡོ་སྒྱུའི་སྤྱོད་པ་རྣམ་པར་སྤངས་པ། མ་ནོར་བའི་སྐྱེས་བུ། དུས་ཀྱི་འཁོར་ལོ་དང་།

འཁོར་ལོ་སྐོར་བ། ཀྱཻ་རྡོ་རྗེ་དང་། གཤིན་རྗེ་གཤེད་ལ་སོགས་པ། རྒྱུད་སྡེ་དུ་མའི་ལུང་དང་། མངོན་པར་རྟོགས་པའི་བདག་ཉིད་ཅན། དཔལ་ལྡན་རྗེ་བཙུན་འབྲུམ་〈འབུམ་〉སེང་ལ་སོགས་པ་བསྟེན་པས། རྣ་ལུགས་ཞེས་པ་གཙོ་བོར་གྱུར་པ། རིམས་པར་རྒྱུད་པའི་དབང་། བྱིན་བརླབས་དང་། བཀའ་དང་། མན་ངག་ཡོངས་སུ་རྫོགས་པར་ཐོབ་པའི་ཕྱིར། རྒྱུད་སྡེའི་བང་མཛོད་ཁྱོད་ལ་ཕྱག་འཚལ་ལོ། །ཞེས་པའོ། །

རྒྱ་ཆེན་ལུང་གི་དབང་ཕྱུག་མན་ངག་བདག །རྗེ་བཙུན་མདོ་སྡེའི་སེང་གེ་ལེགས་བསྟེན་པའི། །མཐའ་ཡས་ལུང་དང་མན་ངག་གཏེར་གྱུར་པས། །དཔེ་འབྱུད་བྲལ་བ་ཁྱེད་ལ་ཕྱག་འཚལ་ལོ། །ཞེས་པའི་དོན་ནི། གཞན་ཡང་། འཇིག་རྟེན་དང་འཇིག་རྟེན་ལས་འདས་པ། གཙུག་ལག་གི་དོན་དང་། རྒྱ་ཆེན་པོའི་དབང་དང་། བཀའ་དང་། ལུང་གི་དབང་ཕྱུག་མན་ངག་ཚད་མེད་པའི་བདག་ཉིད། རྣལ་འབྱོར་གྱི་དབང་ཕྱུག་ལྷ་སྟོན་མདོ་སྡེ་སེང་གེ་ཞེས་བྱ་བ་བསྟེན་པས་ལེགས་པར་མཐའ་ཡས་པའི་ལུང་དང་། མན་ངག་དཔག་ཏུ་མེད་པའི་གཏེར་དུ་གྱུར་ཅིང་། གདུལ་བྱ་དུས་ལ་བབ་པ་ན་དཔེ་འབྱུད་དང་བྲལ་བར་སྟོན་པ་ཁྱོད་ལ་ཕྱག་འཚལ་ལོ། །ཞེས་པའོ། །

འཛམ་གླིང་འདི་ན་མཚུངས་མེད་མཁྱེན་རབ་བདག །ཆོས་ཀྱི་རྒྱལ་ཚབ་དམ་པ་ལེགས་བསྟེན་པས། །སྐལ་ཆད་སློབ་པའི་ས་ལ་རྣམ་གྲོལ་བའི། །སྒྲོ་འདོགས་སྤྱངས་པ་ཁྱོད་ལ་ཕྱག་འཚལ་ལོ། །ཞེས་པའི་དོན་ནི། དེ་བཞིན་དུ་སྤྲུལ་པའི་སྐུ་དེ་བཞིན་གཤེགས་པས་གདུལ་བྱ་རྗེས་སུ་འཛིན་པའི་ཞིང་། མི་བརྗེད་པས་ཁྱད་པར་དུའང་། མཆོག་གི་སྤྲུལ་པའི་སྐུས་བྱིན་གྱིས་བརླབས་ཤིང་། ཆོས་ཀྱི་འཁོར་ལོ་བསྐོར་བས་ཚོགས་གཉིས་གྲུབ་པ་ལ་ནུས་མཐུ་ཁྱད་

པར་འཕགས་པའི་གནས། འཛམ་བུའི་གླིང་ཞེས་གྲགས་པ་འདི་ན། མཚུངས་པ་མེད་པའི་མཁྱེན་རབ་དང་། ཐུགས་རྗེ་དང་འཕྲིན་ལས་ཀྱི་བདག་ཉིད་འབྱུངས་མ་ཐག་ནས་འཕགས་པ་ཞེས་མཚན་དོན་དང་ལྡན་པ་མཚན་དུ་གྲགས་ཤིང་། འཛམ་གླིང་དང་། གླིང་ཕྲན་དུ〈དང་〉བཅས་པ་མངའ་བསྒྱུར་བའི་རྒྱལ་པོ་ཆེན་པོས་ཞབས་ཀྱི་པདྨོ་ལ་སྤུགས་ཤིང་། ཆོས་ཀྱི་རྒྱལ་པོ་དང་མཐུན་པའི་བཀའ་ལུང་ནོད་ལ། བདེ་བར་གཤེགས་པ་ཁམས་གསུམ་ཆོས་ཀྱི་རྒྱལ་པོ་དང་། མྱ་ངན་ལས་འདས་པའི་ཆོས་ཀྱི་རྒྱལ་ཚབ་དམ་པར་གྱུར་པ་ལ་སོགས་པ་བསྟེན་པ་སྟེ། སློབ་དཔོན་རྡོ་རྗེ་དྲིལ་བུ་པ་ནས་རྒྱུད་པའི་དབང་། བྱིན་བརླབས་བསྒྲུབ་སྐོར་དང་བཅས་པ། མ་ཧཱ་མ་ཡའི་དབང་དང་བཀའ་རྒྱུད་དང་བསྒྲུབ་བསྐོར་དང་བཅས་པ་དང་། ཀྱེའི་རྡོ་རྗེ་ལ་སོགས་པའི་རྒྱུད་དང་། དམ་པའི་ཆོས་པདྨ་དཀར་པོ་ལ་སོགས་པའི་མདོ་དང་། བསྒོམ་པའི་རིམ་པ་ལ་སོགས་པའི་ལུང་དང་། གཙོ་བོར་འབྲེལ་བའི་བསྟན་ཆོས་དང་། རིག་པའི་གཏེར་མཛོད་ལ་སོགས་པ་ཚད་མའི་བསྟན་ཆོས་དང་། ནག་པོ་ཆེན་པོ་དང་། བསྟན་བསྲུངས་ཀྱི་བཀའ་ཐོབ་པས། སྙན་ཆད་འདྲེན་པ་གཞན་ལ་ལྟོས་པ་མེད་པར། རང་གཞན་གྱི་དོན་གྲུབ་པའི་སློབ་དཔོན་ཆེན་པོར་གྱུར་པའི་ཕྱིར། སློབ་པའི་ས་ལས་རྣམ་གྲོལ་ཞིང་། མ་རྟོགས་པ་དང་། ལོག་པར་རྟོགས་པ་དང་། ཐེ་ཚོམ་སྒྲོ་འདོགས་སྤངས་ཤིང་། ཆོས་ཐམས་ཅད་ཀྱི་རང་བཞིན་ལེགས་པར་མཁྱེན་པ་ཁྱེད་ལ་ཕྱག་འཚལ་ལོ། །ཞེས་པའོ། །

དེ་ལྟར་མཐའ་ཡས་བླ་མའི་ཚོགས་རྣམས་ལ། །ནོར་བུ་བཟང་པོའི་རྣམ་རོལ་ཇི་ལྟ་བར། །སྣ་ཚོགས་དམ་ཆོས་ཅུང་བསྟེན་ཆོས་རྣམས་ཀུན། །རོ་ཅིག་མཁྱེན་པ་ཁྱེད་ལ་ཕྱག་འཚལ་ལོ། །ཞེས་པའི་དོན་ནི། དེ་ལྟར་པཎ་ཆེན་ཤཱཀྱ་

ཀྲི། པ་ཊ་ཚུང་པཎྜི་ཏ་པི་ཧྲུ་ཙ་ཧྲུ་དང་། ཁྲི་ཤུ་ལོ་ཙྪ་བ་བྱམས་པའི་དཔལ་དང་། བླ་མ་དཔྱལ་པ་ཨ་མོ་གྷ་དང་། མཁན་པོ་ཕྱུག་དང་། སློབ་དཔོན་ཧྲྨ་བཟུངས་དང་། སློབ་དཔོན་བཅུམ་པ་འོད་ཤག་དང་། མཚོ་ཡངས་པ་དར་མ་རྒྱལ་དང་། སྲིན་པོ་རི་པ་མཁན་པོ་འཇམ་དབྱངས་དང་། མཁན་པོ་སེང་གེ་ཟིལ་གནོན་ལ་སོགས་པ་དང་། ཡར་འབྲོག་པ་སྟན་བསྟོན་ལ་སོགས་པའི་མཐའ་ཡས་པའི་བླ་མའི་ཚོགས་རྣམས་ལ། ནོར་བུ་བཟང་པོའི་རྣམ་རོལ་ཇི་ལྟ་བར། ལུང་དང་མན་ངག་དུ་མའི་དམ་པའི་ཆོས་ཀྱི་བཅུད་བསྐྱེན་ནས། ཟབ་པ་དང་རྒྱ་ཆེ་བའི་ཆོས་རྣམས་ཀུན་ལྟ་བ་རྣམ་པར་དག་པའི་རང་བཞིན་དུ། རོ་ཅིག་མཁྱེན་པ་ཁྱེད་ལ་ཕྱག་འཚལ་ལོ། །ཞེས་པའོ། །དེ་ལྟར་མཁྱེན་པ་ཕུན་སུམ་ཚོགས་པ་ལ་བསྟོད་དེ། གཙོ་བོ་དང་ནུས་པའི་རང་བཞིན་ལ་བསྟོད།

གསུང་རབ་དོན་ལ་ཡིད་ཆེས་པར། །བསྟན་པའི་ཚིག་ཟབ་མོ་རབ་སྤྱད་པས། །གང་གང་དགོས་པ་དེ་དེ་རབ་གྲུབ་ཅིང་། །སྒྲོལ་མ་ནམ་མཁའ་གང་བའི་སྐུ་བསྟན་སོགས། །ལྷ་ཡིས་བྱིན་བརླབས་ཁྱོད་ལ་ཕྱག་འཚལ་ལོ། །ཞེས་པའི་དོན་ནི་འདི་ལྟར་ཐོས་ཏེ། ངེད་ཀྱི་སྲས་ཀྱི་ཐུ་བོ་རྒྱ་གར་གྲགས་ཞེས་པ། ཕྱིས་རབ་ཏུ་བྱུང་བའི་མཚན། སློབ་དཔོན་ནམ་མཁའ་དཔལ་ཞེས་པ་དང་། སློབ་མའི་ནང་ནས་རྟག་ཏུ་ཕྱི་བཞིན་འབྲེང་པའི་སྟོན་པ། གཞོན་ནུ་རྒྱལ་མཚན་ཞེས་པ་གཉིས་ཧོར་གྱི་དམག་གིས་ཁྱེར་བ་ལས། རྗེ་བཙུན་མ་སྒྲོལ་མས་བཙོན་ར་ནས་ཐར་པར་བྱེད་པའི་ཚིག་སྨྲུབས་པས། རྗེ་བཙུན་སྒྲོལ་མའི་སྐུ་གཅིག་གིས་ནམ་མཁའ་གང་བའི་ཁྱོན་ཙམ་དུ་འདུག་པ། དེའི་ལྟེ་བའི་ཁུང་ནས་བྱིས་པ་གཉིས་པོ་མགོ་ནུག་གེ་འདུག་པ་གཟིགས་ཏེ། ཚིགའི་དོན་ཇི་ལྟ་བ་བཞིན་དུ་གྲུབ་པར་འདུག་ཅེས་གསུངས་པ་ལས། དེའི་ཞག་གསུམ་ནས་སྲས་ཀྱི་ཐུ་བོས

ཐར་ལ། དེའི་ཟླ་བ་ཙམ་ནས་སློབ་མས་འདུན་པ་བསྒྱུར་ཏེ་ཐར་བར་བྱས་པ་ཡིན་ནོ། །དེ་ལྟར་ཉམས་ཀྱི་སྣང་བའི་ཚུལ་དུ་ཡི་དམ་གྱི་ལྷ་མང་པོ་ཞལ་གཟིགས་པས། ལྷ་ཡིས་བྱིན་གྱིས་བརླབས་པ་ཡིན་ནོ། །

སློབ་པོ་སྐུགས་ཕྱེད་དཔལ་འབྱོར་གནས་སུ་བཀོད། །ནད་ཀྱི་རྗེས་པ་ཟུག་ངུའི་〈 ཟུའི་〉སེམས་དང་བྲལ། །སྨྲིན་པས་དྲན་པ་ཟིན་པ་མཛད་ལ་སོགས། །གཞན་ཕན་དགྱེས་པ་ཁྱེད་ལ་ཕྱག་འཚལ་ལོ། །ཞེས་པའི་དོན་ནི། སྔར་བུའི་འཇོ་སྒང་ཞེས་པའི་དགོན་པ་ཞིག་ན། གང་ཟག་བཟའ་མི་གཉིས་ལ་བུ་གཅིག་ཡོད་པ། ལོ་དྲུག་ཙམ་ལོན་ཡང་སྐུགས་ཏེ། ཚིག་འབྲུ་སྨྲོན་པའི་ནུས་པ་མེད་ཅིང་། ཆེ་སྐྱེ་ཆང་ལག་གི་དོན་བྱེད་མེད་པར་འབུ་ལྟ་བུར་འདུག་པ་ལས། རྗེན་འབྲེལ་གྱི་བྱ་བ་མཛད་དེ་གོས་བཙེས་མིང་བཏགས་པས། འགྲོ་འདུག་སྨྲ་བརྗོད་ནུས་པར་གྱུར་ལ། དེ་ལྟར་གཞན་ཡང་སྐུགས་པ་མང་པོ་དཔལ་འབྱོར་གྱི་ནུས་པ་དང་ལྡན་པར་གྱུར་ཞིང་། ཡང་སྟག་ཚལ་མཐུ་རུ་ཞེས་པར་མི་ལོ་ནད་ཀྱི་ཟུག་ངུ〈 ཟུས་〉བཅོས་པ་ལ་ཡང་། རྗེན་འབྲེལ་གྱི་ནུས་པས་དེ་མ་ཐག་ནད་ལས་ཐར་པ་དང་། ཐར་པ་གླིང་དུ་སྨོན་པ་གཞོན་བརྩོན་ཞེས་དང་། རྒྱ་འབྲས་ཀྱིས་རྣག་ཁྲག་ཟགས་པས་སློ་སྙིང་མཐོང་བར་གྱུར་པ་ལ། སྨོན་པ་ར་ཙེ་ཞེས་པར་མིང་རྟགས་ཤིང་། སྨོན་པ་གཞོན་བརྩོན་སྨོན་པ་ར་རྗེ་རེད། སྨོན་པ་ར་རྗེས་མི་ཁ་ར་ཐོ་བས། ཞེས་པ་སྒོ་གོང་ལ་བྲིས་པས་ནད་ལས་ཐར་པ་དང་། དེ་བཞིན་དུ་སོན་བ་ལ་ཐབ་པའི་སེར་ཁ་བསུབ་པ་དང་། གླང་བཟེར་ན་བ་ལ་སློའི་བཟེར་ཕྱུང་པས་ཕན་པ་དང་། སྙིད་པ་ན་བ་ལ་འོ་དོད་བོས་ཤིང་། དབྱུག་བདུངས〈 བརྡུངས་〉བྱས་པས་ཞི་བ་དང་། བུ་ཚམ་ཐོན་པ་ལ་ཐད་ཁའི་གྱང་ལ་བུག་པ་གྱིས་གསུངས་པས་ཕན་པ་ལ་སོགས་པ། འཕྲུག་བཅད་ཀྱི་རིམ་པ་ཕུན་སུམ་

ཚོགས་པས། ནད་གདོན་ལས་ཐར་པ་དང་། སྐྱོ་བ་སྐྱུལ་〈བསྐྱུལ་〉བ་ལ་སོགས་པ་གཞན་ཕན་མཐའ་ཡས་པ་མཛད་པར་བསྟོད་པའོ། །

ཟབ་མོའི་སྙིང་རྗེ་འགྲུལ་པ་མེད་པ་ཡི། །སྦས་པའི་བརྟུལ་ཤུགས་སྤྱོད་ཅིང་འདུལ་བྱ་ཡི། །སྐལ་བ་ཇི་བཞིན་སྟོན་མཛད་ཆོས་རྣམས་ཀུན། །བརྟེན་བྱུང་〈འབྱུང་〉མཁྱེན་པ་ཁྱེད་ལ་ཕྱག་འཚལ་ལོ། །ཞེས་པའི་དོན་ནི། སེམས་ཅན་གྱི་རང་བཞིན་གདོད་མ་ནས་སྟོང་པར་མཁྱེན་བཞིན། འགྲུལ་པ་མེད་པར་ཆེ་ཐབས་སྦྱངས་པའི་སྤྱོད་པས་ཡོན་ཏན་གྱི་ཆོས་སྦས་ཤིང་། དུས་ལ་བབ་པ་ན། རྟེན་ཅིང་འབྲེལ་འབྱུང་གི་ཚུལ་གདུལ་བྱའི་སྐལ་བ་བཞིན། ཟབ་པ་དང་རྒྱ་ཆེ་བའི་སྟོན་པའི་སྒོ་ནས་བསྟོད་པའོ། །

ཕྱི་ནང་གཞན་གསུམ་ཟབ་དང་རྒྱ་ཆེའི་དོན། །དུས་ཀྱི་འཁོར་ལོའི་སྟོན་མཛད་དུས་འཁོར་ཞབས། །རྒྱུད་སྡེ་ཀུན་གྱི་རྡོ་རྗེའི་ཚིག་འབྱེད་པའི། །དབང་པོར་གྱུར་པ་ཁྱེད་ལ་ཕྱག་འཚལ་ལོ། །ཅེས་པའི་དོན་ནི། གསུང་རབས་ཐམས་ཅད་ཀྱི་གྲངས་རྣམ་པར་འབྱེད་པ། དུས་ཀྱི་འཁོར་ལོའི་འབྲེལ་〈འགྲེལ་〉པ་དང་བཅས་པ་མང་པོར་གྱུར་པའི་ཕྱིར། རྒྱུད་སྡེ་ཐམས་ཅད་ཀྱི་རྡོ་རྗེའི་ཚིག་གསལ་བར་འབྱེད་པའི་སྒོ་ནས་བསྟོད་པའོ། །

བདེན་གཉིས་ཟབ་མོའི་ཆོས་སྒྲ་སྒྲོགས་པ་ལ། །བསྟན་པའི་རྩ་ལག་མཆོག་གིས་རབ་མཆོད་ཅིང་། །གཤིན་རྗེ་དམ་པ་ཀུན་གྱིས་ལེགས་བཀུར་བའི། །ལུང་བསྟན་གྲུབ་པ་ཁྱོད་ལ་ཕྱག་འཚལ་ལོ། །ཞེས་པའི་དོན་ནི། དུས་ཀྱི་འཁོར་ལོ་ལ་སོགས་པའི་བཞུང་〈གཞུང་〉ལུགས་སྟོན་པ་ན། བདག་ཉིད་ཆེན་པོ་ཆོས་ཀྱི་རྒྱལ་པོ་འཕགས་པ་ལ་སོགས་པའི་བཤེས་གཉེན་ཆེན་པོ་མཁས་པ་དང་། གཙུན་〈བཙུན་〉པ་དང་། བཟང་པ་དང་། དམ་པར་གྱུར་པ་ཐམས་

ཅན་གྱི་བླ་མར་གྱུར་ཅིང་། བླ་མ་ཨ་མོ་གྷ་དང་། མན་ལུང་དྲན་ཤེས་རབ་སེང་གེ་དང་། སྟག་ཚ་བ་ཛ་སྐྱབས་ལ་སོགས་པ་ནི། རང་རང་གི་དཔོན་པོ་ལ་ལུང་བསྟན་ཞིང་མ་འོངས་པ་མཁྱེན་པའི་ཚུལ་དུ་གསོལ་བ་གདབ་པར་མཛད་དོ། །
མན་ལུང་མ་གུ་རུ་ལྷ་བུའི་གྲུབ་པ་ཐོབ་པ་བཀྲུན་〈བསྒྲུན་〉ཞིང་། གཞན་དག་ནི་མཁས་པར་མཛད་པའི་སྒོ་ནས་བསྟོད་པའོ། །

བསྟོད་པར་ལྷ་ཞིང་བརྟུལ་ཕོད་ཆོས་ཀུན་སོགས། །དྲེགས་བཅས་གཡོ་བ་འདོད་ལྷའི་བསྙེན་པ་ཡི། །ཕྱོགས་སུ་དེངས་སོགས་རྣལ་འབྱོར་རབ་བསྟན་པའི། །རྟུལ་ཤུགས་〈བརྟུལ་ཞུགས་〉སྤྱོད་པ་ཁྱོད་ལ་ཕྱག་འཚལ་ལོ། །ཞེས་པའི་དོན་ནི། བསམ་ཡས་ལ་སོགས་པའི་བསྙེན་བསྐོར་མཛད་པའི་ཚེ། རྣལ་འབྱོར་པ་དང་། རྣལ་འབྱོར་མ་ལྔ་བརྒྱ་ཙམ་ཞིག་གིས། བ་ལམ་སླག་གི་སྒོ་དཀར་ལ་ཞེས་པའི་ལམ་ལ་བྱོན་པའི་ཚེ། ཆོས་ཀུན་མང་པོ། མདའ་དང་། གཞུ་དང་། དབྱུག་པ་དང་། རལ་གྲི་ལ་སོགས་པའི་མཚོན་ཆ་དང་ལྡན་ཞིང་། བརྒྱུགས་ཤིང་ དྲེགས་པས་གཡོ་བ་དང་། སྐྱོད་པ་དང་། མཆོང་བ་དང་། རྒྱུགས་པ་ལ་སོགས་པས། མཚོན་བཟང་ཤིང་ཆེད་དུ་བསྟད་དེ་བྱུང་བའི་ཚེ། ཞབས་ཐོགས་པ་རྣམས་ལ་ཁྱེད་རྣམས་ངའི་ཕྱི་བཞིན་ཤོག་ཤིག །བདག་ནི་སྔོན་ལ་འགྲོ་ཞེས་གསུང་སྟེ། ལྷ་ལྟངས་〈སྟངས་〉དང་ཕྱིགས་མཛུབ་མཛད་དེ། འཇིགས་པ་མེད་པར་གཤེགས་ཏེ། ཆོས་པ་དེ་རྣམས་སྐྱུ་ཁམས་ཀྱི་སྟུན་འདྲི་ཞིང་། བཞད་གད་དུ་བྱེད་ཅིང་ཕྱོགས་སུ་དེངས་ནས་སོང་བ་ལ་སོགས་པ། རྣལ་འབྱོར་གྱི་རྟུལ་ཤུགས་〈བརྟུལ་ཞུགས་〉མཉེས་པས་བསྟོད་པའོ། །

གདུལ་བྱའི་བསམ་པ་བསྟན་པར་མཛད་ཅིང་། །དུས་ཀྱི་རང་བཞིན་ལེགས་པར་མཁྱེན་པ་ཡི། །བདེ་བར་གཤེགས་ཤིང་ཧཱུཾཿཀྱིའི་སྒྲར་བཅས་པས།

ཞི་བར་གཤེགས་པ་ཁྱེད་ལ་ཕྱག་འཚལ་ལོ། །ཞེས་པའི་དོན་ནི། ཞིང་ཁམས་གཞན་དུ་གཤེགས་པའི་དུས་ལ་བབ་པར་མཁྱེན་སྟེ། ཞག་ལྔ་ཙམ་གྱི་གོང་དུ། དགོན་པ་དང་རྗེས་སུ་འབྲེལ་བའི་དཀོན་མཆོག་གི་རྟེན་རྣམས་ཡོངས་སུ་བསྐོར་བ་མཛད་ཅིང་། ཉེ་འཁོར་ན་གནས་པའི་བུ་སློབ་རྣམས་ལ་ཡང་། བཤེས་གཉེན་བཟང་པོ་རྣམས་ལེགས་པར་བསྟེན། བསྟན་པ་ལ་བྱ་བ་བྱས། ཚེ་ཡང་རིང་། དགེ་སྦྱོར་ཡང་འཕེལ་བར་བྱུང་བས། ང་ནི་འགྲོ་ཡང་སྡུག་བསྔལ་མེད་པ་ཡིན། ཁྱེད་རང་རྣམས་ཀྱང་སྡུག་བསྔལ་མེད་པར་ཁམས་ཀྱི་བསོད་ནམས་དང་། དགེ་སྦྱོར་ཅི་འཕེལ་གྱིས་ཤིག །ཅེས་བཀའ་སློ་ཞིང་། གདུལ་བྱའི་བསམ་པ་བསྟན་པར་རབ་མཛད་ནས། གཟིམ་ཁང་དུ་གཤེགས་ནས། ཅུང་ཟད་སྙུང་པ་ལྟར་སྣང་ཡང་། མི་བདེ་བ་ནི་མེད་དོ་ཞེས་གསུང་ཞིང་། ཆུ་ཕོ་རྟ་ལོ་ཆོ་འཕྲུལ་ཆེན་པོའི་ཡར་ངོ་། །ཚེས་གསུམ་གྱི་སྔ་དྲོའི་ཆ་ལ། བདེ་བར་གཤེགས་པའི་ལྟས་དང་བཅས་པས་ཧྲཱིཿཧྲཱིཿཡི་གེ་བཅུ་བཞི་པ་བཟླས་པའི་སྒྲ་དང་བཅས་པས། ཞི་བར་གཤེགས་པས། སྐབས་བཅུའི་རྣམ་པ་ཅི་རིགས་པ་དང་ལྡན་པས་བསྟོད་པའོ། །

གདུལ་བྱའི་དོན་དུ་སྐུ་གདུང་རབ་བསྟན་ཅིང་། །མདུན་བསྐྱེད་[བྱ་]ཕྱིར་འཇའ་ཚོན་ལ་སོགས་པའི། །བརྟེན་གྱི་བསྐྱེད་པའི་བྱིན་བརླབས་བྱིན་བརླབས་པའི། །རྣམ་འཕྲུལ་མཉེས་〈བཉེས་〉པ་ཁྱོད་ལ་ཕྱག་འཚལ་ལོ། །ཞེས་པའི་དོན་ནི། གདུལ་བྱ་རྣམས་སྤྲོ་བ་སྐྱེད་པའི་དོན་དུ། སྐུ་གདུང་དང་རིང་སྲེལ་ཅི་རིགས་པ་སྟེན〈རྟེན〉གྱི་ནང་ན་བཞུགས། ཕྱི་བསྟེན་གྱི་འབྲམ〈འགྲམ〉འཛུགས་པ་དང་། གདུགས་འབུབས་པའི་ཚེ། འཇའ་ཚོན་གྱིས་དེ་ཉིད་དུ་བརྒྱན་པ་ལ་སོགས་པ། འགྲམ་འཛུགས〈འཛུགས〉པའི་རྗེ་བསོག

པའི་ཉིན་མོ། འཇམ་ཆེན་ཁ་དོག་མི་འདྲ་བ་བཅུ་གསུམ། ཐམས་ཅད་ཀྱིས་མཐོང་བ་ལ་སོགས་བྱིན་གྱིས་བརླབས་པའི་ཕྱིར། བྱིན་རླབས་ཀྱི་རྣམ་འཕྲུལ་མཉེས་〈 བརྙེས་ 〉པས་བསྟོད་པའོ། །

དེ་དག་གིས་ནི་གཞན་གྱི་དོན་ནུས་པ་ལ་གཙོ་བོར་བསྟོད་པ་ཡིན་ལ། ཆོས་ཀུན་སྤྲ་ཧེ་སི་ནའི་རང་བཞིན་ལྟར། །ལེགས་པར་མཁྱེན་པ་བཞེ་〈 གཞི་ 〉ལམ་འབྲས་བུ་ཡི། །ཕྱོགས་སུ་འཛིན་པའི་ལྟ་བ་རབ་སྤངས་པའི། །ཟབ་མོར་རྟོགས་པ་ཁྱེད་ལ་ཕྱག་འཚལ་ལོ། །སྟོང་པའི་དོན་ལ་གཞན་པའི་ཆོས་འགའ་ཡང་། །དམིགས་པ་མེད་པར་མཁྱེན་ཞིང་ཆོས་རྣམས་ཀུན། །སྣ་ཚོགས་སྣང་བ་རབ་མཁྱེན་མཐའ་བྲལ་བའི། །རྒྱ་ཆེན་རྟོགས་པ་ཁྱོད་ལ་ཕྱག་འཚལ་ལོ། །ཞེས་པ་གཉིས་ཀྱི་དོན་ནི། ཆོས་ཐམས་ཅད་སྟོང་པ་ཉིད་ཀྱི་གཟུགས་བརྙན་དུ་མཁྱེན་པས། རྩོལ་བ་མེད་པར་རང་གཞན་གྱི་དོན་གྲུབ་པའི་རྒྱུ་མངོན་སུམ་དུ་གྱུར་པའི་ཕྱིར། ལྟ་བ་རྟོགས་པའི་སྒོ་ནས་རང་གི་དོན་གཙོར་མཉེས་〈 བརྙེས་ 〉པ་ལ་བསྟོད་པའོ། །དེ་ལྟར་བསྟོད་དེ་གསོལ་བ་འདེབས་པ་ནི། བདག་ནི་ཇེ་སྲིད་བྱང་ཆུབ་སྙིང་པོའི་བར། །སྐྱེ་ཞིང་སྐྱེ་བར་འདྲེན་པའི་མཆོག་ཁྱོད་ལ། །གུས་པས་ཕྱག་འཚལ་ཡང་ཡང་གསོལ་འདེབས་ཀྱིས། །བརྟག་〈 རྟག་ 〉པར་བྱིན་གྱིས་བརླབས་པར་མཛད་དུ་གསོལ། །ཅེས་པའོ། །

རྒྱས་པར་བྱེད་ན། བཅུ་དགུ་པོ་རེའི་མཐར་ཡང་། ཀཱང་པ་འདི་སྦྱར་ཞིང་གསོལ་བ་འདེབས་པར་བྱེད་པ་ཡིན་ནོ། །དེ་ལྟར་མཚུངས་མེད་བླ་མ་དམ་པ་ཡིས། །བླ་མེད་རྣམ་པར་ཐར་པའི་ཕྱེ་བ་ཡི། །བསོད་ནམས་འདི་ཡིས་འགྲོ་ཀུན་བླ་མ་ཡི། །ཡེ་ཤེས་ཟབ་མོ་བླ་མེད་མཆོག་གྲུབ་ཤོག །མེ་མོ་ལུག་ལོ་སྲིད་〈 དཔྱིད་ 〉འབྲིང་གི་གནམ་གང་ལ། རོང་སྨུའི་ཁྲི་པོ་དགོན་པར་བླ་མ་དམ་པ་

ཤེས་རབ་སེང་གེའི་དྲུང་དུ། རྡོ་རྗེ་རྒྱལ་མཚན་དཔལ་བཟང་པོས། ཐླ་མ་ཏ་སོཙྪུའི་ རྣམ་ པར་ ཐར་ པའི་ འགྲེལ་ པ་ མཛད་ པར་ ཞུས་ པ་ ལ་ ཐུགས་ བསྟད་〈གཏད་〉དེ། ལེགས་པར་གྲུབ་པའི་དོན་བཀྲ་ཤིས་པར་གྱུར་ཅིག །དུས་ཀྱི་ཁྱད་པར་མེ་ལུག་དཔྱིད་འབྲིང་གི །ཡར་ངོ་བཅུ་བཞིའི་ཉིན་མོར་གྱུར་པའི་ཚེ། །གནས་ཀྱི་ཁྱད་པར་ཁྲོ་བོའི་དབེན་གནས་སུ། །རྩོམ་པའི་ཁྱད་པར་ཤེས་རབ་སེང་གེ་ཡིས། །གཞུང་གི་ཁྱད་པར་མཐོང་ཐོས་དྲན་པའི་མདོ། །གསལ་བར་བྱེད་འདི་ཡི་གེར་བཀོད་བྱེད་པ། །རྡོ་རྗེ་རྒྱལ་མཚན་དཔལ་ལྡན་བཟང་པོ་ཡིས། །བརྩོན་པས་སྐྱལ་བས་མྱུར་དུ་གྲུབ་པ་ཡིན། །ཕ་སོ་ཧྲོ། མཎྜ་ལཾ། ཧྲ་ཞཀྵུ། སྭཏྲ། བཀྲ་ཤིས། དགེའོ།། །།

བོད་ཀྱི་གདུང་རབས་དང་རྣམ་ཐར་ཐུང་ངུ་ཁག་དྲུག

རྩོམ་པ་པོ།	ཆོས་དཔལ་དར་བྱུང་སོགས།
རྩོམ་སྒྲིག་པ།	བུ་ཕྱུང་དབང་འདུས།
ཞུས་དག་པ།	བུ་ཕྱུང་དབང་འདུས།
པར་གཞི་སྒྲིག་མཁན།	ལྷག་སྒྲོན།
དཔེ་སྐྲུན་འགྲེམས་སྤེལ།	བོད་ལྗོངས་བོད་ཡིག་དཔེ་རྙིང་དཔེ་སྐྲུན་ཁང་།
པར་འདེབས་ཚན་པ།	ཁྲིན་ཏུའུ་ཏན་སེ་པར་འདེབས་ཚད་ཡོད་ཀུང་སི།
དེབ་ཚད།	850 × 1168 1/32
པར་ཤོག	7.625
པར་གྲངས།	7,001 – 9,500
པར་གཞི།	2014ལོའི་ཟླ12པར་པར་གཞི་དང་པོ་བསྒྲིགས།
པར་ཐེངས།	2024ལོའི་ཟླ9པར་པར་ཐེངས་གསུམ་པ་བཏབ།
དཔེ་དེབ་ཨང་རྟགས།	ISBN 978 – 7 – 80589 – 559 – 8མི་ཡིག(བོད)
དེབ་རིན་སྒོར།	17.00